INTRODUCTION HISTORIQUE AU DROIT

COURS DALLOZ

Série Droit public

Sous la direction de Dominique Chagnollaud
Professeur à l'Université Panthéon-Assas (Paris II)

INTRODUCTION HISTORIQUE AU DROIT

4e édition

2011

Claire Lovisi
Professeur à l'Université Panthéon-Sorbonne (Paris I)

DALLOZ

DALLOZ

31-35, rue Froidevaux - 75685 Paris Cedex 14

ISBN 978-2-247-10993-7

Introduction

1 En 1855, Edouard Laboulaye introduisait le premier numéro de la *Revue historique de droit français et étranger* : "Celui qui ne voit dans le droit qu'une règle absolue ne voit dans le changement qu'une erreur ou un caprice... Nous ne rêvons pas un même code pour toute l'Europe, non plus qu'une même langue ; mais nous sentons que la part de la diversité se réduisant de jour en jour par le mélange inévitable des peuples, il y aura un fonds commun de législation qui grossira sans cesse, et qu'à ce rapprochement nul ne peut assigner de limite. La propriété littéraire est la première question qui se présente dans ce nouveau *jus gentium*... De ce point à une certaine unité du droit civil, et même du droit politique, il y a moins loin qu'on imagine et nous sommes destinés sans doute à voir la législation prendre partout un caractère plus général, plus européen, plus humain". Mort en 1883, Laboulaye n'a pas vu s'accomplir l'évolution qu'il pressentait. Un siècle et demi plus tard, ses propos ont retrouvé une étonnante actualité. Qu'on s'en réjouisse ou qu'on s'en désole, l'ordre juridique se transforme. Si nul ne peut dire avec certitude ce qu'il adviendra de ces mutations, du moins les questionnements font-ils rebondir l'intérêt d'une perspective historique.

Première vertu de l'histoire du droit, elle révèle la relativité des phénomènes juridiques. Cette vertu est partagée par d'autres disciplines. Ainsi l'anthropologie juridique et le droit comparé démontrent-ils amplement que le droit varie, selon les cultures et selon les États. Les conceptions se heurtent sur le rôle qui lui est dévolu dans la société. En Extrême-Orient, l'organisation sociale repose d'abord sur des règles de morale, de convenance et d'étiquette héritées des ancêtres. Le droit n'y est pas tenu en haute estime. C'est un pis-aller pour lutter contre les comportements asociaux. Le contraste est flagrant avec l'Occident qui attribue au droit un rôle éminent dans l'organisation de la société. Même là où il est exalté, le droit n'est pas toujours conçu de la même manière : mode d'organisation d'une société vraiment juste ou technique de contrainte visant à imposer certains comportements, le droit se fait ici ordonnateur, là sanctionnateur. Et même lorsque la conception du droit est identique, les techniques s'affrontent. Ce comparatisme préserve le juriste d'ériger le droit qu'il connaît en modèle absolu. L'histoire du droit invite au même recul salutaire, à ceci près qu'elle souligne la relativité des phénomènes juridiques non dans l'espace, mais dans le temps. Le droit change, il n'est pas une donnée immuable.

Deuxième vertu de l'histoire du droit, elle révèle l'héritage dont notre droit est porteur. Comme un organisme vivant, chaque droit a des marqueurs génétiques qui le rendent à nul autre pareil. Tous les droits modernes, même ceux dont les tendances paraissent révolutionnaires, sont nés de la transformation des systèmes juridiques qui les ont précédés. Notre droit porte l'empreinte des siècles. Et, bien davantage que des solutions, c'est une culture juridique qui se transmet. Prendre la mesure de cette culture, dans toute son épaisseur historique, prépare le juriste à affronter l'innovation avec des armes solides. Aujourd'hui, plus que jamais, le juriste doit être prêt à accompagner le changement.

2 La construction européenne, la mondialisation soumettent notre système juridique national à de fortes turbulences. Aux mutations en cours, l'histoire du droit offre la perspective de la longue durée. Elle nous parle, selon le mot de Claudel « de ce passé dont avec l'avenir est faite une seule étoffe indéchirable ». Elle nous dit que l'autarcie juridique est un phénomène relativement récent. Ce n'est pas avant le XIXe siècle, à l'ère des codifications, que notre droit s'est installé à l'abri de frontières invulnérables. Et à ce

moment, il est déjà le fruit d'une longue histoire. Il résulte d'une superposition d'éléments s'appuyant les uns sur les autres que le temps a consolidés et renouvelés à la fois. Voilà qui oriente la perspective de cet ouvrage consacré à la genèse de cet amalgame. Son fil conducteur sera tiré, sans pompeusement prétendre à l'exhaustivité, de sédiments que chaque époque a laissés dans notre système juridique, d'apports durables dont nous ressentons aujourd'hui encore les effets. Mais plus on remonte dans le passé, moins ces sédiments intéressent la seule France. Comme le figurerait un arbre généalogique, la branche-France est démembrée d'une branche plus épaisse, la famille romano-germanique qui, elle-même, part d'un tronc. La distinction bien connue entre système romano-germanique et système de *Common Law*, qui chacun séparément ont eu une expansion considérable, ne doit pas faire ignorer leur appartenance commune à une famille de droit occidentale. Cette vaste famille est mieux perçue à l'extérieur, là où le droit est conçu autrement, par exemple dans les pays musulmans ou en Extrême-Orient. Cette famille occidentale a produit deux rejetons qui s'opposent bien davantage sur les techniques juridiques que sur le fond du droit. Mais si l'histoire les a séparés, ces deux rejetons sont nés dans le même berceau. Et ce berceau est romain. Les deux familles de droit y ont trouvé une certaine conception du droit, notamment celle d'un droit autonome.

3 Le droit participe de son milieu d'origine. Il en traduit les aspirations, il en subit les influences. La politique, la religion, l'économie, la morale, la philosophie, les faits sociaux... sont autant de facteurs qui contribuent à façonner le droit d'une société donnée. Génétiquement le droit est lié au contexte extra-juridique. Dès lors, deux attitudes sont possibles. Certaines civilisations organisent leur ordre social sans distinguer le droit des modèles de conduite issus principalement de la religion et de la morale. Le grand mérite du droit romain – et une des principales raisons de sa fortune historique – est précisément d'avoir isolé le droit. Ce fut un apport décisif auquel le droit en Occident reste redevable. Pour en mesurer le caractère novateur dans l'Antiquité, une brève incursion s'impose au sein de la tradition juridique antérieure, la tradition orientale (CHAPITRE PRÉLIMINAIRE).

Par opposition à celle-ci, Rome a établi les frontières du droit. L'assise romaine (CHAPITRE 1) prolonge et dépasse cet apport. Après avoir isolé le droit, Rome l'a constitué en discipline scientifique dont elle nous a légué les fondations. Elle nous a aussi laissé un modèle de système juridique.

Après la rupture avec l'empire romain d'Orient, l'Occident entame, au IVe siècle de notre ère, sa destinée propre. Par opposition au droit romain, le droit des IVe-XIe siècles accuse un net recul. Pourtant cette longue période voit l'incubation d'une identité juridique originale (CHAPITRE 2). Cimentée par le christianisme, mais divisée par l'effet des invasions barbares, la famille occidentale annonce déjà la formation de sous-ensembles.

Ces sous-ensembles se cristallisent à partir du XIIe siècle. L'Angleterre développe un système juridique autochtone, celui du *Common Law*. Le continent européen, quant à lui, modernise son droit grâce au droit romain. Ainsi naît la famille romano-germanique (CHAPITRE 3). Si cette famille se réclame d'un « droit commun », les ensembles nationaux qui la composent commencent, entre le XIIe et le XVe siècle, à s'organiser sur le mode de la diversité. En même temps que l'État renaît, la France affirme des droits propres, faits principalement d'une multitude de coutumes.

Du XVIe au XVIIIe siècle, sous l'égide d'une monarchie absolue, la France se forge un ordre juridique spécifique (CHAPITRE 4). Elle aspire à l'indépendance de son droit et réduit sensiblement le pluralisme juridique. Durant ces siècles, se décante une tradition nationale qui sera largement recueillie à l'heure de la codification. Dans le même temps, le droit public affirme son particularisme au sein de l'ordre juridique, quoiqu'il accuse un véritable retard par rapport au droit privé.

Dès 1789, le droit public prend une éclatante revanche. La Révolution ouvre la période dite « intermédiaire » (1789-1814) durant laquelle sont posées les bases d'un nouvel ordre juridique. La loi devient la source essentielle du droit et la codification s'impose sous le Consulat et l'Empire. S'établit un système juridique national auquel le XIXe siècle achève de donner ses derniers traits distinctifs (CHAPITRE 5).

4 Si la démarche adoptée insiste sur les sédiments durables d'une si longue histoire, l'itinéraire parcouru nous fera croiser, en cours de route, des ordres juridiques si profondément différents du nôtre qu'ils nous paraissent aujourd'hui bien exotiques. Des ordres révolus ? Ne concluons pas trop vite ! Le vaste champ d'observation de l'histoire montre en tout cas que le droit n'est pas indissolublement lié à l'État, qu'il n'est pas forcément une sécrétion du législateur. Sa source principale a longtemps été la coutume qui procède des faits. Aussi ne s'étonnera-t-on pas que la part accordée aux faits varie beaucoup dans nos développements. On constatera enfin que, depuis la chute de l'empire romain, les intellectuels d'Occident n'ont pas cessé de rêver à l'unité du droit. Là encore, l'histoire rejoint l'actualité.

BIBLIOGRAPHIE

Une bibliographie spécifique à chaque période sera proposée à la fin du chapitre concerné. Ici prend place une orientation bibliographique d'ensemble.

1. Manuels d'introduction historique au droit

(consulter la dernière édition)

B. BASDEVANT-GAUDEMET, J. GAUDEMET, Introduction historique au droit, Paris, LGDJ.

J.-F. BREGI, *Introduction historique au droit*, Paris, Ellipses.

J.-M. CARBASSE, *Introduction historique au droit*, Paris, PUF, coll. Droit fondamental.

A. CASTALDO, *Introduction historique au droit*, Paris, Dalloz, Précis.

B. DURAND, Chr. CHÊNE, A. LECA, *Introduction historique au droit*, Paris, Montchrestien.

J. GAUDEMET, *Les naissances du droit*, Paris, Montchrestien.

J. GILISSEN, *Introduction historique au droit*, Bruxelles, Bruylant.

A. LECA, *La genèse du droit*, Presses universitaires d'Aix-Marseille.

L. PFISTER, *Introduction historique au droit privé*, Paris, PUF, Que sais-je ?

A. RIGAUDIÈRE, *Introduction historique au droit*, Paris, Litec, Les cours de droit.

N. ROULAND, *Introduction historique au droit*, Paris, PUF, coll. Droit fondamental.

J.-L. Thireau, *Introduction historique au droit*, Flammarion, Champs-Université.

R.-C. Van Caenegem, *Introduction historique au droit privé*, Bruxelles, E. Story-Scientia, 1988.

- *Le droit européen entre passé et futur. Unité et diversité sur deux millénaires*, Paris, Dalloz, 2010.

A. Wijffels, *Introduction historique au droit. France, Allemagne, Angleterre*, Paris, PUF, Themis.

2. Manuels et ouvrages généraux

(consulter la dernière édition)

P. Arabeyre, J.-L. Halperin, J. Krynen (dir.), *Dictionnaire historique des juristes français, XIIe-XXe siècle*, Paris, PUF, 2007.

J. Bart, *Histoire du droit privé, de la chute de l'Empire romain au XIXe siècle*, Paris, Montchrestien.

J. Bouineau, *Traité d'histoire européenne des institutions*, Paris, Litec, 2 tomes, 2004 et 2009.

J.-M. Carbasse, *Histoire du droit pénal et de la justice criminelle*, Paris, PUF, coll. Droit fondamental.

O. Cayla, J.-L. Halperin (dir.), *Dictionnaire des grandes œuvres juridiques*, Paris, Dalloz.

R. David, C. Jauffret-Spinosi, *Les grands systèmes de droit contemporains*, Paris, Dalloz, Précis.

Fr. Garrisson, *Histoire du droit et des institutions*, Paris, Montchrestien, 1977.

J.-L. Halperin, *Profils des mondialisations du droit*, Paris, Dalloz, 2009.

J.-L. Harouel, J. Barbey, E. Bournazel, J. Thibaut-Payen, *Histoire des institutions de l'époque franque à la Révolution*, Paris, PUF, coll. Droit fondamental.

Y. Jeanclos, *Droit pénal européen. Dimension historique*, Paris, Economica.

Ph. Jestaz, *Le droit*, Paris, Dalloz.

G. Le Bras (dir.), *Histoire du droit et des institutions de l'Église en Occident*, Paris, Sirey.

A. Lefebvre-Teillard, *Introduction historique au droit des personnes et de la famille*, Paris, PUF, coll. Droit fondamental.

J.-Ph. Levy, A. Castaldo, *Histoire du droit civil*, Paris, Dalloz, Précis.

P. Ourliac, J.-L. Gazzaniga, *Histoire du droit privé français de l'An mil au Code civil*, Paris, Albin Michel, 1985.

A.-M. Patault, *Introduction historique au droit des biens*, Paris, PUF, coll. Droit fondamental, 1989.

J.-P. Royer, *Histoire de la justice en France*, Paris, PUF, coll. Droit fondamental.

P. Stein, *Le droit romain et l'Europe. Essai d'interprétation historique*, Genève, Zurich, Bâle, Paris, LGDJ, 2004.

Ph. Sueur, *Histoire du droit public français, XVe-XVIIIe siècle*, Paris, PUF.

M. Villey, *Philosophie du droit*, Paris, Dalloz, 1978-1979.

K. Weidenfeld, *Histoire du droit administratif. Du XIVe siècle à nos jours*, Paris, Economica, 2010.

CHAPITRE PRÉLIMINAIRE

Aperçu de la tradition juridique orientale dans l'Antiquité

5 L'Orient a donné à l'humanité ses premières grandes civilisations. Pour s'en tenir au monde qui nous est proche et qui a pour centre la Méditerranée, leur berceau le plus ancien se situe dans le bassin du Tigre et de l'Euphrate, en Mésopotamie. Dans cette terre fertile, l'agriculture s'est sédentarisée grâce à l'invention du drainage et de l'irrigation artificiels. La nécessité d'un travail collectif pour entretenir ce réseau, explique la précocité d'une organisation politique. L'écriture apparaît vers 3000 avant J.-C., indispensable outil à une administration efficace et aux activités d'échange. Avec l'écriture, l'homme entre dans l'histoire et l'histoire du droit peut s'appuyer sur des témoignages directs. Au Proche-Orient, ces témoignages nous renseignent principalement sur les droits cunéiformes (SECTION 1) et sur le droit hébraïque (SECTION 2). Par-delà leurs différences, ces droits présentent des analogies qui dessinent une physionomie générale, marquée par la religion, la morale et l'empirisme.

SECTION 1

LES DROITS CUNÉIFORMES

6 Sont ainsi baptisés les droits du Proche-Orient dont les textes sont rédigés en écriture cunéiforme, écriture combinant des éléments en forme de coins ou de clous. Cette unité culturelle s'applique à des droits qui s'échelonnent sur les trois millénaires avant notre ère et dans un espace géographique couvrant la Mésopotamie, la Syrie et l'Anatolie. S'y sont succédé plusieurs civilisations brillantes dont certaines ont constitué de grands empires. Leur droit se caractérise par son empirisme (**§ 1**) et par son imprégnation religieuse (**§ 2**).

§ 1. Un caractère empirique

7 La documentation provient dans son écrasante majorité d'actes de la pratique, rédigés sur des tablettes d'argile. Elle comprend également des textes législatifs, rassemblés dans des codes ou ordonnés dans des édits royaux. Aucun document doctrinal. Tous les droits cunéiformes ont en commun leur caractère empirique. Leur source prépondérante est la coutume orale et le droit écrit n'intervient que pour compléter ou amender une coutume. Les lois se présentent sous une forme casuistique, c'est-à-dire qu'elles énumèrent des solutions fixées pour des cas d'espèce, sur les sujets les plus divers regroupés par thèmes. Cet aspect ne suffit pas, en soi, à démontrer le caractère empirique du droit ; ce qui compte davantage, c'est que l'écriture n'a pas servi de point de départ à une réflexion théorique. C'est ce que révèle non seulement l'absence totale de textes doctrinaux, mais aussi le vocabulaire même du droit qui ignore toute abstraction : contrats, successions ou mariages sont connus et pratiqués sans être désignés par des mots abstraits.

§ 2. Une imprégnation religieuse

8 Le droit est également profondément imprégné par la religion. Le droit mésopotamien, par exemple, se présente volontiers comme un droit révélé. C'est particulièrement visible dans son plus célèbre monument législatif, le code d'Hammurabi. Hammurabi, roi de Babylone, avait réunifié la Mésopotamie vers 1750 avant J.-C. et promulgué un code, gravé sur une belle pierre noire (de nos jours exposée au Musée du Louvre). Si le monarque s'y proclame « roi du droit », ce droit est présenté comme l'objet d'une révélation. Au sommet de la pierre, figure une sculpture. Le roi Hammurabi est debout, la main sur la bouche en signe de respect, devant le dieu Shamash qui symbolise à la fois le soleil et la justice. Le dieu siège sur un trône et tend au roi un roseau, dont on se servait pour écrire sur les tablettes d'argile humide. Manifestement Shamash s'apprête à dicter le code. Donné par un dieu, le droit n'est pas destiné à changer. À la fin du code, une formule maudit à l'avance celui qui oserait changer la loi, écrite à jamais. Ce code a effectivement survécu à son auteur, et même à la disparition de Babylone. On en a retrouvé une trentaine de copies, soit en terre babylonienne, soit dans des pays étrangers, qui s'appliquaient encore mille ans après la chute de l'empire hammurabien : le droit n'avait, au cours des siècles, subi que des modifications de portée limitée. Dans ce type de société, beaucoup plus statique que nos sociétés modernes, le droit demeure plus voisin de la morale. Les impératifs de la conservation sociale expliquent la place tenue dans les normes juridiques par les infractions à la morale, notamment par les manquements à la morale sexuelle et familiale.

9 Autre signe de l'imprégnation religieuse, l'ordalie. L'ordalie, souvent appelée jugement divin, est un mode de preuve qui fait appel aux dieux : le plaideur est soumis à une épreuve matérielle destinée, en l'absence d'autres preuves, à révéler la vérité. En Mésopotamie, elle prend fréquemment la forme de l'ordalie fluviale. Le juge ordonne que le plaideur – le plus souvent le demandeur – aille « au dieu-Fleuve ». Des gestes rituels sont accomplis, des

paroles solennelles prononcées en présence de tous les intéressés. L'ordaliste entre, à pied, dans le fleuve et s'y avance jusqu'à une certaine profondeur d'eau, déterminée à l'avance. Son innocence est prouvée s'il surnage, sa culpabilité l'est s'il coule. L'administration de la preuve dépend donc de la volonté divine. Il faut se garder de porter sur cette pratique un jugement de valeur trop hâtif. Les juges savaient fort bien orienter le cours de la justice divine en fonction de leur intime conviction. Ils jouaient sur le lieu, sur la date, sur la hauteur d'eau, sur la distance à parcourir. On s'en doute bien, pénétrer très profondément dans un fleuve en crue torrentielle laissait moins de chances que se baigner jusqu'au menton en période d'étiage !

SECTION 2
LE DROIT HÉBRAÏQUE

10 Par rapport aux empires du Proche-Orient, les Hébreux occupent un espace géographiquement microscopique. Mais ce qui confère au peuple d'Israël une place essentielle dans l'histoire de l'humanité, c'est sa religion, la première religion monothéiste, mère du judaïsme, du christianisme et de l'islam. Les Hébreux sont une population sémitique nomade originaire de la Basse Mésopotamie, répartie en tribus dirigées par des patriarches. Au deuxième millénaire avant J.-C., ils se fixent en Canaan (Palestine et Phénicie), sous l'impulsion du patriarche Abraham. C'est avec Abraham et sa descendance qu'est conclue la première alliance divine. Après un exil de plusieurs siècles en Égypte, les Hébreux reviendront vers 1250 sous la conduite de Moïse, avec qui Dieu conclut une nouvelle alliance, et s'installent à nouveau en Canaan. Le droit hébraïque appartient au même fonds culturel que les droits cunéiformes. Tout comme eux, il se signale par ses caractères religieux (**§ 1**) et empirique (**§ 2**).

§ 1. Un droit religieux

11 Les sources juridiques se trouvent dans la Bible, surtout dans les cinq premiers livres de l'Ancien Testament : Genèse, Exode, Lévitique, Nombres et Deutéronome. Ces cinq livres forment un ensemble que la tradition juive nomme « la Loi » (la Torah) et que l'on désigne aussi du terme de Pentateuque (d'après les cinq étuis qui renfermaient les rouleaux). C'est une compilation, du Ve siècle avant J.-C., qui regroupe la première liste de textes, d'origines et de dates diverses, reconnus officiellement comme faisant autorité pour la foi et la vie pratique. Le noyau primitif de la législation hébraïque est le Décalogue. C'est un droit révélé à Moïse sur le Mont Sinaï. Les dix commandements ont été gravés, dit la Bible, « du doigt de Dieu » sur des tables de pierre. Brisées, les tables ont à nouveau été écrites par Moïse. Les Hébreux les rangeaient dans un coffre de bois, l'Arche d'Alliance, abritée dans une tente. L'Arche représentait le marchepied de Dieu sur la terre et était donc symbole de sa présence. Toujours sous la dictée de Dieu, Moïse a écrit le « Code de l'Alliance » qui intègre des normes juridiques coutumières et le « Code sacerdotal » contenant essentiellement des prescriptions cultuelles. L'ensemble a été complété par une « loi donnée pour la deuxième fois » (Deutéronome), dont le texte a été découvert dans le temple par un grand-prêtre. On le voit, le droit fait toujours l'objet d'une révélation.

12 Dans la Loi, figurent les prescriptions les plus diverses : règlementation du culte, statuts familiaux, droit pénal, organisation de la justice, traitement des esclaves, règles morales et même des règles d'hygiène ou de diététique, comme des interdits alimentaires. Tout est mélangé dans le même ensemble normatif, tout est prescription religieuse. Donnée par Dieu, la Loi est immuable. Le juge est lié par elle, moins parce qu'elle est loi que parce qu'elle est sainte. L'adaptation aux besoins nouveaux ne peut se faire que par interprétation [1]. Celle-ci appartient au juge, mais elle est également

1. Sur la spécificité de la démarche, Abraham Weingort, *Rencontres. Droit talmudique et droit des nations*, Safed éditions, reimpr. 2006.

revendiquée par les prophètes : ils n'hésitent pas à déchaîner leurs foudres contre celui qui applique les règles à la lettre, mais contrairement à l'esprit de la Loi. Le véritable juge, c'est Dieu lui-même. L'Ancien Testament offre un cas (unique) d'ordalie. La femme soupçonnée d'adultère est soumise à l'épreuve des eaux amères. Après avoir prêté serment, elle absorbe un breuvage composé d'eau sanctifiée où l'on a dissous de la poussière du sanctuaire et le texte des imprécations qu'elle a récitées. Inoffensive sur la femme vertueuse, la boisson deviendra amère si la femme est coupable ; des marques physiques révéleront alors son infidélité : « son ventre enflera et son sein dépérira », dit la Bible.

§ 2. Un droit empirique

13 Enfin, tout comme le droit cunéiforme, le droit hébraïque est empirique. Il ne formule pas de règles abstraites. Soit son expression est casuistique (« quand un homme volera un bœuf... et qu'il l'aura abattu ou vendu... il donnera cinq bœufs en compensation »), soit il s'agit d'ordres personnels de Dieu (« tu ne tueras pas », « tu ne voleras pas »). La Bible n'a d'ailleurs pas de concept juridique. Son langage est toujours concret. Le droit n'est jamais isolé de l'acte qu'il désigne et du sujet de cet acte.

14 Ce bref aperçu du monde proche-oriental montre qu'une civilisation peut atteindre un très haut degré sans ériger son droit en science autonome. Une observation identique peut être faite à propos de la **Grèce antique**, alors même que l'on y rencontre, pour la première fois, une réflexion théorique sur le droit. Les Grecs se sont interrogés, notamment, sur la définition du droit et sur sa finalité. Cette réflexion a été l'œuvre des philosophes. Mais aucun d'entre eux ne s'y est consacré exclusivement. Aucun n'en a fait l'objet principal de son effort de connaissance. Le droit n'est que l'une des matières abordées par la science « universelle » qu'est la philosophie. Celle-ci traite aussi bien de morale ou de sciences naturelles. À tout elle applique les mêmes méthodes.

BIBLIOGRAPHIE

Ph.-I. ANDRÉ-VINCENT, « Le langage du droit dans la Bible », Archives de philosophie du droit, 19, 1974, p. 89-102.

G. CARDASCIA, « Les droits cunéiformes. Le droit égyptien. Le droit hébraïque », dans J. MONIER, J. IMBERT et G. CARDASCIA, *Histoire des Institutions et des faits sociaux des origines à l'aube du Moyen Âge*, Paris, 1956, p. 7-98.

La coutume dans les droits cunéiformes, Recueils de la société Jean Bodin, 51, *La coutume*, 1re partie, 1990, p. 62-69.

« L'ordalie fluviale dans la Mésopotamie ancienne », *RHD* 71. 1993, p. 169-184.

F. JOANNES (dir.), *Rendre la justice en Mésopotamie. Archives judiciaires du Proche-Orient ancien (IIIe-Ier millénaires avant J.-C.)*, Saint-Denis, 2000.

S. LAFONT, « L'interprétation de Nb 5, 31 à la lumière des droits cunéiformes », dans J.-M. DURAND (éd.), *La femme dans le Proche-Orient antique*, Comptes rendus des Rencontres Assyriologiques Internationales, 33, Paris, 1987, p. 49-52.

E. VOLTERRA, « Les rapports entre le Droit romain et les Droits de l'Orient », *Revue internationale des droits de l'Antiquité* 1955, p. 135-155.

CHAPITRE 1

L'assise romaine

15 Rome incarne une expérience unique, à la fois dans l'espace et dans la durée. Dans l'espace, car Rome est passée d'une modeste cité à un empire gigantesque : à l'époque de sa plus grande extension, sous l'empereur Trajan (IIe siècle après J.-C.), les frontières vont de la Bretagne au Golfe persique, de l'Afrique du Nord à la Mer noire, de la Nubie au Danube et au Rhin. L'empire romain a donc couvert une bonne partie de l'Europe actuelle et l'a très largement dépassée. Expérience unique également dans la durée : Rome passe pour avoir été fondée en 753 avant J.-C. L'Empire romain d'Occident s'achève en 476 de notre ère, celui d'Orient persiste jusqu'en 1453. Il est d'usage de s'arrêter en 565, à la mort du dernier empereur qui utilisa le latin comme langue officielle, l'empereur Justinien. Au delà, on parle d'Empire byzantin et son droit ne nous intéresse plus directement.

16 Au cours de ces quatorze siècles, Rome a connu **différents régimes politiques**. La Royauté, d'abord, dure jusqu'en 509 avant J.-C. À cette date, une révolution féodale avant la lettre chasse le dernier roi et instaure une république. La République romaine n'a jamais été une démocratie. C'est un savant mélange entre trois éléments tenus de collaborer : des magistrats (hommes politiques élus en principe pour un an), le Sénat et le Peuple qui s'exprime dans des assemblées. Au Ier siècle avant notre ère, la République

vole de conquête en conquête, mais elle le paiera d'un prix très lourd : sa disparition. En effet, les institutions républicaines ne sont plus adaptées à l'administration d'un empire territorial devenu immense. Rome s'achemine vers le pouvoir personnel, à travers une succession de guerres civiles et de coups d'État. La dernière bataille de la République agonisante oppose deux héritiers de César, son lieutenant Marc-Antoine et son fils adoptif, Octave. Rivalité personnelle, mais aussi conflit entre deux civilisations. Octave incarne l'Occident latin. Marc-Antoine, qui vit avec la reine d'Égypte Cléopâtre, représente l'Orient grec. L'avenir de Rome se joue devant les côtes de Grèce, à Actium. Antoine perd la bataille. Octave n'a que 32 ans et il devient maître du monde romain. Après avoir mis fin à la guerre civile – à son profit – Octave déclare solennellement qu'il renonce à tous les pouvoirs exceptionnels dont il disposait et qu'il rétablit la République : il restitue leurs pouvoirs au Sénat et au Peuple romain. Aussitôt le Sénat le prie de rester. Octave y consent, acceptant prérogatives et titres nouveaux. Il change de nom et devient Auguste. Voilà signé, en janvier 27 avant J.-C., l'acte de naissance d'un nouveau régime, le « Principat », souvent appelé Haut-Empire. Ce régime se caractérise par l'ambiguïté. Sa façade républicaine dissimule une réalité monarchique et le pouvoir grandissant d'un seul homme, le *Princeps* (le « premier »). Toute l'histoire du Principat est celle d'une évolution continue vers l'absolutisme. Quatre dynasties s'y emploieront successivement. Les empereurs de la dynastie julio-claudienne (d'Auguste à Néron, mort en 68 après J.-C.) respectent encore les formes traditionnelles. L'avènement de la dynastie flavienne (69-96) marque un premier tournant dans le renforcement du pouvoir personnel et de l'administration impériale. Sous les Antonins (96-192), les principes monarchiques triomphent. Trajan est déjà appelé *Dominus*, maître. Avec les empereurs Sévères (193-235), l'absolutisme s'impose définitivement. Après la mort de l'empereur Alexandre Sévère en 235, le Principat s'achève sur une période d'anarchie militaire. L'armée fait et défait les empereurs : en 50 ans, trente-neuf empereurs se succèdent, dont six seulement échappent à une mort violente. En 284, Dioclétien rétablit un régime fort. C'est le début de la période dite du Bas-Empire. Face aux menaces – révoltes multiples et invasions barbares – jamais le pouvoir n'a été plus absolu. Il est encore renforcé lorsque l'empereur Constantin se convertit au christianisme en 312 : c'est une monarchie de droit divin. En 326, Constantin fonde une nouvelle capitale, une « nouvelle Rome », à laquelle il donne son nom et sa préférence, Constantinople. Elle deviendra, après la division définitive de l'Empire en deux parties, la capitale de l'Empire d'Orient. La courte histoire de l'Empire d'Occident – qui s'effondre en 476 – est marquée par ce qu'il est convenu d'appeler les invasions barbares. L'Empire d'Orient résiste mieux. Au VIe siècle, l'empereur Justinien, hanté par la grandeur passée de Rome, entreprend même la reconquête de l'Occident. Cette reconquête ne lui survivra guère. Mais ce qui va lui survivre, c'est la compilation du droit romain qu'il fait réaliser pour en faire un instrument de stabilité politique et d'unité de l'empire.

17 Au cours d'une histoire si longue, **le droit a évolué** pour s'adapter à la société qu'il régissait. Traditionnellement, on divise l'histoire du droit romain en **trois périodes** qui correspondent à trois formes de procédures civiles. La première, ou période de l'ancien droit, dure jusqu'à la moitié du IIe siècle avant J.-C. Son droit est très formaliste, à l'image de la procédure dite des « actions de la loi » qui requiert l'emploi scrupuleux de paroles rituelles. La deuxième période, ou période classique, est celle de l'âge d'or du droit romain. Elle s'étend d'environ 150 avant J.-C., jusqu'au IIIe siècle de notre ère. Elle correspond à la procédure dite « formulaire », beaucoup plus souple. Le droit romain acquiert alors ses traits essentiels. La troisième période coïncide, quant à elle, avec le Bas-Empire. Elle voit le triomphe de la procédure dite « extraordinaire » qui, absolutisme oblige, fait aboutir toute la justice à l'empereur. Arrive alors le temps des compilations.

C'est grâce aux compilations de Justinien que fut sauvé ce qui constitue l'immense apport de Rome au droit, à savoir les fondations d'une discipline autonome (SECTION 1). Ces compilations sont aussi le point d'aboutissement d'une mutation du système juridique romain qui a concentré le droit entre les mains du pouvoir et qui servira de modèle au système juridique de l'Europe continentale (SECTION 2).

SECTION 1
LES FONDATIONS D'UNE DISCIPLINE AUTONOME

18 Très tôt, le droit a été pour les Romains un objet d'orgueil national : « C'est incroyable comme tout le droit civil, à part le nôtre, est confus et presque ridicule » s'exclamait Cicéron au Ier siècle avant notre ère. Déjà le droit romain se signalait par sa supériorité. Et il était encore appelé à se perfectionner. Mieux encore, il allait survivre au monde qui l'avait créé. Pourquoi ? Parce que Rome a ouvert une route, une route aussi pérenne que ces voies romaines sur lesquelles on circule encore aujourd'hui. Elle a donné au droit ses lettres de noblesse et des assises suffisamment solides pour défier le temps. En isolant le droit, les Romains lui ont permis de se constituer en discipline autonome (SOUS-SECTION 1). Dès les temps les plus anciens, le droit public et le droit privé sont différenciés. Mais le génie juridique romain nous a surtout livré ses richesses dans le domaine des relations entre particuliers, car ce fut le terrain d'élection de cet expert que Rome a inventé, le juriste. La différenciation du droit par rapport aux autres systèmes normatifs a en effet permis l'émergence d'une catégorie professionnelle de spécialistes du droit (SOUS-SECTION 2). À leur discipline les juristes romains ont imprimé un caractère scientifique (SOUS-SECTION 3).

SOUS-SECTION 1
L'AUTONOMIE DU DROIT

19 L'autonomie du droit ne signifie pas que le droit soit imperméable à toute influence extérieure. À Rome, comme ailleurs, le droit a été tributaire des différentes forces qui agissent dans la vie sociale. L'autonomie du droit veut dire que le droit a un objet propre (**§ 1**), des sources propres (**§ 2**), des méthodes propres, qui ne se confondent pas avec l'objet, les sources ou les méthodes d'autres modes de contrôle social ou d'autres objets de savoir.

§ 1. Un objet propre

Par opposition aux civilisations orientales, Rome a très tôt marqué les frontières du droit (**A**). Celles-ci n'eurent pas pour effet de confiner le *ius* (droit) qui a, au contraire, ensuite vu son objet s'étendre à toutes sortes de relations entre les hommes (**B**). Cette conception d'un droit dynamique, en extension, est encore un legs de Rome au monde occidental.

A. L'isolation du droit

Le droit a été séparé non seulement d'autres systèmes de régulation sociale comme la religion (**1**), la morale (**2**), mais il a également pris ses distances par rapport aux faits (**3**). Enfin pour se construire en science, il n'a pas pris pour modèle la philosophie (**4**).

1. Le droit isolé de la religion

20 À Rome, comme dans les autres sociétés antiques, le droit plonge ses racines dans la religion. Mais de bonne heure, droit et religion apparaissent comme deux mondes séparés. Cette séparation a été l'œuvre des pontifes qui, durant des siècles, ont détenu à la fois la connaissance de la religion et celle du droit. La religion romaine et l'ancien droit romain ont été façonnés par les mêmes hommes et sur le même modèle, privilégiant les techniques efficaces. Et l'efficacité supposait un partage des tâches : à la religion fut assignée celle de maintenir la paix entre les dieux et les hommes, au droit celle de maintenir la paix entre les hommes. Ces deux vocations complémentaires ont été d'autant mieux distinguées et réparties qu'elles incombaient à une autorité unique, celle des pontifes. Très tôt isolé du culte, le droit a d'abord été un droit sacré, faisant notamment appel aux dieux pour se former (par serment) ou pour sanctionner ses violations. C'est à ses origines sacrales que le droit doit la valeur éminente qu'il a toujours conservée. Ce droit sacré a ensuite été converti en un droit laïque dépendant de la seule volonté des hommes et se suffisant à lui-même. Cette laïcisation a été précoce. La loi des XII Tables, déjà (450 avant J.-C.), ne comprend plus que quelques résidus sacrés.

Au milieu de la République, le monde du divin et le monde de l'humain sont rigoureusement étanches. Il n'y a pas de chevauchement et donc pas de conflit possible, qui aurait posé la question d'une hiérarchie. On ne saurait trop insister sur cet apport de Rome au monde occidental. Séparé de la sphère religieuse, le droit peut être analysé, critiqué, modifié sans que la critique ou le changement soient ressentis comme un sacrilège, comme une atteinte à l'ordre divin.

2. Le droit isolé de la morale

21 Pas plus qu'elle n'était indifférente à la religion, Rome n'était indifférente à la morale. L'ancien Romain exemplaire se signale même par la sévérité de ses mœurs. Mais pas plus que la morale n'est confondue avec la religion (la religion romaine est dépourvue de connotation morale), la morale n'est confondue avec le droit. Alors que la morale est mouvante et subjective, le droit est fixe et objectif. Très tôt, là encore, les Romains ont vigoureusement souligné la distinction entre le droit et la morale. Ils l'ont même en quelque sorte institutionnalisée en confiant la sanction des actes immoraux aux censeurs. Élus tous les cinq ans, deux censeurs peuvent infliger des blâmes, voire certaines dégradations, pour sanctionner des actes contraires à la morale. Sont par exemple passibles de la *nota censoria* le luxe déréglé, l'abus du divorce (facile à Rome), la vie désordonnée ou encore l'éducation défectueuse des enfants (malgré la toute-puissance en droit de la puissance paternelle). L'incarnation de la morale dans la censure a permis de ne pas perdre de vue la finalité du droit : mécanisme de maintien de l'ordre social, le droit n'appartient pas au domaine du sentiment, il recherche l'opportunité objective.

3. Le droit isolé du fait

22 Le droit romain a clairement posé la séparation entre le droit et le fait. Elle s'exprime nettement dans l'organisation de la justice. Un des traits originaux et caractéristiques de la procédure civile ordinaire est en effet, à Rome, la division de l'instance en deux parties bien distinctes. La première phase, dite *in iure*, se déroule devant le magistrat chargé de la justice. La deuxième phase, dite *apud iudicem*, se déroule devant le juge, qui est un simple particu-

lier. C'est dans la première phase que sont réglées les questions de droit. Le magistrat organise le procès, avec la collaboration des parties auxquelles il indique le droit. S'il n'a pas une connaissance suffisante des questions juridiques (car c'est un homme politique), il se fait assister de conseillers. Puis il nomme le juge. Dans la deuxième phase, le juge s'occupe des faits. C'est lui qui vérifie le bien-fondé des allégations des parties. Il examine les preuves produites et rend la sentence. Ce partage permit au magistrat romain de traiter toutes les questions juridiques qui se présentaient devant lui, ce qu'il n'aurait pu faire s'il avait dû perdre son temps avec les preuves, expertises ou interrogatoires.

23 L'assistance en justice connaît également un partage des tâches entre les avocats et les juristes. Les parties peuvent se faire assister d'avocats, qui, à Rome, ne sont pas des juristes. La défense en justice incombe aux orateurs, formés à la philosophie et à la rhétorique. Pour convaincre, ils emploient toutes les recettes de la persuasion, y compris l'émotion, manient l'art de la démonstration logique et de l'éloquence, sollicitent toutes sortes d'éléments étrangers au droit. Les juristes, quant à eux, contribuent à la résolution des litiges en donnant un avis sur le droit en cause, à la demande des plaideurs, de leurs défenseurs, du magistrat ou du juge. Ils déterminent ce que prescrit le droit dans un cas donné, ou bien quelles conséquences résultent, au point de vue du droit, d'un certain acte ou d'un certain fait. Leur tâche n'est pas de vérifier dans la pratique les données qu'on leur soumet. Ils ne s'occupent pas des faits, ils résolvent des cas, de façon impartiale. C'est l'avocat, ensuite, qui transforme l'avis impartial en arme utile à la lutte judiciaire. C'est lui qui s'occupe des moyens propres à convaincre le juge, et notamment des preuves. Cicéron, grand avocat, nous raconte que le jurisconsulte C. Aquilius Gallus ne voulait donner de conseils que sur le droit et qu'il lui renvoyait les questions de preuve : « Cela ne concerne en rien le droit, répondait-il régulièrement, allez voir Cicéron ».

24 La distance entre le droit et le fait n'apparaît nulle part mieux que dans la fiction. La fiction est « un mensonge technique consacré par la nécessité » (Jhering). C'est un artifice qui consiste à faire comme si un fait (ou une situation) existait ou bien, au contraire, n'existait pas, pour parvenir à un résultat jugé souhaitable. Le droit romain est riche en fictions de toutes sortes. Par exemple, l'enfant à naître est tenu pour déjà né chaque fois qu'il y va de son intérêt, notamment pour qu'il puisse hériter. Autre exemple, un prisonnier de guerre mort en captivité est censé être mort au moment de sa capture pour que son testament soit valable. On le voit, la naissance ou la mort sont déplacées par la seule œuvre du droit. Le phénomène juridique prend une distance par rapport aux faits pour exercer une emprise sur la réalité. Il peut décréter la naissance ou la mort en parfaite contradiction avec la réalité naturelle.

4. Le droit isolé de la philosophie

25 Le droit romain avait déjà plusieurs siècles d'existence lorsque se répandit à Rome la philosophie grecque, à la fin du IIe siècle avant J.-C. Hommes de culture, les maîtres du droit n'y échappèrent pas. Mais, poursuivant leur souci d'affirmer l'autonomie de leur science, ils n'adoptèrent pas les catégories des philosophes. Pas question de s'appuyer sur un dogme philosophique pour en tirer des corollaires juridiques. Décidément le droit romain était et resta pragmatique. Les besoins de la pratique répugnaient à l'enfermement dans un système. Les juristes se méfiaient des généralisations et ne se laissaient pas séduire par la conséquence strictement logique d'un principe général. Les juristes romains ne s'essayèrent pas davantage aux spéculations, abandonnant ce genre à d'autres, orateurs ou rhéteurs. Ignorant l'esprit de système, leur génie s'épanouira dans l'analyse et dans la technicité. Cela n'ira pas toujours sans inconvénient : le plan, par exemple, restera longtemps le point faible de la littérature juridique et les grandes théories générales du droit ne seront pas l'œuvre des Romains.

En somme, non seulement le droit n'est pas confondu avec les exigences de la religion, de la morale ou de la philosophie, mais il n'est pas non plus asservi à l'ordre des choses, ni aux évidences de la nature. C'est grâce à cette autonomie que le droit a pu se libérer de l'empirisme et se construire en science.

B. Un objet en extension

26 « *Ubi societas, ibi ius* » disaient les Romains : là où il y a société, il y a droit. Jouant un rôle essentiel dans l'organisation de la société, le droit a été étendu à toutes sortes de relations entre les hommes. Mais parmi les règles de droit, toutes n'ont pas le même but, ni le même domaine d'application. Les Romains ont poursuivi leur travail d'isolation à l'intérieur du droit lui-même en distinguant des groupes de normes. C'est ainsi qu'ils ont distingué le droit public du droit privé (**1**) et, au sein du droit privé, plusieurs masses juridiques (**2**).

1. *Ius publicum – ius privatum*

27 La distinction entre le droit public et le droit privé existe à Rome dès l'époque archaïque. Mais ce n'est que progressivement que ce que nous appelons droit public a été qualifié par les juristes de *ius publicum*. L'expression a d'abord compris les garanties données aux citoyens contre le pouvoir pour s'étendre, au début du IIIe siècle de notre ère, sous la plume du jurisconsulte Ulpien, à toute l'organisation de l'État. Ulpien distingue le *ius publicum* du *ius privatum* en ces termes : « Le droit public est ce qui regarde l'état de la chose romaine, le droit privé ce qui concerne l'utilité des particuliers ». Quant au contenu du droit public, Ulpien se borne ensuite à énumérer les institutions de l'État romain. Pour le droit privé, il poursuit sa classification en distinguant *ius civile*, *ius gentium* et *ius naturale*.

2. L'extension du droit privé

28 Les progrès du droit privé se sont traduits par une extension de masses juridiques en cercles concentriques.

Le *ius civile* correspond au cercle le plus étroit. C'est le droit propre à chaque État (chaque « cité », dit-on dans l'Antiquité). À Rome, il est réservé aux citoyens romains, à l'exclusion, en principe, des pérégrins c'est-à-dire des étrangers.

29 Le *ius gentium*, littéralement le droit des nations, correspond au cercle moyen. Le *ius gentium* est fait pour tous les peuples. À la différence du *ius civile*, il est utilisable aussi bien par les pérégrins que par les citoyens romains. D'origine plus récente, il est apparu pour permettre les relations commerciales avec l'étranger. Appli-

qué au départ à Rome par le préteur pérégrin, il s'est ensuite répandu dans les provinces au fur et à mesure de la conquête et il s'est surtout développé dans le domaine du droit des obligations, notamment pour le droit des contrats. La distinction du *ius civile* et du *ius gentium* a perdu une partie de son intérêt en droit privé lorsque les empereurs ont accordé plus libéralement la citoyenneté romaine aux pérégrins et surtout lorsque, en 212, un édit de l'empereur Caracalla a accordé la citoyenneté à tous les habitants de l'empire.

30 Le *ius naturale* correspond enfin au cercle le plus large. La loi naturelle est un concept qui provient de la philosophie grecque, mais les juristes romains l'ont remodelé pour l'introduire dans le droit. Transposé en droit romain, le droit naturel est devenu le droit commun à toutes les espèces vivantes. Ce droit universel ne sert pas, comme chez les philosophes, de fondement aux normes positives ; il sert à les étendre. Le meilleur exemple que l'on puisse donner de son utilité pratique chez les juristes, concerne les esclaves. Le *ius naturale* est un droit commun aux hommes et aux esclaves, à la différence du *ius gentium* qui ne s'applique qu'à des hommes libres et admet l'esclavage. Par nature, tous les hommes sont libres. C'est en se fondant sur le droit naturel que l'on reconnaîtra, notamment, la validité des contrats passés par les esclaves.

§ 2. Les sources du droit

31 C'est aux Romains que l'on doit la jolie métaphore de « sources » pour désigner les modes de création des règles de droit. La source de la règle juridique est toujours individualisée dans une activité humaine. Au IIe siècle de notre ère, le juriste Gaius en dresse l'inventaire : « Les sources du droit, pour le peuple romain, sont les lois, les plébiscites, les sénatus-consultes, les constitutions des empereurs, les édits de ceux qui ont le droit d'émettre des édits, les réponses des prudents ». Toutes ces sources ne sont pas apparues en même temps et l'énumération de Gaius n'obéit pas à l'ordre chronologique dans lequel nous les aborderons : lois (et plébiscites) (**A**), jurisprudence (**B**), édit du préteur (**C**), sénatus-

consultes (**D**), constitutions impériales (**E**). À cet inventaire, nous rajouterons la coutume dont Gaius ne parle pas (**F**).

A. La loi

32 La *lex publica* est votée par les citoyens assemblés en « comices », sur proposition d'un magistrat dont elle portera ensuite le nom. De la loi, il faut rapprocher le plébiscite, voté par l'assemblée propre à la plèbe, ou « concile de la plèbe », sur proposition d'un tribun de la plèbe qui, lui aussi, y attachera son nom. En 286 avant J.-C., le plébiscite est assimilé à la loi et, dès lors, la législation adoptera souvent cette voie, plus facile à mettre en œuvre. Le peuple du droit n'a pas été un peuple législateur (F. Schulz). Si la loi a joué à Rome un grand rôle en droit public, elle occupe une place modeste en droit privé. Au cours des sept siècles pendant lesquels cette source a été utilisée, on compte environ 800 lois et, sur celles-ci, à peine une trentaine concernent le droit privé. C'est que le droit privé est une discipline d'initiés ; son élaboration reste hors de portée du peuple. Le style des lois diffère d'ailleurs profondément de celui des juristes professionnels. Si le législateur parle à l'impératif, il se signale aussi par sa verbosité.

B. La « jurisprudence »

33 Dans son sens romain, la *iuris prudentia* ou jurisprudence ne désigne pas les décisions des tribunaux, mais la science du droit. C'est par l'interprétation qu'elle contribue à la création du droit. Nous reviendrons plus longuement sur la place essentielle tenue par l'activité des juristes qui écrivent des commentaires et délivrent des consultations. Ces consultations portent le nom de *responsa*. Leur autorité dépend de la notoriété de leur auteur, et lorsque le *responsum* provient d'un jurisconsulte réputé, il est régulièrement suivi. D'autant plus que la gratuité de la consultation est le gage de son impartialité.

C. L'édit du préteur

34 À partir du IIe siècle avant J.-C., l'édit du préteur est la source principale du droit privé. Le préteur est à Rome le magistrat judi-

ciaire, élu pour un an. À son entrée en fonction, il publie un édit qui constitue en quelque sorte son programme d'activité pour l'année à venir. Cet édit énumère les cas dans lesquels le magistrat délivrera des moyens de procédure, des actions. Comme en droit moderne, le droit romain distingue le droit de l'action. Mais en droit moderne, le droit, défini par la loi, précède l'action qui n'est là que pour le faire respecter. Il en va différemment du droit prétorien : le préteur peut délivrer des actions dans un domaine où la loi ne s'est pas prononcée. En ce cas, l'action précède le droit parce que le préteur a décidé de prendre en compte une situation. Le préteur ne promulgue pas des règles de fond, mais il délivre des moyens de procédure : en fait, cela revient à créer du droit et cela permet de le faire évoluer en sanctionnant des situations nouvelles. Il en va de même de nos jours lorsque le juge administratif apprécie la recevabilité d'un recours (donc le bien-fondé d'une procédure) dans un domaine où le requérant invoque son intérêt à agir alors même qu'il n'existe aucun droit subjectif aisément identifiable. Le juge administratif élabore la règle en même temps qu'il l'applique au litige et, éventuellement, en sanctionne la violation. Ce n'est pas un hasard si on dit du droit administratif moderne qu'il est un droit prétorien. À Rome, le préteur annonce à l'avance quelles situations il protègera. Son édit est un catalogue de toutes les actions qu'il propose. L'édit d'entrée en charge est qualifié d'« *edictum perpetuum* » (édit perpétuel) car il reste valable pendant toute l'année (par opposition aux *edicta repentina*, édits motivés par des circonstances imprévues). D'une année sur l'autre, même si un préteur reprend l'essentiel de son prédécesseur, l'édit est révisé, amélioré, enrichi. C'est donc une source du droit extrêmement souple, en prise directe et rapide avec les nécessités pratiques.

D. Les sénatus-consultes

35 Portent le nom de sénatus-consultes les textes votés par le Sénat où siègent ceux qui ont géré une magistrature. Le Sénat est une institution essentielle sous la République. C'est une sorte de Grand Conseil, convoqué par un magistrat qui lui présente la question à

débattre. Techniquement, le Sénat ne rend que des avis, sous une forme courtoise, et les magistrats ne sont pas tenus de les suivre. En pratique, il leur est difficile de ne pas s'incliner. C'est le cas notamment lorsque la haute assemblée donne son avis sur un projet de loi. Mais c'est aussi le cas lorsque le Sénat pose des principes dans des matières qui relèvent de sa compétence et qu'il invite ensuite les magistrats à les sanctionner, par exemple en matière financière. Avec le Principat, le sénatus-consulte acquiert une place grandissante et devient une source directe du droit.

E. Les constitutions impériales

36 À Rome, le mot « constitution » désigne non pas, comme de nos jours, la loi fondamentale de l'État, mais un texte normatif qui émane de l'empereur. Ce type de source est donc naturellement propre à l'Empire. Nous verrons ultérieurement qu'elle éliminera peu à peu les autres sources en se substituant à elles.

F. La coutume

37 Si en droit public le rôle de la coutume est, à Rome, reconnu sans difficulté, il n'en va pas de même du droit privé. La coutume est régulièrement absente des catalogues de sources du droit proposés par les juristes classiques. Cela peut paraître d'autant plus surprenant que la loi occupe une place restreinte. C'est tout simplement que l'adaptation du droit aux nécessités nouvelles n'a pas besoin de la coutume. Le système juridique romain dispose en effet de sources qui lui permettent d'absorber quasi-instantanément les nouveautés de la pratique : l'édit du préteur, l'interprétation jurisprudentielle sont si souples que la coutume, fondée sur la répétition, n'a même pas le temps de se former.

38 C'est par le biais des provinces que la coutume pénétrera dans l'ordre juridique romain. Les peuples conquis par Rome ont en effet conservé leur droit, toléré du vainqueur à titre de coutumes locales pérégrines. Après l'édit de Caracalla qui, en 212 après J.-C., accorde la citoyenneté – et donc l'accès au droit romain – à tous les habitants de l'empire, ces traditions locales n'ont pas disparu. Tout au contraire ces droits locaux ont été intégrés au droit offi-

ciel et élevés au rang de coutumes provinciales romaines. À la fin du IIIe siècle, le droit romain lui-même subit les assauts de la coutume. Ni l'édit du préteur, ni le droit jurisprudentiel ne sont plus en mesure de transformer les usages de la pratique en droit savant. Mais la pratique n'en continue pas moins à secréter des solutions répondant aux besoins de la vie quotidienne, notamment aux nécessités économiques. C'est ainsi qu'émergera, de façon coutumière, un droit dit « vulgaire », un droit romain créé ou adapté par les praticiens et caractérisé par son souci de simplification. Coutumes provinciales et droit vulgaire ont une importance historique incontestable : ces tendances annoncent, déjà, le droit du haut Moyen Âge occidental. Mais la contribution essentielle de Rome à notre droit provient de sa tradition classique, sauvegardée par l'empire d'Orient. Et ce droit a été un droit savant, élaboré par les juristes.

SOUS-SECTION 2
L'INVENTION DU JURISTE

39 « Le droit ne peut exister, constatait Pomponius au IIe siècle de notre ère, s'il n'y a pas quelque expert en droit par qui il fasse chaque jour des progrès ». Le juriste est une création originale de Rome. Aucun autre peuple de l'Antiquité ne l'a connu. Sa figure s'est imposée à l'issue d'un véritable combat politique mené pour la connaissance du droit. Celle-ci a longtemps été tenue secrète. Sa divulgation est intervenue, non sans heurts, sous la République (**§ 1**). C'est alors que s'est imposée la figure d'un spécialiste autonome, le juriste (**§ 2**).

§ 1. L'issue d'un combat politique mené pour la divulgation du droit

40 En 509 avant J.-C., la royauté est éliminée par une révolution féodale. L'établissement de la République est une victoire de la

réaction. Malgré le suffrage universel, le nouveau régime n'est rien d'autre qu'un régime aristocratique : le pouvoir est aux mains du patriciat. Seuls ses membres peuvent prétendre aux magistratures et aux sacerdoces. Pendant un siècle et demi, la République vit dans la plus grande tension politique qui donne lieu à des affrontements parfois terribles entre patriciens et plébéiens, c'est-à-dire entre les deux groupes sociaux ou « ordres » qui partagent la cité. Un des points névralgiques de cette querelle concerne précisément la justice. La connaissance du droit était le monopole des pontifes, tous patriciens, qui la tenaient secrète. Et les pontifes étaient soupçonnés de collusion avec les magistrats, tous patriciens également, chargés de la justice. On leur reprochait une fâcheuse tendance à se servir du droit dans l'intérêt de leur ordre, par exemple en refusant à un plébéien d'engager une procédure judiciaire contre un patricien. D'une façon générale, le caractère secret du droit prédisposait à l'arbitraire. La plèbe réclamait donc la divulgation du droit. Il a fallu plusieurs étapes pour qu'elle obtînt satisfaction. Ont d'abord été publiées les règles de droit (**A**), puis les formules judiciaires (**B**) et, enfin, la façon de s'en servir (**C**).

A. La publication des règles de droit

41 Le patriciat finit par céder à la pression exercée par les chefs de la plèbe, les tribuns. Un collège de dix magistrats extraordinaires, les décemvirs, fut choisi pour un an parmi les personnages les plus prestigieux de la cité et chargé de codifier le droit. La tâche fut rondement menée et elle s'acheva sur la loi des XII Tables, en 450 avant J.-C. La loi ne nous est pas parvenue dans son intégralité ; nous n'en connaissons que des fragments qui ont permis de la reconstituer. Ses dispositions légitiment notamment les principaux actes juridiques, les droits « absolus » (liberté, propriété, puissance paternelle), les crimes de droit commun punis de mort ainsi que les procédures en justice. Sans abstraction, ni systématisation, avec une concision remarquable, l'essentiel est dit. En fixant le statut privé du citoyen romain, la loi consacre l'égalité juridique et met un terme à l'arbitraire dans l'exercice de la justice ; le

magistrat est désormais lié par la loi. Une loi dont le contenu est connu de tous puisque les XII Tables sur lesquelles la loi fut gravée sont affichées au forum. Les Romains la considéraient comme la base de leur droit et son prestige restera encore intact à la fin de la République : Cicéron raconte qu'encore à son époque, au Ier siècle avant notre ère, les enfants l'apprenaient par cœur à l'école.

B. La publication des formules judiciaires

42 En 450, les Romains ne sont pas allés au bout des exigences démocratiques. Ils n'ont publié que les principes du droit. Or leur mise en œuvre requérait le respect d'un calendrier judiciaire, commandé par des considérations religieuses, ainsi que la connaissance et l'emploi de formules précises. L'ancien droit romain était en effet très formaliste. Dans les procès, il fallait employer des formules rituelles. La moindre erreur, le plus léger oubli faisait irrémédiablement perdre le procès. On cite souvent le sort malheureux de ce plaideur qui perdit son procès pour avoir parlé de « vignes » dans sa requête alors que la formule consacrée exigeait le mot « arbres » ! Les XII Tables n'avaient pas divulgué le calendrier, ni les formules ; le tout restait caché dans le sanctuaire des pontifes et inconnu du justiciable. La publication des règles était un leurre dès lors que les pontifes conservaient le secret de leur application. Le plaideur restait donc tributaire des pontifes. Une nouvelle étape est franchie en 304 : Cn. Flavius, scribe du célèbre Appius Claudius Caecus et fils d'un de ses affranchis, publie les formules et le calendrier. Il y a tout lieu de croire que le scribe a agi à l'instigation de son patron, un patricien « de gauche ». Désormais, le public dispose d'un texte sûr, au lieu de simples souvenirs d'audience.

C. La divulgation du mode d'emploi

43 En 254 avant J.-C., le collège pontifical s'ouvre aux plébéiens. Le premier grand pontife plébéien, Tiberius Coruncanius, innove en admettant des auditeurs lorsqu'il rend ses consultations juridiques ; à ces auditeurs, il explique oralement les raisons qui

motivent ses avis. Voilà le premier professeur de droit de l'histoire. C'est le début d'une formation pratique ouverte plus largement que sur la stricte intimité familiale. Désormais, on connaît non seulement les règles du droit et de la justice, mais aussi la façon de s'en servir. Le droit est complètement divulgué. Très vite, le monopole pontifical tombe, les premiers jurisconsultes laïques apparaissent. Si l'issue de ce combat achève de séculariser la science du droit, elle ne la met pas pour autant à la portée de tous : les juristes resteront bien souvent des membres de l'aristocratie.

§ 2. La figure du juriste

44 On le nomme en latin *iurisperitus* (celui qui est habile en droit), ou *iuris prudens* (celui qui est compétent en droit, communément appelé « prudent »), ou encore *iurisconsultus* (« jurisconsulte », terme qui met l'accent sur son activité de consultant). Le juriste se présente à Rome comme un personnage autonome (**A**). Omniprésent, il a été l'épine dorsale du droit romain classique (**B**).

A. Un personnage autonome

45 Autonome, le juriste l'est en ce sens que son activité professionnelle, purement privée, sans attache directe avec les pouvoirs de l'État, est consacrée à la science juridique. Cette activité ne s'inscrit pas dans les cadres auxquels nous sommes accoutumés. De nos jours, on distingue plusieurs professions juridiques : avocat, notaire, juge. L'Antiquité romaine connaît également ces catégories, mais elles ne supposent pas la maîtrise de la science juridique. L'avocat est un orateur expert en rhétorique, c'est-à-dire dans l'art de composer et de prononcer des discours convaincants. Le notaire est un scribe. Le juge est un simple particulier (avant de devenir, sous l'Empire, un fonctionnaire). Les « magistrats », quant à eux, sont des hommes politiques. Le juriste peut occasionnellement exercer ces activités. Mais son activité propre, celle dont il fait profession, se limite aux questions de droit. On la résume en trois volets : *respondere*, *cavere*, *agere*. *Respondere*,

donner des consultations juridiques ; *cavere*, rédiger des actes juridiques ; *agere*, prêter une assistance juridique aux parties, aux avocats et aux juges dans les procès. On se tromperait en voyant là une activité lucrative. Elle n'est pas rémunérée. Le juriste délivre ses consultations gratuitement. Cela explique – en partie – qu'il appartienne à un milieu riche. Une fortune personnelle est nécessaire. Par tradition, les familles aristocratiques – qui méprisent les activités rémunérées – ont d'ailleurs vocation à se consacrer à cette fonction. Ce milieu d'origine n'est pas étranger à l'autorité et au prestige dont jouissent les juristes. Omniprésents, les juristes se laissaient volontiers interroger dans la plus grande familiarité (et plus volontiers encore lorsque, en campagne électorale, ils briguaient une magistrature !). De nombreux solliciteurs emplissaient leur domicile dès les premières heures de la matinée, les relançaient au pas de leur porte ou lorsqu'ils se promenaient au forum. L'un d'entre eux se vit même offrir une maison par le Sénat, pour qu'il pût plus commodément consulter.

B. Le juriste, épine dorsale du droit classique

46 Pour les Romains, le droit est une donnée implicite. Le droit n'est pas créé, il est découvert. Si le droit évolue, c'est qu'il est de mieux en mieux découvert. Cette conception explique la place essentielle tenue à Rome par les juristes. Ce sont eux qui découvrent le droit ; le droit parle à travers eux. Cicéron voyait dans la maison du jurisconsulte « l'oracle de toute la cité ». Cette conception explique également qu'il y ait peu de différence à Rome entre l'interprétation du droit et sa création. C'est souvent grâce à une interprétation constructive que le droit romain a progressé à partir de sources formelles relativement restreintes si on les compare à l'actuelle inflation législative. Les Romains étaient pragmatiques ; le droit se découvre à l'occasion d'un cas concret, quand un litige survient. Cette découverte est affaire de technicité. La diversité formelle des sources ne doit pas faire illusion. Parmi les sources du droit romain classique, la loi et la coutume jouent un rôle modeste. Le droit est élaboré par les juristes, qui sont les artisans principaux de ses sources. Non seulement l'activité des juristes

est une source directe du droit, mais elle contribue en outre à l'élaboration de ces autres sources majeures que sont l'édit du préteur, puis les constitutions impériales. Nominalement, c'est le préteur qui fait l'édit. Mais le préteur est un homme politique et, si certains d'entre eux possèdent de solides connaissances juridiques, ce n'est pas le cas de tous. Aussi l'édit est-il en réalité élaboré par les juristes. Son style est lapidaire, bref et précis. Admirable en tout, sauf peut-être son plan. De même, si formellement une constitution émane de l'empereur, elle est, en pratique, rédigée par les juristes qui peuplent la chancellerie impériale et conseillent le Prince.

En somme, le droit romain a été principalement construit par des experts. Son application et son évolution se sont nourries de cette source commune. C'est à eux qu'il doit ses qualités techniques et ce sont eux qui l'ont adapté souplement aux nécessités nouvelles.

SOUS-SECTION 3
L'INVENTION DE LA SCIENCE JURIDIQUE

47 Le préalable à la constitution d'une science est la connaissance de son objet. Il faut, avant de discuter, savoir de quoi on va parler. Le droit, nous l'avons vu, a été isolé du non-droit et divulgué. L'écriture du droit a, ensuite, servi de point de départ à une réflexion théorique qui donna lieu à une littérature spécialisée : c'est avec Rome que naît la doctrine juridique (**§ 1**). Une science autonome dispose d'outils qui lui sont propres : Rome nous a légué les grands outils de la science du droit (**§ 2**). Une science, enfin, s'apprend et se transmet : le droit a fait l'objet d'un enseignement (**§ 3**).

§ 1. La naissance de la doctrine juridique

48 La science du droit s'est élaborée à petits pas sous la République avant de s'épanouir sous l'Empire. Cela est surtout vrai du droit privé (**A**). La science du droit public, par comparaison, s'est peu développée (**B**).

A. L'épanouissement de la science du droit privé

La science du droit trouve sa source dans les XII Tables. La loi était difficile à comprendre en raison de son extrême concision et de sa langue archaïque. Des éclaircissements étaient nécessaires. D'abord monopole des pontifes, la science du droit a commencé par être orale. Puis elle fit l'objet d'une littérature spécialisée dont le développement a suivi une progression méthodique. Elle a connu des débuts modestes, sous la forme d'explication de textes (**1**), avant qu'éclose une véritable doctrine (**2**).

1. Des débuts modestes : l'explication de textes

49 Après la divulgation des principes du droit et celle des formules judiciaires, l'exégèse orale fait place à une exégèse écrite. Apparaît une littérature spécialisée qui fait la somme des interprétations auparavant orales, d'abord sur le code décemviral (= la loi des XII Tables élaborée par les décemvirs), puis sur les formules. À ses débuts, cette littérature n'est rien d'autre qu'un simple mot à mot. Ce n'est encore qu'une interprétation littérale qui traduit les textes dans un langage plus accessible. Ce travail tient de la définition et de l'explication de textes. Il colle aux textes qui sont suivis pas à pas. Au début du IIe siècle avant J.-C., Sextus Aelius Paetus livre, dans ses *Tripertita*, une première synthèse de l'interprétation des XII Tables. Quelques temps après, Caton fournit, dans ses *Commentarii iuris civilis*, le premier guide pratique sur le formulaire de Flavius. Ces initiateurs feront école et les deux genres de littérature poursuivront des carrières séparées. Le commentaire de la loi des XII Tables se poursuivra jusqu'au IIe siècle de notre ère (*Libri ad duodecim tabulas*, dont les grands noms ont été Acilius, Labéon, Gaius). Mais face à une loi de plus en plus vieillie, ce fut le commentaire du formulaire qui engendra le genre prépondérant, les *Libri iuris civilis*.

2. L'éclosion de la doctrine

50 Au milieu du IIe siècle avant J.-C., trois juristes passent pour avoir « fondé le droit civil » : Manlius Manilius, Marcus Junius Brutus et Publius Mucius Scaevola. Ils constituent de meilleurs formulaires et surtout ils passent de l'interprétation littérale à l'exposé continu. Le fils de Publius Mucius, Quintus Mucius Scaevola, est le premier, dit-on, à « organiser le droit civil ». Non seulement il introduit dans son œuvre une classification (par « genres » et par « espèces »), mais il joint à l'exposé des propositions doctrinales sous forme de *regulae*, des règles. Il s'agit de brèves maximes qui ne sont pas présentées comme des nouveautés, mais comme des préceptes jusqu'alors implicites que le juriste n'a fait que découvrir. La voie est ouverte à la généralisation. On progressera ensuite dans le sens de l'abstraction et de l'énoncé de règles générales, permettant de simplifier les traités. Un exemple suffira : les *Libri iuris civilis* de Q. Mucius Scaevola comprenaient 18 livres ; un siècle plus tard, Masurius Sabinus fournit un ouvrage sur le même thème, mais son traité ne comprend plus que 3 livres. Le mince traité de Sabinus deviendra la base de grands commentaires (*Libri ad Sabinum*) des plus grands juristes (Pomponius, Ulpien et Paul notamment). On mesure le chemin parcouru : à partir d'un simple formulaire s'est élaboré un corps de doctrine. Et ce qui est vrai pour le commentaire des formules le sera également pour les autres types de littérature doctrinale apparus plus tard. Ce sera le cas, notamment, des commentaires sur l'édit du préteur qui reçoivent leurs lettres de noblesse avec Labéon au début du Principat. Ce genre sera ensuite cultivé par les plus grands, par exemple Pomponius, puis Paul et Ulpien. La littérature jurisprudentielle comprend aussi des recueils de *responsa* (consultations réelles), des *quaestiones* (cas d'école) ainsi que des *digesta* c'est-à-dire des traités complets de droit privé, des espèces d'encyclopédies juxtaposant droit civil et droit prétorien.

51 À la fin de l'époque classique, la doctrine a submergé sous ses vastes commentaires toutes les anciennes sources du droit (lois, édits, sénatus-consultes). Elle est devenue dépositaire du « vieux droit ». Devant elle, ne subsistent plus que les constitutions impériales, génératrices d'un « droit nouveau ».

B. L'inachèvement de la science du droit public

52 Par rapport à la science du droit privé, celle du droit public fait un peu figure de parent pauvre. La supériorité du droit privé romain vient de ce qu'il a été construit par les jurisconsultes. Ils en ont dégagé les notions générales, puis les ont exposées en dehors de leurs applications particulières. Le droit public romain ne s'est pas construit de la même manière. Il est largement resté l'œuvre des pouvoirs publics. La littérature de droit public (du moins celle qui nous est parvenue) se compose d'ouvrages réunissant des instructions pour l'exercice de magistratures spécialisées ou l'accomplissement d'autres fonctions publiques. Elle poursuit un but éminemment pratique : il s'agit de fournir à leurs titulaires les renseignements nécessaires à l'exercice de leurs charges. La science du droit n'a jamais atteint dans ces matières la perfection qu'elle a connue en droit privé. Nous ne connaissons pas à Rome de grands traités de droit public comparables à ceux du droit privé.

53 Les juristes romains ne sont pourtant pas restés étrangers à la notion d'un droit public désigné du nom de *ius publicum* (quoique l'expression soit à Rome quelque peu ambiguë). Ulpien le distingue nettement du droit privé en lui assignant un objet propre : « le *ius publicum* est ce qui regarde l'état de la chose romaine – et donc l'organisation de l'État –, le *ius privatum* ce qui concerne l'utilité des particuliers ». Le critère de la distinction est tiré des intérêts que le droit prend en considération : utilité publique ou utilité des particuliers. Quant au contenu du « droit public », Ulpien se borne ensuite à énumérer brièvement les institutions de l'État romain. Ni de lui, ni d'aucun autre jurisconsulte nous ne possédons d'exposé synthétique sur les notions, les catégories de pensée juridique qui se réalisent dans les institutions. À ce point que l'on a pu dire que le premier auteur qui a écrit un traité de droit public romain est un savant allemand du XIXe siècle, Théodore Mommsen ! Les juristes romains s'en sont tenus à une approche plus institutionnelle que juridique. Pour une raison majeure : c'est qu'ils abordaient le droit à partir de la procédure.

En droit public, ils se sont heurtés à une impossibilité technique, celle de soumettre cette branche du droit dans sa totalité à un contrôle ressemblant à la juridiction du droit privé. Les données du droit public romain sont alors demeurées, pour l'essentiel, éparses.

54 De cette dispersion, le droit constitutionnel surtout a souffert. Les vicissitudes du pouvoir politique n'y sont pas étrangères. Cette branche du droit a d'abord pâti de la longue crise de la République, puis de la réticence du pouvoir sous le Principat. L'empereur ne tenait guère à ce que le droit constitutionnel fût exposé à la discussion et à l'analyse scientifiques. Et plus le régime évolua vers l'absolutisme, plus il fut impossible politiquement d'enfermer dans un cadre normatif une structure étatique qui tendait vers la soumission de tout et de tous à la volonté incontrôlable de l'empereur. Mais, si les juristes romains n'ont pas construit scientifiquement le droit public dans son ensemble, leur activité s'est cristallisée sur certaines branches qui donnaient lieu à des jugements : droit pénal, droit fiscal, droit militaire, droit des fonctions publiques. Leur apport le plus fécond pour l'avenir fut d'avoir dégagé un droit propre à l'exercice de la puissance publique.

§ 2. Les grands outils de la science du droit

55 Le droit existe pour se réaliser. On doit pouvoir l'appliquer d'une manière sûre et uniforme, d'une manière facile et rapide. C'est tout le but de la technique juridique. Au cours des siècles, les Romains ont mis au point des outils techniques éprouvés. La tâche du juriste est simplifiée par l'usage d'un langage (**A**) et d'une méthode (**B**).

A. Un langage

56 S'il est une chose que le profane reproche en priorité au juriste, c'est son langage. On s'irrite volontiers d'un jargon qu'on ne comprend pas. Celui du droit est supposé obscur et désuet, pour ne

pas dire archaïque lorsqu'il lui arrive encore (horreur !) de s'exprimer en latin. Pourtant les vertus d'un langage technique ne sont plus à démontrer. C'est de lui que dépendent la précision et la clarté de la pensée, ainsi que la sécurité de l'application : plus le langage est précis, moins il y a de place pour les fantaisies individuelles. L'usage du droit s'en trouve simplifié. Un mot précis dispense d'une périphrase, une seule expression technique dispense de cent mots. On a dit que toute science se réduisait à une langue bien faite. Le droit romain peut être invoqué comme une preuve de cette assertion. Dès lors rien d'étonnant s'il a traversé les siècles au point de rester à la base de notre terminologie juridique (**1**) et de notre style juridique (**2**).

1. La terminologie juridique

57 Les juristes romains étaient particulièrement soucieux de la propriété des termes et ils ont construit leur vocabulaire : parfois en forgeant un terme spécifique, le plus souvent en appuyant un sens juridique second sur un terme du vocabulaire courant. Chaque mot du droit romain a ainsi une histoire personnelle. À l'origine il s'agit souvent de quelque chose de très concret, puis le mot a acquis une signification abstraite. Ainsi le mot *fructus*, fruit, dont personne n'ignore le sens courant, désigne-t-il abstraitement en droit, bien au-delà des fruits physiques de la terre ou des troupeaux, le revenu pécuniaire que l'on tire d'un bien. De même, le langage juridique a-t-il pu accueillir des termes issus du vocabulaire moral sans que cela corresponde à une intrusion de la morale dans le droit. Les notions éthiques ont été transformées en concepts juridiques. La terminologie éthique est devenue le support d'un sens juridique nouveau. Les mots du droit, selon l'heureuse formule de Ph. Jestaz, « ne servent pas à décrire, mais à agir ».

58 Ce travail d'affinage du vocabulaire nous a livré un riche arsenal de mots ou d'expressions dont la signification était fixée dans les textes. Car les juristes ont eu à cœur de définir leur terminologie. Mais ils se méfiaient des définitions abstraites. « Toute définition en droit civil est périlleuse », disait Javolenus (fin du Ier – début du IIe siècle). C'est pourquoi ils procédaient souvent par descrip-

tion, par énumération. Ou bien ils recouraient à l'étymologie. Peu importe qu'au point de vue linguistique l'étymologie avancée soit vraie ou fausse, ce qui compte c'est qu'elle fasse ressortir le sens exact du terme juridique. La littérature sémantique a été un genre très prisé des Romains en général, et des juristes romains en particulier. Au Bas-Empire, on a dressé, à la fin du Digeste qui compilait les œuvres des juristes classiques, une véritable somme de sémantique juridique : « de la signification des mots ».

59 Non seulement nous avons repris de Rome le principe du vocabulaire technique, mais nous avons également repris le vocabulaire romain lui-même. Nos termes juridiques sont issus du latin (testament, contrat, mandat, etc.), quoique leur sens ait été en partie refondu. Et avec la terminologie, nous avons repris les notions et les catégories qu'elle exprimait et qui forment encore l'ossature de notre droit. Nos concepts juridiques proviennent largement du droit romain. C'est, par exemple le cas du concept d'obligation (*obligatio* en latin) dont la définition est encore valable de nos jours : « l'obligation est un lien de droit par lequel nous sommes tenus par la nécessité de payer (= d'exécuter) quelque chose ». Nous sommes tellement imprégnés du vocabulaire romain que nous n'arrivons pas à exprimer autrement qu'à travers des termes romains des notions juridiques parfaitement inconnues des Romains.

2. Le style juridique

60 La langue du droit ne se résume pas à une somme de mots techniques. Encore faut-il savoir les assembler. Elle s'énonce dans un style propre, fait de concision et de clarté. Eh bien, là encore, le droit romain a fourni le modèle du style juridique. C'est un style d'une élégante sobriété dont l'exemple le plus achevé apparaît dans la « formule ». C'est la formule qui a donné son nom à la procédure civile de l'époque classique (procédure formulaire). Il s'agit d'un décret rédigé, lors de la première phase du procès, par le préteur – en réalité par les juristes – et adressé au juge qui, dans la seconde phase, rendra la sentence. Elle comporte, outre la nomination du juge, les instructions sur la manière de trancher le procès. Tous les éléments de droit propres à résoudre l'affaire

doivent se trouver dans la formule (remise au demandeur). C'est dire qu'elle doit être à la fois complète et concise : exposé de la prétention du demandeur, ordre donné au juge de condamner éventuellement le défendeur, modalités de la condamnation auxquels s'ajoutent toutes sortes d'éléments supplémentaires pour tenir compte des circonstances de l'espèce. Son texte est susceptible de variations infinies. C'est par ce procédé très souple que le droit romain a évolué à l'époque classique. Ce sont ces formules que l'on retrouve dans l'édit du préteur. L'édit est un catalogue de formules-types que le demandeur se borne, dans les cas les plus simples, à recopier en remplissant les blancs et en remplaçant les noms imaginaires par les noms des plaideurs. Si l'affaire est complexe, s'il faut innover, le juriste intervient pour rédiger une formule plus complète. La formule est un chef-d'œuvre de technicité juridique : un style lapidaire, pas un mot de trop. Pour les cas les plus compliqués, elle tient en quelques lignes.

B. Une méthode

61 Le droit romain a été un droit essentiellement casuistique, un « droit des cas » né de la pratique contentieuse. La loi préférait souvent une formulation casuistique (« si quelqu'un a fait telle chose... ») à l'énoncé d'une règle abstraite. Le droit prétorien, les décrets et les rescrits impériaux concernaient des cas d'espèce. Les juristes consultants rendaient des *responsa* sur des cas litigieux réels, proposaient, sous forme de *quaestiones*, la résolution de cas d'école et, dans leurs œuvres doctrinales, travaillaient également à partir de cas concrets. Il n'était pas rare de les voir discuter ou mettre en cause les solutions de leurs prédécesseurs. La pensée casuistique domine le droit romain. Elle permet d'apprécier comment les juristes parvenaient à résoudre un problème juridique (**1**) et comment ils en tiraient des règles de droit (**2**).

1. L'art de résoudre un problème juridique

62 Voilà une question à laquelle l'étudiant en droit est, de nos jours, très tôt confronté lorsqu'il se trouve soumis à la redoutable épreuve du cas pratique. Bien souvent, l'apprenti juriste se borne à une lecture rapide du cas proposé, avant de se précipiter fiévreu-

sement sur le Code civil et de compulser tous les articles qui lui paraissent avoir, de près ou de loin, un quelconque rapport avec l'affaire. C'est un réflexe courant, ce n'est pas une méthode. Pour résoudre un problème juridique, il faut d'abord savoir le poser correctement (**a**) avant d'en chercher la solution (**b**).

a. L'art de poser le problème

Le juriste romain commence par se concentrer sur l'affaire qui lui est soumise. Sa première tâche consiste à transformer une situation de fait en cas juridique. Il faut réduire la situation à ses éléments juridiquement significatifs. Cette opération suppose d'abord un travail d'analyse qui, d'une part, élimine les détails insignifiants au point de vue juridique et, d'autre part, retient toutes les nuances de l'espèce. Est soigneusement déterminé le genre dont relève le cas et le langage technique permet de qualifier juridiquement les faits. Puis le juriste examine en quoi ce cas d'espèce diffère des autres, ce qui en fait un cas spécifique. Cet art de la distinction est essentiel ; il saute d'ailleurs aux yeux du profane, qui le traduit aimablement en « manie de couper les cheveux en quatre ». Enfin, s'effectue un travail de synthèse pour coordonner tous ces éléments et parvenir à un énoncé clair et complet du cas comportant toutes les données conditionnant la solution.

b. L'art de découvrir la solution

63 Dans les cas les plus simples, la solution est expressément donnée par les textes dont dispose le juriste. Mais, lorsque ce n'est pas le cas, il lui faut recourir à **l'interprétation**. Jusqu'au IIIe siècle avant J.-C., l'interprétation appartient aux pontifes. Dès l'ancien droit, ils sont parvenus à extraire du mince substrat des XII Tables une foule d'applications nouvelles en s'appuyant sur les termes de la loi. En voici un exemple : une de ses dispositions prévoyait « si le père vend (= loue) trois fois son fils, le fils est libéré du père (= de la puissance paternelle) ». Ce texte a été utilisé pour émanciper un fils : on procèdera à une triple vente fictive. Lorsque les jurisconsultes laïques ont succédé aux pontifes, ils sont restés fidèles à ce principe d'économie des moyens : pourquoi créer une institution nouvelle si on peut parvenir au même résultat par une interprétation souple de ce qui existe déjà ?

La **démarche intellectuelle** des juristes romains n'est pas une démonstration de pure logique formelle. Elle obéit à des préoccupations pratiques, elle est guidée par l'appréciation du résultat. Ce résultat doit être juste, à la fois opportun et équitable. Voilà pourquoi les juristes romains ont dit de leur art qu'il était celui du *bonum* et de l'*aequum*, du bon – c'est-à-dire de l'opportun – et de l'équitable (« *ius est ars boni et aequi* » dit une fameuse définition de Celse), la science du juste et de l'injuste. Les juristes se méfient de l'application strictement logique du droit ; ils savent qu'elle peut conduire à une solution injuste. C'est ce qu'exprimait un adage déjà connu de Cicéron : « *Summum ius, summa iniuria* ». Cicéron donnait à l'appui l'exemple de celui qui a conclu avec l'ennemi une trêve de 40 jours et qui dévastait le territoire ennemi pendant la nuit. Cette illustration relève du droit public, mais le principe vaut tout aussi bien en droit privé et les juristes romains ont nettement posé la distinction entre la lettre et l'esprit des textes : « il convient, disaient-ils, d'examiner dans quelle intention chaque chose est dite ».

64 Pour trouver la meilleure solution, les juristes se fiaient à leur intuition et développaient une argumentation rationnelle. Historiquement l'intuition juridique a précédé l'analyse rationnelle qui s'est servi de la philosophie grecque. Mais l'analyse rationnelle n'a pas remplacé l'intuition. Elle sert souvent à justifier une solution dont le juriste « sent » ou « sait » qu'elle est juste.

L'intuition juridique n'arrive pas par opération du Saint-Esprit. Elle s'acquiert par un travail acharné, elle provient de l'expérience. De l'expérience propre à chacun et de l'expérience transmise à tous. L'expérience propre s'alimente dans le droit déjà découvert par les générations passées. C'est pourquoi le juriste passe souvent pour conservateur, traditionaliste : il sait bien que ce qui lui est transmis a fait ses preuves. Ce traditionalisme ne s'oppose pas au progrès car la tradition ne sert pas simplement à maintenir ce qui existe, elle sert aussi de fondement aux innovations. Cela explique la fréquence, à Rome, de l'argument dit « d'autorité ». Bien souvent les juristes romains n'indiquent pas d'arguments concrets lorsqu'ils résolvent un cas, mais ils se réfèrent à l'autorité d'un maître plus ancien. L'intuition juridique guide aussi le juriste lorsqu'il développe une argumentation rationnelle. C'est elle qui lui fait choisir le meilleur argument.

65 Toute science vit d'emprunts et la science du droit romain s'est enrichie grâce aux méthodes de raisonnement empruntées à la philosophie grecque. Elle y a notamment puisé différents types **d'arguments rationnels** pour justifier une solution à partir d'autres cas prévus par la loi ou l'édit du préteur ou déjà résolus par la jurisprudence. Ces arguments servent toujours à appuyer notre raisonnement juridique. L'argument d'analogie permet d'étendre une solution à un cas voisin plus ou moins semblable. L'argument *a contrario* se réclame d'une hypothèse opposée pour justifier une solution contraire. Quand un texte dit quelque chose, il est censé nier le contraire. L'argument *a fortiori*, à plus forte raison, sert à étendre une solution valable dans un cas à un autre cas où la justification se retrouve encore avec davantage de force. L'argument par l'absurde montre qu'une solution différente de la solution retenue serait absurde. Cet argument joue surtout pour l'interprétation d'un texte normatif : son auteur est présumé raisonnable ; par conséquent il ne peut avoir voulu aboutir à une solution impossible, inique ou illogique.

2. L'art d'en tirer des règles de droit

66 Le droit se manifeste dans les solutions des cas particuliers. Les normes juridiques sont dégagées progressivement par voie d'abstraction à partir des cas concrets. Les règles générales émergent de la considération des cas d'espèce. Dans cette opération, les controverses jouent un rôle essentiel. Sur un même point de droit, les réponses des prudents peuvent être discordantes, voire contradictoires. L'analyse de leurs discussions est une excellente école de raisonnement juridique. C'est à la suite de controverses qu'une solution finit par l'emporter en éliminant les autres. L'opinion d'un jurisconsulte, lorsqu'elle innove, s'expose à des fortunes diverses. Elle peut être récusée par d'autres juristes : ils la jugent « fausse » ou « peu probable ». Elle va alors disparaître. Mais elle peut aussi connaître le succès : on la juge « vraie », « très vraie », « la plus vraie » et elle est adoptée par les autres juristes. Elle devient alors règle de droit. C'est ainsi que s'est construit le droit

romain, à partir d'une multitude de cas et de controverses. Ses notions générales sont issues de l'étude de cas particuliers. Les principes et les notions ont été coordonnés, de mieux en mieux, de manière à ne laisser place ni aux lacunes, ni aux contradictions. C'est à cela que ce droit doit une bonne part de ses précieuses qualités techniques. Cette technique est le fruit d'une très riche expérience, progressivement consolidée, et elle a quelque chose d'intemporel. La rigueur et l'abstraction dans l'énoncé des solutions ont permis de les adapter à d'autres temps et à d'autres mœurs. Par exemple, les Romains ont dégagé les règles de la garantie contre les vices cachés. Il s'agit de la garantie dont est tenu le vendeur quand la chose vendue est entachée de défauts cachés qui la rendent impropre à l'usage auquel on la destine ou bien en diminuent la valeur. La casuistique romaine partait fréquemment de la vente d'un esclave et discutait ferme des vices, du corps ou de l'esprit, susceptibles d'ouvrir une action à l'acheteur. Il n'empêche que ses règles techniques peuvent aujourd'hui encore s'appliquer à la vente d'un ordinateur privé de sauvegarde !

§ 3. L'enseignement du droit

67 Les Romains ont été le premier peuple à organiser un enseignement du droit (**A**). Les manuels par lesquels les jeunes gens se familiarisaient avec la matière occupent une place à part dans la littérature juridique : ce sont les seuls ouvrages où, pour des raisons pédagogiques, se manifeste un souci de systématiser le droit (**B**).

A. De l'initiation à l'enseignement

68 Durant des siècles, la connaissance du droit ne fit pas l'objet d'un enseignement au sens strict, mais plutôt d'une sorte d'initiation. On faisait son apprentissage en assistant aux consultations des juristes. Dans le cercle familial d'abord – on connaît des dynasties de juristes qui se transmettaient leur savoir de bouche à oreille –, puis dans les cours privés inaugurés par Tiberius Coruncanius,

cours auxquels les juristes admettaient des jeunes gens qu'on leur avait préalablement présentés. C'est ainsi que Cicéron fut introduit par son père auprès d'un des plus grands juristes de son époque, Q. Mucius Scaevola. Le droit faisait partie du bagage indispensable à un homme de la bonne société. Les jeunes Romains qui se destinaient à la science juridique, s'attachaient plus particulièrement à un maître renommé. Labéon (contemporain d'Auguste) avait écouté tous les juristes de son temps, mais avait eu un maître particulier en la personne de Trebatius. À son tour, Labéon forma des disciples : il avait divisé son année de manière à passer six mois à Rome avec ses élèves et six mois à la campagne pour composer ses ouvrages. À la même époque, son rival Capiton formait de son côté ses propres disciples. L'attachement à l'un ou l'autre de ces « patrons » produisit deux « écoles ». Il ne s'agissait pas d'institutions scolaires, mais de tendances doctrinales. Le maître enseignait gratuitement. On connaît cependant une exception, le grand Masurius Sabinus qui, faute de fortune suffisante, acceptait des subsides de ses élèves. Avec l'Empire, l'enseignement avait cessé d'être confidentiel. Les consultations étaient rendues en public et, bien qu'elles n'eussent pas de domicile fixe, attiraient une assistance nombreuse, élèves et curieux. Au IIe siècle, l'auditoire fut concentré dans des lieux fixes. C'étaient de véritables salles de spectacle. L'accès y était libre, ainsi que la parole. Le premier venu pouvait intervenir dans les discussions ; celles-ci servaient aussi d'exutoires à la nullité du débat politique.

B. Les manuels d'enseignement

69 Le point faible de la littérature juridique romaine tenait à la présentation de sa substance. Pour autant que l'on puisse en juger, car notre information reste incomplète, les différents thèmes étaient énumérés dans un ordre utile où le juriste se retrouvait facilement, mais qui n'a rien de commun avec l'ordre systématique auquel nous sommes habitués aujourd'hui. À la différence des rhéteurs, les juristes romains répugnaient à la systématisation. Il y a cependant une exception : les manuels élémentaires destinés aux jeunes gens qui commençaient leur apprentissage du droit.

En effet c'est dans ce type d'ouvrages, appelés *Institutiones* (les Institutes), que l'on rencontre pour la première fois un souci de systématisation de la part des juristes. Les premières Institutes que nous connaissons ont été rédigées vers 160 après J.-C. De leur auteur nous savons peu de chose, même pas son nom, seulement son prénom : Gaius. On songe à un professeur sans grand renom de son temps. Et pourtant ses Institutes étaient promises à un avenir exceptionnel. Pourquoi ? Parce que, dans un but manifestement pédagogique, Gaius ordonne systématiquement la matière qu'il enseigne. Au début de l'ouvrage, Gaius annonce le plan qu'il s'apprête à suivre : « Tout le droit dont nous usons concerne soit les personnes, soit les choses, soit les actions ». En quelques mots, voilà posée la future distinction moderne entre droit civil et procédure civile (qui correspond au droit des actions) et, au sein du droit civil la *summa divisio* des personnes et des biens. Cette division sera reprise, seize siècles plus tard, par les rédacteurs du Code civil en 1804 et elle n'est toujours pas désavouée de nos jours. Gaius n'a pas inventé la distinction des personnes et des choses, déjà connue de l'ancien droit romain, mais son immense mérite est d'en avoir fait la base d'une classification. Classification que l'auteur poursuit en subdivisant chacun de ses trois thèmes. Ainsi le droit des personnes distingue-t-il d'abord les libres et les esclaves, puis la catégorie des libres oppose-t-elle les citoyens et les pérégrins. Et ainsi de suite. De divisions en subdivisions, les catégories s'emboîtent. Tout le droit s'ordonne avec simplicité. Le manuel de Gaius servira, quatre siècles plus tard, de modèle aux Institutes de l'empereur Justinien, publiées en 533. Celles-ci pérenniseront le fameux plan jusqu'à ce qu'au XIXe siècle, la découverte d'un manuscrit dévoile son inventeur. Réservée à Rome aux manuels d'enseignement, cette méthode d'exposition du droit était appelée à un grand avenir aux Temps modernes.

Langage, concepts, catégories, méthode, principes, divisions... Voilà l'apport impérissable du droit romain. Cet outillage s'est révélé beaucoup moins sujet à changement que le contenu matériel des normes juridiques.

SECTION 2
UN MODÈLE DE SYSTÈME JURIDIQUE

70 Au cours de sa longue histoire, le système juridique romain a évolué. On peut même, en schématisant, opposer deux systèmes juridiques successifs. Dans le premier, le droit naît de la pratique contentieuse et il est constitué par une somme de solutions de cas d'espèces. Dans le second, le droit consiste en un ensemble de normes édictées par le pouvoir central. Le passage d'un système à l'autre a été le fruit d'une mutation lente, intimement liée à l'évolution du pouvoir politique. Alors que se dessine l'État moderne, s'affirme un modèle juridique adapté à la centralisation et à l'efficacité du pouvoir. Cette évolution s'amorce sous le Principat et aboutit au Bas-Empire. Le pouvoir, concentré et secondé par une administration puissante, se rend maître du droit (SOUS-SECTION 1). Cet accaparement n'a pas été brutal, il a pris des siècles et la centralisation de la justice en a été un moteur essentiel. Les progrès de l'étatisme se manifestent en outre par le développement d'un droit de la puissance publique (SOUS-SECTION 2). La mutation du système juridique s'achève au Bas-Empire avec la constitution d'un corps de règles préfigurant nos codifications modernes (SOUS-SECTION 3). Cette évolution a été lourde de conséquences pour le droit de l'Europe continentale. En redécouvrant son point d'aboutissement, les compilations de Justinien, les juristes du Moyen Âge y trouveront non seulement un droit techniquement supérieur à celui de leur temps, mais aussi un modèle de système juridique.

SOUS-SECTION 1
LE DROIT, PRÉROGATIVE DU PRINCE

71 D'Auguste à Justinien, l'histoire des sources du droit romain progresse continûment vers l'unicité. L'empereur, qui prétend s'ériger

lui-même en source du droit, élimine peu à peu les sources rivales (**§ 1**) et y substitue ses constitutions. Pour affermir son activité normative, il reste d'abord fidèle à la tradition romaine de création du droit en procédant essentiellement par le biais de décisions contentieuses (**§ 2**). Mais l'autorité des constitutions impériales est telle qu'elle engendre une mutation du système juridique romain. Au terme de l'évolution, la législation impériale devient la source quasi exclusive du droit et s'exprime surtout par voie de dispositions générales (**§ 3**).

§ 1. L'expropriation des sources rivales

72 Auguste, l'habile fondateur du Principat, entend bien contrôler la formation du droit. En 19 avant J.-C., on lui en offre un instrument, sous la forme d'un pouvoir extraordinaire, la *cura legum*, comprenant le pouvoir de faire des lois. Auguste refuse. C'est en usant des formes républicaines qu'il entame un vaste programme de réforme du droit et de la justice, poursuivi par ses successeurs. Les premiers empereurs s'abriteront en effet derrière la loi votée par le peuple (**A**) et le sénatus-consulte (**B**), qui disparaîtront lorsque le Prince aura épuisé les services qu'ils pouvaient lui rendre. Auguste trace également à ses successeurs la voie par laquelle le pouvoir impérial étendra son emprise sur les sources les plus créatrices du droit romain, l'édit du préteur (**C**) et la jurisprudence (**D**).

A. La loi votée par le peuple

73 Bien trop prudent pour s'emparer du pouvoir législatif, Auguste fait voter les lois par l'assemblée du peuple. Ce seront à peu près les dernières lois importantes. Des lois sont encore régulièrement votées sous le règne de Tibère, successeur d'Auguste (14-37), puis disparaissent progressivement. La dernière date du règne de Nerva en 96. Pour disposer de façon générale, l'empereur préfère se camoufler derrière le Sénat.

B. Le sénatus-consulte

74 Avec le Principat, le sénatus-consulte acquiert une place grandissante. Il va prendre le relais de la législation comitiale en servant de prête-nom à des décisions impériales. Le Sénat ne se cantonne plus, comme sous la République, aux matières politique et administrative. À l'initiative de l'empereur, il intervient dans le droit privé. D'abord sous forme d'interdiction : par exemple le sénatus-consulte Macédonien interdit de prêter de l'argent aux fils de famille (trop tentés d'assassiner leur père pour rembourser leur créancier !). Cependant au Ier siècle, l'interdiction formulée par le Sénat ne s'impose pas de plein droit. Dans son principe, le sénatus-consulte n'est encore qu'un avis et pas une source du droit. Il ne reçoit d'application que dans la mesure où le préteur crée un moyen de droit pour le sanctionner. La situation change au siècle suivant. Le sénatus-consulte cesse d'être tributaire du préteur. On lui reconnaît force de loi, il crée directement des règles de droit. À ce stade, le sénatus-consulte a bel et bien remplacé la loi comitiale. Mais il est aussi entièrement au service du Prince car il ne fait qu'entériner sa proposition exprimée dans un discours (*oratio principis*).

L'emprise du Prince s'accroît toujours davantage sur cette assemblée qu'il convoque, préside et dont il surveille la composition. La collaboration est de plus en plus inégale dans la formation du droit. Dès Marc-Aurèle (161-180), les priorités sont renversées : le vote du Sénat s'efface devant la proposition de l'empereur. Le rôle du Sénat se réduit à une simple formalité, obtenue sans débat, à l'unanimité et par acclamations. La décision et le discours du Prince se confondent. La pratique en tire les conséquences : le sénatus-consulte perd son nom pour n'être plus désigné que du terme d'*oratio principis*. Il est clair que désormais c'est la volonté impériale, et non plus celle du Sénat, qui est source du droit. Enfin, lorsque le pouvoir législatif est reconnu directement à l'empereur, l'*oratio principis* disparaît.

C. L'édit du préteur

75 Depuis le IIe siècle avant J.-C., l'édit du préteur est la source du droit la plus féconde, constamment enrichie et renouvelée en fonction des besoins. Ce dynamisme engendre une concurrence redoutable pour le Prince. En principe, rien n'empêche l'édit de continuer à faire boule de neige après l'avènement de l'Empire. Le Prince ne peut exercer d'emprise directe sur le préteur car celui-ci n'est pas son subordonné. C'est compter sans l'habileté d'Auguste. Il s'ingénie à tenir le préteur à l'écart du courant réformateur. Son hostilité larvée est telle que les préteurs n'osent plus prendre d'initiative. Sans doute relève-t-on encore quelques créations prétoriennes mais il s'agit – et ce n'est pas un hasard – d'actions introduites sur invitation du Sénat à l'époque où le sénatus-consulte ne se suffit pas encore à lui-même. Peu à peu, l'édit cesse de s'enrichir, il se dévitalise. Au début du IIe siècle, l'édit est stabilisé, son texte n'évolue plus. Lorsque l'empereur Hadrien (117-138) arrive au pouvoir, il juge le moment venu de le fixer une fois pour toutes. L'entreprise de codification est confiée au grand juriste Salvius Julianus (Julien). L'édit mérite encore davantage sa qualification de perpétuel. Il n'évoluera plus et cessera donc de faire partie des forces créatrices du droit.

D. La jurisprudence

76 À l'avènement de l'Empire, certains prudents ne cachent pas leur antipathie à l'égard du nouveau régime. L'hostilité de Labéon est la plus fameuse, mais d'autres juristes font preuve de la même attitude, comme Aulus Cascellius : « Deux choses, disait ce fervent républicain, me donnent de l'audace ; je suis vieux et je n'ai pas d'enfant ». Auguste est donc averti : il ne pourra compter sur leur complaisance. Il essaiera de se ménager les bonnes grâces des grands maîtres, n'hésitant pas à leur demander conseil. Mais cela ne suffit pas. La liberté jurisprudentielle assurait aux jurisconsultes les plus réputés une influence décisive sur l'administration de la justice. Elle ne peut subsister intacte. Auguste divisera pour mieux régner.

77 À la fin de la République, le nombre des jurisconsultes a proliféré et des voix s'élèvent pour dénoncer la qualité médiocre de certains d'entre eux. On peut s'improviser jurisconsulte en trois jours, clame Cicéron ! L'occasion est trop belle et Auguste s'en saisit : il sera le restaurateur de la jurisprudence et la restauration passe par l'épuration. C'est ainsi qu'il crée le *ius respondendi* (*ex auctoritate principis*) c'est-à-dire un brevet officiel de juriste-consultant. Seuls les titulaires de ce brevet, délivré par l'empereur, peuvent donner des consultations et donc prendre le titre de jurisconsultes. Les juristes non brevetés restent libres d'enseigner et de composer des ouvrages de doctrine (l'exemple le plus célèbre est Gaius). Mais l'activité de consultation est soumise à un régime d'autorisation préalable. Voilà donc les juristes divisés en consultants et non consultants. Sollicité comme une faveur, le brevet attire les prudents dans l'orbite impériale. Certains empereurs du Ier siècle en font carrément un instrument d'oppression : des règnes de Caligula, Claude et Néron, la jurisprudence sort exsangue. D'une façon plus générale, les empereurs ne dispenseront cette faveur qu'avec parcimonie jusqu'au règne d'Hadrien (117-138). C'est sous son règne et celui des autres empereurs Antonins que la jurisprudence retrouve sa vitalité. Le *ius respondendi* est accordé plus largement. Hadrien a beau jeu de proclamer sa bienveillance à l'égard des prudents, il n'a plus rien à craindre d'eux : non seulement les juristes entrent à son service, mais l'empereur partage désormais avec eux l'interprétation du droit grâce au rescrit. C'est précisément un rescrit d'Hadrien qui formule la règle de l'unanimité : si, sur un même point de droit, les jurisconsultes sont d'accord, leur opinion s'impose au juge. En revanche, si la question reste controversée, le juge reste libre de décider comme il veut.

§ 2. La promotion du droit fondé sur les constitutions impériales

78 Portent le nom de constitutions impériales les textes normatifs qui émanent de l'empereur. Il en existe quatre types. Les édits sont des

textes de portée générale. Ils s'appliquent à toute une catégorie d'individus ou à tout un territoire, voire à tout l'empire. Les décrets sont des jugements rendus par l'empereur en première instance ou en appel. Mais l'autorité de l'empereur-juge leur confère une valeur dépassant l'espèce en cause et leur permet de servir ensuite de précédents. Les rescrits sont des réponses écrites adressées par l'empereur à une requête émanant d'un particulier, d'un fonctionnaire ou d'un juge sur un point de droit [1]. Les mandats sont des instructions de caractère administratif adressées aux magistrats ou aux fonctionnaires, en principe à titre individuel.

L'édit impérial apparaît dès Auguste. Il se prévaut modestement du *ius edicendi* (droit d'émettre des édits) des magistrats républicains. Ni Auguste, ni ses successeurs n'en abuseront. Sous le Principat, l'empereur légifère très peu par voie de dispositions générales. Le recours aux édits reste très prudent jusqu'à Dioclétien. Les édits ne s'adressent pas, en général, à tout l'empire et leur contenu relève surtout de matières administratives. Pour affermir son pouvoir normatif, l'empereur s'est assuré de puissants leviers (**A**) et il intervient dans le droit privé essentiellement par une législation d'origine contentieuse (**B**), dont l'autorité ne cesse de s'accroître (**C**).

A. Deux puissants leviers

Sous le Principat, l'empereur étend son emprise sur la justice (**1**) et met le savoir juridique à son service (**2**).

1. L'emprise impériale sur la justice

79 Dès le règne d'Auguste, l'empereur commence à intervenir en matière juridictionnelle et son activité ne cesse par la suite de s'accroître. Il dispose d'un pouvoir de juridiction civile et criminelle. Ce pouvoir, il l'exerce lui-même ou en délègue l'exercice à des juges qui le représentent. N'étant pas lié par les règles ordinaires de la justice, l'empereur – ou ses représentants – use d'une procédure dite « extraordinaire », car elle se situe en marge des

1. Notre droit actuel renoue avec son lointain passé en recourant de plus en plus fréquemment au procédé du rescrit: lire « La résurgence du rescrit », dans l'ouvrage de B. Oppetit, *Droit et modernité*, Paris, PUF, 1998, p. 153-166.

procédures civile et pénale « ordinaires », issues de la République et toujours en vigueur. D'abord cantonnée à des affaires nouvelles, la procédure extraordinaire gagne peu à peu du terrain. Au IVe siècle, elle seule restera en usage. Dans le même temps, l'organisation judiciaire passe sous le contrôle de l'empereur. La justice devient un service public. Elle est fonctionnarisée, hiérarchisée et centralisée par la voie de l'appel.

2. Le savoir juridique au service du pouvoir impérial

80 À partir des Antonins, la jurisprudence est définitivement engagée dans la voie de la collaboration avec le pouvoir. Sous les Sévères, tous les grands noms du droit font carrière dans la bureaucratie impériale. Papinien, Paul, Ulpien, Callistrate, Arrius Menander, Tryphoninus, Marcien, Macer, Modestin... tous ont été conseillers du Prince. Les juristes suivent une filière-type : assesseur d'un préfet du prétoire, directeur d'un des bureaux de la chancellerie impériale, membre permanent du conseil impérial et enfin, couronnement d'une carrière, pour certains, préfet du prétoire c'est-à-dire collaborateur le plus intime de l'empereur. Papinien, Ulpien et Paul parviendront à la préfecture du prétoire ; les deux premiers paieront d'ailleurs de leur vie l'occupation de ce poste-clé du régime.

81 À la tête des bureaux où le travail se prépare, au conseil impérial où la décision se prend, le groupe des juristes professionnels prédomine. Ils sont étroitement associés à l'élaboration du droit qui s'exprime dans les constitutions impériales. Parmi ces constitutions, le rescrit prend une place telle qu'il fera disparaître le *responsum*. Le rescrit est une réponse écrite (d'où son nom *re-scriptum* : écrit en retour) de l'empereur à une question, posée le plus souvent à l'occasion d'un procès, par un particulier ou par un juge. Cette question porte sur un point de droit ; le rescrit assure donc, comme le *responsum* des prudents, une fonction de consultation juridique. Mais, à la différence du *responsum*, la réponse de l'empereur est contraignante pour le juge. Dès lors, les particuliers avaient tout à gagner en sollicitant un rescrit de la chancellerie impériale plutôt qu'en s'adressant à un jurisconsulte. La qualité de la consultation n'en souffrait pas puisque les

meilleurs juristes élaboraient les rescrits et la solution s'imposait au juge. Le rescrit prit la place du *responsum*.

Dans leurs œuvres, les jurisconsultes se chargent en outre d'assurer la diffusion du droit impérial. L'époque des Sévères voit la floraison de grands traités et ces œuvres majeures confrontent les règles impériales aux règles traditionnelles pour les exposer en un tout cohérent. Mais c'est pour la jurisprudence romaine l'heure des derniers feux. Après les Sévères, elle perd son dynamisme et s'éteint à l'ombre du pouvoir.

B. D'abord une législation d'origine contentieuse

82 Au fur et à mesure que l'empereur dépossède les sources traditionnelles du droit, il y substitue ses propres constitutions. L'activité législative impériale se manifeste essentiellement par les décrets et surtout par les rescrits, c'est-à-dire par des décisions de nature contentieuse. C'est significatif de l'idéologie du régime : l'empereur est d'abord le justicier de ses sujets. C'est un juge qui doit être accessible. De plus en plus il va à leur rencontre. L'empereur est un souverain itinérant, il reste peu à Rome. La cour impériale le suit dans ses déplacements, tournées d'inspection en province ou expéditions militaires. Et il communique directement avec ses sujets. C'est pourquoi il légifère de préférence non par voie de dispositions générales, mais par le biais de décisions contentieuses. Il statue à la suite des requêtes qui proviennent de ses fonctionnaires, des cités et surtout, surtout, de la multitude des particuliers. La législation impériale est donc principalement constituée d'actes judiciaires et de consultations juridiques. En cela elle ne rompt pas avec la tradition romaine de création du droit. Elle en conserve le caractère pragmatique et casuistique : l'empereur légifère sur des cas individuels. Mais l'autorité de ces décisions ne cesse de s'accroître.

C. La valeur des constitutions impériales

83 Les constitutions impériales ne se présentent pas comme des lois, elles n'en portent pas le nom, elles n'en adoptent pas le style impératif. Cependant dès le milieu du IIe siècle, elles jouissent

d'une autorité comparable à celle de la loi. Mais ce n'est qu'au IIIe siècle que le pouvoir législatif est ouvertement reconnu au Prince. Les juristes se fondent sur la loi d'investiture de l'empereur (*lex de imperio*, renouvelée pour chaque empereur) en exploitant habilement ses clauses. C'est ainsi qu'Ulpien formule des maximes restées célèbres : « *Quod principi placuit legis habet vigorem* » : ce qui a plu au prince (= ce que le prince a estimé bon) a force de loi et « *Princeps legibus solutus est* » : le Prince est au-dessus des lois. Juge et législateur, l'empereur a le pouvoir de faire le droit, de l'interpréter, de le modifier et d'en excepter l'application.

§ 3. Le triomphe de la loi du Prince

84 L'autorité des constitutions impériales est telle qu'elle engendre une mutation du système juridique romain : il passe d'un droit d'origine judiciaire à un droit légiféré (**A**). Au terme de l'évolution, la législation impériale devient la source quasi exclusive du droit (**B**).

A. La mutation du système juridique

La mutation du système juridique s'annonce à la fin du Principat, sous les empereurs Sévères. La législation impériale fait l'objet d'une large diffusion. L'administration est chargée de la publier par voie d'affichage dans toutes les régions de l'empire. C'est un moyen de propagande politique pour l'empereur qui escompte en retour la popularité auprès de ses sujets. Mais l'affichage permet également aux praticiens locaux et à tout intéressé de prendre copie des textes. Par ailleurs, les juristes diffusent aussi la législation impériale – qu'ils ont eux-mêmes préparée en amont – dans leurs œuvres doctrinales et la confrontent avec le droit traditionnel. Ce qui importe surtout, c'est la manière dont ils font référence aux rescrits : ils les détachent de leur origine casuistique et les présentent comme des règles dont l'application ne se borne pas à l'espèce qui les a suscitées. Les rescrits sont érigés en normes abstraites de portée générale dont on pourra déduire des décisions particulières. C'est le début d'une transformation du système juridique qui sera consacrée au Bas-Empire : on va passer d'un droit né de la pratique judiciaire et constitué par une somme de solutions de cas d'espèces à un droit règlementaire qui est un système fermé de normes juridiques produites par le pouvoir central. Le droit devient non plus un ensemble de solutions justes sur lesquelles s'accordent les juristes, mais un ensemble de règles de comportement qui émanent du gouvernement central.

B. La législation impériale, source exclusive du droit

85 L'évolution s'achève au Bas-Empire. L'influence politique des conceptions orientales et l'influence du christianisme (après la conversion de Constantin en 312) convergent pour faire du pouvoir législatif un attribut du souverain, délégué de Dieu sur terre. L'empereur exerce pleinement le pouvoir législatif. Ses constitutions sont désormais appelées *leges*, lois. Tout le droit antérieur, contenu dans les ouvrages des jurisconsultes, prend le nom général de *ius* ou *ius vetus* (vieux droit). S'il reste applicable, c'est désormais un champ fermé d'institutions que l'on ne peut étendre par analogie. Toute innovation passe maintenant par la volonté du maître qui s'est substituée aux autres modes de formation du droit. Dès le IVe siècle, l'empereur est salué comme « loi vivante », « loi animée ». Le droit passe par sa bouche.

L'empereur est le représentant de Dieu sur terre. De même que Dieu est lointain dans le ciel, de même son vicaire se tient désormais éloigné du peuple. Il ne se montre plus à ses sujets qu'en grande pompe, figé sous une lourde carapace ornée de pierreries et entouré d'une cour brillante. C'est un honneur insigne d'être admis à « adorer la pourpre », c'est-à-dire à baiser le bas de son manteau rouge en se prosternant. L'étiquette de la cour y insiste, la majesté impériale instaure une distance : on ne regarde pas l'empereur dans les yeux, celui qui lui tend un objet doit avoir les mains voilées, une tenture est tirée devant le trône où il prend place. Cette distanciation se ressent dans la forme de la législation. À partir du règne de Constantin, la production législative emprunte résolument la voie des dispositions à caractère général, *leges generales*. Mais plus le pouvoir est lointain et absolu, plus il éprouve le besoin de se justifier. Les constitutions impériales ne se contentent pas de définir le droit, elles l'expliquent. L'empereur vante avec emphase sa sagesse, la pureté de ses intentions. Il couvre ses actes de l'autorité de la morale et de la religion. À la rigueur du style classique succèdent un mode d'expression verbeux et un langage ampoulé.

86 À partir de 364, les deux parties de l'Empire s'isolent. Chaque partie, occidentale ou orientale, dispose de son administration propre, de sa justice, de son armée et de son droit. Chacune des deux chancelleries élabore ses lois. Pourtant, malgré sa scission, l'Empire reste théoriquement unitaire. Ce principe, dit de l'*unanimitas* (littéralement « unité d'âme », *una anima*), explique que les constitutions soient placées sous l'égide des deux empereurs régnants. Pourtant, elles ne s'appliquent qu'à la partie de l'Empire gouvernée par leur auteur. Il faut attendre la codification théodosienne pour voir le retour à l'unité de législation.

Sous-section 2
Le développement d'un droit de la puissance publique

87 Les progrès de l'étatisme se sont manifestés non seulement par la confiscation des sources du droit, mais aussi par le développement d'un droit de la puissance publique. Pour promouvoir le pouvoir de l'État, est consacré le principe d'un droit autonome, exorbitant du droit commun car spécifique à l'exercice de la puissance publique (**§ 1**). En outre, sont précisés les devoirs de ceux qui exercent une fonction publique (**§ 2**).

§ 1. Le principe d'un droit exorbitant du droit commun

Voilà encore un héritage romain : l'idée selon laquelle les règles de droit privé ne conviennent pas forcément aux rapports dans lesquels l'État se trouve, peu ou prou, impliqué. Un agent de l'État n'est pas un particulier comme un autre, la propriété appartenant à l'État est autre chose que la propriété appartenant à un particulier, etc.

88 À partir du IIe siècle de notre ère, l'empire doit faire face aux premières invasions. Sa défense engendre des dépenses de plus en plus lourdes, auxquelles s'ajoutent les dépenses civiles dues, notamment, à l'accroissement de la bureaucratie. Dès lors, la fiscalité s'alourdira toujours davantage. Dans le même temps, l'armée devient une institution essentielle à la survie du régime et de l'empire lui-même. La législation impériale répond à ces besoins spécifiques par un droit spécifique dont deux modèles, le droit militaire et le droit fiscal, seront consacrés dans les œuvres des juristes (**A**). Ce droit exorbitant du droit commun est fondé sur la notion d'*utilitas publica* (**B**).

A. Deux modèles jurisprudentiels

À la fin du Principat, apparaît une littérature jurisprudentielle d'un genre nouveau, consacrant l'existence d'un droit autonome pour ceux qui servent l'État (**1**) et pour le fisc (**2**).

1. Le droit militaire

89 Sous le Principat, l'armée romaine devient un corps de professionnels. D'origine impériale, des règles de droit spéciales au militaire romain se multiplient de façon empirique. Ce mouvement s'accélère à partir de Trajan (grand soldat lui-même) et trouve un aboutissement sous les empereurs Sévères : les jurisconsultes consacrent l'existence d'un « droit militaire ». La matière en est fournie par les constitutions impériales, plus particulièrement par des rescrits qui, à l'occasion d'un procès particulier, ont dérogé au droit commun. La doctrine rassemble toutes ces solutions éparses sous la forme d'exposés synthétiques. Ainsi prend corps un ensemble cohérent appelé *ius militare*. Ce droit original se distingue du droit commun en matière pénale (discipline oblige), mais aussi en matière civile car il octroie toutes sortes de privilèges aux soldats. Voilà consacrée l'existence d'un droit spécifique réglant la vie juridique de ceux qui servent l'État.

2. Le droit fiscal

90 Le mot *fiscus* désigne à l'origine un récipient, une corbeille dans laquelle on dépose de l'argent. Dès les débuts du Principat, le Prince dispose d'un *fiscus*, d'une cassette personnelle qui s'oppose à l'*aerarium*, le trésor du peuple romain administré par le Sénat. Plus le régime s'affirme, plus le *fiscus* prendra d'ampleur par rapport à l'*aerarium*. Ce dernier finira par n'être plus que la caisse municipale de Rome, alors que le *fiscus* percevra la quasi totalité des revenus de l'empire, subvenant en contrepartie à l'essentiel des dépenses (entretien de l'armée, rémunération des fonctionnaires, grands travaux, etc.). Le fisc, d'abord bien personnel de l'empereur, finit par devenir l'expression financière de l'État. Ses intérêts appellent une réglementation à part pour garantir, notamment, le recouvrement de ses créances (impôts, confiscations). Dès lors, l'administration fiscale se voit reconnaître des prérogatives particulières. Ces prérogatives sont dégagées par le biais de la nouvelle procédure, dite extraordinaire. Dans les procès où le fisc est impliqué, les rescrits impériaux introduisent des règles dérogeant au droit commun. Sous les empereurs Sévères, ces prérogatives sont consolidées et l'autonomie du droit fiscal est consacrée par la doctrine : elle en synthétise les traits distinctifs dans des monographies traitant du *ius fisci*, le « droit du fisc ». Les biens du fisc jouissent notamment de garanties spéciales qui les opposent aux biens des particuliers.

B. Un droit fondé sur la notion d'*utilitas publica*

91 Avec le droit fiscal et le droit militaire commence à se dégager un droit original, spécifique de la puissance publique. Son autonomie est justifiée par la notion d'*utilitas publica*. Cette expression a d'abord désigné l'intérêt commun à tous. Au IIIe siècle, elle change de sens et devient synonyme d'intérêt direct de l'État. Ulpien fait de l'utilité publique le critère distinctif du *ius publicum*, par opposition au *ius privatum* qui ne concerne que l'utilité des particuliers. Au Bas-Empire, l'utilité publique s'affirme toujours davantage à l'encontre des intérêts privés qui lui sont véritablement sacrifiés. En des temps marqués par les menaces extérieures,

la crise économique et la crise religieuse, jamais le pouvoir n'a été plus absolu. Il prétend tout contrôler grâce à une bureaucratie tentaculaire. L'État et ses services triomphent. Leurs besoins donnent lieu à une abondante législation où l'utilité publique occupe une place grandissante. On l'invoque toujours en matière militaire et fiscale (où les exigences se font de plus en plus pressantes), mais aussi à propos des routes, de la poste, de la vente des biens des hérétiques... On l'invoque surtout à l'appui du dirigisme économique : l'utilité publique justifie, par exemple, la réglementation des prix ou l'hérédité des professions. À l'époque de Justinien, on parlera plutôt d'« utilité commune » ; ce qui prime n'est plus tant l'utilité des services que celle des sujets dont l'empereur a la charge. Mais si le principe d'action du pouvoir repose sur une conception plus humaine, l'intervention impériale n'en reste pas moins vigoureuse.

§ 2. Un droit de la fonction publique

92 À la fin du Principat, la bureaucratisation de l'État explique également le développement d'un autre type de littérature jurisprudentielle. Il s'agit d'ouvrages qui portent le nom de *libri de officio*. Là encore, les juristes ont rassemblé en un tout cohérent des éléments épars dans les constitutions impériales, principalement dans les rescrits. De décisions particulières ils ont tiré une série de monographies décrivant les devoirs des différents agents de l'État. Les fragments qui ont survécu traitent principalement de l'exercice de leurs fonctions juridictionnelles, au civil comme au pénal. Ces ouvrages doivent être rapprochés des traités consacrés à la même époque à la procédure. La procédure extraordinaire, qui avait commencé par faire timidement concurrence aux procédures civile et pénale issues de la République, se généralise. Tout le procès, en matière civile comme en matière pénale, se déroule devant un juge unique qui est un fonctionnaire impérial et dont la sentence est éventuellement révisée par la voie de l'appel. Les *libri de officio*, les traités sur la procédure sont, comme la fonctionnarisation de la justice et l'appel, autant de moyens d'uniformiser

l'application du droit dans l'empire et ils sont rédigés pour les agents de l'État. Pas question pour l'empereur, qui fait le droit, de laisser le juge ou le fonctionnaire l'appliquer comme bon lui semblerait.

93 L'exercice du pouvoir impérial, quant à lui, ne fera pas l'objet d'ouvrages comparables. Pourtant la transformation du régime en monarchie absolue s'est voulue légaliste. Les grands juristes au service de l'empereur ont notamment exploité la loi d'investiture de l'empereur (la *lex regia*) pour mettre l'empereur « au-dessus des lois ». Mais les constitutions impériales se plaisent à placer l'exercice du pouvoir impérial en deçà de ses possibilités constitutionnelles. Les empereurs vantent leur respect volontaire des lois. Ce thème de l'auto-limitation, cher à l'absolutisme, est déjà fréquent dans les rescrits de Septime Sévère et de Caracalla et il sera réaffirmé avec vigueur au Bas-Empire dans une constitution de 429 (constitution *Digna vox*). Plus généralement, Rome a fourni un modèle. La souveraineté étatique s'est incarnée dans la personne du Prince, juge et législateur. Voilà la première forme historique de l'État moderne, détenteur de la souveraineté juridique, à la fois souveraineté législative et souveraineté judiciaire, pouvoir de faire le droit et de dire le droit.

Droit fiscal, utilité publique, traités des fonctions publiques, maximes sur le pouvoir impérial, modèle étatique... tous ces matériaux serviront d'appui à la science juridique médiévale lorsqu'elle investira la sphère du droit public. Ils seront puisés, comme ceux du droit privé, dans les grandes codifications élaborées au Bas-Empire.

Sous-section 3
La constitution d'un corps de règles

94 Une des caractéristiques de l'évolution du droit au Bas-Empire est la tendance à la codification. Elle va de pair avec l'apparition de

nouveaux moyens (**§ 1**) qui préparent les grandes compilations (**§ 2**).

§ 1. De nouveaux moyens

Deux petites révolutions mettent en place des conditions favorables à la codification du droit. On observe d'abord, dès la fin de l'époque classique, une modification dans le support matériel des textes : c'est l'avènement du *codex* (**A**). Puis le droit fera l'objet d'un enseignement officiel (**B**).

A. L'avènement du *codex*

95 La conservation des constitutions impériales est une nécessité pour le pouvoir central. L'empereur et ses conseillers-juristes doivent pouvoir les consulter pour vérifier si la copie d'un rescrit présenté par un particulier à l'appui de sa requête reproduit bien le texte officiel ou bien pour y rechercher des précédents servant de base à une nouvelle décision. Le régime doit donc disposer d'archives bien organisées. Mais la masse des constitutions devient telle au début du IIIe siècle qu'elle devient difficile à manipuler. En effet, les textes étaient écrits sur des papyrus, puis rassemblés en rouleaux après avoir été collés les uns aux autres par leurs extrémités. Il a paru plus pratique, pour les compulser et les consulter, de les réunir en *codices* c'est-à-dire en livres dont les feuilles sont attachées par le côté. Le mot *codex* a, à l'origine, un simple sens matériel : il désigne la forme du recueil, le livre, en papyrus puis en parchemin. Mais ce mot de « code » était promis à un bel avenir dans la langue du droit. Son sens a évolué pour désigner un concept juridique, le recueil officiel du droit promulgué par l'autorité centrale, un document officiel à valeur normative. Cette évolution s'est produite lorsque s'est accomplie la mutation du droit dont nous avons parlé, c'est-à-dire lorsque les décisions du Prince se sont imposées comme des décisions à caractère réglementaire, des modèles théoriques dont on déduit des applications particulières. Les juristes ont, dans leurs œuvres, préparé cette mutation. Et ce sont également des juristes qui ont

réalisé les premières compilations tentant de réunir l'ensemble des rescrits impériaux. Ces recueils – officieux –, ces premiers « codes » portent le nom de leurs auteurs. Il s'agit du Code Grégorien, publié vers 292, suivi peu après d'une sorte d'appendice, le Code Hermogénien.

B. La scolarisation de l'enseignement du droit

96 Au Bas-Empire, une innovation décisive affecte l'enseignement du droit. À côté des professeurs privés – qui subsisteront jusqu'à Justinien –, l'État bureaucratique et autoritaire organise un enseignement officiel. Il s'agit de former la bureaucratie impériale à laquelle sont désormais incorporés les juges, les notaires et les avocats. Il existe trois grandes écoles de droit, à Rome, à Beyrouth et à Constantinople (dernière née fondée en 425). L'enseignement y est dispensé par des professeurs officiels. Ceux-ci ont d'abord vécu des honoraires versés par les étudiants (qui parfois refusaient de payer leur salaire !), puis un traitement officiel leur est alloué. Dans ces écoles d'État, les études durent quatre ans et suivent un programme officiel. Jusqu'aux réformes de Justinien, les étudiants font connaissance avec la matière par les Institutes de Gaius et fréquentent ensuite les œuvres de la doctrine classique. Après avoir réussi leur examen, les jeunes gens deviennent avocats ou praticiens, à moins qu'ils n'entament une carrière administrative.

À une époque où l'ère des grands jurisconsultes est révolue, les seuls juristes qui sortent de l'anonymat sont les professeurs de droit, surtout ceux des écoles orientales. En s'appuyant sur les ressources culturelles de la rhétorique, de la grammaire et de la logique, ils repensent l'héritage classique qui constitue la base de leur enseignement. Ces remaniements scolaires introduisent nombre de règles, de distinctions, de définitions. Sans grande originalité, leurs œuvres compilent (labeur essentiel car, faute d'imprimerie, l'accès aux textes est difficile), commentent et mettent à jour en signalant les réformes apportées par les constitutions impériales. Leur travail prépare efficacement l'œuvre de codification.

§ 2. Les compilations officielles du Bas-Empire

97 À la fin du IIIe siècle, les textes juridiques forment une véritable jungle où les juges, souvent ignorants, ont bien du mal à se retrouver. Les besoins de la pratique, ainsi que les nécessités de l'enseignement, conduisent les empereurs à y mettre un peu d'ordre. Les moyens employés n'ont pas toujours été très heureux. C'est le cas, notamment, de la fameuse « loi des citations » rendue en 426 par Valentinien III, empereur d'Occident. Elle instaure, pour la jurisprudence classique, un système de sélection mécanique en donnant force de loi aux écrits de cinq juristes : Gaius, Paul, Ulpien, Papinien et Modestin. Eux seuls peuvent être invoqués en justice. L'opinion des autres prudents n'est prise en compte que si elle est citée par un des cinq grands. Si les cinq auteurs sont d'accord, le juge suivra leur avis. S'ils ne sont pas d'accord, la loi des citations fournit des règles pour trancher mécaniquement les divergences : le juge doit retenir l'avis de la majorité ; en cas de partage égal, le juge doit suivre l'opinion de Papinien (le « prince des juristes » dira-t-on) ; si, enfin, Papinien ne s'est pas prononcé, le juge retrouve la liberté d'adopter l'opinion qui lui semble la plus équitable.

À la même époque, le collègue oriental de Valentinien III, l'empereur Théodose II, médite une entreprise bien plus ambitieuse, une codification officielle du droit. Elle aboutit au Code Théodosien (**A**). Ce code sera ensuite supplanté en Orient par les compilations de Justinien (**B**).

A. Le Code Théodosien

98 Par une constitution de 429, Théodose II dévoile un projet de grande envergure. L'empereur d'Orient se propose de faire réaliser deux compilations : d'une part, un recueil officiel des *leges* (c'est-à-dire des constitutions impériales de portée générale) à partir de celles de Constantin et d'autre part, un ouvrage de caractère pratique renfermant tout le droit en vigueur et comprenant à la fois

des *leges*, des rescrits (puisés dans les codes Grégorien et Hermogénien) et du *ius* (emprunté aux œuvres des juristes classiques). Ce projet n'aboutit pas. En 435, une nouvelle constitution du même empereur reprend l'idée de codification officielle sur d'autres bases : elle abandonne l'entreprise de compilation du *ius* (l'Orient adopte la loi des citations), mais charge une commission de seize membres de compiler les constitutions impériales émises depuis Constantin en les modifiant, au besoin, pour les mettre à jour. Cette fois, la tâche est menée à son terme ; elle débouche sur le Code Théodosien promulgué en 438. Il se compose de 16 livres, subdivisés en titres à l'intérieur desquels les constitutions sont rangées par ordre chronologique. Ce code a valeur officielle et désormais les constitutions ne peuvent plus être invoquées que dans la forme (souvent amendée) que leur ont donnée les commissaires. Mais ces textes sont destinés à s'appliquer dans les deux parties de l'Empire. À partir du 1er janvier 439, le Code Théodosien entre en vigueur dans tout l'Empire dont l'unité est ainsi réaffirmée. Quoique rédigé en Orient, c'est en Occident que son destin sera le plus durable. En Orient, il s'effacera au VIe siècle devant l'œuvre de Justinien.

B. Les compilations de Justinien

99 En 527, Justinien devient empereur d'Orient. À la date de son avènement, l'Empire d'Occident s'est effondré depuis plus d'un demi-siècle (476). Les ambitions de Justinien sont immenses. Hanté par la grandeur passée de Rome, il entend la restaurer dans tous les domaines. Il veut rétablir l'empire dans ses anciennes frontières et donc reconquérir l'Occident, aux mains des rois barbares. Mais Justinien sait qu'on ne gouverne pas simplement par la force militaire. Aussi veut-il également rénover les structures de l'empire et, dans cette perspective, le doter d'une base juridique solide et homogène. Ce grand monarque sait s'entourer des meilleurs auxiliaires : les généraux Bélisaire et Narsès, qui conduiront la reconquête (en Afrique, en Italie, en Espagne) ; le préfet du prétoire Jean de Cappadoce, qui assumera la réorganisation de l'administration ; le juriste Tribonien (haut fonctionnaire, maître

des offices, puis questeur du palais), qui sera la cheville ouvrière de l'œuvre juridique.

Les rois barbares – ces nouveaux venus en terre romaine – avaient fait procéder à des codifications du droit, y compris du droit romain. Quel défi pour un empereur plus puissant ! Quelques mois à peine après son avènement, Justinien fait entreprendre une œuvre grandiose qui aboutit à quatre recueils : le Code (**1**), le Digeste (**2**), les Institutes (**3**) et les Novelles (**4**). L'ensemble sera baptisé au Moyen Âge du nom de *Corpus iuris civilis*.

1. Le Code de Justinien

100 Le 13 février 528, Justinien ordonne la compilation des *leges* dans sa constitution *Haec quae necessario* (on désigne les constitutions impériales à l'aide de leurs premiers mots). Il nomme une commission de 9 membres (6 hauts fonctionnaires, 2 avocats et 1 professeur de droit), présidée par le « magnifique » Tribonien et lui indique précisément la marche à suivre. On puisera dans les codes Grégorien, Hermogénien et Théodosien, ainsi que dans les constitutions postérieures pour ne retenir que les seuls textes en vigueur et les réunir en un seul code. L'empereur ordonne également d'intervenir sur les textes retenus pour parvenir à un ensemble le plus concis et le plus clair possible : c'est ainsi que les compilateurs sont invités à éliminer ce qui est superflu (par exemple les préfaces des constitutions) et à remanier au besoin les textes. La commission travaille très vite puisque le Code est publié le 7 avril 529. Cette première version ne nous est pas parvenue car elle a été refondue à la suite des travaux du Digeste et de l'émission de nouvelles constitutions. Une deuxième édition est publiée le 16 novembre 534.

Le Code se compose de 12 livres, en hommage à la loi des XII Tables, divisés en titres portant un nom ; au sein des titres, les constitutions sont classées par ordre chronologique. La plus ancienne est d'Hadrien, la plus récente de Justinien (4 novembre 534). Chaque constitution indique, en tête, l'identité de son auteur et celle de son destinataire (c'est l'« adresse ») et, à la fin, la date et le lieu de sa publication (c'est la « souscription »). Mais quel que soit le destinataire initial, le texte devient du fait de son insertion dans le Code une loi pour tous.

2. Le Digeste

101 Par la constitution *Deo auctore* du 15 décembre 530, Justinien ordonne la compilation du *ius* c'est-à-dire de la jurisprudence classique. La constitution est adressée à Tribonien auquel l'empereur laisse le soin de choisir ses collaborateurs. La nouvelle commission compte davantage de savants que celle qui a élaboré le Code (4 professeurs de droit, 11 avocats et 2 hauts fonctionnaires). Cela s'explique par la complexité de l'entreprise dans laquelle Théodose, on s'en souvient, avait échoué. Non seulement le matériel à dépouiller est immense (3 millions de lignes dispersées en près de 2 000 volumes), mais les textes sont anciens et souvent contradictoires (reflet des controverses). Il a fallu faire des choix, mettre à jour, élaguer, ajouter, simplifier. On se demande encore comment la commission a bien pu travailler car son œuvre est achevée au bout de trois ans seulement. Le Digeste (appelé en grec les Pandectes) est publié le 16 décembre 533.

Il se présente comme une gigantesque mosaïque. Les compilateurs ont retenu 150 000 lignes provenant de 38 jurisconsultes dont le plus ancien est Q. Mucius Scaevola (IIe siècle avant J.-C.) et le plus récent Hermogénien (IIIe siècle après J.-C.). Les plus fréquemment cités sont les cinq juristes retenus par la loi des citations (désormais obsolète) et surtout Ulpien, suivi par Paul. Les extraits ont été classés en 50 livres, subdivisés en titres portant un nom. Chaque fragment est précédé de l'indication de son auteur et de celle de l'ouvrage dont il est tiré. Tous ont reçu une égale autorité « comme si, dit Justinien, ils avaient été émis par notre bouche divine ». Et l'empereur interdit sévèrement tout commentaire de cette œuvre. Finalement, après avoir longtemps contrôlé la jurisprudence, l'empereur a assuré sa conservation, mais en la sélectionnant (on imagine ce qui a été perdu !), en la figeant et en se l'appropriant. Ultime victoire, posthume, de l'empereur sur les jurisconsultes classiques. C'est à ce prix qu'on a tenu compte des travaux d'auteurs jadis condamnés par la loi des citations.

3. Les Institutes

102 Pour compléter son œuvre, Justinien fait rédiger un nouveau manuel d'Institutes destiné à l'enseignement, mais qui aura en

même temps force de loi. Écrit par trois professeurs de droit, il est publié le 21 novembre 533. Sa base a été empruntée aux Institutes de Gaius, remaniées en raison, notamment, du changement de procédure. Les compilations s'accompagnent d'une réforme des études juridiques. Justinien impose une cinquième année d'enseignement et revoit les programmes. Le droit est désormais fixé et les professeurs sont sommés de s'en tenir aux textes officiels. Pas question d'apprendre aux élèves une « fausse doctrine », ordonne l'empereur qui interdit l'enseignement en dehors des écoles officielles. Dans ces écoles, le bon ordre doit régner et l'empereur y défend formellement les bizutages : « Il faut, dit-il, que les étudiants en droit se fassent d'abord des esprits sérieux, avant de se faire des langues érudites » !

4. Les Novelles

103 Après la publication de son Code, Justinien a encore régné 31 ans, au cours desquels il promulgua de nombreuses constitutions. Elles sont désignées du terme de Novelles. Ces Novelles ne firent pas l'objet d'un recueil officiel, mais leur publication permit l'élaboration de recueils privés.

104 Avec l'œuvre de Justinien, l'État absolutiste dispose désormais d'un corps complet de droit réglant l'ensemble de la vie privée et publique. Après avoir reconquis l'Italie, Justinien y envoya une copie de ses compilations, marquant ainsi le rétablissement de l'unité - de fait et de droit - de l'Empire romain. Peu après sa mort, le rêve byzantin fut ruiné par l'invasion des Lombards. Les compilations entrent alors dans une sorte d'hibernation qui durera des siècles, attendant que l'Occident soit capable de se servir de son précieux héritage.

BIBLIOGRAPHIE

C.-A. Cannata, Histoire de la jurisprudence européenne, I. La jurisprudence romaine, Turin, 1988.

J.-P. Coriat, *Le Prince législateur. La technique législative des Sévères et les méthodes de création du droit impérial à la fin du Principat*, Rome, 1997.

S. Crogier-Petrequin et P. Jaillette, avec le concours d'O. Huck (éd.), *Le Code Théodosien. Diversité des approches et nouvelles perspectives*, Rome, EFR, 2009.

J. GAUDEMET, « *Utilitas publica* », *RHD* 1951, p. 465-499.
Institutions de l'Antiquité, Sirey, Paris, 1982.
M. HUMBERT, « Droit et religion dans la Rome antique », *Mélanges Felix Wubbe*, Fribourg, 1993, p. 191-206.
Institutions politiques et sociales de l'Antiquité, Dalloz, Paris, 1999.
M. KASER, « Sur la méthode des jurisconsultes romains », *Romanitas*, 1962, p. 107-123.
A. MAGDELAIN, *Jus, imperium, auctoritas. Études de droit romain*, Rome, 1990.
De la royauté et du droit de Romulus à Sabinus, Rome, 1995.
F. SCHULZ, *Prinzipien des römischen Recht*, Berlin, 1934, traduction anglaise Oxford, 1936, traduction italienne Florence, 1949.
A. SCHIAVONE, *Ius. L'invention du droit en Occident*, traduit par G. et J. BOUFFARTIGUE, Paris, Belin, 2008.
Y. THOMAS, « La langue du droit romain. Problèmes et méthodes », *Archives de philosophie du droit*, 19, 1974, p. 103-125.
« *Fictio legis*, L'empire de la fiction romaine et ses limites médiévales », *Droits* 1995, p. 17-63.
R. VON JHERING, *L'esprit du droit romain dans les diverses phases de son développement*, traduction française O. DE MEULENAERE, Paris, 1886-1888.

CHAPITRE 2

IVe- XIe siècles: l'incubation d'une identité juridique originale

105 Au IIe siècle de notre ère, quatre grands empires se partagent l'Europe, l'Afrique et l'Asie : les empires romain, perse, hindou et chinois. Centrés sur des aires de climat hospitalier, ces empires ont développé un très haut degré de civilisation. Ils sont entourés de contrées plus ingrates (marécages, forêts, steppes, déserts) où vivent des barbares qui en sont encore à l'âge du fer. Comprimés par les empires, les barbares commencent à se sentir à l'étroit et vont se mettre en mouvement. Pour s'en tenir à ceux dont les migrations intéressent ce chapitre, il s'agit : de peuples maritimes germaniques qui vivaient sur les rives de la mer du Nord, de la Baltique et de la péninsule scandinave (ces marins disposent de navires capables de résister aux mers démontées) ; de peuples germaniques et slaves qui vivaient dans les forêts du nord de l'Europe ; de nomades qui vivaient dans les steppes (Sarmates, Huns, Arabes et Berbères). Tous ces peuples sont redoutables. À la rage de vivre ils allient la puissance militaire fondée sur un excellent armement (notamment des épées d'une extraordinaire qualité) et sur l'emploi de la cavalerie lourde. Pour faire face à

cette menace, les empires adoptent, tous, un régime plus autoritaire et cimentent, tous, leur unité par une religion nationale (zoroastrisme en Iran ; brahmanisme en Inde) ou universelle (bouddhisme en Chine ; christianisme à Rome). Ces migrations vont bouleverser la carte du monde. Aucun empire n'en sortira indemne.

106 Au plan de **l'histoire politique**, la période qui court du IVe au XIe siècles ne présente pas d'unité tant elle est fertile en bouleversements. Au IVe siècle, l'empire romain est divisé en deux parties, Orient et Occident. L'Occident s'engage alors dans une destinée propre qui seule ici nous intéresse. Au Ve siècle, quelques décennies suffiront à démembrer l'empire occidental au profit de royaumes barbares. Sa ruine est consommée en 476 avec la déposition du dernier empereur d'Occident, Romulus Augustule, par le barbare Odoacre. En Gaule, s'affirme vite la prépondérance des Francs. Clovis, devenu roi en 481, fonde la dynastie mérovingienne (ainsi appelée car Clovis était petit-fils de Mérovée). Clovis (mort en 511), puis ses fils soumettent les autres royaumes barbares aux Francs.

107 Au VIIe siècle, les rois mérovingiens abandonnent la réalité du pouvoir à leurs maires du palais. L'un d'eux, Charles Martel, s'est rendu particulièrement célèbre en remportant la victoire de Poitiers qui arrête l'invasion musulmane (732). Son fils, Pépin le Bref, dépose le dernier roi mérovingien et devient roi en 751. Dès ses débuts, la monarchie carolingienne est marquée par son alliance avec l'Église. Innovation dans la Gaule franque, un sacre (à l'image des rois bibliques) légitime en 751 le coup d'État de Pépin. En 754, le pape lui-même procède à un second sacre non seulement de la personne du roi Pépin, mais aussi de ses deux fils et fait défense, sous peine d'excommunication, de choisir à l'avenir un roi issu d'un autre sang. Voilà fondée, grâce au pape, la dynastie carolingienne. Retour de bons procédés, Pépin contribue à la création d'un État pontifical au centre de l'Italie. Cet État, qui fait du pape un souverain temporel, ne disparaîtra qu'en 1870.

108 Le royaume franc s'étend considérablement. Charlemagne, qui règne à partir de 768, conquiert l'Italie, la Germanie, puis le nord de l'Espagne. En 800, l'empire d'Occident est rétabli à son profit, avec pour capitale Aix-la-Chapelle. Restauration de l'empire, mais aussi restauration de l'idée d'État. Cette restauration, cependant, est ambiguë et sera éphémère. Dès la mort de Louis le Pieux (fils de Charlemagne), l'empire éclate. Ses trois fils se partagent son héritage en 843 (date du traité de Verdun). L'aîné, Lothaire, auquel revient le titre impérial, reçoit une bande centrale allant de la Mer du nord à l'Italie, la *Francia media*. Au cadet, Louis, revient la *Francia orientalis* ou Germanie à l'est du Rhin. Au benjamin, Charles le Chauve, échoit la *Francia occidentalis* qui s'étend des côtes de la Manche et de l'Atlantique jusqu'aux « quatre rivières » (Escaut, Meuse, Saône et Rhône). Ces trois royaumes sont indépendants malgré le maintien, très théorique, de l'Empire. Après la mort de Lothaire, en 855, son royaume est partagé entre ses fils. L'aîné Louis hérite du titre impérial et de l'Italie ; le cadet, Lothaire II, de la région comprise entre la Frise et le Jura (qui en prendra le nom de Lotharingie ou Lorraine) ; le benjamin Charles reçoit essentiellement la Provence. Ces petits royaumes ne tardent pas à être victimes des ambitions rivales des rois de *Francia occidentalis* et de Germanie. L'ancien empire carolingien a ainsi éclaté et il se déchire en luttes fratricides. La division entre héritiers royaux donne à l'aristocratie une bonne occasion de jouer son jeu personnel. Ce jeu trouve un terrain favorable avec un nouvel assaut d'invasions qui se produit aux IXe et Xe siècles. Au nord et à l'ouest, des vagues barbares venues de Scandinavie se livrent à des raids dévastateurs. L'est subit les attaques de hordes hongroises et slaves. Le sud, enfin, est dévasté par les pirates sarrasins. Ces invasions marqueront profondément la carte de l'Europe. Le royaume anglo-saxon forge son unité en résistant contre les envahisseurs danois. La lutte contre les Hongrois et les Slaves fera naître en Germanie un début de conscience nationale qui contribuera au redressement de la royauté. À terme, c'est surtout à elle que profitera le démembrement de la *Francia media*. En 962, le roi de Germanie, Otton Ier, rétablit l'Empire (disparu depuis près de 70 ans) après avoir annexé l'Italie. Ce Saint Empire (souvent qualifié de « romain-germanique ») amorce alors une existence qui le mènera jusqu'en 1806. Quant à la *Francia occidentalis*, elle s'apprête à devenir la France tout court.

109 La recomposition consécutive à l'effondrement de l'empire carolingien n'est pas le seul avatar qui affecte l'Europe continentale. Partout s'y produit un même mouvement que l'on a qualifié de « mutation féodale ». Ce phénomène combine une organisation sociale dominée par des rapports de dépendance (dépendance des humbles par rapport aux puissants, mais aussi dépendance des puissants entre eux par le biais des institutions féodo-vassaliques) avec une dislocation de l'autorité publique. Le pouvoir échappe au roi et se distribue, par étapes successives, dans de nouvelles entités politiques de plus en plus petites : principautés territoriales, comtés autonomes et, enfin, seigneuries dites « banales ». Le changement définitif de dynastie, en 987, au profit d'Hugues Capet ne freine en rien ce mouvement. On le voit, les régimes se succèdent et de l'empire romain à la seigneurie, le cadre politique passe du plus grand au plus petit.

110 Au plan de **l'histoire du droit**, ces quelque huit siècles méritent d'être rassemblés. C'est le creuset où se mettent en place les éléments qui, s'ajoutant aux racines romaines, seront aptes à produire une identité juridique originale. Ces éléments marqueront durablement, et parfois de façon définitive, le droit occidental. À cet égard, le IVe siècle marque véritablement un nouveau départ pour l'Occident (SECTION 1). La période que nous abordons signe également un tournant décisif pour l'avenir du droit en Europe continentale. Les barbares qui s'y sont installés ont certes vaincu Rome, mais ils n'ont pas détruit l'héritage romain. Rome restera un modèle. Un modèle de tolérance à l'égard des droits des vaincus et un modèle théorique de système juridique. Les traditions barbares n'ont pas remplacé le droit romain, elles se sont amalgamées avec lui, le préservant ainsi bien davantage qu'en Angleterre (SECTION 2). Cet amalgame ne s'est pas produit sans de profonds bouleversements de l'ordre juridique, bouleversements que la féodalité porte à leur point culminant (SECTION 3). L'empreinte en sera tenace, avec laquelle devront composer les États nationaux qui se constitueront à partir du XIIe siècle.

Section 1
Un tournant irréversible pour l'Occident

111 L'histoire propre de l'Occident commence avant même la chute de l'empire romain, lorsqu'est consommée la rupture avec l'Orient, au IVe siècle (SOUS-SECTION 1). Cette histoire est appelée à se développer dans une nouvelle perspective géographique : alors que la civilisation antique était centrée autour de la Méditerranée, l'Occident, lui, déplace son centre de gravité vers le nord-ouest ; il tourne son axe vers l'Océan. Nul besoin d'insister ici sur les conséquences à long terme de cette nouvelle orientation. Le IVe siècle, ensuite, voit s'accélérer les migrations barbares en Occident (SOUS-SECTION 2). Enfin, il a été marqué par la reconnaissance du christianisme (SOUS-SECTION 3).

Sous-section 1
La rupture avec l'Orient

112 Au IVe siècle, l'Occident est encore terre romaine. Officiellement, il y a un seul empire et, de temps en temps, un empereur unique le dirige. Mais la réalité est tout autre que l'unité : chaque partie devient de plus en plus autonome. Depuis 364, chaque empire assume sa propre destinée et le fossé se creuse toujours davantage. L'Orient parle grec, il reste riche, conserve sa civilisation urbaine et commerçante. L'Occident, lui, parle latin et se replie sur une économie rurale. À la mort de Théodose, en 395, les relations deviennent de plus en plus tendues entre les deux empires. L'orientation politique vire au « chacun pour soi ». En Orient, la présence germanique a déclenché une réaction hostile et le parti qui prévaut s'oppose à l'établissement permanent des Germains sur son territoire. Il n'hésite pas à les dérouter vers l'Occident. Ce dernier, réduit à ses seules forces, ne peut plus les repousser et cherche plutôt à les rendre inoffensifs. L'empire d'Occident n'y

survivra pas et s'effacera au profit d'une mosaïque de royaumes barbares. Si la rupture avec l'Orient est décisive au plan de l'histoire politique, elle ne l'est pas moins pour l'avenir du droit. Les compilations de l'empereur Justinien n'entreront pas en vigueur en Occident. Le droit romain y sera, certes, conservé, mais dans l'état où il se présentait avant l'œuvre de Justinien, c'est-à-dire essentiellement sous une forme vulgaire, déjà bien éloignée du modèle classique. Cela facilitera d'ailleurs le rapprochement avec le droit barbare. En revanche, lorsqu'au XIe siècle, l'Occident redécouvrira les grandes compilations, il renouera, grâce au Digeste, avec le droit romain dans sa pureté classique alors que, dans l'empire byzantin, le droit de Justinien s'était entretemps profondément modifié sous l'influence de l'Orient grec et étroitement lié au droit de l'Église orientale.

Sous-section 2
L'Occident, terre de migrations

113 Entre le IIIe et le Xe siècles, plusieurs vagues de migrations se sont succédé, qui toutes ont été porteuses de transformations politiques. Nous nous en tiendrons ici à celles qui ont eu raison de l'unité de l'empire romain, divisé en deux parties, puis de son existence même en Occident (**§ 1**). La partie occidentale était beaucoup plus exposée, car elle devait protéger sa frontière tout au long du Rhin et du cours supérieur du Danube. L'empire d'Orient, quant à lui, ne voisinait avec les barbares que sur le cours inférieur du Danube, car, à l'est, il bordait l'empire perse, certes dangereux, mais solidement constitué. En s'installant dans l'empire, les barbares ont apporté leur droit, rudimentaire, avec lequel l'Occident devra composer (**§ 2**).

§ 1. Les barbares à demeure

114 Le terme « barbares » n'est pas péjoratif ; il désigne les peuples qui ne participent pas à la culture grecque ou latine. Au IIIe siècle, leur présence devient significative à l'intérieur de l'empire ; au siècle suivant, leur pénétration s'accélère, fruit d'un mouvement déclenché par des peuples de race mongole venus d'Asie centrale, les Huns. Les Huns ont d'abord ravagé la Chine et l'Inde, puis se sont tournés vers l'ouest au milieu du IVe siècle. Au fur et à mesure qu'ils progressent, ils chassent devant eux les peuples germaniques établis en bordure du Danube et du Rhin. En se poussant les uns les autres, les barbares franchissent les portes de l'empire. Les tribus irréductibles, qui combattent trop durement l'armée romaine, voient leurs guerriers impitoyablement massacrés et leur population civile vendue en esclavage. Mais il existe aussi des barbares « assimilables » et ceux-là, pour autant qu'ils se soumettent, sont utilisés par Rome.

115 Dès avant le IIIe siècle, certains deviennent des « barbares impériaux » en servant dans l'armée. Quelques-uns accèdent même à la citoyenneté romaine. Sous Constantin, ils parviennent à des postes de responsabilité. L'armée devient pour le barbare un moyen d'intégration et les monnaies de l'époque le traduisent bien en représentant un petit barbare tiré de sa hutte par un soldat romain. Les meilleurs deviendront généralissimes des armées romaines, voire régents de l'empire. Non seulement Rome les enrôle, mais elle s'en sert pour regarnir les terres désertifiées. Au IIIe siècle, en effet, dans certaines régions de l'empire – notamment dans les zones frontières qui subissent les assauts extérieurs –, les champs sont désertés et leur remise en culture devient une véritable obsession pour l'État romain. Alors, il concède aux barbares des lots de terres, situés en deçà de la frontière de l'empire, à charge pour les bénéficiaires de les cultiver et, en cas d'attaque, de participer à la défense. Les barbares s'installent à demeure. On appelle les membres de ces communautés les « lètes ». C'est un terme d'argot militaire germanique qui signifie les « laissés », ceux qu'on a laissé vivre après la bataille, des prisonniers de guerre dépendant du vainqueur. En droit romain, ce sont des « déditices », exclus de la citoyenneté – qui, rappelons-le, avait été étendue en 212 à tous les habitants de l'empire – et donc à la merci de l'empereur. Ces communautés létiques sont soumises à une administration militaire romaine dirigée par des préfets (citoyens romains

bien souvent d'origine barbare eux-mêmes). Apparaissent ainsi des sortes de réserves ou plutôt de demi-réserves car les barbares cohabitent avec les citoyens romains. À une époque où les citoyens rechignent à entrer volontairement dans l'armée, les barbares, eux, sont très combatifs et les Romains ont été frappés de l'enthousiasme avec lequel ils se précipitaient à la levée des troupes. Les meilleurs vont former des unités d'élite et échappent à leur condition de lètes. Les communautés létiques, renforcées d'apports périodiques, s'enracinent.

116 Acculturation aidant, les lètes, qui ont, bon an, mal an, fondé des familles, montrent moins d'ardeur à servir dans l'armée. Cependant, la pression extérieure s'accentue et, pour puiser de nouveaux renforts chez les barbares, Rome est alors amenée à accepter des tribus entières en son sein. Pour cela, un traité (*foedus* en latin) est passé avec un peuple qui devient « fédéré » (*foederatus* c'est-à-dire « lié par un traité »). On octroie à ce peuple un territoire où il s'établit aux côtés des sujets de l'empire. Il y jouit d'une réelle indépendance. En contrepartie, il doit prêter le service militaire, formant des corps spéciaux commandés par ses propres chefs. Certains de ces peuples ont bénéficié du régime de l'*hospitalitas* (hospitalité). Les grands propriétaires romains ont alors été invités à partager leurs domaines avec les soldats barbares. De cette façon, les troupes restaient sur place et étaient entretenues par les bénéficiaires de la protection.

117 Entre les communautés barbares installées dans l'empire et l'autorité romaine, les liens deviendront de plus en plus lâches. En 442, les Vandales forment un royaume souverain. En 446, la Bretagne lance un dernier appel, vain, à l'empire. Les fédérés saxons, les Jutes, les Angles s'emparent du pays et y fondent une douzaine de royaumes. En 468, c'est au tour des fédérés wisigoths de se proclamer indépendants. Les fédérés burgondes ne prennent même pas cette peine. Le coup de grâce vient du roi des Hérules, Odoacre. Devant le refus d'accorder à son peuple le statut de fédéré, il chasse le dernier empereur d'Occident, Romulus Augustule, et renvoie, en 476, les insignes impériaux à Constantinople. Il se constitue un domaine en Italie (conquis en 493 par les Ostrogoths). L'ancien empire d'Occident est devenu une mosaïque de royaumes barbares.

§ 2. Des peuples au droit rudimentaire

118 Les tribus barbares étaient régies par un droit rudimentaire. Si les usages variaient d'un peuple à l'autre, certains traits communs tranchaient fortement par rapport au droit romain. Le droit n'y était pas écrit et ignorait toute généralisation. La règle juridique se distinguait mal de la règle religieuse (païenne). Les catégories du public et du privé n'étaient pas différenciées. Condition de survie dans un milieu hostile, la solidarité du clan (c'est-à-dire de la famille élargie) était très forte. Cette solidarité engageait le clan tout entier dans la vengeance lorsqu'un de ses membres avait été victime ou auteur d'une agression. La vengeance privée (faida), qui était un droit, pouvait ainsi dégénérer en vendetta, ces vengeances en chaîne qui décimaient des familles entières. Les barbares ignoraient l'idée d'État, mais lorsque les clans se regroupaient dans une structure politique un peu ferme sous l'autorité d'un chef, une justice interclanique arbitrait les conflits en tentant de substituer un mode de règlement pacifique à la vengeance. Dans l'esprit de ces peuples, longtemps nomades, le droit n'est pas attaché au territoire sur lequel on vit, il est inhérent à une race. C'est lui qui, en l'absence d'État, assure un repère fixe au groupe social. Le droit est donc conçu comme une donnée statique. Les règles ne sont pas susceptibles d'être manipulées et adaptées par simple volonté du pouvoir. Elles appartiennent à ceux qui y sont soumis.

Sous-section 3

L'Occident, terre chrétienne

119 La religion chrétienne s'est d'abord développée en Orient et en Grèce. Au IIe siècle, elle s'étend en Occident, notamment en Gaule et progresse ensuite de façon continue. Aux trois premiers siècles,

l'État romain est hostile au christianisme. Les païens auraient bien été disposés à accueillir un dieu nouveau dans leur panthéon (déjà enrichi de nombreuses divinités orientales), mais le dieu des chrétiens n'est pas un dieu comme les autres, il est exclusif. Les chrétiens refusent de s'associer au culte officiel païen. Parfois, l'État romain fait semblant de les ignorer, plus souvent il les persécute non pas tant en raison de leur croyance que pour des raisons politiques. La dernière grande persécution a lieu sous Dioclétien. Mais l'Église l'emporte. En 313, la religion chrétienne est officiellement reconnue par l'empereur Constantin, puis devient la religion d'État de l'empire romain par l'édit de Thessalonique pris par Théodose Ier en 380.

120 Le christianisme apporte une idée complètement nouvelle dans le monde antique : la distinction du spirituel et du temporel. Le pouvoir civil et le pouvoir religieux n'ont pas les mêmes fins. Le pouvoir civil s'occupe du bien temporel des hommes et il doit être obéi. L'Église s'occupe du salut éternel de ses membres. Même protégée par l'État romain, l'Église d'Occident ne lui sera pas entièrement liée. Elle restera une société distincte, avec ses institutions propres. Lorsque l'empire s'effondrera en Occident, l'Église ne sera pas entraînée dans sa chute. Elle deviendra alors la seule forme d'universalité, le seul ciment d'unité qui subsistera dans un Occident politiquement morcelé. Et l'Église y sera le conservatoire de la romanité. Elle a, en effet, beaucoup emprunté à Rome : son organisation, ses cadres territoriaux, sa culture, sa technique juridique pour construire son droit propre, le droit canonique, et jusqu'au siège de son chef, le pape, qui se trouve à Rome, revanche politique de la Ville humiliée par la fondation de Constantinople.

121 Adopté par les monarchies barbares, le christianisme est un élément clé qui façonnera l'Europe. La conversion sera le prix de l'intégration des barbares et fera barrage à la conquête musulmane. L'universalisme chrétien, cependant, ne sera pas facteur de rapprochement avec l'empire romain d'Orient. Tout au contraire, un fossé se creusera entre les chrétientés occidentale et orientale, chacune développant des rites propres, voire des divergences théologiques. Forte de l'évangélisation de l'immense monde slave,

l'Église de Constantinople rechigne à s'incliner devant la suprématie romaine. En 1054, le schisme est consommé entre l'Église « catholique » romaine et les Églises « orthodoxes » d'Orient.

SECTION 2
UN TOURNANT DÉCISIF POUR L'EUROPE CONTINENTALE : L'AMALGAME ENTRE LE MONDE ROMAIN ET LES TRADITIONS BARBARES

122 De multiples communautés se sont donc installées. Des tensions étaient inévitables entre le modèle juridique romain et les traditions des nouveaux venus. Ces tensions ne sont pas résolues partout de la même manière. En (Grande) Bretagne, les barbares, dont la plupart n'avaient jamais été romanisés, ont imposé leurs traditions. Ailleurs, les barbares ont, souvent de longue date, adopté la langue latine et, au moins en partie, la culture romaine. Le droit de l'Europe continentale a été tributaire d'un amalgame qui s'est produit sous l'impulsion des Francs. On peut distinguer deux étapes. La première a organisé la coexistence des deux types de traditions juridiques, romaine et barbare ; elle correspond au système dit de la « personnalité des lois » (SOUS-SECTION 1). La seconde annonce une identité commune, celle de la famille romano-germanique, dans l'empire carolingien (SOUS-SECTION 2).

SOUS-SECTION 1
LA COEXISTENCE DES TRADITIONS JURIDIQUES : LA PERSONNALITÉ DES LOIS

123 L'application du droit peut obéir à deux formes : la territorialité ou la personnalité. La territorialité du droit suppose l'application du même droit à tous les résidents d'un même territoire. Dans le système de la personnalité du droit, au contraire, plusieurs droits coexistent sur le même territoire, chacun régissant un groupe déterminé de personnes. Le choix entre l'un ou l'autre système se pose notamment lorsqu'un territoire fait l'objet d'une conquête. Le vainqueur peut imposer son droit aux vaincus : tous les habitants obéissent alors au même droit (territorialité). Ou bien le vainqueur laisse les vaincus vivre selon leur droit propre et n'applique, sur le territoire conquis, son droit qu'à ses propres citoyens (personnalité). C'est ce dernier système, par exemple, que la France a appliqué à une colonie comme l'Algérie aux XIXe et XXe siècles. Les règles applicables aux personnes variaient non pas en fonction de leur nationalité, mais en fonction de leur religion : les musulmans obéissaient à des règles très différentes de celles du Code civil en matière de droit des personnes et de la famille. Ce statut personnel [1] était fondé sur le Coran. Le choix entre personnalité ou territorialité du droit est une question bien plus politique que proprement juridique. Le pouvoir politique, quand il fait preuve de pragmatisme, sait bien qu'il est très difficile d'imposer un droit à des communautés qui ne veulent pas ou qui ne peuvent pas l'accepter. Le pouvoir doit savoir aménager une coexistence pacifique, s'il veut se maintenir et durer. C'est ce qu'ont parfaitement compris les Romains d'abord (**§ 1**), les Francs ensuite (**§ 2**).

§ 1. Une tradition romaine

124 Le principe de la personnalité du droit a été appliqué par Rome successivement aux pérégrins habitant les territoires conquis (**A**), puis à certains barbares venus de l'extérieur s'installer en terre romaine (**B**).

1. L'article 75 de notre actuelle constitution dispose toujours : « Les citoyens de la République qui n'ont pas le statut civil de droit commun, seul visé à l'article 34, conservent leur statut personnel tant qu'ils n'y ont pas renoncé ». L'article 75 s'applique aujourd'hui à Mayotte.

A. Rome et les pérégrins

125 La conquête romaine n'a pas fait disparaître les droits locaux des pays conquis. Les pérégrins, en tant qu'étrangers à la citoyenneté romaine, ne jouissaient pas du *ius civile* romain ; ils conservaient leurs propres lois, le droit privé de la communauté civique, leur patrie d'origine, à laquelle ils appartenaient. Le citoyen romain, quant à lui, pouvait se réclamer du *ius civile* en quelque lieu qu'il se trouvât dans l'empire ; entre romains et pérégrins, on usait du *ius gentium*. Les droits locaux ont subsisté même après la généralisation de la citoyenneté en 212. La survie de très anciennes traditions juridiques a été particulièrement visible dans les régions de l'Orient grec, notamment en Égypte. Mieux, la législation impériale a consacré l'existence officielle, au sein de l'empire, d'un pluralisme juridique en élevant des coutumes locales pérégrines au rang de coutumes provinciales romaines. Avec le temps, le droit privé romain s'est progressivement imposé par sa supériorité technique au détriment des usages indigènes. Cette politique de tolérance et de romanisation progressive est un des secrets de la réussite de l'empire romain, qui est ainsi parvenu à intégrer des peuples multiples. Avec l'arrivée des barbares, le problème se pose en des termes nouveaux.

B. Rome et les barbares

126 Par opposition aux pérégrins, en quelque sorte étrangers de l'intérieur et sujets de Rome, les barbares sont des étrangers véritables venus du dehors, appartenant à des peuples qui habitent au-delà des territoires conquis. L'établissement permanent de ces barbares dans l'empire ne manque pas de soulever des problèmes juridiques. Rome renoue alors avec le principe de la personnalité du droit. C'est le cas à l'égard des peuples fédérés qui conservent leurs coutumes et leurs juridictions. Le traité conclu avec Rome aménage les rapports juridiques entre eux et les populations romaines provinciales parmi lesquelles ils vivent et auxquelles s'applique le droit romain, en sorte que la coexistence reste pacifique.

127 Le cas des lètes est plus compliqué. Ce sont des déditices, non seulement exclus de la citoyenneté romaine, mais encore considérés comme des apatrides. N'appartenant à aucune communauté, ils ne peuvent se prévaloir d'aucune loi personnelle. Dans la pratique pourtant, ils vivent selon les usages de leur ethnie. Les lètes, juridiquement inférieurs aux fédérés, restent largement soumis à la hiérarchie militaire romaine (composée d'officiers le plus souvent d'origine barbare, mais devenus romains). Celle-ci exerce, pour les affaires intéressant l'État, une justice arbitraire. En pratique, il est difficile, en cas de conflit, d'ignorer purement et simplement les coutumes des barbares dont les services sont essentiels. C'est pourquoi l'état-major impérial a été amené à donner à certaines de ces populations barbares des lois qui réalisent un compromis entre norme romaine et coutume ethnique. Vers 350, une loi a ainsi été donnée aux populations franques de l'actuelle Belgique. Cette loi a été rédigée par les officiers impériaux, eux-mêmes d'origine franque, et elle correspond au noyau le plus ancien de la loi personnelle des Francs Saliens, la loi salique. Son but était de juguler le système vindicatoire dans l'intérêt de la discipline romaine. Pour en finir avec les vengeances, elle impose une composition pécuniaire, un rachat en argent de la vengeance. En 445, l'état-major romain a adopté la même solution pour les lètes celtes déportés en Armorique. Le généralissime impérial en Gaule a fait rédiger une loi propre à cette communauté : c'est l'« ancienne loi des Bretons d'Armorique ». Ainsi, au contact de Rome, certains droits barbares ont-ils pour la première fois connu l'écriture. Et la tolérance de Rome a abouti à multiplier les îlots coutumiers dans l'empire.

§ 2. L'épanouissement de la personnalité des lois dans le monde franc

128 Certains peuples barbares n'ont fait que traverser la Gaule, pour rejoindre l'Espagne ou l'Afrique du Nord. D'autres s'y sont installés en tant que peuples fédérés. Ainsi, les Wisigoths, les Burgondes et enfin les Francs Saliens. Les Francs Saliens, qui habitaient à

l'ouest de l'embouchure de l'Elbe, sont précocement entrés en contact avec Rome. En l'an V de notre ère, ces guerriers redoutables se livrent collectivement de façon aussi spectaculaire qu'inattendue à l'empereur Tibère, qu'ils avaient pris pour un dieu. Ils deviennent des lètes parmi lesquels Rome recrute des unités d'élite, commandées par des officiers romains, mais d'origine franque. C'est des rangs de ces officiers qu'est issue la famille de Clovis. Vers 446, les Francs Saliens sont établis par *foedus* (sans hospitalité) dans la région comprise entre Bruxelles et Cambrai. Leur roi s'installe à Tournai. Après la chute de l'empire romain, les Francs Saliens ont rapidement unifié la Gaule (**A**). À l'exemple de Rome, ils ont respecté le droit des peuples qu'ils avaient soumis (**B**).

A. L'unification politique et religieuse de la Gaule

129 En 481, le petit-fils de Mérovée, Clovis, monte sur le trône de Tournai et fonde la dynastie mérovingienne. Cinq ans seulement après son avènement, il élimine la dernière parcelle de territoire romain en Occident, enclavée au centre de la Gaule, en battant à Soissons le « roi des Romains » Syagrius. Le royaume de Clovis s'étend alors jusqu'à la Loire et se heurte au sud aux Wisigoths d'un côté, aux Burgondes de l'autre, et à l'est aux Alamans. Vers 497, Clovis se convertit au christianisme et se fait baptiser par saint Rémi, évêque de Reims, avec 3000 de ses guerriers. Ce faisant, il tient parole car il avait fait le vœu de se convertir s'il sortait vainqueur de la bataille livrée à Tolbiac contre les Alamans (des Germains païens). Mais surtout, il fait preuve de génie politique en embrassant la foi catholique et non pas l'hérésie arienne. En effet, si de nombreux barbares étaient chrétiens, ils étaient favorables à l'arianisme (du nom d'un prêtre du IVe siècle, Arius). Cette hérésie, qui tendait à nier la divinité du Christ, a été la religion officielle des royaumes wisigoth, burgonde, vandale, ostrogoth, puis lombard. Elle heurtait le catholicisme dominant chez les Romains. En devenant catholique, Clovis se présente comme le défenseur de l'orthodoxie chrétienne et s'attire la sympathie non seulement de ses sujets gallo-romains, mais aussi de

ceux des rois wisigoth et burgonde. Leurs évêques ne cachent pas leur bienveillance pour le roi franc et cela facilite l'alliance forcée que Clovis conclut avec le roi burgonde Gondebaud et la victoire remportée, en 507, à Vouillé sur les Wisigoths. Ceux-ci sont refoulés en Espagne. En 508, l'empereur d'Orient, Anastase, octroie à Clovis le titre de consul, le revêtant ainsi d'une légitimité romaine. En 510, Clovis devient roi des Francs Ripuaires. Après sa mort, en 511, presque toute la Gaule est sous domination franque. Ses fils poursuivent son œuvre en annexant le royaume burgonde. Au début du VIe siècle, l'unité politique de la Gaule est réalisée au profit de la dynastie mérovingienne.

130 Les divers peuples réunis sous la domination franque relèvent désormais de la même juridiction. La justice ordinaire est rendue dans le cadre du *mallus*. Le *mallus* est une assemblée des hommes libres, présidée par un agent local du roi, le comte. À chaque session, le comte choisit parmi les hommes libres un certain nombre d'assesseurs, les rachimbourgs. Ce sont des juges occasionnels qui délivrent le jugement. Ce jugement est ensuite acclamé par l'assemblée, puis promulgué par le comte. Mais si l'organisation judiciaire est unifiée, le droit privé n'a pas pour autant été uniformisé.

B. Le respect des droits des vaincus

131 Les barbares représentaient une faible minorité, immergée dans la masse des Romains, et leur droit, peu évolué et souvent oral, ne pouvait supplanter le droit romain. Du reste, l'élite barbare entendait d'autant moins éliminer le droit romain qu'elle était elle-même romanisée et qu'elle n'ignorait pas que le droit (public) romain pouvait appuyer le nouveau pouvoir. Le droit romain trouve, en outre, un allié de taille dans l'Église qui vit sous la loi romaine. Inversement, les populations barbares étaient très attachées à leurs coutumes. Un des secrets de la réussite franque – comme de Rome auparavant et de la monarchie française ensuite – tient au respect des droits des peuples annexés [1]. Le

1. De nos jours, l'application de la personnalité des lois dans les royaumes burgonde et wisigoth est sérieusement mise en doute.

monde franc connaît une pluralité de lois personnelles (**1**). Chacun continue à être jugé selon sa loi (**2**).

1. La pluralité des lois personnelles

132 À l'époque franque, le mot *lex* désigne la loi personnelle de chaque peuple, par opposition aux ordonnances des rois appelées par d'autres termes (constitution, décret, capitulaire). Ces ordonnances, peu nombreuses sous les Mérovingiens, contiennent essentiellement du droit public qui s'applique à tous les habitants du royaume franc. Les « lois » régissent, quant à elles, le droit privé, civil et pénal. L'âge de la majorité, le régime du mariage, le droit successoral, les pénalités varient d'une loi à l'autre. Au contact du modèle romain, les barbares ont, pour certains de longue date, découvert les vertus d'un droit écrit. Et leurs rois ont entrepris de faire rédiger le droit en vigueur dans leurs royaumes. On peut distinguer deux séries de textes, communément appelés « lois barbares » (**a**) et « lois romaines » (**b**).

a. Les lois barbares

133 Les plus anciennes lois barbares sont celles des Wisigoths, des Burgondes et des Francs Saliens. Leur rédaction a été d'autant plus précoce qu'elle pouvait s'appuyer sur une première ébauche réalisée du temps de l'empire romain, soit par les traités conclus avec Rome, soit donnée par l'état-major impérial. Cette ébauche a été ensuite complétée et enrichie. En 476, le roi des Wisigoths, Euric, promulgue un « code » mêlant traditions wisigothiques et solutions romaines. C'est la première version de la « loi des Wisigoths », qui fera l'objet de nouvelles rédactions dans le royaume wisigothique d'Espagne aux VIe et VIIe siècles. En 502, le roi des Burgondes, Gondebaud, promulgue la loi des Burgondes, désignée plus tard du nom de *lex Gundobada* (loi de Gondebaud) ce que l'on a traduit par « loi Gombette ». Elle est considérée comme la plus romaine des lois barbares. À la fin de son règne, Clovis reprend la loi des Francs Saliens ou loi salique, qui sera plusieurs fois remaniée et complétée par la suite jusqu'au début du IXe siècle.

Ces lois répondent à deux objectifs. Il s'agit, d'une part, de mettre par écrit les coutumes propres au peuple concerné. Ces coutumes diffèrent sensiblement du droit romain. Le droit barbare, par exemple, fait une large place à la solidarité familiale, ce qui tranche avec l'individualisme romain. Ce droit est fixé avec certitude (mais pas figé, comme le prouvent les rédactions successives) et son originalité préservée. Mais il s'agit aussi, d'autre part, d'assurer la paix et l'ordre social. Les lois barbares veulent éliminer, ou du moins limiter fortement, l'usage germanique de se faire justice à soi-même. La vengeance doit être rachetée par une composition pécuniaire accordée en justice. Aussi les lois barbares égrènent-elles de minutieux tarifs de composition. Pour éviter les marchandages, un « prix » est fixé pour chaque infraction. Pour l'homicide, on parle de « wergeld », le « prix de l'homme », qui varie selon la nationalité, le sexe, l'âge et la qualité de la victime. Tuer un homme coûte plus cher que tuer une femme ; tuer un Franc coûte plus cher que tuer un Romain etc. Les coups et blessures, les vols sont également tarifés dans des énumérations tatillonnes. Dans le même souci de maintenir l'ordre public, les lois wisigothique et burgonde veillent à ce que soit respecté le partage des terres dérivant des anciens accords d'hospitalité, en sorte que les barbares ne profitent pas de la situation en usurpant la part des Romains.

Le pluralisme des lois ira en s'accentuant, au fur et à mesure de la dilatation du monde franc. À partir du VIIe siècle, soit les rois francs ordonnent la rédaction des lois pour les peuples tombés sous leur domination, soit ils conservent, au moment de la conquête, les lois que ces peuples ont rédigées du temps de leur indépendance. Sous les Mérovingiens, ont ainsi été rédigées la loi des Francs Ripuaires, celle des Alamans et celle des Bavarois. Ce mouvement se poursuit à l'époque carolingienne avec la loi des Saxons et celle des Frisons.

b. Les lois romaines

134 Ont également été rédigées des lois romaines. Ironie de l'histoire, ce sont les barbares qui ont réalisé le projet conçu par Théodose en 429, de rédiger un « quatrième code » contenant l'ensemble du droit romain en vigueur (devançant ainsi les compilations de Justinien). Le royaume burgonde a connu une « loi romaine des Bur-

gondes ». Généralement attribuée au roi Gondebaud, elle n'a peut-être été qu'un recueil privé. L'ouvrage a d'ailleurs vite été éclipsé par la « loi romaine des Wisigoths », plus connue sous le nom de « Bréviaire d'Alaric », promulguée en 506 par le roi Alaric II. Il s'agit d'une compilation du droit romain réalisée à partir des constitutions impériales (puisées surtout dans le Code Théodosien), mais aussi d'ouvrages de doctrine. Cette compilation abroge tout le droit romain antérieur. Elle seule peut être invoquée en justice. Les rois francs n'ont pas pris la peine de promulguer une loi romaine. Vainqueurs d'Alaric dès 507, ils ont simplement conservé son Bréviaire, dont l'application a été étendue à tous les sujets gallo-romains du royaume franc (même dans la région des Burgondes). Dans le monde occidental, où les compilations de Justinien n'entrèrent pas en vigueur, le Bréviaire d'Alaric sera le seul recueil de droit romain utilisé jusqu'au XIe siècle.

2. L'application du principe de la personnalité des lois

135 Dans chaque procès, il faut déterminer la loi applicable. Pour connaître la loi personnelle de chaque justiciable, le juge lui pose la question suivante : « Sous quelle loi vis-tu » ? L'intéressé répond : « Mon père et mes ancêtres vivaient sous telle loi ». C'est la *professio legis*. Pas de difficulté si les deux parties vivent sous la même loi. Si elles obéissent à des lois différentes [1], quelques principes généraux permettent de déterminer la loi applicable. Par exemple, en matière pénale on a successivement retenu la loi du défendeur, puis celle de la victime. Dans les domaines, enfin, où les lois barbares sont muettes, on applique la loi romaine.

Le principe de la personnalité des lois voulait que chaque individu obéît à sa loi personnelle en quelque endroit qu'il se trouvât et que cette loi fût déterminée par son origine ethnique. Avec le temps toutefois, il devint de plus en plus difficile de fixer l'origine ethnique d'un individu, du fait notamment des mariages mixtes. Très vite un critère territorial, le lieu de naissance, fit présumer l'appartenance à une loi. C'est déjà très clair dans la loi ripuaire : on répond en justice selon la loi du lieu où l'on est né. Ainsi

1. Ces conflits de droits ressemblent à ceux que connaît, de nos jours, le droit international privé.

présume-t-on qu'un barbare né en Bourgogne relève de la loi Gombette. En Aquitaine, où la densité des barbares est faible, on présume l'appartenance à la loi romaine. En 864, un capitulaire connu sous le nom d'« édit de Pîtres » mentionne les régions méridionales comme des pays où s'applique la loi romaine. C'est là une première étape vers la territorialité du droit.

SOUS-SECTION 2

LES PRÉMICES D'UNE IDENTITÉ COMMUNE

136 En 751, le maire du palais Pépin le Bref dépose le dernier roi mérovingien et ce coup d'État est légitimé par une innovation dans la Gaule franque, le sacre. La monarchie carolingienne scelle, dès ses débuts, une alliance avec l'Église. L'expansion franque reprend avec Pépin et se poursuit sous son fils, Charlemagne. Les Carolingiens ont constitué un vaste empire continental dont la relative unité prépare celle de la famille romano-germanique (**§ 1**). Cette identité naissante se perçoit mieux encore par rapport à l'extérieur de l'ensemble carolingien qui se démarque déjà nettement, à l'époque, d'autres sphères juridiques (**§ 2**).

§ 1. L'empire carolingien, avant-garde de la famille romano-germanique

137 Charlemagne, qui règne à partir de 768, se rend maître de presque tout l'Occident chrétien. À l'époque, l'empire byzantin se trouve en mauvaise posture. Considérablement amoindri par les conquêtes arabes, il souffre également de luttes intestines. En 797, l'empereur Constantin VI est déposé par sa mère Irène qui lui fait crever les yeux et prend le titre d'impératrice. Le trône impérial peut, en Occident, paraître vacant. Quant au trône de saint Pierre, il est occupé par un pape, Léon III, qui manque d'envergure et réclame la protection du roi franc. Défenseur du peuple chrétien

et de l'Église universelle, Charlemagne reçoit en 800 la couronne impériale. Son vaste empire continental constitue le premier noyau de la famille romano-germanique (**A**) grâce à la relative unité que lui confèrent une culture commune (**B**) et une loi commune (**C**).

A. Une assise continentale

L'empire carolingien couvre l'Occident chrétien, à l'exception de l'Angleterre. Il comprend toute la Gaule, une grande partie de l'Italie et de la Germanie, ainsi que le nord de l'Espagne. Alors que l'empire romain ne s'étendait pas au-delà du Rhin et du Danube, l'empire carolingien, en revanche, s'enfonce vers le nord et l'est, notamment en Europe centrale. Très étendu, il est aussi fort disparate. Les particularismes – et la nostalgie de l'indépendance en bien des endroits – restent vivaces. Quant aux contrées et aux peuples les plus récemment annexés, ils n'ont même jamais connu la romanisation. C'est précisément en intégrant des Germains qui n'avaient pas été romanisés que l'empire carolingien a joué un rôle clé. L'unité impériale sera éphémère, mais elle n'en laissera pas moins des traces durables pour le droit des pays qui en sont issus. À un ensemble hétérogène le prince carolingien a su donner une relative unité par une culture commune d'abord, par une loi commune ensuite.

B. Une culture commune

138 À la fin du VIIIe siècle, frémit au cœur de l'Europe un nouvel ensemble culturel : la chrétienté occidentale affirme sa civilisation propre face à celles de Byzance et de l'Islam. Préparée dans les monastères anglo-saxons, italiens ou mérovingiens, elle prend véritablement corps avec l'empire carolingien. Autour du prince carolingien, seul capable de défendre la chrétienté contre les païens et les musulmans, se regroupent les intellectuels. À l'époque, tous sont des clercs et c'est dans ce milieu ecclésiastique que les princes puisent conseillers et hommes de gouvernement. L'alliance entre le pouvoir, la foi chrétienne et la vie intellectuelle oriente toute l'idéologie du régime. La royauté carolingienne est

une royauté chrétienne. Le roi – ou l'empereur – est investi de la mission de propager le christianisme et de promouvoir la justice de Dieu. Au besoin par la force : les méthodes de christianisation sont parfois très brutales, comme en Saxe où Charlemagne impose le baptême et la pratique du culte sous peine de mort. Plus sûrement par la pédagogie. Mais pour que les clercs soient capables d'instruire le peuple, encore faut-il remédier à leur ignorance. Dès lors, les Carolingiens ont été les promoteurs d'une vaste politique culturelle. Cette politique culturelle est un moyen de gouvernement visant à unifier un empire disparate. D'une part, elle permet de diffuser une idéologie unitaire. D'autre part, elle assure un minimum d'instruction aux agents de l'unification, les administrateurs et les clercs. Des écoles sont créées dans tout l'empire. Plus instruits, les administrateurs sont capables de correspondre avec le pouvoir central. Quant aux clercs dont on déplorait l'ignorance depuis la fin du VIIe siècle, ils redeviennent capables de comprendre l'Écriture sainte, d'assurer correctement le culte et de transmettre à leur tour quelques rudiments aux enfants. Il ne faut pas surestimer les effets de cette politique. Si la foi, ciment le plus solide de l'empire, progresse, la grande masse du peuple reste illettrée.

Mais la renaissance carolingienne est capitale pour l'avenir parce qu'elle a restauré les instruments de la culture. Une nouvelle écriture est mise au point, baptisée du nom de « caroline » (appelée « italique » à partir du XVIe siècle). C'est une écriture minuscule, très sobre et régulière, qui sépare les mots par des espaces. Beaucoup plus rapide à tracer que l'écriture capitale, la caroline favorise un prodigieux travail de copie et donc de conservation et de diffusion des œuvres de toutes sortes, principalement antiques, non seulement religieuses, mais aussi profanes. Parallèlement, l'effort se porte sur la langue latine. Pour bien copier, comprendre et utiliser les textes antiques, il faut maîtriser l'usage correct du latin. La grammaire devient une véritable science. En retrouvant sa correction, le latin retrouve aussi son universalité. Il ne supprime pas les langues vulgaires, mais il s'impose comme la langue du savoir, incomparable moyen de communication international.

C. Une loi commune

139 Les hommes d'Église qui entourent le monarque carolingien sont pénétrés d'un idéal d'unité. Le peuple chrétien forme un peuple uni ; les clivages ethniques s'effacent devant l'appartenance à la communauté chrétienne. Dès lors l'Église encourage la fusion des races et se prend à rêver à une unification du droit. Alors même que la rédaction des lois barbares se poursuit, des voix s'élèvent contre le système de la personnalité des lois. L'archevêque de Lyon Agobard, qui vit dans une région où la distinction des droits demeure très vivante, s'en indigne. Comment accepter, écrit-il à l'empereur Louis le Pieux (fils de Charlemagne) qu'unis dans le Christ, les sujets de l'empereur chrétien restent désunis par la diversité des lois ? « Plût au ciel qu'unis sous un seul roi très pieux, tous fussent régis par une seule loi » ! Et Agobard de prôner la soumission de tous à la loi sous laquelle vivent le roi et ses proches, la loi salique, tout en mesurant la difficulté de l'entreprise : « Mais c'est quelque chose de considérable et peut-être d'impossible à l'homme ». Imposer la loi franque à tous les sujets de l'empire n'est certes pas réalisable. Aussi le prince carolingien a-t-il choisi une autre voie en renouant avec l'exercice du pouvoir législatif. La législation royale n'avait pas été inconnue des Mérovingiens, mais elle était restée très rare. Sur près de trois siècles, à peine connaissons-nous une dizaine de textes législatifs. Par comparaison, les Carolingiens font figure de grands législateurs. Près de 300 textes législatifs sont recensés de 751 à 884, provenant essentiellement de Charlemagne, Louis le Pieux et Charles le Chauve. Ces ordonnances portent des noms divers : *edictum, decretum, constitutio*, souvenirs de l'empire romain, mais plus souvent « capitulaire ». Ce terme vient de la division des textes en rubriques, petits chapitres appelés *capitula*. C'est cette présentation qui a donné son nom à l'ensemble.

140 Les capitulaires contribuent à l'unification juridique de deux manières. La première concerne les anciennes lois personnelles. Certains capitulaires modifient ou complètent les lois barbares en y insérant des dispositions propres à niveler leurs divergences. La loi salique, notamment, est assez profondément remaniée. Ces

« capitulaires additifs aux lois » (*capitularia legibus addenda*) ne s'appliquent qu'aux seuls sujets de la race concernée, à l'approbation desquels le Prince soumet d'ailleurs préalablement son projet de révision. Les autres capitulaires, la grande majorité, contribuent encore davantage à l'unification du droit en prescrivant des règles applicables cette fois à l'ensemble des sujets. Cette législation prend modèle sur celle de l'empereur romain. Par son caractère territorial d'abord : tous les habitants de l'empire y sont soumis sans distinction d'ethnies. Par son caractère autoritaire ensuite : l'autorité publique impose la loi. Aucune approbation du peuple n'est nécessaire. En pratique, cependant, le roi recueille l'avis, simplement consultatif, des grands dignitaires laïques et ecclésiastiques. Si ces capitulaires traitent parfois de droit privé, leur objet essentiel porte sur des matières de droit public et d'administration. Bon nombre d'entre eux sont adressés aux *missi dominici* (les « envoyés du maître »), représentants du pouvoir central chargés de contrôler l'administration locale. Ce type de capitulaires contient des instructions dont l'objet est extrêmement varié. À leur tour, les *missi* diffusent des instructions écrites et, d'un bout à l'autre de l'empire, de bas en haut, remontent des rapports et des inventaires. L'écrit retrouve le rôle qu'il jouait dans l'empire romain. Il redevient un moyen de gouvernement. C'est bel et bien l'image d'un État qui reprend corps. Et précisément la langue administrative y insiste en usant du terme romain de *res publica* pour désigner cette entité supérieure à la personne du Prince. Cette notion, toutefois, restera une notion d'intellectuels, étrangère à la mentalité germanique. Trop peu enracinée, elle sera impuissante à empêcher la désintégration de l'empire. Mais de l'éphémère et relative unité de l'empire carolingien, tout ne disparaîtra pas. Il restera un fonds culturel commun, une culture savante qu'un fossé sépare de la culture populaire. Il restera une communauté intellectuelle parlant et écrivant la même langue, qui travaillera à sauver de l'oubli l'héritage antique. Une poignée de lettrés qui engendreront, à terme, une véritable famille de droit.

Dès l'époque carolingienne, les premiers contours d'une famille romano-germanique sont esquissés et ils s'opposent d'ores et déjà à d'autres sphères juridiques qui bordent l'empire.

§ 2. La démarcation d'autres sphères juridiques

Cette démarcation est particulièrement visible au sud, où l'empire carolingien s'arrête au monde musulman (**A**) et à l'ouest, où se développe le droit anglo-saxon (**B**). Au nord et à l'est, l'empire carolingien est bordé par des peuples dont le système juridique est encore très rudimentaire. N'ayant pas été intégrés dans l'empire, ces droits, scandinaves et slaves, connaîtront une évolution propre et seront exposés à d'autres influences (**C**).

A. Le droit musulman

141 L'Islam est né en Arabie après une révélation faite au prophète Mahomet par l'archange Gabriel. À sa mort en 632, Mahomet était chef d'État de toute l'Arabie et ses successeurs, les califes, portent les armes contre les deux empires qui bordent l'Arabie au nord : l'empire romain d'Orient et l'empire perse. L'empire perse succombe et se désintègre. L'empire d'Orient survit, malgré l'amputation de ses provinces orientales et africaines. La rapidité et l'étendue des conquêtes musulmanes sont stupéfiantes. Dès la fin du VIIe siècle, les Arabes ont conquis l'Afrique du nord, puis pénètrent en Espagne. Leur expansion est arrêtée à Poitiers en 732. C'est une date importante dans l'histoire du droit occidental, car pour les musulmans, la sphère juridique n'a pas d'autonomie par rapport à la sphère religieuse. La Châr'ia, la Loi révélée, indique ce qu'un croyant doit faire et ne pas faire. Elle comprend aussi bien du droit que les obligations rituelles auxquelles un croyant est tenu vis-à-vis de Dieu. La Châr'ia puise dans le Coran qui contient les révélations d'Allah à Mahomet, dans la Sunna (la « tradition ») qui recueille les actes, comportements et paroles de Mahomet et dans une interprétation du Coran et de la Sunna, appelée Idjmâ, qui est fixée au cours des VIIIe et IXe siècles [1]. Cette

1. Sur la construction et l'évolution du droit musulman, Léna Gannagé, « Droit immobile ou droit en mouvement ? Quelques remarques à propos du droit musulman », dans *Etudes à la mémoire du professeur Bruno Oppetit*, Paris, Litec, 2009, p. 203-246.

doctrine connaît d'ailleurs des variantes locales. Le Maghreb et l'Espagne musulmane appliquent le rite malékite, fondé par l'imâm Malek (mort en 795).

B. Le droit anglo-saxon

142 Envahie par des barbares qui n'avaient pas été romanisés, l'Angleterre a vite vu son vernis de civilisation romaine s'écailler ; la langue latine a dépéri, de même que le christianisme (jusqu'à la conversion à la fin du VIe siècle). Dès la fin du VIe siècle, les rois anglo-saxons ont fait rédiger des lois dans leurs royaumes respectifs. Ces lois présentaient déjà une particularité par rapport à celles du continent : elles étaient écrites en langue anglo-saxonne. De tous les peuples germaniques installés en terre romaine, les Anglo-Saxons seront les seuls à ne pas adopter le latin comme langue officielle de l'administration et du droit. Ils useront de la langue anglo-saxonne avant que ne s'impose, après 1066, celle des conquérants normands. Restée à l'écart de la conquête carolingienne, l'Angleterre poursuivra sa propre voie.

C. Les droits scandinaves et slaves

143 Au nord, l'empire carolingien est bordé par le monde scandinave, habité de Germains qui n'ont jamais été romanisés et sont toujours païens. Leur christianisation ne s'effectuera qu'au Xe siècle. Ces peuples usent de coutumes dont la rédaction n'aura pas lieu avant le XIIe siècle. Le fonds germanique a ainsi été mieux préservé et l'influence romaniste s'y fera sentir d'une façon moins profonde que sur le reste du continent.

À l'est, des peuples slaves forment écran entre l'empire carolingien et l'empire byzantin. Leur droit est encore rudimentaire. Dans ces pays, l'influence de Byzance se fera rapidement sentir. Ils seront évangélisés par des missionnaires byzantins et leur droit subira l'influence du droit romano-byzantin, avant de se ressentir d'une domination mongole qui commencera au XIIIe siècle.

SECTION 3
DE PROFONDS BOULEVERSEMENTS DANS L'ORDRE JURIDIQUE

144 Sous la pression des énergies politiques, économiques, sociales, le droit était appelé à se modifier. Le droit romain classique, sophistiqué, abstrait, avait besoin d'une source vive pour s'adapter aux besoins nouveaux. Privé de son support intellectuel, il ne pouvait se maintenir. Mais le remplacement d'un système juridique par un autre, mieux adapté, ne se fait pas sans mal. Et ce qui frappe d'abord, c'est le déclin par rapport à l'ordre antérieur (SOUS-SECTION 1). Ces handicaps de départ – qui grèvent toute notre période – seront certes surmontés plus tard. Mais le droit n'en restera pas moins durablement marqué par le recul de son autonomie (SOUS-SECTION 2) et par la submersion du droit public par le droit privé (SOUS-SECTION 3).

SOUS-SECTION 1
LE PROCÈS-VERBAL D'UN DÉCLIN

Le droit a dû s'adapter sans le secours d'une véritable force structurante (**§ 1**). Rien d'étonnant, dès lors, si l'on assiste à sa régression technique (**§ 2**).

§ 1. Des carences majeures

L'héritage du droit romain classique n'a pu être entretenu car le juriste laïque a disparu très tôt en Occident (**A**). Et la pratique judiciaire n'a pu combler ce vide, car elle était impuissante à engendrer une véritable jurisprudence (**B**). Enfin, l'effacement de la législation laissera une place vacante dans les sources du droit (**C**).

A. La disparition du juriste laïque

145 Dès avant la chute de l'empire romain, la culture juridique s'effondre en Occident. Aux IVe et Ve siècles, on y compte pourtant de grands esprits, nourris de culture classique. Mais ces intellectuels se sont consacrés à la théologie. L'ère des grands juristes qui assuraient la formation des jeunes gens est révolue. Alors que l'Orient organise, avec les écoles de Beyrouth et de Constantinople (outre les écoles mineures), un enseignement du droit de qualité, l'Occident ne connaît guère qu'une seule école de droit, à Rome, dont la renommée est loin d'atteindre celle des écoles orientales. Hors de Rome, il faut se contenter des écoles du *trivium* où l'on enseignait la grammaire, la dialectique et la rhétorique. On y donnait, au passage, des cours de droit. Ces rudiments étaient tout juste bons à produire des praticiens de qualité douteuse, certainement pas des juristes capables de maîtriser la technique savante du droit romain classique. *A fortiori,* ces praticiens sont-ils incapables d'absorber les nouveautés de la pratique dans une élaboration savante qui suppose une réflexion théorique.

Après la chute de l'empire, la situation ne s'améliore pas. La culture s'abrite dans les monastères et devient l'apanage d'une élite de clercs. Certains hommes d'Église s'intéresseront bien au droit [1]. Mais de quels instruments disposent-ils ? Le droit romain reste supérieur aux droits barbares, mais on ne le connaît plus que sous sa forme vulgaire. Rien de comparable avec le droit classique. Et, de toute façon, même lorsque le droit retient l'attention des clercs, il ne fait jamais l'objet d'une attention exclusive. C'est parmi d'autres tâches qu'une poignée d'intellectuels ecclésiastiques s'y intéresse. Le juriste laïque a complètement disparu ; l'Occident ne connaîtra pas de véritable spécialiste du droit avant la fin du XIe siècle.

1. Sur ce point, Yves Sassier, « Bonne coutume et hiérarchie des normes avant le droit savant (VIe-fin XI^e^s.) », dans Jean-Marie Augustin, Véronique Gazeau, Yves Sassier, Jean-Louis Thireau, *Coutumes, doctrine et droit savant,* Paris, LGDJ, 2007, p. 1-12.

B. L'impossibilité d'une jurisprudence

146 Sous les monarchies barbares, l'organisation de la justice tranche avec celle du Bas-Empire romain. Celui-ci disposait de juges professionnels siégeant dans des tribunaux hiérarchisés et centralisés par la procédure de l'appel. Ces juges appliquaient des règles précises et détaillées à des faits préalablement établis sur la base de preuves dites « rationnelles » : écrits, témoignages, expertises. Dès l'époque franque, et durant toute la période concernée par le présent chapitre, l'organisation de la justice présente une tout autre physionomie. Les juges ne sont plus des professionnels. L'appel hiérarchique a disparu. Pas question, dans ces conditions, que la justice puisse harmoniser le droit par le biais de ses décisions.

147 Même au plan local, une justice peut difficilement, en tranchant les litiges, dégager et imposer une solution de droit. Dans un monde où l'individu compte moins que le groupe auquel il appartient, un conflit met en jeu des groupes soudés par des solidarités actives et passives. La puissance publique n'a pas le monopole des sanctions violentes : le recours à la justice n'est pas obligatoire. La partie lésée peut toujours recourir à la « voie de fait ». Celle-ci est, du reste, considérée comme plus honorable que l'acceptation d'une composition. « On ne porte pas ses parents dans sa bourse », persistent à penser les nobles. En outre, les juges n'ont pas à leur service de véritable force publique supérieure aux forces des justiciables pour faire exécuter les jugements. Les jugements visent par conséquent d'abord à apaiser les conflits. On s'explique mieux, dès lors, les moyens mis en œuvre pour aboutir à une solution et éviter l'impasse qui, à tout moment, pourrait rallumer la vengeance. Sans entrer dans tous les détails de la procédure, nous insisterons ici sur les « modes de preuve ». On a coutume d'opposer procédés rationnels (écrit ; témoignage) et irrationnels (serment purgatoire ; ordalie). À l'époque qui nous intéresse ici, cette distinction est artificielle dans la mesure où l'écrit, rare d'ailleurs, n'a de valeur que si son contenu est appuyé par des témoins et où le témoignage ne compte que par le serment qui l'accompagne (J.-M. Carbasse). Restent donc deux modalités essentielles, le serment purgatoire et l'ordalie.

148 Le serment purgatoire est celui que prête l'accusé pour se « purger » (se disculper) de l'accusation dont il fait l'objet. Ce mode de preuve suppose que l'accusé fournisse un certain nombre de co-jureurs qui se portent garants de son affirmation. Ces co-jureurs ne sont pas des « témoins » au sens où nous entendons ce terme. Ce sont plutôt des témoins de moralité. Habituellement, ils sont même tenus de venir assister l'accusé en justice en vertu de liens de solidarité (parenté ou clientèle). Aussi bien s'agit-il davantage d'une démonstration de soutien social que d'un mode de preuve. L'accusé produit un certain nombre d'hommes prêts à soutenir sa cause – au besoin par les armes – si le litige dégénère en conflit armé. La loi fixe le nombre minimum de co-jureurs (de 6 à 72). Mais le défendeur peut en produire davantage s'il le veut, jusqu'à plusieurs centaines pour un grand personnage. Ainsi la reine Frédégonde, accusée d'adultère, se disculpa-t-elle avec 3 évêques et 300 co-jureurs. Un tel déploiement de puissance sociale ou familiale était propre à faire réfléchir la partie adverse. D'autant que celle-ci espérait qu'en cas de parjure, Dieu se chargerait de punir l'accusé. Reine des preuves à l'époque mérovingienne, le serment perd ensuite du terrain. Les parjures se multiplient et le serment peut être « faussé » par la partie adverse qui prête elle-même un serment inverse. Aussi recourt-on de plus en plus souvent à l'ordalie.

149 On distingue l'ordalie unilatérale, épreuve subie par un seul plaideur, de l'ordalie bilatérale, subie par les deux parties. Au-delà de ses différentes modalités sur lesquelles nous reviendrons, l'ordalie, entourée d'un rituel solennel, repose sur l'idée que Dieu doit révéler celui qui a tort. Dès lors, le jugement s'ancre dans le sacré et s'impose à tous.

Mais comment des jugements ainsi rendus pourraient-ils engendrer une jurisprudence ? L'issue du procès dépend du rapport des forces en présence ou de l'intervention divine. Elle ne dépend pas d'un raisonnement permettant de se réclamer à l'avenir de la même solution de droit pour trancher un litige identique. On ne distingue pas entre le droit et le fait. Tout est tranché d'un seul coup.

C. L'effacement de la législation

150 À la fin du IXe siècle, l'État entre dans un processus de décomposition. L'autorité publique se disloque. L'invasion des cavaliers musulmans avait obligé les Francs à se doter d'une véritable cavalerie. Cette cavalerie s'est vite révélée indispensable au monarque carolingien pour mener des expéditions d'autant plus lointaines que, du fait de la conquête, les frontières reculaient. Ce fer de lance de l'armée était formé de professionnels de la guerre, principalement recrutés chez les Francs. Pour s'assurer du dévouement de ces guerriers d'élite, le roi usait d'un ancien contrat mérovingien par lequel un homme libre (au départ un pauvre hère) se « recommandait » à un puissant : pour prix de sa protection, il s'engageait solennellement et à vie dans un lien de subordination et d'obéissance. De même, le guerrier s'engageait-il envers le roi, son « seigneur », en devenant son « vassal ». Pour lui permettre de s'équiper et de se consacrer à la guerre, le roi lui concédait un « bénéfice », sous forme de dotation foncière. Après avoir utilisé ce lien à des fins militaires, les Carolingiens en firent un instrument de gouvernement. L'entrée en vasselage devint une condition d'exercice des charges publiques. Le niveau des vassaux royaux s'éleva et eux-mêmes voulurent avoir leurs propres vassaux. De véritables clientèles guerrières privées se formèrent, qui obéissaient non pas immédiatement au roi, mais à leurs seigneurs directs. Ce système ne porta pas préjudice au souverain tant que celui-ci resta assez puissant pour exercer son autorité sur les vassaux royaux. Quand l'autorité faiblit, le système se retourna contre le monarque. C'est ce qui se produisit à la faveur des nouvelles invasions.

151 Dans la seconde moitié du IXe siècle, la France endure des invasions bien plus dévastatrices que celles du Ve siècle. Les « Normands », c'est-à-dire les « Hommes du nord », des païens venus de Scandinavie, sèment l'effroi sur les côtes et remontent les fleuves pour aller piller jusqu'au cœur du royaume. L'administration de contrôle se délite et les agents locaux (les comtes établis dans un *pagus* ou comté) deviennent plus indépendants d'un pouvoir central avec lequel il devient, insécurité oblige, difficile de communi-

quer. Pour organiser plus efficacement la défense, le roi Charles le Chauve crée de grands commandements régionaux regroupant plusieurs comtés et dirigés par des ducs ou des marquis. Vassale du roi, cette aristocratie de fonction (comtes, ducs et marquis) pèse de plus en plus sur les décisions royales. Peu après, c'est le choix même du roi que les Grands prétendent imposer. En 888, la royauté, jusqu'alors héréditaire, devient élective. L'assemblée des Grands élit l'un des siens, Eudes (fils de Robert le Fort) qui s'est glorieusement illustré dans la défense de Paris contre les Normands. Pendant un siècle, les maisons carolingienne et robertienne alterneront sur le trône au gré des élections. En 987, l'élection du robertien Hugues Capet signe l'éviction définitive de la dynastie carolingienne. Dès lors, tous les rois de France seront issus de la lignée capétienne. Certes la royauté reste garante de l'existence d'un royaume de France. Mais l'élection d'Hugues Capet n'interrompt pas le processus de morcellement de l'autorité publique engagé un siècle auparavant.

152 Dès la fin du IXe siècle, des pans entiers de territoire échappent au contrôle du roi. Ce mouvement commence à la périphérie du royaume. En Flandre, en Bourgogne, en Gascogne, en Aquitaine, en Bretagne, en Normandie [1] se forment des principautés territoriales dont les chefs se rendent pratiquement indépendants du pouvoir central. Puis le mouvement de dissociation se propage : certains comtes s'émancipent au détriment des principautés périphériques les plus fragiles, mais aussi dans le centre du royaume où le territoire sous influence royale s'amenuise encore. Ces ensembles territoriaux sont gouvernés par des chefs d'autant plus indépendants qu'ils sont héréditaires à une époque où le roi, lui, est élu. Tous exercent les prérogatives régaliennes et, malgré le lien de vassalité qui les unit au roi, ils les exercent de plus en plus au service de leur politique personnelle. Sur les territoires qu'ils maîtrisent, l'Église elle-même tombe entre leurs mains.

1. Cette région tire son nom de son occupation par les Normands. Renouant avec les solutions romaines, Charles le Simple a obtenu la paix au prix de leur installation officielle dans un vaste territoire situé autour de Rouen (traité de Saint-Clair-sur-Epte conclu en 911). Le chef normand Rollon a accepté de se faire baptiser et s'est engagé à protéger le royaume contre d'autres incursions scandinaves.

153 Dès Charles le Chauve, le roi ne peut plus légiférer sans l'accord exprès des Grands. Ses successeurs finissent par ne plus légiférer du tout. Le dernier capitulaire date de 884. La législation royale, facteur d'unité, disparaît pour plus de deux siècles.

154 Bientôt, les lois personnelles tombent dans l'oubli. Au IXe siècle, le système de la personnalité des lois n'était déjà plus appliqué en *Francia*, le berceau du royaume mérovingien, là où les Francs avaient été assez nombreux pour effacer l'empreinte romaine. Ardrevald, l'un des auteurs des *Miracles de saint Benoît*, raconte un incident significatif qui s'est produit sous le règne de Charles le Chauve. Un litige opposait deux abbayes de la région parisienne. La loi applicable à l'Église était la loi romaine, mais on chercha vainement des juges qui la connussent. Il fallut renvoyer l'affaire à Orléans. Ailleurs, le système de la personnalité des lois, tout en perdant du terrain, se maintient plus longtemps. Cela tient aux déplacements de l'aristocratie franque qui transporte son droit avec elle et entretient ainsi la distinction des lois. Mais ces grandes familles finissent par se fixer dans une aire donnée. Elles s'unissent aux nobles locaux pour former une aristocratie plus forte et plus nombreuse. À cette fusion des élites correspondent la formation des principautés territoriales et le recul définitif des critères ethniques.

§ 2. La régression technique du droit

155 Ce phénomène commence au Bas-Empire romain, où le droit classique subit de graves altérations. L'époque franque ne fait ensuite que poursuivre dans la voie de la médiocrité. Continûment, les outils romains se dégradent (**A**). L'écrit recule, le droit perd son caractère abstrait, ce qui confère une extrême importance aux gestes et aux rites dans la formation et l'expression du droit (**B**).

A. La dégradation des outils romains

156 Dès la fin du IIIe siècle, émerge un droit qualifié de nos jours de « droit vulgaire ». C'est un droit romain, mais il est en quelque sorte parallèle au droit officiel dont il se distingue comme à la

même époque le latin vulgaire se distingue du latin littéraire. Œuvre de praticiens, le droit vulgaire se caractérise par son souci de simplification. Simplification des textes d'abord : à leur version originale, on substitue un résumé plus ou moins fidèle et plus ou moins actualisé par les soins du rédacteur. Simplification dogmatique ensuite : les actes s'apprécient du point de vue de leur utilité pratique, sans souci des questions théoriques. À trop simplifier pourtant on finit par dénaturer. La pratique s'embarrasse peu d'une technique savante dont elle maîtrise de moins en moins la subtilité et les grands outils romains, patiemment mis au point, subissent de profondes altérations. Les distinctions fondamentales s'estompent. Par exemple, la propriété est mal distinguée de la possession.

157 À l'époque franque, ce qui subsiste du droit romain est contenu dans le Bréviaire d'Alaric. Chacun des textes qu'il rassemble est assorti d'une *interpretatio*, fruit du droit vulgaire, résumant ou expliquant le texte pour le mettre à la portée d'utilisateurs plus ou moins ignorants. Ceux-ci l'ont ensuite accommodé à leur manière et les tendances vulgaires déjà à l'œuvre sous l'empire romain s'amplifient encore jusqu'au XIe siècle. Les catégories romaines se dégradent continûment, lorsqu'elles ne disparaissent pas. Par exemple, la notion de donation s'altère au point qu'elle finit par servir de moule juridique pour une vente ou un testament. Si les termes romains sont conservés, les mots perdent souvent leur sens technique. Le terme *consuetudo*, coutume, peut fort bien désigner une règle de droit en provenance d'un texte législatif. L'origine formelle de la norme importe peu, son caractère obligatoire repose sur l'acceptation continue du groupe social. Est ainsi qualifiée de « mauvaise coutume » une pratique qui n'est pas acceptée même si elle est d'origine législative. Un des signes les plus nets de la régression technique est donné par la généralisation des clauses pénales. Aucune convention privée n'y échappe. Une convention ne s'impose plus par elle-même, elle est respectée parce qu'on encourt une sanction pénale si on la viole. Les catégories du civil et du pénal s'estompent et la même procédure (accusatoire) est mise en œuvre pour tous les procès.

B. Le recul de l'écrit

158 L'écrit a d'abord cessé d'être un mode de preuve autonome. Dès l'époque franque, aucun écrit, à l'exception des actes royaux, ne fait pleine foi. On peut toujours en contester le contenu. Pour avoir effet, l'acte écrit doit être confirmé par le serment de témoins qui ont assisté à sa passation. C'est pourquoi l'une des caractéristiques du droit est d'être formaliste. Il faut des rites propres à frapper les imaginations en sorte de perpétuer le souvenir. Dans le droit franc, le transfert de propriété se réalise publiquement avec des gestes destinés à montrer que le bien a changé de propriétaire. Par exemple, l'acquéreur d'un champ pose sa marque sur les bornes du terrain. L'acquéreur d'une maison y entre, s'assoit dedans et y mange ostensiblement. Le vendeur quitte tout aussi ostensiblement les lieux. La loi prescrit le nombre de témoins nécessaires. Celle des Francs Ripuaires recommande la présence d'enfants auxquels on tirera vigoureusement les oreilles pour qu'ils se souviennent longtemps de l'opération.

159 Aux Xe et XIe siècles, l'écrit recule à nouveau au point qu'il disparaît quasiment. Les lois personnelles et les capitulaires ne sont plus transcrits et le droit en gestation ne possède pas de bases écrites. Aussi les gestes et les rites sont-ils essentiels. La tradition d'un bien se manifeste par des symboles : on remet une motte de terre pour un champ, un vase plein d'eau pour un étang, un missel pour une église, des clés pour une maison... Le contrat vassalique est passé lors d'une cérémonie publique et solennelle. Le rituel est double. Il commence par l'hommage. Tête nue et sans armes, le futur vassal s'agenouille et place ses mains jointes dans celles de son futur seigneur, resté debout. Il prononce ensuite une formule comme « Je deviens ton homme » et le seigneur déclare alors le recevoir comme son homme. Puis le seigneur relève le vassal et souvent l'embrasse sur la bouche, en signe de paix. Cet « hommage de main et de bouche » exprime le lien en quelque sorte physique entre les deux parties. Ensuite, intervient le rite de la fidélité. Le nouveau vassal, la main étendue sur les Évangiles ou sur des reliques, jure qu'il restera fidèle à son seigneur. Le contrat ainsi passé engendre des obligations réciproques. Parmi celles du

seigneur, figure l'obligation d'entretenir le vassal, obligation souvent remplie par la concession d'un fief. Celle-ci, là encore, résulte d'un acte formaliste, l'investiture. Le seigneur remet souvent un objet symbolisant les obligations militaires du vassal : une épée, un gant, une bannière.

SOUS-SECTION 2
LE RECUL DE L'AUTONOMIE DU DROIT

160 Alors que le droit romain avait été isolé de la religion, de la morale et du fait, on observe maintenant un phénomène inverse. Le fait domine le droit (**§ 1**). Et son indépendance recule par rapport à la religion et à la morale chrétiennes (**§ 2**).

§ 1. Le droit dominé par le fait

161 Comme le droit n'est plus ni créé, ni imposé autoritairement par l'État, il va être spontanément produit par le groupe qu'il est destiné à régir [1] (**A**). Des usages se forment, mais dans un contexte de désintégration politique on assiste au morcellement de la vie juridique (**B**).

A. Le mode de formation du droit

162 La coutume est une source du droit qui naît de la pratique. Dans sa phase d'élaboration, elle n'est pas écrite, elle n'est même pas orale car elle ne s'énonce pas encore. C'est d'abord un usage suivi par un groupe, un usage qui répète la même pratique. La répétition est un élément essentiel à la formation de la coutume : « Une fois n'est pas coutume » dit un adage fameux. Mais la répétition ne suffit pas à former une coutume. Il faut que l'usage soit consacré par le temps, c'est-à-dire répété suffisamment longtemps, avec

1. On peut noter une semblable évolution pour le droit de l'Église, le droit canonique. Comme dans la société laïque, le pouvoir subit une crise qui ne s'achèvera qu'avec la réforme grégorienne. A partir de 891, la législation pontificale disparaît et la coutume progresse.

suffisamment de constance pour que son existence soit admise. Enfin, ce qui distingue la coutume – source du droit – de l'usage – qui est un fait –, c'est sa force obligatoire. L'acceptation continue du groupe social engendre une force contraignante pour chaque membre de ce groupe. Mais si un individu isolé ne peut enfreindre la coutume, le groupe, lui, peut la modifier, voire la faire disparaître. Une coutume de moins en moins suivie glisse vers la désuétude d'autant plus facilement qu'elle n'est pas figée dans un écrit. Cette source du droit est appelée à occuper l'espace juridique que les autres sources, et surtout la loi, lui abandonnent. Aussi bien celui du droit public, où la coutume légitimera les nouveaux pouvoirs, que celui du droit privé.

163 Mais, dans un système juridique où la coutume se substitue à la loi, la jurisprudence est indispensable. La coutume, avons-nous dit, se distingue de l'usage par sa force obligatoire. Toute la question est alors de savoir comment est reconnue cette force obligatoire. C'est là qu'intervient la jurisprudence. Le juge ne crée pas la coutume, il la constate mais, en l'appliquant, il la consacre. Le juge joue donc un rôle essentiel dans un système coutumier. L'absence de jurisprudence présentait déjà des inconvénients du temps où il existait encore des lois impératives : comment les interpréter et combler leurs lacunes ? Mais lorsque ces lois s'évanouissent, l'absence de jurisprudence devient un très lourd handicap pour le droit coutumier en gestation. Souvenons-nous également que les juristes ont quasiment disparu. On comprendra que la vie juridique se présente sous une forme très fruste, dominée par le fait. Et comme les besoins varient selon les lieux et les catégories sociales, le droit se forme en ordre dispersé et l'on assiste à un extraordinaire morcellement de la vie juridique.

B. Le morcellement de la vie juridique

164 Dans les principautés, le droit se territorialise plus facilement. Non pas par voie d'autorité (les princes territoriaux ne légifèrent pas), mais par l'effet de la pratique. La population puise dans l'ensemble des matériaux d'origine diverse qui se présente à elle pour retenir ce qui répond à ses besoins. Ce choix est souvent

orienté par l'origine ethnique du groupe dominant. Si la fusion s'est faite au Nord au détriment de l'élément romain, il en ira différemment du Midi où la très grande majorité de la population relevait de la loi romaine. Aussi bien des vestiges des anciennes lois personnelles survivent-ils, auxquels s'ajoutent, çà et là, des bribes de capitulaires. Mais sur ce « tuf juridique » (J.-P. Poly – E. Bournazel) se superposent bientôt des usages nouveaux, nés de l'apparition de la seigneurie banale.

165 Le mouvement centrifuge ne s'est en effet pas arrêté aux grands ensembles territoriaux. Sans doute, quelques-uns, comme la Flandre ou la Normandie, ont-ils su conserver leur homogénéité. Mais la plupart des principautés et des comtés autonomes sont à leur tour victimes du processus de dislocation à partir de la fin du Xe siècle. Les agents des princes territoriaux (y compris ceux du roi) d'une part, les grands propriétaires fonciers laïques ou ecclésiastiques d'autre part s'émancipent. Le morcellement atteint ainsi le *pagus*. Il éclate en seigneuries dites « banales » car leurs chefs y exercent le pouvoir de ban, pouvoir de commandement anciennement dévolu au roi. De taille variable, la seigneurie banale occupe en moyenne l'espace d'un canton actuel. C'est une cellule politique autonome qui vit pratiquement isolée. La géographie de la France encourage d'ailleurs le cloisonnement entre les communautés humaines. Montagnes, fleuves, forêts, marécages sont autant de frontières naturelles. Les voies de communication sont rares et peu fréquentées du fait de l'insécurité. Les populations vivent repliées sur elles-mêmes. Les multiples seigneuries constituent de nouveaux cadres pour la vie juridique. Des cadres étroits et donc nombreux, ce qui entraîne un émiettement géographique du droit (**1**). Dans ces nouveaux cadres se coule une vie juridique fruste, faite de pratiques répétées et adaptées aux clivages qui divisent la société (**2**).

1. L'émiettement géographique du droit

166 Dans son ressort territorial appelé *districtus* (district ou détroit) en raison du pouvoir de contrainte qu'il y impose (la *districtio*), le seigneur banal ou sire exerce les pouvoirs régaliens : il commande, fait la guerre, assure la défense, rend la justice, administre,

taxe... Les pouvoirs seigneuriaux s'exercent sur les populations (principalement paysannes) que le seigneur protège. Cette protection forcée, les paysans en paient chèrement le prix. Ils tombent en dépendance : ils sont *in potestate*, sous la puissance du seigneur, en sa « poesté ». Droits de justice, droits d'ordre militaire ou économique, toutes les prérogatives seigneuriales sont prétextes à exiger taxes et services de ces hommes de poesté.

Les droits seigneuriaux sont légitimés par la coutume. De même que les prestations qui en résultent. Leur perception sur la longue durée a engendré un droit au profit du seigneur. Même si, au départ, il y avait abus de force ou si la cause première de la prestation a disparu. Les seigneurs ne manquaient ni d'imagination, ni d'habileté pour imposer des sujétions en jouant sur la force de l'habitude. Une anecdote du XIe siècle illustre bien ce mode de formation du droit. Le seigneur d'Ardres avait ramené un gros ours d'un voyage en Angleterre. De retour dans sa seigneurie, il avait organisé un combat entre l'ours et des chiens. Le peuple, très amusé par le spectacle, avait demandé qu'il fût renouvelé à chaque jour de fête. En contrepartie, le peuple accepta de donner un pain sur chaque fournée pour nourrir l'animal. L'ours finit par mourir, mais la coutume s'était établie et les seigneurs d'Ardres continuèrent à exiger le « pain de l'ours ». Si pour le seigneur tout est bon pour taxer la paysannerie, il doit néanmoins respecter un seuil de tolérance au-delà duquel l'acceptation passive des manants se transformerait en résistance, éventuellement appuyée par un seigneur voisin.

Ces coutumes sont applicables à tous les sujets du seigneur, ainsi qu'à tout étranger ou toute marchandise transitant par la seigneurie. Il s'agit donc d'un droit territorial. Mais ce droit varie d'une seigneurie à l'autre. La France est ainsi composée d'une multitude d'îlots coutumiers au sein desquels les clivages sociaux amplifient encore l'éclatement du droit.

2. Le fractionnement social du droit

167 Si le morcellement du droit provient de la dissociation territoriale, il provient également des clivages sociaux qui l'accompagnent à la même époque. Les distinctions reposant sur des critères eth-

niques ont certes disparu, mais la personnalité du droit resurgit sous une forme nouvelle, reposant, cette fois, sur des critères sociaux. Se mettent en effet en place des usages distincts dont beaucoup devaient durer jusqu'à la Révolution et certains même au-delà. Des statuts se différencient, dépendant de la fonction que les individus assurent dans la société (**a**). Et comme d'un groupe à l'autre les besoins ne sont pas identiques, les usages juridiques répondant à ces besoins ne seront pas les mêmes (**b**).

a. Les disparités statutaires

168 Les lettrés des Xe et XIe siècles présentaient le corps social comme composé de trois « ordres », trois groupes aux fonctions complémentaires. Dans une société harmonieuse, les uns prient, d'autres combattent et d'autres, enfin, travaillent. Trois fonctions sociales donc, mais aussi trois genres de vie qui justifieront que le droit ne soit pas le même pour tous. Que le droit, surtout, ne soit pas, pour ceux qui détiennent la puissance, le même que pour les humbles. Pour ces puissants, il fallait des « privilèges » c'est-à-dire, au sens étymologique du terme, des « lois particulières », un statut particulier fait de droits et de devoirs distincts.

169 Seuls les hommes du commun, ceux qui travaillent, sont assujettis au seigneur dont ils sont justiciables. Ils grattent la terre sur des lopins qui leur sont concédés à charge de redevances et de corvées. Ces contreparties économiques, dues pour l'exploitation de la terre et fondées sur un contrat, portent le nom de « droits féodaux » et elles s'ajoutent aux « droits seigneuriaux », qui, eux, découlent de l'exercice de la puissance publique.

170 Les hommes d'Église ont été les premiers à revendiquer un statut particulier. Ils jouissaient depuis longtemps déjà du « privilège du for », c'est-à-dire qu'ils étaient justiciables des seuls tribunaux ecclésiastiques et ils avaient leur droit, le droit canonique. Il leur a fallu faire admettre que leur fonction de prier non seulement les exemptait du service militaire, mais faisait échapper leurs personnes et leurs biens aux taxes perçues par les puissances temporelles.

171 Quant à ceux qui combattent (à cheval), appelés à former l'ordre de la noblesse, leur nombre s'est singulièrement accru avec la

seigneurie banale. Pour assurer une domination effective, le seigneur s'est constitué une clientèle armée. L'origine sociale de ces auxiliaires militaires est diverse. Certains appartiennent à de riches familles de propriétaires fonciers, hobereaux locaux ; d'autres ont été puisés dans les rangs de la paysannerie et sont devenus chevaliers par le rite de l'adoubement. Mais tous sont unis au seigneur par un lien de vassalité. Tous reçoivent un fief, le plus souvent une terre. Sur ce fief, vivaient des paysans qui continuent d'exploiter la terre pour le compte du nouveau possesseur. Vis-à-vis de ces exploitants, le vassal fieffé est au moins seigneur foncier, mais il n'est pas rare que lui ait été également concédé quelque attribut du ban. Par l'intermédiaire de la chevalerie, toute une frange de la paysannerie rejoint l'ancienne aristocratie et un statut commun commence à les rapprocher, préfigurant les privilèges de l'ordre de la noblesse. Ils ont, notamment, le droit de porter les armes puisque leur fonction est de combattre, celui de vivre du labeur du peuple puisqu'ils le protègent et un privilège de juridiction : ils sont jugés par leurs pairs (les autres vassaux du même seigneur) au sein de la cour féodale présidée par le seigneur.

b. Le jeu des solidarités élémentaires

172 Dans cette société où des conditions juridiques commencent à se distinguer et à s'affronter, les besoins auxquels doit répondre le droit varient d'un groupe social à l'autre et engendrent donc des pratiques distinctes. Dans le microcosme de la seigneurie, le morcellement du droit arrive à son comble. Chaque communauté religieuse repliée dans son monastère, chaque communauté paysanne repliée dans son village, chaque groupe vassalique (formé par le seigneur et ses vassaux) se dotent séparément d'usages : une foule de particules élémentaires qui varient d'un groupe à l'autre et d'un lieu à l'autre. Toutefois, en dépit de variantes locales, s'esquissent des tendances voisines au sein de chaque catégorie sociale. Astreinte au même rapport de dépendance, confrontée au même type de besoins, elle réagit de façon similaire en bien des endroits. En ces temps d'insécurité, l'individu ne peut rester isolé. Des solidarités sont nécessaires, qui façonnent le droit.

173 C'est naturellement vrai des paysans face au seigneur. L'entraide paysanne n'est pas un vain mot et, au plan juridique, elle se traduit par des pratiques communautaires et égalitaires. Ainsi s'imposent certains droits d'usage collectifs sur les forêts par exemple ou l'interdiction de clore les champs cultivés pour que les troupeaux puissent y paître après la récolte (droit de vaine pâture). Le droit familial lui-même tient compte des exigences seigneuriales. Le seigneur exerce en principe sur les serfs le droit de mainmorte c'est-à-dire qu'il recueille leur succession. Pour tourner cette incapacité successorale, les serfs forment des « communautés taisibles » où ils vivent « à même pain et à même pot ». Les biens sont indivis ; la mort d'un serf n'ouvre pas de succession.

174 Mais c'est également vrai des puissants. Eux ne forment pas un monde égalitaire. Pour dominer la paysannerie, les liens se resserrent autour d'un chef. La famille noble se structure fortement autour d'un des siens et adopte une discipline propre à préserver le patrimoine familial, source de sa richesse et de sa puissance. La seigneurie, le fief doivent conserver leur intégrité. Devenus héréditaires, ils doivent échapper aux partages successoraux. D'où l'usage, fréquent chez les nobles, de favoriser l'aîné au détriment des cadets. De même la lignée masculine est souvent privilégiée, car seul un homme peut rendre les services militaires du contrat vassalique indissolublement lié au fief. Les filles doivent donc s'effacer devant un frère vivant. Pour imposer ces stratégies, on use de combinaisons contractuelles confirmées par serment appelées dans le Midi *convenientiae*, « convenances ». Accords entre lignages ou entre membres d'une même famille, ces usages se propagent dans un lieu donné par imitation : les familles de moindre importance prennent modèle sur les familles puissantes. Reproduisant inlassablement le même usage, la convenance finit par se transformer en coutume locale, même si cette coutume ignore encore son nom. C'est également par le biais de telles conventions que se diffuse et surtout se renforce le lien féodo-vassalique. Traitant de puissance à puissance, deux lignages concluent des trêves, se promettent la paix, s'engagent à des alliances en scellant leur accord par un contrat féodo-vassalique.

Prenant modèle sur les seigneurs châtelains, les Grands s'efforcent d'obtenir de leurs propres vassaux un service actif. Plus le vassal est puissant, plus sa fidélité s'achètera au prix fort. Mais certains princes parviennent déjà au XIe siècle à imposer une structure féodale cohérente dans leur principauté.

§ 2. L'empreinte de la religion

175 L'indépendance du droit par rapport à la religion subit un net recul, dû à la combinaison de plusieurs facteurs. La mentalité barbare, d'abord, qui ne sépare pas le droit de la religion. L'impuissance du droit à se suffire à lui-même, ensuite. Le monopole des clercs sur la réflexion juridique, enfin. Dès lors que le juriste laïque a disparu et que la réflexion juridique devient l'apanage des clercs, l'autonomie du droit s'en ressent. Qu'est-ce en effet que le droit pour ces hommes d'Église ? Nourris par la pensée de saint Augustin, ils assimilent le droit à la loi morale chrétienne. Le seul vrai droit est divin, sa seule vraie sanction est la justice immanente de Dieu. Les lois humaines doivent essayer de promouvoir la morale chrétienne, puisée dans l'Écriture sainte. Leur but est de servir l'Église, d'inciter le peuple au respect de la loi divine, à la vertu, à la **rectitude**. Cette conception a tant marqué le monde occidental que, dans toutes les langues d'Europe, le droit, *ius* chez les Romains, s'appelle « droit » précisément : *diritto* en italien, *derecho* en espagnol, *right* en anglais, *Recht* en allemand. Le mot « dreit » figure dans le plus ancien document connu rédigé en « français », le texte du Serment de Strasbourg, traité passé en 842 par deux fils de Charlemagne. Est « dreit » ce qui est moral et équitable et doit régir les relations entre les hommes. Rien d'étonnant, dès lors, que le droit s'imprègne de sacré. On en donnera quelques exemples tirés tant du droit public que du droit privé, pour autant que ces catégories aient encore quelque sens. Dans cette « civilisation de la Bible », la religion légitime le pouvoir royal (**A**) et sert de remède aux impasses de l'ordre juridique (**B**).

A. La légitimation du pouvoir royal

176 Le fondement le plus ferme du pouvoir royal a été puisé dans l'Écriture sainte. Il s'agit du sacre. L'Ancien Testament, en effet, montrait que les rois d'Israël étaient oints par une huile sainte et tiraient ainsi leur pouvoir de la volonté de Dieu. Déjà utilisé au VIIe siècle au profit des rois wisigoths, le sacre légitime en 751 le coup d'État de Pépin le Bref. Pour éliminer la royauté mérovingienne, Pépin devait se réclamer d'une légitimité supérieure : en se faisant sacrer, il peut invoquer l'origine divine de son pouvoir. Tous les rois après lui seront sacrés. Héritée des Carolingiens, l'institution du sacre fut précisée et enrichie sous les Capétiens. Ce rite religieux fait du roi un personnage hors du commun car choisi par Dieu. Aussi même aux heures d'extrême faiblesse de la royauté, le roi de France ne sera jamais considéré comme un prince comme les autres. Son pouvoir est d'une essence supérieure à celui de tous les princes féodaux, même plus puissants que lui. La cérémonie du sacre n'a pas eu seulement une portée religieuse. Pendant des siècles, elle eut une valeur juridique essentielle : le sacre faisait véritablement le roi ; celui qui était appelé à régner ne devenait roi qu'à partir de son sacre. Même lorsque le sacre perdit sa valeur constitutive, il n'en conserva pas moins une influence sur le droit public : le roi n'est responsable que devant Dieu ; on ne contrôle pas l'« Oint du Seigneur ».

B. Un remède aux impasses de l'ordre juridique

177 Les particuliers, eux aussi, ont recours au sacré pour appuyer leurs droits. Le serment joue un rôle considérable ; on s'en sert pour renforcer ou même pour créer une obligation. Il est d'autant plus employé que la volonté sans forme n'a plus aucun effet juridique. De même, les actes juridiques se terminent fréquemment par des anathèmes vouant à l'enfer leurs éventuels violateurs.

178 L'appel au sacré tente également de remédier aux impasses de la justice. Faute de pouvoir établir autrement les faits ou même le droit, beaucoup de procès se règlent par l'entremise du surnaturel. Le recours à l'ordalie se généralise à l'époque carolingienne. À travers une épreuve physique s'exprime le jugement de Dieu.

Aussi l'épreuve est-elle précédée d'un cérémonial religieux. Cette épreuve peut être subie par une seule partie (l'accusé en principe). On parle alors d'ordalie unilatérale, qui connaît plusieurs formes. Par exemple, une grande quantité d'aliments doit être ingurgitée sans qu'il en résulte d'indisposition (ordalie du pain et du fromage). Ou bien l'ordaliste, dont les membres sont liés, est immergé dans l'eau préalablement bénie. Si l'eau le rejette, c'est qu'il est coupable (« le méchant flotte ») ; s'il coule, il est innocent (ordalie de l'eau froide). Ou encore, il doit plonger la main dans un chaudron rempli d'eau bouillante pour en retirer un objet (ordalie du chaudron [1]) ou porter un fer incandescent (ordalie du fer rouge). Dans ces deux derniers cas, la main brûlée est enveloppée dans un sac et examinée au bout de trois jours. L'aspect de la plaie décide alors du résultat. Toutes ces épreuves ne sont pas d'égale difficulté. Les juges tiennent compte de leur intime conviction pour choisir l'une ou l'autre. S'ils estiment l'accusé probablement innocent, ils prescrivent une ordalie facile, comme l'eau froide. S'ils l'estiment probablement coupable, ils choisiront plutôt le fer rouge. L'ordalie bilatérale, elle, est subie par les deux parties. L'ordalie de la croix leur impose de rester debout, les bras en croix. Le premier qui baisse les bras a perdu (voilà l'origine de l'expression « baisser les bras »). Cette forme d'épreuve a été interdite sous Louis le Pieux. Une autre forme d'ordalie bilatérale se généralise alors, le duel judiciaire, encore appelé la « bataille ». Les deux parties s'affrontent en combat singulier. En principe en personne, mais les femmes ou les malades peuvent se faire représenter par un champion. Le duel judiciaire sera employé, en dépit des efforts croissants de l'Église pour l'interdire, jusqu'au XIVe siècle alors que les autres épreuves ordaliques auront disparu depuis longtemps. L'ordalie est beaucoup moins « irrationnelle » qu'il n'y paraît. En des temps où la foi est très forte, celui qui a tort se trouve psychologiquement en état d'infériorité. Il n'est pas rare qu'au moment de l'épreuve, il n'ose pas la subir et préfère

1. C'est la première forme d'ordalie attestée dans l'histoire juridique de l'Europe médiévale. Elle semble avoir déjà été connue des Celtes en Gaule. Mais elle a été observée en d'autres temps et sous d'autres cieux. En 1995, l'anthropologue du droit R. Verdier a pu filmer le déroulement d'une telle épreuve, subie par les deux parties, chez les Kabye, paysans montagnards du Togo.

avouer. S'il la subit, il part en quelque sorte « battu d'avance ». Des anecdotes circulent, racontant des miracles qui font éclater la vérité au moment de l'épreuve. Ainsi le miracle de Saint-Benoît. Un serf s'était échappé de l'abbaye de Saint-Benoît-sur-Loire et, s'étant fait passer pour un chevalier, avait fait fortune. Mais l'abbaye avait retrouvé sa trace et le revendiquait. Un duel judiciaire fut décidé. S'apprêtant à combattre, l'homme jura ne rien devoir d'autre à Saint-Benoît que ce qu'il avait en main. Sa main avait l'air vide, mais dans le gant qui la recouvrait était dissimulée une pièce d'un denier. Il s'agissait du montant du chevage, c'est-à-dire de la taxe exigée chaque année des serfs et recognitive de leur condition. Ce fut alors que se produisit le miracle : la pièce enfla au point de devenir énorme tandis que le bras levé de l'homme resta paralysé et tout le monde put le contempler dans cet état plusieurs heures durant.

179 Ajoutons enfin que, suppléant aux défaillances du pouvoir laïque, l'Église ne cesse de développer ses propres règles. Certains domaines comme la formation et la dissolution du mariage passeront sous son contrôle exclusif. Mais les innombrables applications du serment lui fournissent également l'occasion d'intervenir et, en raison du péché, elle investit le champ du droit pénal.

Sous-section 3

La submersion du droit public par le droit privé

180 Alors que la séparation entre droit public et droit privé était enracinée à Rome, les traditions germaniques l'ignoraient. Dès l'avènement des royaumes barbares, s'opère un recul dont la manifestation la plus significative réside dans la patrimonialité du pouvoir royal (**§ 1**). Avec l'affaiblissement de la monarchie, ce recul se traduit par une emprise croissante du « privé » sur le « public » dont le stade ultime est atteint dans la seigneurie banale (**§ 2**).

§ 1. La patrimonialité du pouvoir royal à l'époque franque

181 Les traditions germaniques ont profondément marqué la conception du pouvoir royal à l'époque franque. Alors que l'empereur romain gérait l'État, notion abstraite, le roi mérovingien, lui, exerce un pouvoir personnel. Par l'intermédiaire du serment, il tisse des liens de fidélité personnelle avec ses sujets. On lui obéit moins par obligation envers l'État qu'il représente que parce qu'on s'est personnellement engagé à le faire. Incarnés tout entiers dans la personne du chef, le pouvoir et ses attributs appartiennent à ce chef. Mieux, la famille de Clovis a acquis le territoire du royaume par droit de conquête et ce territoire n'est pas, comme de nos jours, un élément constitutif de l'État, il entre dans le patrimoine privé du Prince. En même temps que le territoire, tous les éléments que le droit romain avait attachés à ce territoire échoient au roi : c'est le cas, notamment, de l'impôt lié à la terre et des immenses domaines du fisc.

La conception patrimoniale du pouvoir débouche sur des pratiques à nos yeux fort déconcertantes. Le roi peut disposer de son royaume et des sources de revenus qui y sont attachées, comme le ferait un propriétaire ordinaire. Il peut, notamment, distribuer les terres publiques pour récompenser ses guerriers et acheter des fidélités (plus coûteuses si le prestige personnel du roi est faible). À la mort du roi, le royaume est partagé comme dans une succession ordinaire, suivant les règles de la loi salique, loi personnelle du roi franc. Les enfants du roi, à l'exclusion des filles, se partagent le royaume en parts égales. C'est ainsi qu'à la mort de Clovis, en 511, ses quatre fils se sont partagé le *regnum*. Pourtant, le royaume mérovingien échappera à l'émiettement croissant que promettait cette pratique. Morts naturelles ou éliminations violentes des rivaux entraînent parfois la reconstitution de l'unité au profit de l'héritier le plus vigoureux. On s'entretue sans trop de scrupules dans la famille mérovingienne et si ces procédés n'affectent pas le prestige du vainqueur, c'est bien que, malgré le principe des partages, l'unité paraît souhaitable. Aussi n'est-on pas trop regardant sur les moyens de la rétablir.

182 Sous les Carolingiens, l'entourage ecclésiastique du monarque fait renaître la notion romaine d'État. Le pouvoir est analysé comme une fonction et non pas comme la propriété du Prince. Cette idéologie se heurte pourtant à la persistance de la conception patrimoniale du pouvoir. L'unité du royaume, puis de l'empire a d'abord été conservée par hasard : Charlemagne a régné seul parce que son frère Carloman était mort et Louis le Pieux règne seul parce que ses deux frères, appelés au partage par un acte de Charlemagne en 806, sont morts également. C'est à propos de la succession de Louis le Pieux que l'on mesure à quel point l'idéologie unitaire a peu de prise sur le comportement du Prince. En 817, l'empereur avait d'abord, conformément aux vœux des évêques, réglé sa succession dans le sens de l'unité impériale : son fils aîné, Lothaire, recevait seul la dignité impériale et ses prérogatives, les deux puînés n'ayant que de petits royaumes sous la tutelle de leur frère. Pourtant, quelques années plus tard, Louis le Pieux se ravise à la suite de son remariage et de la naissance d'un nouveau fils, le futur Charles le Chauve. La nouvelle impératrice réclame une part pour son enfant. Pour l'empire de Charlemagne, c'est le début de la fin. Après moult luttes, le traité de Verdun consacre, en 843, son partage en ne maintenant qu'une unité de façade, elle-même éphémère. Quelques décennies plus tard, la royauté devient élective. Il n'est dès lors plus question de partager le royaume entre plusieurs. Mais, dans le même temps, ce sont les fonctions publiques qui sont devenues patrimoniales.

§ 2. L'emprise croissante du privé sur le public

183 Dès l'époque franque, se dessine une évolution dont le stade ultime est atteint avec la seigneurie banale. Le « public » tombe sous l'emprise du « privé » : les fonctions publiques (**A**), les terres publiques (**B**), les prérogatives de puissance publique (**C**) font l'objet d'une appropriation privée.

A. L'appropriation des fonctions publiques

184 Les titulaires des charges publiques ont profité de l'affaiblissement de la royauté pour affermir leur situation. Au milieu du IXe siècle, les comtes deviennent inamovibles. Quelques décennies plus tard, ils sont héréditaires : les fonctions publiques se transmettent de père en fils. Et que représentent ces charges aux yeux de leurs titulaires ? Indifférents aux notions d'administration et de justice chères aux hommes d'Église, ils y voient surtout un moyen commode de légitimer leurs exactions.

B. L'appropriation des terres publiques

185 Parallèlement, les terres publiques font l'objet d'appropriation privée. À une époque de pénurie monétaire, la terre est le seul moyen de rétribuer les services rendus. Tout titulaire d'une charge publique jouit ainsi de domaines auxquels sont attachés d'importants revenus (*comitatus*, dans le cas d'un comte). De même, pour constituer une cavalerie professionnelle, le monarque concède à chaque combattant à cheval, une dotation foncière (dite « bienfait » et plus tard « fief ») dont le revenu est suffisant pour lui permettre de s'équiper et de se consacrer à la guerre. Toutes ces terres – *comitatus* ou bienfait – sont prélevées sur les terres publiques dont dispose le roi. Au départ concédées provisoirement, elles sont vite considérées comme la chose de leur bénéficiaire et finissent par entrer dans son patrimoine privé.

C. L'appropriation des prérogatives de puissance publique

186 Après l'arrêt des conquêtes, les invasions continuent à justifier le maintien du système militaire mis en place par les Carolingiens. Lorsqu'à la fin du Xe siècle, les invasions sont jugulées, les gens de guerre ne désarment pas pour autant. C'est vers l'intérieur que se retournent leur violence et leur avidité. Les campagnes deviennent leur nouvelle proie. Non seulement le public se privatise, mais les particuliers prétendent exercer l'autorité publique : les grands propriétaires fonciers, dont les vastes domaines sont source de puissance politique, s'approprient les prérogatives de

puissance publique. Les catégories du public et du privé se brouillent tout à fait avec la seigneurie banale, où l'appropriation du sol tend à coïncider avec la détention des droits régaliens. Dès lors, l'intérêt public s'efface derrière les intérêts privés. L'exercice des droits régaliens est détourné au profit du seigneur. La fiscalité tombe dans son escarcelle. La guerre lui sert à vider ses querelles ou à piller la seigneurie voisine. La vengeance renaît tout en devenant privilège des nobles. Aux humbles, elle est refusée. La justice de composition se transforme en une justice de répression exercée par le seigneur. Et cette justice est devenue un objet de propriété dont il escompte tirer les meilleurs revenus. Non seulement il prononce amendes et confiscations dont il empoche le produit, mais il en use comme d'un moyen commode pour s'approprier les biens des petits propriétaires. On imagine le désarroi du malheureux justiciable invité à prouver son droit de propriété en se saisissant d'un fer incandescent !

187 À la fin du Xe siècle, la langue du droit consacre cette évolution. Les droits seigneuriaux et la fiscalité qui en résulte commencent à être qualifiés de *consuetudines*, « coutumes » [1]. Leur essence publique s'efface ; leur fondement apparaît avant tout dans l'usage répété sur la longue durée. Ce qui les légitime, ce n'est pas leur origine (au départ une délégation de souveraineté), mais leur ancienneté. Un comble est atteint lorsque le roi lui-même se présente comme possédant coutumes ! Le même terme de *consuetudines* s'applique aux droits que tire le seigneur de l'exploitation de son domaine foncier, redevances dues par les paysans concessionnaires des lopins qu'ils cultivent. Droits d'essence régalienne (donc « publics ») et droits de nature domaniale (donc « privés ») sont ainsi confondus sous le même vocable. Et les premiers comme les seconds entrent dans le patrimoine du seigneur. Tous, il peut les donner, les vendre, les léguer, les concéder à autrui.

Ce système ne présentera pas que des inconvénients. Confondues avec le droit privé, les prérogatives de puissance publique ont plus facilement pu être soumises au droit.

---

1. Ce sens fiscal du mot « coutume » a survécu en anglais où le terme « *customs* » désigne encore les droits de douane. Le français, quant à lui, a conservé un sens fiscal au mot droits. Nous payons des « droits » (de douane, d'enregistrement, de succession...).

188 Au XIe siècle, la vie juridique reste fruste, marquée par l'empirisme. Les catégories romaines ont perdu leur fermeté et, de toute façon, le droit romain n'était pas adapté à la société féodale. Le droit qui la régit est en formation et ses normes restent encore bien approximatives. On connaît mal la condition des humbles. Certains ont un statut tellement imprécis que, tout en n'étant pas exactement des serfs, ils ne sont pas vraiment libres. Les obligations vassaliques ne sont pas davantage fixées, elles varient selon les fiefs et selon la personnalité du seigneur et de ses hommes. Vers 1020, le duc Guillaume V d'Aquitaine, puissant seigneur du Midi, doute de ce qu'il peut exiger de ses vassaux et doit écrire à l'évêque Fulbert de Chartres pour lui demander conseil. La règle juridique est donc floue. Quel besoin d'ailleurs aurait-on d'un droit sophistiqué et d'un raisonnement abstrait en un temps où la justice tranche d'un seul coup le droit et le fait sur la base du serment ou de l'ordalie ?

Mais le XIe siècle est un siècle charnière dans l'histoire de la chrétienté occidentale. Après une longue incubation, une civilisation se prépare à fleurir. Une civilisation qui montre alors sa vigueur par son zèle à faire des emprunts à des civilisations plus avancées. Dans bien des domaines, elle s'approprie ce qu'elle trouve profitable ailleurs. Au Croissant fertile, elle emprunte le moulin à eau, à l'Extrême-Orient, elle emprunte l'arbalète... Pour le droit, c'est vers son propre passé qu'elle se tourne, vers l'héritage romain conservé par une poignée d'intellectuels et qui s'apprête à revivre.

BIBLIOGRAPHIE

A. Dubreucq, Chr. Lauranson-Rosaz (éd.), « Traditio juris. Permanence et/ou discontinuité du droit romain durant le Haut Moyen Âge », Lyon, Cahiers du Centre d'Histoire Médiévale, 3, 2005.

O. Guillot, Y. Sassier, *Pouvoirs et institutions dans la France médiévale*, I. *Des origines à l'époque féodale*, Paris, Armand Colin, 1994.

R. Jacob, « Jugement des hommes et jugement de Dieu à l'aube du Moyen Âge », dans R. Jacob (dir.), *Le juge et le jugement dans les traditions juridiques européennes. Études d'histoire comparée*, Paris, LGDJ, 1996, p. 43-86.

J. GAUDEMET, « Survivances romaines dans le droit de la monarchie franque du Ve au XIe siècle », *Tijdschrift voor Rechtsgeschiedenis, Revue d'histoire du droit*, 23, 1955, p. 149-206.
« À propos du "droit vulgaire" », dans *Studi in onore di Biondo Biondi*, I, Milan, 1963, p. 271-300.
« Les ordalies au Moyen Âge : doctrine, législation et pratique canonique », dans *Recueil de la société Jean Bodin, XVII, La preuve*, Bruxelles, 1965, p. 99-135.
S. KERNEÏS, « L'ancienne loi des Bretons d'Armorique. Contribution à l'étude du droit vulgaire », *Revue historique de Droit français et étranger* 1995, p. 175-199.
J.-Fr. LEMARIGNIER, « La dislocation du pagus et le problème des consuetudines (X^e-XIe siècles) », dans *Mélanges d'histoire du Moyen Âge dédiés à la mémoire de Louis Halphen*, Paris, 1951, p. 401-415.
J.-Ph. LÉVY, *Diachroniques. Essais sur les institutions juridiques dans la perspective de leur histoire*, Paris, Loysel, 1995.
P. OURLIAC, « *La convenientia* », dans *Études d'histoire du droit médiéval*, Paris, Picard, 1979, p. 243-252.
« Réflexions sur l'origine de la coutume », dans *Mémoires de la société pour l'histoire du droit et des institutions des anciens pays bourguignons, comtois et romands*, 45, 1988, *Études d'histoire du droit médiéval en souvenir de Josette Metman*, p. 341-354.
J.-P. POLY, « La corde au cou. Les Francs, la France et la loi salique », dans *Genèse de l'État moderne en Méditerranée*, Rome, 1993, p. 287-320.
J.-P. POLY, E. BOURNAZEL, *La mutation féodale, X^e-XIIe siècles*, Paris, PUF, 1993.
J.-L. THIREAU, « La territorialité des coutumes au Moyen Âge », dans *Auctoritas. Mélanges offerts au professeur Olivier Guillot*, Études réunies par G. Constable et M. Rouche, Paris, PUPS, 2006, p. 453-478.

CHAPITRE 3

XIIe-XVe siècles : naissance de la famille romano-germanique

189 Dans la seconde moitié du XIe siècle, le monde occidental engage une profonde transformation. Un renouveau économique s'amorce, les échanges s'accroissent, les villes commencent à renaître. On aspire à quitter la société guerrière du Haut Moyen Âge pour une société où le droit prévaudra sur la force. Partout s'affirme l'exigence d'un nouvel équipement juridique. À la faveur de la renaissance intellectuelle qui accompagne et entraîne ce mouvement, on redécouvre les compilations de Justinien. Au puissant besoin de modernisation, elles offrent le modèle de règles de droit écrites, fixes et constantes, d'une organisation judiciaire centralisée et d'une procédure judiciaire rationnelle. Et un modèle de gouvernement. Voilà un moment-clé dans l'histoire du droit européen. L'accueil ou non de ce modèle juridique a déterminé l'existence de deux grandes familles de droits.

190 L'Angleterre, à nouveau, fera bande à part dans le concert européen en développant précocement un système juridique autochtone. Au XIIe siècle, prend naissance un système original, celui du Common Law, qui sépare définitivement l'Angleterre du conti-

nent. Pourquoi cette différenciation ? La raison majeure est d'ordre procédural. Les techniques de résolution des litiges, nous l'avons déjà remarqué, influencent considérablement les modes de création du droit et la formation des systèmes juridiques. L'Europe continentale a adopté une procédure inspirée de la procédure extraordinaire romaine. D'abord expérimentée dans les cours d'Église, d'où son nom de procédure romano-canonique, elle s'est ensuite étendue aux tribunaux laïques. Cette procédure savante exigeait des juges professionnels, formés au droit savant. Mais le procès romano-canonique n'est arrivé à maturité qu'au XIIIe siècle. À cette époque, l'Angleterre avait déjà modernisé ses propres institutions judiciaires. Cette avance s'explique. La Normandie avait été, en France, une des seules principautés territoriales où l'autorité princière s'était maintenue. En 1066, le duc de Normandie, Guillaume le Conquérant, conquiert l'Angleterre. Lui-même et ses successeurs parviennent à conserver et à développer l'autorité royale sur l'ensemble du territoire. Très tôt, la compétence des juridictions royales s'affirme au détriment des justices seigneuriales et locales. La royauté anglaise, surtout à partir du règne d'Henri II Plantagenêt (1154-1189), utilise le système des *writs* (« bref » en français). Tout justiciable peut adresser une requête au roi. Si le Chancelier l'estime fondée, il délivre une action judiciaire qui prend la forme d'un ordre du roi, le *writ*. Initialement adaptés à chaque cas, les *writs* deviennent vite des formules stéréotypées délivrées sans examen approfondi, pour attirer les justiciables devant les juridictions royales. Les seigneurs féodaux anglais ont exigé que cesse cette inflation des brefs. Au XIIIe siècle, il est interdit de créer de nouveaux types de *writs*. Leur liste ne variera plus. Mais la jurisprudence des cours royales anglaises a fait entrer toutes sortes de cas nouveaux dans le cadre des *writs* qui existaient déjà. C'est ainsi que s'est formé le *Common Law*, un droit commun à l'Angleterre, jurisprudentiel, d'inspiration féodale et coutumière, qui a lentement écrasé les usages locaux. Ce droit d'origine judiciaire est d'autant plus dépourvu d'éléments romains que la justice est rendue par des gens qui ne connaissent pas le droit savant. En effet, le système judiciaire anglais fait une large place au jury populaire (en matière civile comme en matière criminelle) et les juges apprennent leur métier directement au contact de la pratique judiciaire et non pas en suivant des études universitaires. Des règles se sont bien développées, surtout des règles procédurales que doivent suivre les juges pour parvenir à une solution juste et qui concernent notamment la manière de poser les questions au jury. Aussi ce droit mêle-t-il inextricablement les règles de procédure aux règles de fond. Il ne faudrait pas croire cependant que l'Angleterre n'a pas été touchée par les droits savants. Ils sont enseignés à Oxford et à Cambridge. Les Anglais ont eux-mêmes contribué à leur épanouissement, notamment pour la doctrine canonique. En 1154, c'est un canoniste anglais, Nicolas Breakspear, qui monte sur le trône pontifical en prenant le nom d'Adrien IV. Comme partout en Europe, les tribunaux ecclésiastiques sont installés en Angleterre et ils appliquent le droit et la procédure canoniques, tradition qui s'est maintenue jusqu'à la rupture avec Rome. Enfin, au XVe siècle, apparaît une nouvelle juridiction dite d'*Equity* parce que le Chancelier statue en équité, sans tenir compte des règles du *Common Law*. Il applique une procédure inspirée de la procédure romano-canonique et emprunte souvent des principes au droit romain. Mais le fondement du droit anglais n'en restera pas moins le *Common Law*, corrigé par les règles d'*equity*. Ce *Common Law* s'oppose au droit des pays continentaux, que les Anglais appellent d'ailleurs *Civil Law*, par référence au *Corpus iuris civilis*.

191 Dans l'**Europe continentale**, les voies de la modernisation passeront par le droit romain. Historiquement, les compilations sont d'abord exploitées par la Papauté et le Saint Empire. La première pour asseoir la réforme grégorienne. Le second pour lutter lors du grand conflit politique qui en résulte. Voilà deux puissances antagonistes qui aspirent à l'universalité et chacune sollicite les textes romains pour y trouver de quoi appuyer sa cause. À puissance universelle il faut un droit universel. Le Saint Empire se réclame du droit romain en tant que successeur de l'empire romain. Mais la Rome pontificale se tourne aussi vers l'ancienne Rome pour adapter son droit à ses ambitions. Droit romain renaissant et droit canonique émergeant d'un empirisme millénaire forment les deux droits savants du Moyen Âge. Seuls à faire

l'objet d'un enseignement, ils vont provoquer une révolution juridique décisive pour la famille romano-germanique (SECTION 1). Mais une conscience juridique nouvelle s'affirme également en Europe dans le cadre de deux formes concurrentes d'organisation politique. Une forme républicaine se développe dans les villes d'Italie du nord et en Flandre. Parallèlement, commencent à se constituer, au XIIe siècle, de solides ensembles nationaux sous une forme monarchique. Pour moderniser leur ordre juridique et assurer leur indépendance politique, ces embryons d'États exploiteront les droits savants qui laisseront une empreinte ineffaçable. Ils ont représenté, à une époque caractérisée par l'extrême pluralisme juridique, un facteur d'unification. Dans les universités, les juristes, formés avec les mêmes méthodes, apprenaient à parler la même langue juridique. Il s'est formé entre eux une communauté si vivace qu'elle se signale encore par une même famille de droits. Au sein de cette famille romano-germanique, toutefois, les droits positifs de chaque pays présenteront de nombreuses différences. Ces traits originaux s'expliquent par l'histoire propre de la formation du droit dans chaque pays. C'est le cas de la France qui retiendra notre attention. La royauté française commence au XIIe siècle à restaurer son autorité à l'intérieur du royaume et revendique son indépendance à l'égard des deux puissances qui ont des prétentions universalistes, l'empereur germanique et le pape. Dans ce double combat, le droit romain sera exploité. Mais il servira également la cause d'un droit propre au royaume de France en lui donnant les moyens d'en affirmer les sources (SECTION 2). La reconnaissance de ce droit propre ne doit pas faire illusion. Il est bien loin d'être en situation de monopole. Pas plus que le reste de l'Europe, à l'exception de l'Angleterre, la France n'a encore de système juridique national.

SECTION 1
LA RÉVOLUTION DES DROITS SAVANTS

192 La légende veut qu'un manuscrit du Digeste ait été découvert par hasard. On raconte qu'à l'occasion d'une expédition guerrière contre Amalfi en 1137, des soldats de Pise l'auraient trouvé en incendiant une maison, caché dans un mur effondré. Le seul fond de vérité de cette légende est que le Digeste a bien été une prise de guerre, mais en 1406 lorsque les Florentins, victorieux des Pisans, leur ont pris le fameux manuscrit pour le ramener à Florence où il se trouve encore. On l'appelle la Florentine. Pour le reste, la redécouverte des compilations de Justinien date de la deuxième moitié du XIe siècle et n'est certainement pas le fruit du hasard. Elle s'inscrit dans le cadre de la réforme grégorienne et du grand conflit politique qui oppose la Papauté et le Saint Empire.

193 Une véritable révolution se produit dans l'Église. Dès 1050, un puissant courant doctrinal entend faire disparaître les abus engendrés par les ingérences laïques en affirmant la primauté pontificale sur l'ensemble des églises. Cette primauté est revendiquée non seulement à l'égard des églises de rite romain (qui, en deux siècles, se sont multipliées avec la conversion des pays scandinaves et de la Pologne), mais aussi à l'égard de l'Église d'Orient à tradition impériale et conciliaire. Si la thèse de la primauté pontificale provoque, en 1054, une rupture définitive avec l'Église d'Orient, elle conduit en Occident à la réforme grégorienne, du nom de son principal artisan, le pape Grégoire VII (1073-1085). Si cette réforme intéresse les mœurs du clergé, elle porte avant tout sur les structures de l'Église. La désignation de son chef doit d'abord échapper à l'empereur germanique. Aussi réforme-t-on la procédure d'élection du pape pour la confier aux cardinaux. Ensuite la lutte est menée contre la coutume qui voulait que les évêques et les abbés fussent investis de leurs charges publiques par l'empereur ou les rois. Grégoire VII interdit, sous peine de nullité, de recevoir un évêché ou une abbaye des mains d'un laïque. Ainsi naît la « querelle des investitures » entre le pape et

l'empereur. Elle conduit vite le pape à revendiquer la primauté dans l'ordre du politique : le pape exerce un pouvoir supérieur auquel sont subordonnés l'empereur et les rois. À cette doctrine de la « théocratie pontificale », l'empereur répond par celle de la « théocratie impériale ». Le conflit s'achèvera par un compromis, le Concordat de Worms conclu en 1122 entre le pape Calixte V et l'empereur Henri V [1]. Pour mener efficacement la lutte, le pape a dû renforcer son autorité sur l'Église. Une vigoureuse centralisation s'affirme par des structures hiérarchisées qui subordonnent l'ensemble des clercs, tant séculiers que réguliers, au gouvernement pontifical. Ce grand conflit politique du XIe siècle a largement contribué à la redécouverte des compilations de Justinien.

194 « La découverte que firent nos aïeux de la compilation de Justinien fut pour eux une sorte de révélation » dira, bien des siècles plus tard, Portalis, l'un des rédacteurs du Code civil. C'est elle qui provoque le réveil de la science du droit. La première étape – et cela nous rappelle évidemment l'exemple romain – consistera dans l'émancipation du droit (SOUS-SECTION 1). Mais, à la différence du modèle romain, la science du droit médiévale n'a pas été l'œuvre de jurisconsultes praticiens. Elle a été construite dans les universités, par des professeurs et cette circonstance aura des conséquences capitales pour le droit de l'Europe continentale : c'est alors que se dessinent les traits distinctifs de la famille romano-germanique (SOUS-SECTION 2). Œuvre de savants, la doctrine juridique ne s'en est pas moins révélée d'une immense utilité pratique.

SOUS-SECTION 1
L'ÉMANCIPATION DU DROIT

195 À la fin du XIe siècle, le droit romain et le droit canonique se trouvent sur deux plans différents. Le droit romain est un donné,

1. L'empereur et les rois sont exclus de la désignation des dignitaires ecclésiastiques. Une fois élu, l'évêque ou l'abbé reçoit son pouvoir spirituel d'un archevêque. Après quoi seulement, l'empereur ou le roi l'investit des droits de puissance publique attachés à sa fonction.

doté d'une évidente supériorité technique. C'est un droit écrit, complet, sophistiqué. Les compilations de Justinien offrent un langage et une méthode de raisonnement. Mais pour leur faire reprendre vie, encore faut-il étudier le droit pour lui-même et le dégager du cadre dans lequel il était jusqu'alors immergé, le *trivium* (**§ 1**). Le droit canonique, lui, est encore un droit empirique et mal distingué de la théologie. Il a fallu commencer par assurer son autonomie (**§ 2**).

§ 1. Le droit romain étudié pour lui-même

196 Pendant des siècles, le droit n'a pas été étudié pour lui-même. On l'abordait dans le cadre du *trivium* qui constituait le premier cycle de l'enseignement. C'est en Italie du nord, à Bologne, que le droit s'émancipe du *trivium* (**A**). Parti de Bologne, l'enseignement spécialisé du droit se diffuse ensuite dans l'Europe entière (**B**).

A. Le droit romain détaché du *trivium*

197 Qu'étudiait-on dans le *trivium ?* La grammaire, la rhétorique et la dialectique. Les éléments de droit se trouvaient dispersés dans l'étude de ces trois « arts littéraires ». Ensuite prenait place un deuxième cycle, le *quadrivium*, où l'on enseignait les « arts scientifiques » (arithmétique, géométrie, musique, astronomie). L'ensemble, *trivium* et *quadrivium*, forme les sept « arts libéraux ».

198 À la fin du XIe siècle, à Bologne, un certain Pepo semble avoir déjà donné des leçons de droit romain. La postérité (Azon) le saluera comme un nouveau Tiberius Coruncanius, le premier professeur de droit à Rome. Mais c'est, toujours à Bologne, un maître en arts libéraux du nom d'Irnérius qui fonde véritablement l'enseignement du droit romain pour lui-même. On raconte qu'Irnérius se serait lancé dans l'étude du droit romain à la suite d'une discussion grammaticale. La grammaire, devenue une véritable science depuis les Carolingiens, est appelée à jouer un rôle essentiel. Elle fournit les instruments nécessaires à l'analyse littérale des textes. Car il faut d'abord comprendre les mots dont le sens était oublié, réapprendre le langage technique du droit. Cela

donne naissance à un enseignement spécialisé, dispensé après la formation générale aux arts libéraux. Cet enseignement n'intéresse pas seulement les laïques. Les termes romains foisonnent dans les collections canoniques et les clercs veulent en redécouvrir la valeur technique.

B. La diffusion de l'enseignement spécialisé du droit

199 Le sens pédagogique d'Irnérius lui a valu le titre de « Lumière du droit ».Il a enseigné de 1088 à 1125 et a suscité de nombreux disciples dont les plus célèbres forment le groupe dit des « quatre docteurs » : Bulgarus († 1166), Martinus († avant 1166), Hugo († vers 1170) et Jacobus († 1178). Jacobus a succédé à la chaire d'Irnérius. Mais les plus importants ont été Bulgarus et Martinus, connus pour leur opposition doctrinale, qui furent chefs d'écoles et ont formé des disciples. Son succès propulse Bologne au rang de capitale internationale du droit et pour y suivre l'enseignement, les élèves affluent de l'Europe entière. En rentrant dans leur pays, les étudiants les plus brillants donnent à leur tour des leçons et deviennent des maîtres en ouvrant un *studium*, un lieu d'enseignement. Ainsi un certain Vacarius enseigne-t-il à Oxford à partir de 1139. Dix ans plus tard, on retrouve un élève de Bulgarus, Rogerius, à Arles et à Montpellier. C'est également à Montpellier que se réfugie vers 1170 un élève de Martinus, Placentin. Liées à la personne d'un maître, ces écoles sont souvent éphémères. Elles disparaissent lorsque le maître part enseigner ailleurs, attiré par un auditoire plus nombreux ou une rémunération plus substantielle. Dès le XIIe siècle, pourtant, un enseignement fixe s'implante dans certaines villes où la communauté savante reçoit des privilèges l'affranchissant de la tutelle des pouvoirs locaux. C'est précocement le cas à Bologne lorsque l'empereur Frédéric Barberousse, puis le pape concèdent des privilèges à l'ensemble des étudiants. Ainsi se forme une *universitas*. Ce terme vient du droit romain où il désigne un groupement distinct des membres qui le composent et doté de droits qui normalement appartenaient aux seuls citoyens romains. À Bologne, ce groupement est formé d'étudiants. Aussi parle-t-on d'« université d'étudiants ».

Au XIIIe siècle, se développe un intense mouvement corporatif. Lorsque dans une ville de nombreux individus exercent le même métier, ils s'organisent en corporation pour défendre leurs intérêts et instaurer un monopole à leur profit. Ce mouvement gagne le milieu de l'enseignement. Les corporations universitaires se forment, arrachant parfois violemment leurs privilèges. Ainsi naît l'université de Paris, qui groupe à la fois maîtres et étudiants. Puis apparaissent les universités de Toulouse, Orléans, Montpellier. L'interdiction, en 1219, d'enseigner le droit romain à Paris fait d'Orléans la capitale française du droit romain.

Entre le XIIIe et le XVe siècles, l'Europe, de la Pologne au Portugal, de l'Écosse à la Sicile, se couvre d'universités. Certaines s'articulent en subdivisions disciplinaires appelées « facultés ». Les universités se caractérisent par une forte autonomie. L'ingérence de l'État est un phénomène tardif. Chaque université a ses propres statuts qui réglementent les programmes, les conditions d'examens, le recrutement et la rémunération des professeurs ou encore la durée des études. Trois degrés sont à franchir : baccalauréat, licence, doctorat. À Orléans, le doctorat exige dix ans. L'Université est également un monde cosmopolite. Étudiants et professeurs proviennent de toutes les régions d'Europe. La langue ne forme pas un obstacle puisque l'enseignement est partout dispensé en latin. Les grades conférés sont reconnus dans toute la chrétienté.

200 L'enseignement du droit est vite devenu une véritable profession. Si les maîtres peuvent se révéler praticiens et hommes d'action, ils sont d'abord professeurs et hommes de science. C'est alors que se dessine la figure du juriste propre à l'Europe continentale. À la différence du juriste romain, mais aussi du juriste de *Common law*, celui d'Europe continentale est d'abord un intellectuel. Formé à l'Université, vivant à l'Université, il est partie prenante aux grands courants culturels de son temps. Il nourrira et fera avancer sa propre science grâce aux méthodes élaborées dans les autres branches du savoir. À plusieurs reprises, le renouvellement de la science juridique correspondra à l'émergence de nouveaux courants intellectuels.

§ 2. L'émancipation du droit canonique

201 Jusqu'au XIIe siècle, les sciences de la divinité constituaient une masse indifférenciée. Au XIIe siècle, des sphères spécifiques se détachent et le droit canonique est distingué de la théologie. Cette dissociation prend racine dans deux ouvrages, le Décret de Gratien d'une part, les Sentences de Pierre Lombard d'autre part. Le premier amorce la constitution d'un corps de droit canonique ; le second, achevé vers 1158, expose la théologie. L'un et l'autre seront à la base d'une étude indépendante des deux disciplines. Le droit canonique est un droit religieux, il prend appui sur le message du Christ, mais il ne se confond pas avec la théologie. Il dispose d'un corpus de règles (**A**), d'un enseignement distinct (les facultés de droit canonique sont séparées des facultés de théologie), de sa doctrine propre (l'opinion des canonistes peut être différente de celle des théologiens). En somme, les règles juridiques sont isolées. Et le droit canonique est un droit autonome (**B**).

A. La constitution d'un corps de droit

202 Ce n'est pas par hasard que, là encore, tout part de Bologne. Un moine nommé Gratien y compose une collection du droit canonique qui sera à l'origine de la science canonique. Cette collection est connue sous le nom de « Décret de Gratien » (**1**). Il s'agit d'une compilation du droit de l'Église qui s'était accumulé au cours des siècles. Elle constitue la première composante de ce que l'on appellera plus tard le *Corpus iuris canonici*, le Corps de droit canonique. Le Décret de Gratien sera ensuite complété par un second type de sources contenant un droit nouveau, essentiellement produit par des décrétales pontificales (**2**).

1. Le Décret de Gratien

203 La personnalité de Gratien est mal connue et on hésite également sur la date du Décret que l'on situe aux environs de 1140. D'un millénaire d'histoire, l'auteur a recueilli quelque 4 000 textes puisés à des sources d'origines diverses : principalement des canons, c'est-à-dire des décisions de conciles, mais aussi des décrétales, c'est-à-dire des lettres du Pape répondant à une question qui lui

avait été posée, et enfin des extraits divers empruntés aux Saintes Écritures et aux Pères de l'Église. La collection de Gratien n'est pas la première du genre – et l'auteur s'est appuyé sur ses devanciers – mais elle est, de loin, la plus méthodique. Non pas tant dans l'ordre des matières qui manque quelque peu de rigueur, mais dans son souci d'éliminer les disparités, voire les contradictions entre les différents textes. D'où le nom d'origine de l'ouvrage, « Concorde des canons discordants », qui ne fut baptisé que plus tard Décret de Gratien. Pour éliminer les contradictions, l'auteur a établi une hiérarchie des sources : ainsi la décision d'un concile œcuménique prévaut-elle sur celle d'un concile provincial, ou une lettre du Pape sur celle d'un évêque. Pour la première fois, une collection canonique commence par un exposé sur les sources. Par ailleurs, Gratien a eu recours à la technique de la distinction : en isolant les différentes significations d'un même terme, il a pu concilier des textes antinomiques. Une telle démarche traduit la naissance d'une réflexion doctrinale. L'auteur ne s'est d'ailleurs pas contenté de reproduire les textes. Chaque texte est accompagné d'un bref sommaire qui en résume le contenu et en indique l'intérêt, problème juridique et orientation doctrinale. Enfin, l'ouvrage présente 36 cas fictifs, difficiles à résoudre car ils accumulent des situations compliquées et se prêtent à la discussion juridique. Dans chaque cas, Gratien donne les textes applicables et propose sa solution.

Le Décret de Gratien était une œuvre privée, mais ses qualités lui ont vite valu un immense succès au point qu'il a acquis une autorité officielle et est devenu la base de l'enseignement du droit canonique. Il a ensuite été complété par un droit nouveau, issu des décrétales pontificales.

2. Les collections de décrétales

204 Le décret de Gratien a été suivi par une véritable explosion de la législation ecclésiastique, prise essentiellement sous la forme de décrétales. La décrétale est une décision du Pape en réponse à une consultation sur un point douteux. On retrouve ici le mécanisme romain du rescrit. Pour combler les lacunes du Décret, on s'adresse au Pape, qui est souvent un juriste éprouvé. Les décrétales pontifi-

cales vont achever la charpente du droit canonique. En 1230, elles sont tellement nombreuses que le pape Grégoire IX confie à son chapelain, le canoniste espagnol Ramon de Peñaforte, la tâche d'établir un recueil ordonné des textes postérieurs au Décret de Gratien. Quatre ans plus tard, la collection est promulguée. Elle est baptisée *Liber decretalium extra Decretum vagantium*, le « Livre des décrétales errant en dehors du Décret », couramment appelé *Liber extra*. Le pape adresse ce recueil officiel aux universités de Bologne et de Paris pour servir « au jugement des procès et à l'enseignement » et il interdit en outre de composer d'autres recueils sans l'autorisation du Saint-Siège. D'autres papes prirent par la suite l'initiative de nouvelles compilations complétant le Décret et le *Liber extra*. Ainsi Boniface VIII adressa-t-il en 1298 aux universités un *Liber sextus decretalium* (le Sexte, sixième car le recueil de Peñaforte comprenait 5 livres). Puis Clément V y ajouta en 1314 un autre recueil, les « Clémentines », qui fut suivi par les Extravagantes de Jean XXII en 1324 et d'autres Extravagantes communes au XVe siècle. Par imitation du nom donné aux compilations de Justinien, ce vaste ensemble sera appelé *Corpus iuris canonici*. Toiletté au XVIe siècle, ce corpus est resté le code officiel du droit canonique jusqu'en 1917.

B. L'autonomie du droit canonique

205 Distinct de la théologie, le droit canonique est également autonome vis-à-vis du droit laïque (**1**). Il est même, dans une certaine mesure, détaché de la morale, grâce à la distinction entre for interne et for externe (**2**).

1. L'autonomie vis-à-vis du droit laïque

206 Le Christ avait posé le principe de la séparation entre pouvoir temporel et pouvoir spirituel : « Mon royaume n'est pas de ce monde » (Évangile selon Saint Jean, XVII, 36) ; « Rendez à César ce qui est à César et à Dieu ce qui est à Dieu » (Évangile selon Saint Matthieu, XXII, 15-22). Et l'Église a admis la coexistence de deux systèmes juridiques : le droit religieux et le droit laïque. Au XIIe siècle, cette dualité oppose surtout le droit canonique au droit romain. Pour se constituer en science autonome, le droit

canonique s'est servi du droit romain. Boncompanus, un maître en arts libéraux du XIIIe siècle, observait avec ironie que le droit canonique marchait en s'appuyant sur un bâton prêté par d'autres. Juste retour des choses, remarquera-t-on en rappelant que les clercs avaient conservé le droit romain durant le Haut Moyen-Age et largement contribué à sa redécouverte. L'Eglise était fondée à y voir un héritage. Un héritage accepté cependant "sous bénéfice d'inventaire" (A. Lefebvre-Teillard) et utilisé sous le contrôle du pape. Un modèle à imiter, certes, mais dont l'Eglise devait aussi se méfier. Aux mains des laïques en général, et aux mains de l'empereur germanique en particulier, le droit romain était une arme pour contester la puissance pontificale. Aussi l'Église était-elle soucieuse d'affirmer son autonomie en présentant son droit comme un droit rival du droit romain. Un droit rival et supérieur. Il est vrai que le droit canonique avait une supériorité : il s'appliquait directement.

Le droit canonique est un droit d'essence religieuse. Il se distingue du droit laïque par sa finalité. Son but est le salut des âmes. Au droit laïque revient le soin de réglementer le comportement des hommes, dans la mesure où ce comportement ne met pas en jeu le salut des âmes. La frontière entre chaque sphère de compétence n'est pas toujours facile à déterminer et certains actes intéressent à la fois la loi religieuse et le droit séculier. Pour autant, les deux droits ne se confondent pas. Le droit pénal en donne un bon exemple. L'Église a son propre droit pénal, applicable à certaines personnes et à certaines infractions. Alors que le droit laïque privilégiait la répression, le droit pénal ecclésiastique vise d'abord à l'amendement du coupable car il faut sauver son âme. Les peines canoniques doivent éviter au délinquant de retomber dans le mal et lui permettre de se repentir. C'est pourquoi le droit canonique ignore la peine de mort qui empêche le rachat du coupable. Dans les cas les plus graves, le coupable est condamné à la prison. C'est d'autant plus remarquable qu'à la même époque, le droit laïque ne compte pas l'emprisonnement parmi ses peines ; il ne connaît que la prison préventive. Pour l'Église, en revanche, la prison est rédemptrice et les modalités de l'emprisonnement varient d'ailleurs selon l'espoir de retour du pécheur vers le troupeau.

L'autonomie du droit canonique vis-à-vis du droit laïque ne se traduit pas seulement par un corps de droit propre. Le droit canonique est enseigné dans des Facultés distinctes des Facultés de droit romain, les Facultés de Décret. Et le droit canonique dispose de sa doctrine propre. Celle-ci use d'ailleurs parfois de styles d'argumentation, métaphorique ou allégorique, inusités dans le droit séculier.

2. La distinction du for interne et du for externe

207 « For » est un mot forgé à partir du latin *forum*, la place publique où se rendait la justice. D'où son sens de « tribunal ». On distingue le for interne (ou intérieur) et le for externe (ou extérieur). Le for interne est le tribunal de la conscience. C'est là que celui qui a commis un péché se présente devant Dieu. En ce bas monde, le pécheur peut être absous de ses péchés grâce à la confession. Il obtient le pardon moyennant une pénitence donnée par le confesseur. Le for externe est le tribunal où l'on juge des comportements extérieurs, des rapports de chacun à l'égard d'autrui. On relève d'un juge. Cette distinction recoupe largement celle de la morale et du droit. Le droit n'est pas confondu avec la morale. Les deux fors sont si bien distingués qu'il est interdit à un évêque de condamner en tant que juge d'après ce qu'il a pu connaître dans le secret de la confession. En somme, le tribunal n'est pas confondu avec le confessionnal. Et ce ne sont pas les mêmes textes qui s'appliquent à l'un et à l'autre. Au tribunal (ecclésiastique) s'applique le *Corpus iuris canonici*. Pour le confessionnal, il existe une littérature distincte : les Pénitentiels, destinés à guider les confesseurs. Il s'agit de recueils donnant des listes de péchés et indiquant la pénitence imposée pour chaque faute. Originaires des îles anglo-saxonnes, ces tarifications ne sont pas sans rappeler celles des lois barbares.

SOUS-SECTION 2

APPARITION DES TRAITS DISTINCTIFS DE LA FAMILLE ROMANO-GERMANIQUE

208 Les droits savants ont été un facteur d'unification du droit. À cet égard, deux aspects doivent être distingués. Le premier concerne le seul droit canonique. C'est un droit transnational qui constitue sans doute « la plus gigantesque tentative d'unification du droit qui ait jamais été tentée » (R. David). Gigantesque d'abord dans l'espace : à une époque où, dans chaque pays, les coutumes locales se dénombreront par centaines, le droit canonique est unique et couvre toute l'Europe occidentale. L'Angleterre n'y fait pas exception avant sa rupture avec Rome au XVIe siècle. Gigantesque également parce que le droit canonique a pu s'imposer dans des parties du droit traditionnellement réfractaires à l'unification, notamment dans le droit de la famille, domaine de prédilection des statuts personnels. Ainsi le droit canonique régit-il exclusivement la formation du lien conjugal et s'étend-il à la filiation, dans la mesure où le caractère légitime de la filiation dépend de l'existence et de la validité du mariage. D'une façon plus générale, l'apport canonique sera immense sur le contenu du droit, sur ses règles de fond. Et les institutions de l'Église serviront souvent de modèle aux institutions laïques.

209 Le second aspect, sur lequel nous insisterons ici, concerne les techniques juridiques qui distinguent la famille romano-germanique et pour lesquelles la contribution des droits savants, plus particulièrement du droit romain, a été déterminante. Le droit savant a été une science de professeurs. Il s'est formé dans le sein de l'Université, dans le cadre de l'enseignement. Même si, nous le verrons, les juristes médiévaux sont soucieux de préoccupations pratiques, ils abordent le droit de manière théorique. Leur doctrine est issue de l'enseignement qui se concentre d'abord sur les textes. C'est en interprète d'un texte (et d'un texte anachronique) que renaît le juriste laïque. Ce rapport étroit entre les juristes et le texte légal est resté une des caractéristiques de la tradition romano-germanique (**§ 1**). Mais cet interprète est aussi un enseignant et il imprimera à sa discipline un caractère systématique (**§ 2**). Enfin, autre trait de la famille romano-germanique, le droit public a été distingué du droit privé (**§ 3**). C'est là encore un résultat de l'approche théorique du droit. Dans les pays de *Common Law*, le principe général de cette distinction n'a pas été posé. L'esprit du droit anglais répugnait aux principes généraux. Les solutions du droit, jurisprudentiel et casuistique, s'inscrivaient dans des cadres particuliers. Le droit était d'abord perçu sous son aspect contentieux et c'est dans le cadre de chaque procédure que l'on a été amené à se demander si les mêmes règles étaient admises lorsque la Couronne était en jeu.

§ 1. L'attachement au texte légal

210 La doctrine médiévale du droit est issue de l'enseignement. Conformément à l'usage du temps, l'enseignement consiste principalement à expliquer, puis à commenter les auteurs qui font autorité sur un sujet. Dans chaque discipline, la science médiévale se fonde sur des livres d'autorité. À commencer par les ouvrages antiques à partir desquels le savant du Moyen Âge pense pouvoir embrasser tout le savoir. « Nous sommes, disait Bernard de Chartres, des nains juchés sur les épaules de géants. Nous voyons ainsi davantage et plus loin qu'eux, non parce que notre vue est plus aiguë ou notre taille plus haute, mais parce qu'ils nous portent en l'air et nous élèvent de toute leur hauteur gigantesque ». Juristes ou théologiens usent de la même méthode à laquelle prépare la formation du *trivium*. Les juristes s'attachent à comprendre et faire comprendre les textes de leur corpus respectif, *Corpus iuris civilis* pour les romanistes ou civilistes et *Corpus iuris canonici* pour les canonistes. Pour y parvenir, il faut réapprendre un savoir oublié et d'abord retrouver le sens du vocabulaire juridique (**A**). Pour adapter des textes anciens à des réalités nouvelles, les savants médiévaux font de l'interprétation un art aux possibilités quasiment illimitées (**B**). Armés de ces outils, ils créent un *ius* *commune*, principalement basé sur les compilations de Justinien et les interprétations doctrinales auxquelles elles ont donné lieu (**C**).

A. La renaissance du vocabulaire juridique

211 On ne s'étonnera pas que la science renaissante du droit au Moyen Âge ait emprunté la même voie que la science naissante du droit à Rome. Elle débute par l'explication de textes. La méthode, initiée par les Glossateurs pour le droit romain (**1**), est reprise par les canonistes (**2**).

1. Les Glossateurs

212 Leurs premiers représentants, Irnérius et les quatre docteurs [1], ont déjà été évoqués. Si leurs disciples parcourent l'Europe, les plus grands maîtres restent à Bologne. Il s'agit, notamment, d'Azon (vers 1228). Azon enseigna le droit avec un tel éclat qu'il fut surnommé « maître du droit et source des lois ». Sa popularité était telle que, selon la légende, 10 000 auditeurs se pressaient à ses cours qu'il devait donner sur la place publique ! Son disciple Accurse (vers 1260) n'est pas moins fameux : selon une étymologie fantaisiste de son nom, il accourait pour arracher le droit aux ténèbres !

213 Comment le droit était-il arraché aux ténèbres ? Dans son cours, le professeur commençait par lire le texte à étudier. D'où le nom de « lectures » donné aux leçons. Il lisait avec lenteur pour permettre à ceux qui n'avaient pas les moyens de se procurer un manuscrit de copier le passage. Puis le professeur donnait un aperçu général sur le contenu du texte : la *summa*, une espèce de sommaire. Enfin venait l'explication détaillée du texte. Elle dégageait le cas d'espèce (n'oublions pas que le droit romain, objet du commentaire, était un droit casuistique). L'enseignement débouchait sur une synthèse, résumant les principes juridiques du texte par de brefs « brocards » (règles générales). L'essentiel de cet enseignement a été consigné par écrit sur les manuscrits mêmes

1. On connaît mal leurs devanciers, tel ce Pepo qu'Azon rapprochait de Tiberius Coruncanius. C'est Irnérius qui fait figure de véritable fondateur du courant glossateur.

des textes romains : ce sont les « gloses ». L'école des Glossateurs tire son nom de cette pratique.

Lorsque les gloses étaient courtes, elles étaient écrites entre les lignes des textes romains (gloses interlinéaires). Mais lorsqu'elles étaient longues, on les écrivait en marge des textes (gloses marginales). À la suite de la glose était souvent inscrit un sigle permettant d'identifier son auteur : Pla. pour Placentin, Az. pour Azon, Ac. pour Accurse etc. Avec le temps, les gloses se sont accumulées au point qu'il a fallu opérer une sélection. Elle fut l'œuvre d'Accurse. De toutes les gloses, il a retenu l'essentiel (quelque 100 000 gloses, dont les siennes) dans un ouvrage achevé vers 1230, la « Grande Glose ». Son autorité fut considérable. On mesure le travail accompli par les Glossateurs en considérant les manuscrits, puis, après la naissance de l'imprimerie, les éditions de la Grande Glose. Sur une page de format *in folio*, le texte romain est placé au centre, sur deux colonnes étroites. Il occupe un espace à peine supérieur à celui d'une carte à jouer. Au-dessus, au-dessous, sur les côtés, figurent les gloses en petits caractères, et encore sont-elles truffées d'abréviations pour prendre moins de place.

2. Les canonistes

214 Comme la compilation de Justinien, le Décret de Gratien fait l'objet d'une étude et d'un enseignement. Comme le droit romain et avec les méthodes éprouvées par les Glossateurs. Des juristes lisent et glosent le Décret : ce sont les Décrétistes. La renaissance du vocabulaire romain permet aux canonistes de mieux comprendre le sens des termes romains qui figurent dans les textes canoniques. La technique du droit romain est mise au service du droit canonique. Là encore, l'école de Bologne prédomine, où Huguccio de Pise († 1210) devient un maître incontesté. Jean le Teutonique, qui fut élève d'Azon, compose vers 1215 une glose bientôt reconnue comme glose ordinaire du Décret (comparable à celle d'Accurse pour le droit romain). Après la promulgation du *Liber extra*, les canonistes, sans abandonner le Décret, se consacrent également au commentaire des décrétales. Aussi les appelle-t-on les Décrétalistes. Parmi les plus grands, mentionnons

Sinibaldus Fieschi († 1254) qui prendra le nom d'Innocent IV en montant sur le trône pontifical et Henri de Suse († 1271), dit « Hostiensis » car il était cardinal d'Ostie.

B. Essor de l'interprétation rationnelle

215 Appliquer les textes à la pratique supposait la mise en œuvre d'un raisonnement. Le droit romain en fournissait le modèle. Mais la science du droit médiévale fera de l'interprétation rationnelle un outil de virtuose, permettant de prendre une grande liberté avec les textes. Pour les romanistes, la question de l'interprétation était essentielle car leur discipline se fondait sur un champ clos de textes vieux de centaines d'années. De textes parfois contradictoires quand, d'âges différents, ils traduisaient des stades différents de l'évolution du droit ou quand ils reflétaient des controverses doctrinales [1]. Il leur fallait résoudre ces contradictions car on postulait alors l'harmonie interne des compilations de Justinien. Les Glossateurs s'y sont efforcés et leur méthode a été reprise par Gratien pour concilier les anciens textes canoniques. Les Glossateurs entreprennent également d'établir un lien entre le droit de Justinien et l'univers de leur temps. Et l'interprétation des textes donne lieu à des divergences doctrinales. Les controverses entre Bulgarus et Martinus sont restées fameuses [2].

Pour les canonistes, les problèmes d'interprétation ne se posaient pas avec la même acuité. D'abord l'essentiel du travail de conciliation entre les textes anciens avait été accompli par Gratien. Ensuite la législation pontificale produisait des textes récents pour combler les lacunes. Enfin ils pouvaient obtenir du Pape une interprétation authentique. Nonobstant de réels

1. Ajoutons que le Code de Justinien n'a pas bénéficié d'un manuscrit de référence tel que la Florentine pour le Digeste : les Glossateurs ont parfois délibérément choisi entre différentes versions transmises pour une même constitution. Sur ce point, A. Lefebvre-Teillard, « "*Si adversus delictum suum*". Une illustration des problèmes soulevés par la transmission manuscrite du Code de Justinien », *Rivista internazionale di diritto comune*, 19, 2008, p. 9-39.

2. L'une d'elles portait sur le sort de la dot au cas où la femme mourait avant son mari et sans enfant. Bulgarus enseignait qu'elle devait revenir au père de la femme ; Martinus enseignait, au contraire, qu'elle demeurait acquise au mari. On raconte que lorsque Bulgarus, sans enfant, devint veuf, son beau-père alla consulter Martinus lequel répondit : « Pour tout autre, la dot serait acquise au mari, mais Bulgarus doit vous la rendre, puisque c'est sa doctrine ». Sa probité scientifique coûta cher à Bulgarus qui rendit la dot.

apports [1], la doctrine canonique s'inspira largement des techniques développées par les romanistes.

216 Dans la seconde moitié du XIIIe siècle, on accentue résolument l'orientation du droit romain vers des fins pratiques. L'interprétation acquiert une extraordinaire vitalité. Elle est servie par un renouvellement des méthodes adopté par toutes les disciplines intellectuelles. L'outil réside dans la dialectique d'Aristote. L'impulsion première vient des théologiens, bientôt suivis par les autres savants. Chez les romanistes, le ton est donné, cette fois, par l'université d'Orléans où prend naissance une nouvelle école, celle des « Commentateurs » (encore appelés Post-glossateurs). De grands noms se détachent, comme Jacques de Révigny (vers 1235-1296) et Pierre de Belleperche (vers 1250-1308). L'argumentation s'affine. On prend une plus grande indépendance à l'égard des textes, *Corpus iuris civilis* ou Glose. Sans rompre avec l'analyse textuelle, on accorde une importance accrue à la casuistique. Cette méthode est importée à Bologne par un élève de Révigny, Cinus de Pistoie (vers 1270-1336). Grâce à elle, l'Italie redevient le centre des études juridiques aux XIVe et XVe siècles. Ses plus grands professeurs ont été un élève de Cinus, Bartole (1357), et le disciple de Bartole, Balde (1400). La méthode orléanaise, reprise et développée, se transforme en *mos italicus*.

Pour appliquer l'antique droit romain à la vie juridique de leur époque, les Commentateurs exploitent toutes les ressources du raisonnement. Les règles, les principes qu'ils dégagent n'ont parfois qu'un rapport ténu avec les textes sur lesquels ils s'appuient. On invente des cas tarabiscotés, presque insolubles. On élève des objections, que l'on essaie de combattre avec de nouveaux arguments. Les discussions peuvent être interminables. Une pièce maîtresse de la pédagogie, puis de la littérature romaniste consiste dans la « question disputée », véritable combat intellectuel où se discute un point précis. Les disputes donnent à l'enseignement des vertus très pratiques. Ces débats qui opposent un maître et un élève ou deux maîtres entre eux, préparent aux débats judiciaires.

1. Par exemple, l'équité canonique impliquait une interprétation plutôt bienveillante des textes.

Le sujet de la controverse est d'ailleurs souvent emprunté à la pratique judiciaire. Les étudiants sont également invités à des « répétitions » où ils font le commentaire exhaustif d'un texte en l'axant sur la pratique.

217 Avec la science médiévale, le droit romain commence une seconde existence. Les savants ne veulent pas faire œuvre d'érudition et décrire un droit mort. Ils veulent le faire revivre. D'ailleurs ils ne se bornent pas simplement à reprendre les solutions romaines. Une nouvelle interprétation peut engendrer des conséquences pratiques auxquelles les Romains n'avaient pas pensé. Sur des fondations romaines, en alliant le « malentendu créatif » et une grande audace, les juristes médiévaux ont fréquemment bâti un édifice original. Cette reviviscence ne s'est pas produite sans une transformation des mots et des textes. Le sens des termes est refondu, les catégories romaines sont forcées, les textes détournés pour répondre aux besoins nouveaux. Une simple incise peut être exploitée pour justifier des conclusions étrangères à son contexte. Le droit de Justinien a été transformé d'un ensemble de normes en vigueur à un ensemble de principes rationnels, interprétés et ordonnés.

En somme, toute question juridique peut être résolue à partir d'un seul recueil de lois grâce à l'interprétation. Les méthodes mises au point par les juristes médiévaux leur survivront. Elles seront adoptées par la science juridique des XIXe et XXe siècles après le passage aux codifications.

C. La formation d'un *ius commune*

218 Au XIIe siècle, le droit romain et le droit canonique n'étaient pas sur le même plan. Le premier était un donné, le second était en train de se construire. Au XIIIe siècle, le droit canonique a accompli des progrès décisifs et, à son tour, il va influencer les romanistes qui jusqu'alors l'ignoraient passablement. L'école d'Orléans a joué un rôle clé : ses principaux représentants appartiennent au clergé (J. de Révigny a été évêque de Verdun, P. de Belleperche évêque d'Auxerre). Dans le même temps s'intensifie l'intérêt des savants pour les questions d'actualité et l'Église avait pris de l'avance dans

ce domaine. Enfin l'effondrement de la puissance impériale après la mort, en 1250, de Frédéric II favorise la diffusion des échanges entre l'un et l'autre droits. Ils s'enrichissent mutuellement. Le droit canonique sera un agent essentiel dans l'orientation du droit romain vers des fins pratiques. Les deux droits s'entremêlent en se complétant. La pénétration des sources canoniques s'intensifie avec Bartole et plus encore avec Balde. On souligne les parallèles entre les deux droits, on suscite leur complémentarité.

219 À partir de catégories romaines, les Commentateurs posent la distinction entre *ius commune*, droit commun, cosmopolite et savant de tout l'Occident, et *ius proprium*, droit propre ou particulier à un pays, une région, une ville. Pour l'essentiel, le *ius commune* repose sur les compilations de Justinien et les interprétations doctrinales auxquelles elles ont donné lieu. Mais les romanistes se sont employés à l'enrichir par des éléments empruntés à leur temps : ils puisent non seulement dans le droit canonique, mais aussi dans le droit lombard, le droit féodal, le droit coutumier, le droit statutaire. Le *ius commune* n'en est pas moins d'essence romaniste car son instrument par excellence est le droit romain, interprété par les docteurs. Le droit romain est considéré comme la *ratio scripta*, la raison juridique écrite. Sa méthodologie et ses principes sont appliqués aux autres sources du droit, pour les étudier scientifiquement et pour assurer une certaine cohérence à l'ensemble. En voici un exemple à propos du droit féodal. Au XIIe siècle, et encore à Bologne, les romanistes avaient intégré à leur enseignement les *Libri feudorum*, un ensemble de textes disparates traitant du droit féodal. Glosé et commenté par la doctrine romaniste, le droit féodal gagne en précision. Ainsi définit-on les droits respectifs du seigneur et du vassal sur le fief. En s'appuyant sur une distinction romaine concernant les actions, Pillius distingue le domaine « direct » qui revient au seigneur, et le domaine « utile » du vassal, qui lui donne un simple droit de jouissance sur son fief.

220 Le droit savant commun a vocation à suppléer aux lacunes des autres droits. Son application réelle, à titre subsidiaire des lois nationales et des coutumes locales, connaît de très grandes différences selon les pays et les régions. Mais sa science s'étend, grâce aux universités, à l'Europe entière. L'Angleterre n'y échappe pas. Les droits savants sont enseignés à Oxford et à Cambridge et les Anglais sauront en tirer parti pour construire leur propre *Common Law*. À l'échelle de l'Europe continentale, cet instrument a constitué un facteur d'unification d'une tout autre ampleur. À la différence de l'Angleterre, les principaux juristes sont tous des produits de l'Université. Cette communauté de pensée juridique a structuré les différents droits positifs autour d'une même épine dorsale.

De nos jours, l'intérêt porté au *ius commune* est ravivé. D'abord en raison de la construction européenne : on se demande si on peut obtenir une harmonisation juridique au sein de l'Union européenne en renouant avec la méthode des juristes médiévaux. Ensuite en raison de l'hypertrophie normative qui frappe le droit au sein d'un même pays : on s'interroge sur les moyens de faire fonctionner ensemble les différentes disciplines juridiques de plus en plus autarciques [1].

§ 2. La systématisation du droit

221 À Rome, nous l'avons vu, la première tentative de systématisation du droit était venue des professeurs qui composaient des manuels pour les étudiants. Cette tendance s'accentue fortement avec les droits savants, construits par des professeurs précisément. Seuls à assurer la formation intellectuelle des juristes, ils ouvrent une page décisive dans l'histoire du droit de l'Europe continentale. Profondément influencé par l'enseignement universitaire, ce droit se caractérisera par le goût des classifications, l'emploi de notions abstraites et la formulation de règles générales. Ce mouvement se poursuivra au-delà du Moyen Âge et s'achèvera avec la codification, c'est-à-dire lorsque, dans chaque pays, le système recevra une harmonisation par voie d'autorité. Mais les bases essentielles

1. Sur cette question, M.-F. Renoux-Zagamé, « La méthode du droit commun : réflexions sur la logique des droits non codifiés », *Revue d'histoire des facultés de droit et de la science juridique*, 10-11, 1990, p. 133-152 et « Le droit commun européen entre histoire et raison », *Droits*, 14, 1991, p. 27-37. R. Knütel, « L'unité du droit en Europe et le droit romain », *Revue d'histoire des facultés de droit et de la science juridique*, 19, 1998, p. 125-165.

en sont déjà posées : esprit de classification (**A**), perfectionnement des notions abstraites (**B**) et théorie des sources du droit (**C**).

A. L'esprit de classification

222 « Qui distingue bien, enseigne bien ». Forts de cette conviction, les professeurs divisent et subdivisent afin de préciser le sens d'un terme [1], d'un fait, d'une règle, d'une relation juridique [2]. Ainsi analyse-t-on les différences susceptibles d'y être contenues. Aux étudiants, on fournit des listes mettant l'accent sur les oppositions : général/spécial, public/privé, meuble/immeuble, paternel/maternel, etc. Voilà d'où nous vient la préférence, jamais démentie par la suite, des facultés de droit pour le fameux plan en deux parties. La présentation binaire a le mérite de la clarté et s'y astreindre est une école de rigueur.

À partir de distinctions successives, les juristes établissent des classifications. Pour figurer une classification, ils ont recours à la représentation de l'arbre : son tronc est divisé en branches, elles-mêmes subdivisées en sous-branches, etc. C'est la procédure qui donne matière aux arbres les plus touffus, les *Arbores actionum*. Ces « arbres des actions en justice » méritent d'ailleurs une attention particulière. La matière procédurale est en effet isolée et cela a produit des effets durables sur le droit de l'Europe continentale qui séparera les règles de fond des règles de procédure.

Les distinctions facilitent ensuite la systématisation. Ainsi fournissent-elles les lignes de force des commentaires juridiques. Des commentaires qui, partis de petits traités avec les Glossateurs, deviennent de plus en plus copieux avec les Commentateurs (d'où leur nom). Destinées à l'enseignement, des Sommes plus ou moins étendues résument systématiquement une matière.

---

1. La glose avait permis de fixer un vocabulaire jusqu'alors imprécis. Aux XIIIe et XIVe siècles, on en tire des dictionnaires de droit. L'un des premiers apparaît sous la plume de Jacques de Révigny. Celui du canoniste Albéric de Rosate, composé vers 1335, connaît un vif succès.

2. La dissection sera parfois poussée jusqu'à l'absurde dans les exercices d'école auxquels s'addonneront les disciples de Bartole. La France est d'ailleurs restée un peu à l'écart de ces extravagances.

B. Le perfectionnement des notions abstraites

223 Les juristes romains, pragmatiques, avaient manifesté une certaine méfiance à l'égard des théories générales. Il appartiendra à leurs successeurs de perfectionner des notions que les Romains n'avaient pas complètement dégagées, comme la personnalité morale (**1**) ou la représentation parfaite (**2**).

1. La personnalité morale

224 Le droit romain rendait par l'expression « *corpus habere* » le régime juridique dont jouissait un groupement auquel étaient accordés des droits qui appartenaient normalement aux seuls citoyens : posséder un patrimoine, ester en justice, droit de s'obliger (passer un contrat). Ce régime juridique était accordé, par exemple, à des cités, à certaines sociétés, aux églises chrétiennes. À ce type d'ensemble, distinct des membres qui le composent, on donnait le nom d'« *universitas* ». Sans dégager de théorie de la personnalité morale, le droit romain contenait déjà les éléments qui s'en rapprochaient. La théorie sera l'œuvre de la doctrine savante médiévale. Elle débute à partir d'une minuscule circonstance, le cas-limite d'un monastère abandonné de tous ses moines : que deviennent ses biens ? Pour éviter que les biens échoient à un seigneur ou au fisc du pape, il fallait assurer l'identité de la communauté disparue, mais qui pourrait un jour être rétablie. Plus tard, Sinibaldus Fieschi (devenu pape sous le nom d'Innocent IV en 1243) est le premier à employer le mot *persona* pour qualifier une institution de ce type. La construction est approfondie par les romanistes orléanais (J. de Révigny et P. de Belleperche), puis italiens. Bartole parle, pour la première fois, de « personne fictive ». « Une personne qui n'est pas vraie, qui est imaginaire » disent les canonistes (décrétale de Jean XXII), une fiction juridique. Voilà un formidable instrument que cette notion, d'abord exploitée au profit des villes renaissantes et de l'État, ou encore des universités au sens actuel du terme.

2. La représentation parfaite

225 La représentation est un procédé juridique grâce auquel une personne peut agir pour le compte et au nom d'une autre personne en sorte que les effets d'un acte passé par le représentant se pro-

duisent directement sur la tête du représenté comme si celui-ci avait personnellement passé l'acte. Le représentant ne joue qu'un rôle d'intermédiaire, il n'est pas personnellement partie à l'acte, il n'en subit pas les effets. C'est ce que l'on appelle la représentation parfaite. Le droit romain ne l'a pas complètement ignorée, mais ce sont les savants médiévaux qui l'ont consacrée. Martinus et ses disciples en révèlent toutes les possibilités techniques ; les canonistes en formulent le principe. Il trouve son expression la plus complète dans le légat pontifical qualifié de légat *a latere*. La représentation, idée abstraite, est d'ailleurs illustrée de façon matérielle pour ce véritable *alter ego* du pape : son habillement, le cérémonial dont il est entouré et jusqu'au menu qui lui est servi, rien n'est négligé pour manifester qu'il représente le pape. Ce procédé juridique connaîtra ensuite un vaste rayonnement tant en droit public qu'en droit privé.

C. La théorie des sources du droit

226 Cette théorie prend racine dans la nécessité de définir la place à accorder, vis-à-vis des lois romaines, aux autres formes de droit. La réflexion s'appuie sur les passages des compilations de Justinien qui traitent des rapports entre la *lex* et la *consuetudo* (coutume). Raisonnant dans ce cadre, le terme de *lex* est réservé à la loi romaine et celui de *consuetudo* s'entend comme tout autre autre forme de disposition normative. Ce débat engendre une théorie générale des sources du droit portant sur la loi (**1**), la coutume (**2**) la place du juge (**3**) et réglant les conflits entre droit commun et droits propres (**4**).

1. L'exaltation de la loi

227 À une époque où la loi avait quasiment disparu, comment ne pas être frappé de la place prépondérante qu'elle occupait dans les compilations de Justinien ? Les professeurs de droit romain s'appelleront d'ailleurs « professeurs des lois », « docteurs des lois ». La primauté de la loi parmi les sources du droit ne peut qu'être confirmée par la supériorité des lois romaines sur le droit positif du XIe siècle. Mieux : la loi peut créer délibérément du droit. Elle apparaît comme l'instrument par excellence de la transformation de la société par le droit.

Mais qui fait la loi ? Les compilations du Bas-Empire romain la présentent comme l'œuvre du Prince. Ce modèle du prince législateur suprême sera fécond dans l'Occident médiéval. L'Église y reconnaît le Pape dont l'activité législative s'exerce dans la production croissante des décrétales. Mais dès les Glossateurs, l'empereur germanique se voit, en tant qu'héritier de l'empereur romain, crédité du même pouvoir. Bientôt les rois et les princes le revendiqueront également pour eux-mêmes. Ce droit, pourtant, ne présentait d'intérêt que dans la mesure où les législations princières pouvaient déroger aux *leges* par excellence, c'est-à-dire au droit romain. On l'affirma au moyen de la théorie de la coutume.

2. La coutume

228 La coutume avait pénétré l'ordre juridique romain, nous l'avons vu, par le biais des droits provinciaux. Certains juristes romains s'y étaient alors intéressés, recherchant, notamment, le fondement de son autorité. Plusieurs éléments avaient été sollicités : la permanence et l'ancienneté, la volonté du peuple, le caractère naturel ou raisonnable. Au Bas-Empire, l'empereur lui-même reconnaît officiellement la coutume dans ses constitutions. Il s'agit de récupérer une source du droit jusqu'alors totalement indépendante. C'est le législateur qui, en reconnaissant la coutume, lui donne sa force obligatoire.

Cette réflexion sur la coutume est reprise et affinée par les juristes médiévaux. Chez les Glossateurs, la coutume (*consuetudo*) est encore mal distinguée de l'usage (*usus*). Martinus s'attache surtout à opposer la coutume au droit écrit. Son rival Bulgarus admet qu'elle puisse déroger à la loi (romaine). Cet enseignement trouvera des oreilles particulièrement attentives chez les juristes anglais, occupés à promouvoir leurs sources nationales. Avec Jacques de Révigny, la distinction est clairement posée : la coutume relève du droit, l'usage relève du fait. L'oralité cesse d'être un critère distinctif de la coutume. Pierre de Belleperche, puis Bartole insistent sur son élément subjectif, le consentement du peuple, au moins tacite. On précise également la durée nécessaire pour qu'un usage se transforme en coutume : le délai requis est plus ou moins long (de 10 à 40 ans) selon que la coutume est conforme à la loi (romaine), inconnue de celle-ci, voire contraire à la loi. Enfin, la coutume doit être raisonnable. Elle ne l'est pas, par exemple, quand elle a été introduite par une erreur initiale car cette erreur est incompatible avec le consentement requis. En revanche, une coutume peut être préférée à la loi si elle a été introduite en toute connaissance de cause, « par une science certaine » dit-on au Moyen Âge. Qui décide qu'une coutume est bonne ou mauvaise ? Le juge, mais aussi l'autorité publique. Avec les canonistes apparaît, au XIIIe siècle, une innovation essentielle, l'assentiment du législateur (le pape), qui peut être exprès ou tacite.

C'est en exploitant subtilement la théorie de la coutume contraire à la loi que l'on a justifié le droit royal de légiférer en dérogeant au droit romain. Comme les autres formes de droit étrangères à la *lex* romaine, un acte royal s'inscrivait dans la catégorie de la *consuetudo*. Il lui était possible de déroger à la *lex* si son auteur agissait « par une science certaine ».

3. La place du juge

229 La doctrine des romanistes fait une large place au juge car c'est lui qui est présumé exprimer la volonté populaire, ce consentement nécessaire à l'existence d'une coutume. La décision judiciaire exprime le consentement populaire, qui est prouvé par le silence de l'assistance lorsque la sentence est rendue. Avec Bartole, le juge acquiert quasiment le monopole de la reconnaissance de la coutume. Les Anglais sauront exploiter cette doctrine pour construire le *Common Law*.

4. Les conflits entre droit commun et droits propres

230 Les docteurs italiens ont vite été confrontés à des conflits de normes entre le droit commun et les statuts des villes italiennes. Aussi ont-ils élaboré une théorie pour les résoudre. Les statuts auxquels sont assimilées les coutumes constituent des droits propres. Le droit commun est supérieur et il est d'application générale. Mais le droit propre, nous l'avons vu, peut déroger au droit commun. En ce cas, les statuts doivent être interprétés de

façon restrictive. En principe, on ne peut en étendre l'application par analogie.

§ 3. La distinction entre droit public et droit privé

231 Le goût de la division en deux parties a conduit les juristes médiévaux à scinder le droit en deux catégories suprêmes, droit public et droit privé, les opposant l'une à l'autre de façon beaucoup plus tranchée que ne l'avaient fait les Romains (**A**). Moins académique qu'il n'y paraît, cette division s'est accompagnée de la promotion du droit public (**B**).

A. La division théorique

L'intérêt et les moyens de cette division donnent lieu à de vifs débats qui préfigurent les hésitations et les refus auxquels nous assistons aujourd'hui (**1**). Mais si le principe est posé, il ne fait pas obstacle au maintien d'une vision unitaire du droit (**2**).

1. L'intérêt et les moyens de la division

Pourquoi décomposer le droit ? Il ne s'agit pas pour nos professeurs médiévaux d'un pur intérêt scientifique, ni d'une simple commodité pédagogique. Il s'agit de résoudre des problèmes concrets : assurer le caractère incessible des droits définis comme « publics », dénouer certaines difficultés juridiques nées de la contradiction entre les intérêts privés et le bien public. Mais comment décomposer le droit tout en préservant son unité fondamentale ? Pour procéder au partage, la doctrine tant romaniste que canonique s'évertue à trouver un critère de distinction. Elle prend bien conscience qu'un critère absolu (comme l'objet de la règle ou sa source) relève de l'artifice et finit par s'orienter vers un jeu souple de critères relatifs. Le critère essentiel est tiré de la finalité des règles : c'est la notion d'utilité publique qui distingue le droit public et cette notion doit constituer le but principal de la règle en discussion.

2. La relativité de la division

Le critère adopté pour distinguer droit privé et droit public montre bien que les juristes médiévaux ont conscience du caractère relatif de la division du droit. Elle ne fait pas obstacle à une approche globale, unitaire du droit. Cette unité est induite par la source qu'exploitent les savants : le *Corpus iuris civilis* forme un tout qui contient l'expression même du droit, la raison juridique écrite. Pour l'adapter aux exigences nouvelles, les mêmes méthodes d'interprétation sont employées, qu'il s'agisse de droit privé ou de droit public. Mieux, les mêmes textes peuvent indifféremment servir les deux branches du droit. En effet, pour construire un droit public adapté à leur temps, les juristes médiévaux ne se sont pas bornés à reprendre et à interpréter les règles de droit public romain. Ils ont également cherché dans les techniques du droit privé romain de quoi résoudre certains problèmes d'administration ou de gouvernement, voire de quoi légitimer des aspirations parfaitement étrangères aux règles des Compilations. L'objet initial d'une règle importait peu si le texte pouvait servir d'argument.

B. La promotion du droit public

232 Il n'est pas étonnant que le droit public ait fait l'objet d'une attention particulière. C'est précisément à l'occasion d'un conflit entre deux puissances politiques, la Papauté et le Saint Empire, que le droit romain a été réutilisé. Mais le droit romain est vite venu appuyer des causes différentes (**1**). Pour construire le droit public, la doctrine médiévale a fait appel à divers matériaux, y compris au droit privé romain (**2**).

1. Le droit romain au service de causes différentes

233 Qu'a-t-on retrouvé dans les compilations de Justinien ? En premier lieu, un modèle institutionnel, celui d'un *Princeps* détenteur de tous les pouvoirs, entouré d'une administration centralisée. De ce modèle, les juristes médiévaux ont fait profiter les puissances centralisatrices (**a**). Mais le droit romain n'a pas servi leurs seuls intérêts. Les adversaires de la centralisation (**b**) et l'autonomie des villes (**c**) en ont également tiré parti.

a. Les puissances centralisatrices

L'empereur germanique et le pape, bientôt suivis par des rois qui revendiquent leur indépendance, sont assimilés au *Princeps* et trouvent dans le droit romain les moyens juridiques de développer leur intervention.

234 **Le Saint Empire.** Irnérius, déjà, conseille l'empereur Henri V. En 1158, les quatre docteurs, ses élèves, accompagnent Frédéric Ier Barberousse quand il se rend à Roncaglia dans la plaine du Pô, pour s'assurer le contrôle des cités-États de Lombardie. Les prétentions impériales à la « maîtrise du monde » sont étayées par le droit romain, et les docteurs dressent la liste des droits régaliens, en grande partie usurpés, qui doivent lui faire retour. Mais c'est surtout contre les prétentions pontificales que les premiers Glossateurs utilisent le droit romain. En réponse à la théocratie pontificale, ils y puisent une nouvelle façon de concevoir l'institution impériale. Le modèle biblique, sans disparaître, est doublé du modèle romain. Et ce modèle est d'abord celui d'un Prince législateur. Pour fonder la souveraineté législative de l'empereur germanique, les formules du *Corpus iuris civilis* sont exhumées. Celle d'Ulpien au Digeste « ce qui a plu au Prince a force de loi ». Celle de Justinien qui, dans une de ses Novelles, dit de l'empereur qu'il est la « loi animée ». On exploite une incise du Code pour affirmer que le Prince contient « tout le droit dans l'archive de sa poitrine ».

235 **La Papauté.** À leur tour, les canonistes s'emparent du modèle romain, revisité par les Glossateurs. Comme l'empereur avant lui, le pape est déclaré « loi animée » ; comme lui, il porte « tout le droit dans l'archive de sa poitrine ». Mieux, pour mettre en œuvre la réforme grégorienne, le Saint-Siège imite toute la structure de l'Empire romain : son administration centralisée qui permet au pape d'atteindre tous les fidèles par le biais de représentants superposés et, dans l'organisation judiciaire, l'appel hiérarchique qui permet de faire monter vers le pape les recours de tous les fidèles. La principale juridiction ecclésiastique est celle de l'évêque dans son diocèse. Elle est assurée par son délégué, un clerc appelé « official », d'où le nom d'« officialité » donné à cette juridiction. La création des officialités marque un tournant capital. On y expérimente une nouvelle procédure inspirée de la procédure

extraordinaire de l'empire romain. Cette procédure dite romano-canonique est dirigée par un juge unique. Elle élimine le système des preuves irrationnelles et restaure les preuves romaines, rationnelles (qui seront organisées en un système rigide de preuves hiérarchisées). Adoptée dans le dernier quart du XIIe siècle, cette procédure a un effet très stimulant. En séparant preuve du fait et règle juridique, elle permet le perfectionnement du droit. Mais ce procès savant suppose le savoir des juges et il ouvre au droit romain la porte des tribunaux.

Un autre apport essentiel du droit canonique pour le développement du droit public tient à la désignation des titulaires de l'autorité. L'essentiel de nos techniques électorales a été progressivement dégagé pour l'élection du pape, des évêques et des abbés, avant de passer dans le droit séculier.

236 **Les États monarchiques naissants.** En Angleterre, en France, en Espagne, s'affirment des royaumes qui se veulent indépendants de l'Empire. De même que le pape soutient les villes lombardes qui assuraient un écran territorial entre l'État pontifical et l'Empire, de même les canonistes profitent de la mort de Frédéric Barberousse pour reconnaître les monarchies naissantes et faire reculer la zone d'influence impériale au profit du pape. Appuyés par la doctrine civiliste qui justifie le droit royal de légiférer, les canonistes placent les rois sur un pied d'égalité avec l'empereur, tous soumis d'ailleurs à l'autorité du pape. Cette réflexion est essentielle dans la genèse des jeunes États. Dans un cadre territorial déterminé et autonome, un roi détient les mêmes prérogatives que le *Princeps* romain : juger, légiférer, imposer.

Il reste à ces États naissants à organiser leur souveraineté territoriale. Si l'Angleterre suit une voie originale, les monarchies espagnoles et française trouvent dans le droit romain les instruments nécessaires pour construire leur État sur d'autres bases que les bases féodales. L'avance prise par l'Église en ce domaine pèsera lourd. Le droit pontifical a déjà adapté le droit romain aux exigences contemporaines de renouvellement politique et juridique. L'organisation centralisée de l'Église, sa justice et sa procédure serviront de modèles pour la modernisation de l'administration et des tribunaux laïques.

b. Les adversaires de la centralisation

237 Il ne faut pas croire que le droit romain a seulement servi la cause de l'autorité centrale. Les adversaires de la centralisation y puiseront également leurs arguments. Ainsi le Sacré Collège, c'est-à-dire le corps des cardinaux, se réclamera-t-il du Sénat romain pour demander un partage du pouvoir dans l'Église. C'est aussi sur le droit romain que se fondera la thèse de la primauté du concile sur le pape. Et les mêmes textes serviront d'appui aux institutions représentatives revendiquant un droit à la décision politique.

c. L'autonomie des villes

238 Les villes renaissantes font, elles aussi, appel aux romanistes pour soutenir leurs revendications. Déjà Placentin, glossateur favorable au mouvement d'autonomie communale, invective les quatre « misérables Bolonais » en leur reprochant leur action en faveur de l'empereur à Roncaglia. L'autonomie des villes tirera grandement parti, notamment, de la notion de personnalité morale. Mais bien d'autres éléments exhumés du *Corpus iuris civilis* sont exploités pour renforcer les prétentions des puissantes cités. Bologne, bien placée dans l'étude du droit romain, devient au XIIIe siècle un foyer d'opposition à l'empereur germanique, à ce point que Frédéric II crée à Naples une université favorable à sa cause, où le *Corpus* doit être interprété « plus justement ».

2. La construction du droit public

239 Les juristes romains, nous l'avons vu, n'avaient pas construit scientifiquement le droit public dans son ensemble. Quelques branches, cependant, avaient mobilisé leur activité, comme le droit criminel, le droit fiscal ou celui des fonctions publiques. Les juristes médiévaux, tant romanistes que canonistes, s'emparent de cette mine de références. À partir d'elles, s'élabore une doctrine dont la portée sera immense : un droit pénal savant, commun, s'acclimate en France, en Allemagne, en Italie, en Espagne ; les droits du fisc légitiment la levée de subsides et ses privilèges sont consacrés ; un véritable cadre juridique est donné aux biens de l'administration, à ses agents et à leurs actes.

240 Mais, pour construire un droit public, la doctrine médiévale fait feu de tout bois. Elle exploite également les ressources du droit

privé romain. Un exemple significatif réside dans le parti qu'elle tire de la tutelle des mineurs. Les villes sont assimilées à des mineurs et cela justifiera certaines prérogatives exercées sur elles par le pouvoir, un pouvoir « de tutelle ». Ainsi les villes passeront-elles sous contrôle royal. Encore au registre de la tutelle, figure dans le Code de Justinien la disposition suivante : « ce qui concerne tous doit être approuvé par tous ». Cette règle concerne le conseil de tutelle : les actes d'administration qui affectent le patrimoine d'un mineur doivent être soumis à l'approbation de tous les tuteurs. Sorti de son contexte original, ce texte est détourné au profit des institutions représentatives et de leur participation à la décision. Au sein de l'Église, il est d'abord invoqué par un chapitre en lutte contre son évêque, puis par les conciles pour appuyer leurs prétentions à la souveraineté contre l'autorité pontificale. Il connaîtra une immense fortune, notamment en Angleterre au profit du Parlement. Le droit des contrats est également mis à contribution. Ainsi le contrat de mandat par lequel une personne, le mandant, en charge une autre, le mandataire, de faire quelque chose pour lui. Sa technique fournira des règles propres à assurer l'obéissance d'un inférieur à un supérieur dans une hiérarchie. L'inférieur doit exécuter les ordres du supérieur comme le mandataire du droit privé doit exécuter l'obligation résultant du contrat. La réflexion doctrinale sur le mandat a joué un rôle essentiel dans l'organisation de la justice déléguée et, plus généralement, dans l'avènement d'un droit de la fonction publique.

Section 2
Le royaume de France : entre droits savants et droit propre

241 À la fin du XIe siècle, l'arrêt des invasions a permis l'installation d'une paix relative, la population s'est considérablement accrue, la première croisade fait reculer l'Islam et la Méditerranée s'ouvre

aux Chrétiens. S'esquisse un renouveau de l'économie qui s'amplifiera au siècle suivant. Tous les secteurs de la vie économique en bénéficient : agriculture, artisanat, commerce. Une économie d'échanges succède à l'économie fermée du Haut Moyen Âge. Pour mieux écouler leurs produits, les marchands recherchent des lieux fixes. Les villes sortent alors de leur léthargie. Cet essor économique engendre de nouvelles exigences sociales, incompatibles avec le cloisonnement seigneurial. Les humbles doivent pouvoir aller et venir plus librement. Les puissants doivent les protéger bien au-delà des alentours du château. Ces besoins nouveaux font surgir la nécessité d'un cadre juridique. Le droit doit prévaloir sur la force. Il faut sortir du flou juridique qui avait caractérisé le XIe siècle (SOUS-SECTION 1).

242 Les **droits savants** ont pris une part active dans le renouveau de la vie juridique. Si les universités ont joué un rôle essentiel, ce n'est pas seulement grâce aux travaux savants des professeurs, c'est aussi et surtout grâce aux fonctions que professeurs et élèves ont occupées. Le roi a, dès les débuts du XIIIe siècle, appelé un nombre croissant de légistes à son conseil. Ceux-ci ont, à leur tour, choisi leurs auxiliaires dans le milieu dont ils étaient issus. Le développement de la justice royale a assuré la promotion des juristes. Mais les grands féodaux et les villes émancipées se sont, eux aussi, attaché les services d'hommes rompus aux techniques des droits savants. Enfin, la pratique notariale a pesé d'un poids considérable : en dressant leurs actes, les notaires y ont introduit la terminologie et les catégories romaines dans lesquelles ont été coulées les institutions coutumières.

L'application du droit romain n'a pas été sans soulever un problème de nature politique. Pas question de laisser supposer la moindre dépendance à l'égard du Saint Empire qui se présentait comme le successeur de l'empire romain. Aussi soulignera-t-on que le droit romain est appliqué en vertu de la coutume (dans le Midi) ou par permission royale. Les docteurs italiens eux-mêmes avaient dû en prendre acte et élaborer une justification de l'emploi du droit romain en France : il y est utilisé non par obligation, mais au nom de la seule raison.

Dans certains domaines, le droit savant ira jusqu'à se substituer aux règles anciennes. Ainsi s'imposera-t-il en matière de procédure et très largement dans le droit des contrats où le formalisme régressera au profit de la technique romaine et du consensualisme appuyé par le droit canonique. Malédictions et clauses pénales disparaîtront des actes. La pénétration du droit romain a été progressive et inégale, plus importante, quant au fond du droit, dans le Midi que dans le Nord. Mais elle a influencé même les institutions qui lui étaient le plus étrangères. Le droit s'est adapté, précisé, affiné, enrichi grâce à l'appui technique du droit romain, parfois pour mieux lui résister. Le droit romain a en effet servi la cause des « **droits propres** » en permettant à leurs sources de s'affirmer. La coutume a été promue en tant que source du droit capable de rivaliser avec le droit des compilations. Et le modèle du Prince législateur a appuyé la renaissance de la législation royale (SOUS-SECTION 2).

243 Enfin, l'influence des droits savants a été décisive pour le pouvoir et ses institutions auxquels il a fourni une armature juridique. Au XIe siècle, le roi est un seigneur territorial plutôt moins puissant que d'autres princes tel le duc de Normandie. Le Capétien possède une principauté située entre Senlis et Orléans, héritée de la maison robertienne. Non seulement ce domaine royal est exigu, mais maintes enclaves seigneuriales font, en son sein même, écran à l'autorité du roi. Au XIIe siècle, la royauté sort de sa torpeur et entreprend la reconquête de son autorité. Dans cette marche, les droits savants s'avèrent éminemment profitables. Formés dans les universités, les légistes royaux exploitent le droit romain pour justifier la souveraineté royale. « Le roi est *princeps* en son royaume », proclame Jean de Blanot dès le milieu du XIIIe siècle. Assimilé à l'empereur romain, le roi se voit reconnaître les mêmes prérogatives. Fort de ce support juridique, il affirmera sa souveraineté dans l'ordre interne, mais aussi dans l'ordre externe en revendiquant son indépendance à l'égard de l'empereur germanique et du pape. À ce roi souverain, pourtant, s'imposent des règles coutumières qui engendrent la naissance d'un droit spécial pour la Couronne et préfigurent un véritable ordre constitutionnel (SOUS-SECTION 3).

SOUS-SECTION 1
SORTIR DU FLOU JURIDIQUE

244 Sortir du flou juridique est une aspiration générale qui s'affirme dans les milieux les plus divers. Ce phénomène atteint aussi bien les rapports de pouvoir que le droit privé, d'autant moins dissociés que la puissance publique fait l'objet d'une appropriation privée. L'attente est si pressante au XIIe siècle que l'on ne se soucie guère encore de savoir qui peut dire le droit ou le constater et cela se traduit par l'invasion des règles écrites (**§ 1**). Au siècle suivant, le roi capétien exploite les possibilités ouvertes par les droits savants pour réformer sa justice. Alors sont mises en place les conditions nécessaires à une véritable jurisprudence (**§ 2**).

§ 1. L'invasion des règles écrites

245 Au XIIe siècle, on assiste à la renaissance de l'écrit. Sur parchemin d'abord, qui restera longtemps le support des actes de l'autorité. Puis la diffusion du papier [1] mettra à la disposition de tous un support beaucoup moins coûteux. L'écriture permet de fixer le droit et donc d'en finir avec l'arbitraire. C'est d'abord, en liaison étroite avec le développement des activités économiques et le renouveau urbain, à l'encontre des seigneurs que s'affirme la nécessité de formuler des règles écrites. Il s'agit de régler les rapports verticaux entre le seigneur et ses hommes (**A**). Puis à la fin du XIIe siècle, l'écrit fait irruption dans le droit privé : il s'agit de régler les rapports horizontaux entre les personnes. Les autorités les plus diverses procèdent aux premières rédactions du droit coutumier (**B**).

1. L'usage du papier vient du Midi, d'Espagne et d'Italie, puis gagne rapidement toute l'Europe au XIIIe siècle. Comme en témoignent les registres des notaires, les écrits entre particuliers se multiplient.

A. Les droits des seigneurs rognés

246 On veut, en formulant par écrit les « coutumes » régissant la relation d'autorité, délimiter et aussi atténuer les prérogatives seigneuriales. Ainsi se multiplient les chartes qui disposent sur le statut des sujets et leur octroient des franchises en divers domaines. Les usages de droit privé n'y figurent que dans la mesure où ils intéressent l'arbitraire seigneurial. Parfois, les chartes accordent même des libertés politiques (**1**). Mais il était un droit seigneurial dont les seules chartes ne pouvaient interdire l'exercice : le droit de guerre. Seuls des « pouvoirs englobants » pouvaient, au nom de l'ordre, exiger la soumission des sires. C'est au roi, notamment, qu'il appartiendra de le faire, en renouant avec un pouvoir législatif oublié (**2**).

1. Les chartes de franchises

247 Entre les aspirations des « bourgeois » (habitants des villes) et le régime seigneurial, il y a incompatibilité. Artisans et commerçants qui voient leurs activités entravées par les contraintes seigneuriales, cherchent vite à obtenir une certaine autonomie. Amorcé à la fin du XIe siècle, un mouvement d'émancipation urbaine se propage au siècle suivant. Les voies de l'émancipation n'ont pas été partout identiques, non plus que les résultats obtenus. Chaque ville a reçu isolément son propre statut (même s'il existe des chartes-types), elle possède ses propres franchises consignées par écrit (**a**). Mais de nombreuses communautés rurales se sont également vu reconnaître par écrit la franchise (**b**).

a. Les chartes des communautés urbaines

248 La collectivité d'habitants apparaît plus ou moins émancipée par rapport au seigneur. Le cas le plus fréquent est celui des villes de « simples franchises ». Elles restent largement soumises à l'autorité seigneuriale, mais la condition des sujets y est bien meilleure que celle des paysans du plat pays. Les chartes leur ont accordé la liberté personnelle : un homme « franc » est un homme libre, il n'est pas frappé des incapacités propres aux serfs. S'y ajoutent des privilèges judiciaires (par exemple la fixation du taux des amendes), militaires (par exemple la limitation du service militaire à ce qui peut s'accomplir dans la journée), fiscaux (fixation et

réduction des prélèvements seigneuriaux). À côté de ces villes de franchises, des villes dites de « commune » dans le Nord ou de « consulat » dans le Midi se sont vu, en outre, reconnaître des libertés politiques pour l'exercice desquelles elles sont dotées d'une organisation propre. Ban et justice leur ont été abandonnés.

b. Les chartes d'affranchissement des communautés rurales

249 « L'air de la ville rend libre » dit l'adage médiéval. En effet, la résidence urbaine pendant un an et un jour fait disparaître le servage. Dans le même temps, se développe un intense mouvement de défrichement. Pour attirer des bras, les seigneurs offrent un meilleur statut aux immigrants. Très vite, les seigneurs se sont trouvés confrontés à la fuite de leurs serfs vers des lieux francs. Il a bien fallu, pour les retenir, leur accorder des concessions. C'est ainsi que se multiplient les affranchissements collectifs. Les seigneurs abandonnent, en tout ou partie, les prérogatives qu'ils exerçaient sur la personne et les biens des serfs. Cet abandon est consigné dans une charte. Le servage recule de façon spectaculaire.

2. La renaissance de la législation royale

250 Le droit de guerre est un droit régalien qui, comme les autres, était tombé aux mains des seigneurs. L'Église avait été la première, dès la fin du Xe siècle, à lutter contre le fléau des guerres privées et leurs conséquences désastreuses. La « paix de Dieu » s'était progressivement étendue pour protéger les clercs, les biens ecclésiastiques et les catégories les plus exposées de la population. La « trêve de Dieu », plus tard, vint interdire les guerres privées certains jours de la semaine et durant des temps liturgiques pendant l'année. L'activité guerrière finit par être paralysée pendant les deux tiers de l'année.

251 Au XIIe siècle, le mouvement de la paix se laïcise. Les princes territoriaux, en effet, arguent de leur mission de paix pour ordonner la société féodale à leur profit. Le renouveau des échanges, les nouvelles exigences de mobilité sociale, la renaissance des villes affaiblissent les petits seigneurs de ban et permettent aux princes, ducs et comtes, de restaurer leur autorité politique. Peu à peu, un ordre nouveau s'installe dont le modèle est précocement proposé

par le duché de Normandie et dont la justification s'appuie sur la théorie de la « mouvance ». Chaque fief « meut » d'un autre fief, il procède d'un autre fief, plus vaste, dont il a été démembré. Tous les fiefs, du plus petit au plus grand, s'emboîtent ainsi les uns dans les autres et meuvent tous, en bout de chaîne, du duché ou du comté d'un prince territorial. Avec cette hiérarchie des fiefs, s'instaure la hiérarchie de leurs titulaires. Au nom de leur mission pacificatrice, les princes exigent la soumission des sires. Dans la plupart des régions d'Europe occidentale, la législation laïque renaît pour imposer une paix publique. Comtes, ducs, rois proclament des paix assorties de sanctions pénales. En 1103, l'empereur Henri IV décrète la paix impériale. En 1107, le duc de Normandie impose la paix ducale.

252 Le roi de France, comme les autres princes, consolide l'assise territoriale de sa puissance en s'assurant, dès Louis VI (1108-1137), la maîtrise du domaine royal. À partir de là, il commence à reprendre en main l'ensemble du royaume. Il se réclame de la logique hiérarchique pour étayer une primauté à laquelle son sacre déjà le destinait. Comme un fief procède toujours d'un autre fief par démembrement, les grands fiefs, eux aussi, s'inscrivent dans une entité territoriale plus vaste, le royaume. De seigneur en seigneur, on peut remonter jusqu'au roi qui occupe le degré suprême de toute l'organisation féodale. Ainsi le roi prendra-t-il rang de suzerain suprême, seigneur direct ou indirect de tous les seigneurs du royaume. Quoique cette évolution engendre de fortes résistances, Louis VII peut, dès 1155, réunir à Soissons une assemblée de Grands, laïques et ecclésiastiques, pour promouvoir la paix. Il ordonne une paix de dix ans pour l'ensemble du royaume. Le haut clergé, qui a requis l'intervention royale, et les barons, qui ont accepté de collaborer avec le roi, reconnaissent la vocation particulière de la royauté à assurer la paix. Pour la première fois, après une éclipse de plus de deux siècles et demi, le roi légifère. Si chaque seigneur justicier reste juge ordinaire des infractions à la paix, le roi s'engage à faire justice contre les briseurs de paix. Le seigneur qui refuserait de rendre justice en ce domaine est assimilé à un briseur de paix et la victime peut faire appel à l'autorité royale, protectrice du royaume et de ses sujets.

B. La sécurité des relations juridiques entre particuliers

253 Les « coutumes » rédigées dans les chartes concernaient surtout les rapports que les seigneurs entretenaient avec leurs « hommes ». Le sens ancien du mot coutume – redevance ou prérogative – prévalait encore. Avec la renaissance du droit romain, la coutume en tant que source du droit est comme révélée à elle-même. Mais la théorie de la coutume, au milieu du XIIe siècle, n'en est encore qu'à ses débuts, sa définition est encore ambiguë (**1**). À ce point que ses premières manifestations la présentent comme une source hybride : elle reçoit en effet un support « législatif » émanant des autorités les plus diverses (**2**).

1. L'ambiguïté d'une définition de la coutume

254 Dans la seconde moitié du XIIe siècle, qu'appelle-t-on « coutume » ? Est qualifiée de coutume la règle de droit étrangère aux compilations romaine et canonique, une règle de droit d'application limitée dans l'espace par opposition à la vocation universelle accordée à l'un et l'autre *Corpus*. C'est ainsi que le roi de France peut qualifier le contenu de sa législation de « coutume du royaume ». Au début de la renaissance du droit romain, on reste encore dans la droite ligne des textes romains qui faisaient du droit local provincial une coutume. Ce n'est que plus tard que, comprenant mieux les compilations, on affinera la théorie de la coutume, source du droit. Si une assise géographique est reconnue à la coutume, personne ne se soucie encore de définir l'autorité qui peut exprimer cette coutume. C'est pourquoi son émergence en tant que source du droit coïncide avec une vague « législative ». Cette émergence correspond au besoin de sécurité juridique et l'on n'est pas très sourcilleux sur l'autorité qui fait émerger ce droit. On n'est pas très sourcilleux non plus sur l'ancienneté des règles et l'on n'hésite pas à mêler des règles nouvelles à de vénérables traditions. Jusqu'au milieu du XIIIe siècle, la coutume est moins constatée qu'octroyée. Mais octroyée par qui ?

2. La diversité des autorités concédantes

255 Les compilations de Justinien présentaient de multiples exemples d'intervention de la puissance publique dans le domaine du droit

privé. Voilà matière à imitation et à justification pour peu que l'on ne soit pas trop exigeant sur le titulaire de cette puissance publique. Dans les compilations, il s'agissait de l'autorité impériale, mais au Moyen Âge et pendant un siècle, beaucoup d'autorités se sentent autorisées à user du même pouvoir pour rédiger des règles de droit privé dont la formulation écrite paraît souhaitable. En confirmant les usages existants, mais aussi au besoin en introduisant des innovations. Ces dispositions ont la particularité d'être étrangères aux solutions offertes par le droit romain. Ce n'est par hasard qu'elles concernent avant tout le droit féodal.

Les grands seigneurs du Midi sont pionniers en la matière, à commencer par le comte Guillaume II de Forcalquier qui, en 1162, concède un statut excluant les filles dotées de la succession de leurs parents. Des dispositions identiques sont ensuite concédées par les seigneurs d'Arles et d'Avignon. Puis le mouvement se propage et les ordonnances des barons se multiplient jusqu'au milieu du XIIIe siècle, réglementant principalement les successions féodales.

Le roi, ensuite, prend plusieurs ordonnances en matière de droit privé. Il s'agit, la plupart du temps, de règles d'essence féodale fixées à la demande des intéressés. Là encore le mouvement s'arrête au milieu du XIIIe siècle.

Enfin, les autorités municipales elles-mêmes entrent dans ce jeu, du moins celles des villes autonomes qui ont réussi à arracher aux seigneurs le pouvoir de « prendre établissement ». C'est le cas des grandes villes du Midi qui se dotent de « statuts » codifiant leurs coutumes, en les modernisant au passage.

§ 2. Les conditions d'une jurisprudence

256 Au XIIIe siècle, le roi tire parti des possibilités offertes par les droits savants pour développer sa justice. Au moment même où il cesse de légiférer en matière de droit privé, il multiplie les ordonnances sur la justice. Ces réformes, modernisant l'organisation judiciaire (**A**), la procédure (**B**) et rationalisant les modes de preuves (**C**), mettent en place les conditions d'une véritable jurisprudence qui permettra au Capétien de contrôler efficacement l'ordre juridique.

A. L'organisation judiciaire

257 Au Moyen Âge, la justice est l'expression même de la puissance. La reconstitution de l'autorité royale passe nécessairement par l'affirmation de sa souveraineté judiciaire qui heurte les prérogatives détenues par les seigneurs, les villes et l'Église. Dès le XIIIe siècle, se met en place une justice d'État qui commence d'abord à s'imposer aux justices seigneuriales et municipales. Leurs compétences sont progressivement amenuisées. Et pour les subordonner à sa justice, le roi use de toutes les ressources que lui permettent le droit féodal et le droit romain (ce dernier a notamment fourni l'appel hiérarchique). Au XIVe siècle, on peut proclamer que « toute justice émane du roi ». L'offensive contre les justices d'Église, alors à leur apogée, est plus tardive et ne sera complètement victorieuse qu'au XVIe siècle.

258 Appliquée à la lettre, la formule « toute justice émane du roi » suppose que la justice est rendue par le roi lui-même. C'est certes l'idéal. La figure du roi-juge devient un thème de prédilection dans la littérature politique et l'image est restée célèbre de Saint Louis rendant la justice sous son chêne à Vincennes. Mais les nécessités pratiques contraignent le roi à déléguer une partie de son pouvoir de juger. Aussi distingue-t-on la justice « retenue », justice personnelle du roi, et la « justice déléguée », rendue en son nom. Cette justice déléguée est au XIIIe siècle organisée en un appareil hiérarchisé. Sur le plan local, les juridictions royales connaissent deux degrés. Au plus bas, siègent les prévôts. Au-dessus, les baillis (ou sénéchaux dans le Midi) jugent en appel des sentences prévôtales et connaissent en première instance certaines causes, notamment celles des nobles. Les appels interjetés contre les sentences des baillis sont portés devant la cour du roi (*Curia regis*), que les justiciables ont aussi tendance à saisir en première instance. La multiplication des affaires contentieuses portées en cour du roi devient telle que des sessions spéciales doivent être réservées à l'administration de la justice. La cour se forme alors

« *in parlamento* » dit-on. C'est le lieu « où l'on parle », où l'on débat. Ces sessions s'allongeant de plus en plus, elles finiront par être regroupées en une seule, s'interrompant en été. Parallèlement, le roi y convoque des techniciens du droit, à côté des éléments aristocratiques et féodaux qui peu à peu désertent cette formation. Enfin, un siège fixe lui est attribué tout à côté du palais royal dans l'île de la Cité. C'est là que se trouve encore le palais de justice aujourd'hui. Jusqu'à la fin du règne de Saint Louis, les séances sont dominées par la personne du roi qui y rend la justice sur le conseil de sa cour. Puis le roi cesse d'y venir. Dotée d'un personnel stable, siégeant dans un lieu fixe, délibérant seule, la cour de Parlement est devenue une institution bien individualisée qui reçoit une organisation définitive au XIVe siècle. C'est une juridiction souveraine, elle décide en dernier ressort, dans l'ordre de la justice déléguée du moins car au-dessus d'elle le roi peut toujours exercer sa justice retenue. Le Parlement contrôle ainsi l'ensemble des décisions judiciaires rendues dans tout le royaume par les tribunaux royaux, les justices seigneuriales ou les cours princières. Mais au fur et à mesure que s'agrandit le domaine royal, le Parlement de Paris est submergé d'affaires et la nécessité s'impose de rapprocher la justice des justiciables. À partir du XVe siècle, le roi commence à établir dans les provinces des institutions calquées sur le modèle du Parlement de Paris, des parlements sédentaires et permanents, chacun d'eux étant souverain dans son ressort.

B. La modernisation de la procédure

259 Cette évolution va de pair avec l'adoption d'une nouvelle procédure inspirée de la procédure romano-canonique. Sa technicité a entraîné le recrutement d'un personnel spécialisé. Non seulement elle requiert des juges professionnels, mais les parties doivent se faire assister d'auxiliaires, des procureurs qui les représentent et des avocats qui plaident. Dans cette procédure, l'écrit joue un rôle important et les décisions sont consignées sur des registres que pourront, à l'avenir, consulter justiciables et praticiens. Au XIVe siècle, on dispose déjà de recueils maniables élaborés par des

praticiens, des recueils d'arrêts et des recueils consacrés à la matière procédurale (ces derniers sont appelés « Styles »). Avec la procédure romano-canonique, les preuves rationnelles, qui n'avaient d'ailleurs pas tout à fait disparu, reviennent en force.

C. La rationalisation des modes de preuves

260 Le régime des preuves rationnelles n'a pas brutalement remplacé le régime précédent. Mais les preuves irrationnelles tendent continûment à disparaître. Le serment purgatoire tombe en désuétude devant les cours laïques dès le XIIe siècle, disparition bientôt suivie par celle des ordalies unilatérales dans la plupart des coutumes. Le duel judiciaire se maintient plus longtemps. Il se heurte pourtant à la répugnance conjuguée de l'Église, des bourgeois et des juristes, aux yeux desquels il passe pour une preuve d'autant plus barbare qu'elle est inconnue du droit romain. Mais la noblesse reste très attachée au duel judiciaire qu'elle considère comme la seule preuve digne de sa condition. C'est pourquoi elle résistera à la législation de Saint Louis qui interdit le duel judiciaire, en 1254 en matière civile et en 1258 en matière criminelle. Les rois suivants devront faire machine arrière et le duel judiciaire persistera, en se raréfiant toutefois, dans les procès entre nobles jusqu'au XVe siècle. Corrélativement, les modes rationnels de preuve s'imposent.

261 Une mention spéciale doit être accordée ici à la preuve de la coutume. La question est cruciale pour deux raisons. D'une part parce que la coutume est une source du droit souple et mobile. D'autre part parce que, avant que la coutume soit rédigée, son support réside dans la mémoire des hommes. Que faire lorsqu'on ignore la portée exacte d'une coutume ou, *a fortiori*, lorsqu'on doute de son existence elle-même ? Il faut distinguer la coutume notoire de la coutume simplement privée. La première est celle que le juge connaît ou qui a déjà été établie soit par un précédent judiciaire qui s'y rapporte, soit par un acte officiel où elle a été fixée. Le plaideur qui allègue une coutume notoire est dispensé de la prouver et le juge doit l'appliquer. La coutume simplement privée, elle, n'est pas suffisamment affirmée pour s'imposer au juge. Le plai-

deur qui se réclame d'une telle coutume doit alors la prouver. On recourt le plus souvent à la preuve par témoins qui exige l'ouverture d'une enquête. Dans le Midi, l'enquête était pratiquée de façon individuelle ; le juge entendait isolément chaque témoin. Dans le Nord, une procédure d'enquête collective l'a emporté, l'enquête par « turbe » (du latin *turba*, la foule), qui a été réglementée par une ordonnance de Saint Louis en 1270. Les témoins réunis pour prouver la coutume déposent tous ensemble. La turbe doit comprendre au moins 10 « prud'hommes » pris en général parmi les praticiens du droit. La règle litigieuse est soumise à ces « turbiers » qui délibèrent. L'un d'eux sert de porte-parole pour exprimer la décision du groupe. Ce verdict n'a cependant valeur probante que s'il est unanime. Dans le cas contraire, la preuve n'était pas rapportée. Si, en revanche, les turbiers sont tous d'accord, la preuve est faite. Non seulement le juge doit alors l'appliquer à l'espèce en cours, mais la coutume prend rang parmi les coutumes notoires. Elle ne devra pas, à l'avenir, être prouvée à nouveau. Le système de l'enquête par turbe se maintiendra jusqu'au XVIIe siècle, quoique son application se soit raréfiée au fur et à mesure de la rédaction des coutumes.

Sous-section 2

Les sources d'un droit propre

262 Au XIIIe siècle, les instances juridictionnelles se dissocient des instances proprement politiques. L'exemple le plus frappant est l'individualisation du Parlement. Parallèlement les juristes savants affinent la théorie des sources du droit. La rencontre de ces deux circonstances produit des effets sur le mode d'expression du droit coutumier. Les instances politiques hésitent désormais à promulguer une législation intéressant les relations juridiques entre particuliers, relations régies par la coutume. La jurisprudence devient le principal vecteur de l'affirmation du droit coutumier (**§ 1**). Si le législateur royal renonce alors à réglementer directement le droit privé, il n'en manifeste pas moins son activité dans le domaine du droit public. Pour tout ce qui concerne les intérêts de l'État naissant, le roi devient législateur unique (**§ 2**).

§ 1. L'affirmation du droit coutumier

263 À la fin du XIIIe siècle, la coutume a cessé de relever du législatif. Désormais, elle se trouve essentiellement sous l'emprise de la jurisprudence (**A**). Mais si la coutume de droit privé disparaît des ordonnances royales, la main du roi ne s'en fait pas moins sentir, directement ou indirectement, sur cette source dominante du droit (**B**).

A. L'emprise de la jurisprudence

264 Au milieu du XIIIe siècle, s'amorce une double évolution. La coutume devient affaire jurisprudentielle (**1**). Grâce à l'activité des tribunaux, la coutume est clarifiée, mais elle subit également une transformation de taille : elle se provincialise au détriment de nombreux usages locaux (**2**).

1. La coutume dégagée par la jurisprudence

265 Le développement de la science du droit n'est pas étranger au fait que la coutume devienne, à la fin du XIIIe siècle, l'affaire de la jurisprudence. Dans un premier temps, une connaissance superficielle du droit romain avait encouragé de nombreuses autorités à exprimer la coutume de droit privé. Mais cette vague législative se brise devant les progrès de la doctrine savante. Cette doctrine fait une large place au juge dans la reconnaissance de la coutume. Et, dans la France du XIIIe siècle, les conditions nécessaires à l'émergence d'une jurisprudence sont réunies. Celle-ci prend le relais de la législation dans l'affirmation du droit coutumier. Pour les juges, la coutume ne se promulgue pas, elle se prouve. Au moment où la coutume de droit privé disparaît de la législation, les enquêtes et les turbes se multiplient au Parlement. La mise par écrit des jugements permet la constitution de précédents qui pourront être à l'avenir invoqués par les justiciables.

2. La provincialisation de la coutume

266 La provincialisation de la coutume est un mouvement de longue haleine qui se poursuit jusqu'à la rédaction officielle des coutumes. Ce mouvement s'est produit au bénéfice des capitales administratives ou judiciaires dont le droit tendra à écraser celui des campagnes environnantes. Il est intimement lié au développement de l'appel (**a**) et à la rédaction d'ouvrages composés par des praticiens locaux et recueillant les coutumes que leurs auteurs voient appliquer dans leur région (**b**).

a. Le jeu de l'appel

267 Les usages locaux ont commencé à se former dans un cadre très étroit et leur nombre était d'autant plus grand. Avec l'institution du bailli, se dessine un quadrillage administratif et judiciaire qui permettra de faire un premier tri. Le pouvoir du bailli s'exerce sur un territoire dont les contours s'esquissent peu à peu. Cet administrateur-juge royal rend d'abord une justice itinérante en tenant des assises dans les lieux les plus importants. Puis son tribunal se fixe dans la capitale du bailliage. Devant lui peuvent aboutir tous les procès de son ressort, soit en première instance, soit en appel. De cette justice, le pullulement des usages locaux sortira réduit. Et ce qui est vrai des baillis l'est également de l'organe qui juge en dernier ressort, Cour du roi, puis Parlement. Le contrôle qu'il exerce lui permet d'agir sur le droit coutumier. Le Parlement peut autoriser les plaideurs à prouver la coutume ou il peut les en empêcher, rejetant la coutume alléguée sans même en vérifier l'existence parce qu'elle lui paraît déraisonnable. Ainsi, par exemple, le Parlement refuse-t-il d'entendre les gens de Tournai en 1389 : ils prétendaient qu'en cas de crime imputable à plusieurs co-auteurs, l'aveu du principal coupable exonérait les autres. Lorsqu'une coutume déraisonnable est écartée, la solution qu'impose la cour pour s'y substituer devient alors, par le précédent judiciaire, coutume. Le Parlement peut enfin admettre l'existence d'une coutume sans autre formalité, en déclarant qu'aucune preuve n'est nécessaire.

b. Les coutumiers privés

268 Les praticiens locaux ont également contribué à la provincialisation de la coutume en consignant, dans des œuvres privées, la

coutume qu'ils voyaient appliquer, celle d'une principauté ou d'un bailliage. Pour une large part, la substance de ces ouvrages provient des précédents judiciaires. Leurs auteurs nous le disent, tel Boutillier : « Coustume ne doibt point estre adjugé selon le dit du commun peuple non saichant que ce vault, mais selon les saiges coutumiers en dient estre approuvé par jugement par plusieurs fois ».

Les plus anciens de ces recueils sont normands. La Normandie est en avance car elle a gardé son unité sous l'autorité des ducs. Les institutions judiciaires y ont été réformées plus tôt qu'en France. Le *Très ancien coutumier de Normandie*, rédigé en latin, date de la fin du XIIe siècle. Le *grand coutumier de Normandie*, rédigé en latin au milieu du XIIIe siècle, est traduit en français un peu plus tard. Quoique ce soit un ouvrage privé, il acquiert vite l'autorité d'un véritable code. Aujourd'hui encore il garde quelque autorité dans les îles anglo-normandes (Jersey, Guernesey) qui se sont détachées en 1204 du duché de Normandie lorsque celui-ci a été annexé par Philippe-Auguste.

Dans la seconde moitié du XIIIe siècle, des coutumes du Centre font également l'objet de tels recueils : le *Conseil à un ami* de Pierre de Fontaines rédige la coutume du Vermandois, le *Livre de Jostice et de Plet* celles de l'Orléanais, les *Établissements de Saint-Louis* portent sur les coutumes d'Anjou et de Touraine. L'œuvre la plus remarquable, les *Coutumes de la comté de Clermont-en-Beauvaisis*, a été rédigée vers 1280 par Philippe de Rémi, sire de Beaumanoir. Cet ouvrage brillant analyse, commente, interprète. Il compare la coutume de Clermont à celle de ressorts voisins, aux droits savants. Assurément, Beaumanoir est le premier des grands jurisconsultes français.

Au XIVe siècle, un auteur anonyme écrit la *Très ancienne coutume de Bretagne* qui, malgré son caractère privé, prend vite valeur de code officiel pour la coutume de Bretagne. Viennent ensuite des coutumiers pour l'Artois, le Berry, la Champagne, la Picardie, la Bourgogne... Les coutumes de l'Ile-de-France sont rédigées par Jacques d'Ableiges dans son *Grand coutumier de France*. Pour celles du Nord de la France (Flandre et Artois notamment), Jean Boutillier présente à la fin du siècle la *Somme rural*.

Son succès est immense car l'auteur y propose une première synthèse (d'où son nom de « somme ») entre ces coutumes, le droit romain et même le droit canonique. Pour ce faire, il interprète de façon restrictive les coutumes contraires au droit romain, conformément au principe posé par le droit commun.

D'autres recueils privés voient encore le jour au XVe siècle, comme le *Vieux coustumier de Poictou* ou la *Practica forensis* de Jean Masuer qui est un recueil d'arrêts considéré comme le coutumier d'Auvergne.

B. La main du roi

269 Le roi agit sur le droit coutumier à la fois de façon indirecte, par l'intermédiaire de ses agents (**1**) et de façon directe, en régulant lui-même les coutumes (**2**). Un des résultats les plus frappants de la politique royale à l'égard des coutumes sera l'apparition d'une démarcation entre le Nord et le Midi, où les traditions locales seront volontairement laminées (**3**). Enfin, à la fin du Moyen Âge, le roi ordonne la rédaction générale des coutumes (**4**).

1. L'action indirecte du roi

270 Si la jurisprudence exerce une large emprise sur les coutumes, il ne faut pas oublier que cette jurisprudence provient des juges royaux. Le Parlement, notamment, dispose d'une grande liberté de manœuvre fondée sur une légitimation politique : le Parlement « représente le roi », il fait corps avec lui. Rien d'étonnant s'il estime déraisonnables les coutumes qui entravent l'intérêt du roi ou de la chose publique. Par ailleurs, la plupart des coutumiers privés ont été rédigés par des agents royaux. Pierre de Fontaines, Philippe de Beaumanoir, Jacques d'Ableiges, Jean Boutillier, tous ont été baillis. Le roi ne cesse d'encourager, dans le Nord du moins, la mise par écrit de la coutume régionale sous l'égide d'un proche du pouvoir qui en profite pour la façonner. Comme elles sont rédigées par des gens de justice, ces coutumes n'échappent pas à l'emprise du droit romain. Les emprunts, plus ou moins dissimulés, sont nombreux.

2. La régulation directe des coutumes

271 Le roi est gardien des coutumes. Cette notion de garde implique protection et tutelle. Ce ne sont que les « bonnes coutumes » que le roi doit conserver et faire conserver. En revanche, il doit censurer les « mauvaises coutumes ». « Maintien les bonnes coutumes de ton royaume et les mauvaises abesse » dit clairement Saint Louis dans ses *Enseignements à son fils*.

Pour les premières, le roi doit veiller à leur maintien, « même dans les terres des barons » proclame une ordonnance de Philippe le Bel en 1302. *A fortiori*, doit-il les faire respecter par les officiers royaux. Pour accroître l'autorité d'une coutume qu'il estime bonne en mettant son contenu hors de doute, le roi « confirme » la coutume. Gage de sécurité pour les sujets, cette confirmation est sollicitée pour les coutumes les plus diverses. Cela va des chartes de villes et de villages aux statuts des métiers, aux coutumes des églises, à celles des pays... Le roi a, de bonne heure, souscrit aux demandes de ses sujets et, au fil du temps, les confirmations se font toujours plus nombreuses et plus amples. En voici quelques exemples. Dès 1104, sont énumérées et confirmées les coutumes de l'église Saint-Pierre-de-Beauvais. En 1317, c'est l'ensemble des coutumes des églises du diocèse de Paris qui reçoit confirmation. En 1170, les coutumes des marchands de l'eau de Paris sont confirmées. Plus tard, le roi confirmera le *Livre des métiers* d'Étienne Boileau, prévôt de Paris sous Saint Louis, qui rédige les coutumes des métiers parisiens. Quant aux villes et villages, les actes royaux confirmant leurs coutumes sont innombrables et d'autant plus que le roi a très tôt saisi cette occasion pour élargir son champ d'action. Ainsi se plaît-il à confirmer des chartes hors de son propre domaine, voire à encourager l'autonomie communale sur les terres de ses grands vassaux. Par exemple, la protection accordée à la commune de Dijon en 1187 introduit l'influence royale au cœur du duché de Bourgogne. Partout où le roi agit de même, il est fondé à exercer un droit de justice et de coercition dans le domaine jusqu'alors fermé des relations entre seigneur de ban et sujets. Par le biais de la confirmation, le roi exerce un contrôle sur les coutumes qu'il peut orienter en faisant retrancher ou ajouter des dispositions. Ainsi guidera-t-il l'évolution des libertés municipales pour donner une certaine cohérence au droit urbain.

272 Le roi a aussi le droit et même le devoir de censurer les mauvaises coutumes. Cette censure a commencé de bonne heure : en 1051, Henri Ier abolit une redevance « impie ». Et les droits savants, surtout la doctrine canonique, viendront appuyer la pratique royale. Qu'est-ce qu'une « mauvaise coutume » ? Selon les canonistes mérite d'être ainsi qualifiée la coutume contrariant le bon sens, les bonnes mœurs, les enseignements de la religion, le droit naturel, l'utilité publique, l'équité et finalement la raison. C'est dire le champ très vaste qui s'ouvre à l'action royale, d'autant plus que le roi apprécie lui-même la rationalité de la coutume. Les exemples sont nombreux d'abolition d'exactions seigneuriales, de coutumes vexatoires, comme celle qui, en Vermandois, interdisait à un paysan qui avait renversé sa charrette de la relever sans autorisation du seigneur, ou trop cruelle, comme celle qui, dans le bailliage de Tours, condamnait à perdre la main l'individu qui volait pour la première fois à son seigneur un pain, une poule ou un pot de vin. Ce sont là deux des mauvaises coutumes abolies par Saint Louis. Mais le roi ne se borne pas à abolir des coutumes de détail ou purement locales. Le même Saint Louis a aboli le duel judiciaire, taxé de mauvaise coutume. Mauvaise coutume également que la guerre privée interdite par Philippe le Bel en 1303.

Enfin, lorsqu'on sollicite du roi la confirmation d'une coutume, il peut refuser d'en approuver certains articles. Le cas le plus fameux est celui de la coutume de Toulouse dont 20 articles ne seront pas approuvés dans la confirmation de 1286 et tomberont en désuétude. En 1463, Louis XI corrigera également sur de nombreux points les coutumes de Perpignan.

273 Par l'action conjuguée du roi et de la jurisprudence, les coutumes seront dépouillées de nombreuses dispositions qui intéressent le droit public, en matière de procédure ou encore en matière pénale. Sur ce point, on a pu parler d'un véritable « naufrage » du droit pénal coutumier (B. Schnapper) qui commence dans le Midi dès le XIIIe siècle et s'achève au Nord au XVIe siècle.

3. L'apparition d'une démarcation entre le Nord et le Midi

274 Au XIIIe siècle, s'esquisse une démarcation entre le Nord et le Midi qui sera renforcée lors de la rédaction officielle des coutumes à partir du XVe siècle et durera jusqu'à la fin de l'Ancien Régime. Longtemps assez imprécise, la limite s'établira sur une ligne sinueuse allant de l'île d'Oléron au lac Léman. Au Nord se trouveront les « pays de coutumes », dans le Midi les « pays de droit écrit » c'est-à-dire de droit romain. Si le droit romain s'est imposé dans le Midi, ce n'est pas parce qu'il s'y serait maintenu depuis le Haut Moyen Âge. Sans doute certaines traditions, plus ou moins déformées, ont-elles survécu, mais elles n'ont pas fait obstacle à la floraison de coutumes souvent assez semblables à celles du Nord. L'influence du droit savant s'est fait sentir plus tôt dans le Midi (**a**). Et il a été ensuite littéralement imposé comme un instrument d'ordre dans le Languedoc (**b**). Dans le Nord, il jouit plutôt d'une autorité doctrinale (**c**).

a. L'influence précoce du droit romain dans le Midi

275 Le droit romain progresse surtout par l'intermédiaire des praticiens, notaires et juges. Les premiers romanisent les actes qu'ils dressent, les seconds appliquent la loi romaine comme droit supplétoire. Les coutumes, en effet, étaient incomplètes. Cela posait la question du droit à appliquer lorsque la coutume était muette. C'est ce que l'on appelle le droit supplétoire. Les coutumes ne résistent que lorsqu'elles ont été consignées par écrit. Plus de 300 coutumes sont rédigées dans le Midi. Mais elles sont brèves et ne concernent, le plus souvent, qu'une ville et sa banlieue. Surtout les coutumes méridionales ne bénéficieront pas du support essentiel que constituent, pour le Nord, les coutumiers privés. Dans la seconde moitié du XIIIe siècle, le contraste est déjà frappant et il ira en s'accentuant. À consulter la liste des coutumiers privés, on constate qu'ils proviennent des pays du Nord. Rien de tel dans le Midi. La vague romanisante y a rencontré moins d'obstacles. Et derrière elle, il y a eu volonté politique.

b. Le droit romain apporté en Languedoc dans les fourgons des croisés du Nord

276 Au XIIe siècle, progresse en Languedoc l'hérésie cathare. On l'y appelle souvent hérésie albigeoise, du nom d'un de ses principaux

repaires. Ses recrues proviennent des milieux les plus divers, clercs, paysans, notaires et jusqu'à la haute noblesse. Aussi l'hérésie y est-elle plus mollement combattue qu'ailleurs. En 1208, le pape lance une croisade contre les Albigeois, sous le commandement d'un légat. Les terres conquises par les croisés en Languedoc oriental sont confiées à un seigneur d'Ile-de-France qui s'était distingué par sa vaillance au combat, Simon de Monfort. Devenu général en chef de la croisade, Simon de Monfort dirige les opérations militaires qui se poursuivent et, parallèlement, prétend imposer le droit de l'Ile-de-France (dans les Statuts de Pamiers de 1212). Cette tentative échoue et, Simon mort, son fils ne parvient pas à préserver les conquêtes face au nouveau comte de Toulouse, Raimond VII. En 1226, la guerre albigeoise devient l'affaire de la royauté et la croisade fait le lit d'une conquête dont le grand vaincu sera Raimond VII. En 1229, le comte doit céder au roi la partie orientale de sa principauté. Ces territoires sont immédiatement annexés à la Couronne et servent d'assises à des sénéchaussées royales (équivalent méridional des bailliages). Si le comte de Toulouse conserve le reste de ses terres, il doit cependant accepter de marier sa fille, son unique héritière, à l'un des frères de Louis IX. Avec ce gendre, Alphonse de Poitiers, s'installe en 1249 un pouvoir très défavorable aux droits locaux, un pouvoir qui leur préfère le droit romain pour mieux imposer l'ordre. Les sujets du comte sont habilement persuadés que le droit romain constituait leur droit propre. Les ordonnances royales se plaisent à répéter que le droit romain régit le Midi depuis un temps immémorial. Dès 1251, Blanche de Castille abonde en ce sens. Quand les barons de l'Agenais demandent en 1270 à Alphonse de Poitiers de maintenir leurs coutumes, il leur oppose une fin de non-recevoir en usant du même argument. Sans doute des coutumes méridionales seront-elles rédigées après la mort d'Alphonse lorsque l'héritage de sa femme sera rattaché à la Couronne [1]. Mais pour obtenir confirmation royale, nombre de dispositions devront être retranchées ou ajoutées.

1. En effet, le traité signé par Raymond VII en 1229 avait prévu que si le mariage de sa fille avec le frère du roi restait sans enfant, ses possessions reviendraient à la Couronne. Heureux hasard (?), cette union n'engendra pas d'enfant.

277 De droit supplétoire au départ, le droit romain a fini par étrangler en grande partie les traditions juridiques locales. Dans cette évolution, la jurisprudence a joué un rôle essentiel. Dès 1313, le Parlement, alors unique, préfère le droit romain à la coutume en réglant la succession du comte de Rodez. Les parlements méridionaux créés au cours du XVe siècle prendront le relais dans le laminage des coutumes locales et assureront le succès définitif du droit romain.

c. L'autorité du droit romain dans le Nord

278 Dans le Nord, le droit romain jouit d'une incontestable autorité doctrinale. Il est la « raison écrite », l'instrument-clé du raisonnement juridique. Mais son application ne connaîtra pas la généralisation propre aux pays de « droit écrit », malgré une pénétration irréversible dès la fin du Moyen Âge dans certains domaines comme la procédure ou le droit des contrats. En d'autres domaines, le droit romain peut guider l'interprétation du droit, mais on lui préférera souvent une autre source comme droit supplétoire aux lacunes et insuffisances d'une coutume. Le régime féodal, les successions et le droit des gens mariés sont autant de blocs qui sont déjà fermés au droit romain à la fin du XVe siècle et que la rédaction officielle des coutumes viendra consolider.

4. L'ordre de rédaction générale des coutumes

279 La guerre de Cent Ans à peine terminée, le roi Charles VII prend une longue ordonnance « sur le fait de la justice » pour remédier aux abus introduits pendant la guerre. Cette ordonnance, promulguée à Montils-lès-Tours en avril 1454, ordonne dans son 125e et dernier article que « les coutumes, usages et styles de tous les pays de notre royaume seront rédigés et mis par écrit ». Sans doute, bien des coutumes avaient-elles déjà reçu un support écrit. Dans le Midi, les rédactions avaient été nombreuses, mais le plus souvent dans un ressort étroit et, au milieu du XVe siècle, ce droit était en partie tombé en désuétude. Le Nord, lui, disposait de coutumiers régionaux, mais il s'agissait de recueils privés, d'inégale valeur et souvent tributaires des idées personnelles de leurs auteurs. Une coutume régionale avait rarement reçu approbation officielle, comme celle du Berry. L'ensemble restait insuffisant,

incomplet et confus. Il en résultait de fâcheuses difficultés pour la justice. Les parties souffraient de la lenteur et du coût des procès lorsqu'il fallait prouver la coutume. Les juges se plaignaient de l'incertitude du droit. Si l'utilité d'une rédaction officielle est évidente, on tâtonne sur la procédure à suivre. Elle doit être la même partout, dans chaque « pays » où la coutume est rédigée, le plus souvent dans le cadre d'un bailliage ou d'une sénéchaussée, parfois dans un cadre plus restreint qui correspond au détroit d'une coutume locale. Ce n'est qu'à l'extrême fin du XVe siècle qu'une procédure définitive est arrêtée. Elle permettra d'accélérer un travail qui piétinait. Les seuls résultats tangibles provenaient jusqu'alors de grands apanages, comme la Bourgogne ou l'Anjou, où la rédaction avait déjà été entreprise par les princes locaux. Dans le domaine royal, seule la coutume de Touraine avait été rédigée. Le mouvement de rédaction ne démarrera vraiment qu'après les ordonnances de 1497 et 1498.

280 Charles VII, déjà, s'était proposé de réduire les « contradictions et contrariétés » pour rapprocher les coutumes les unes des autres. Son fils, Louis XI, affichera sa volonté d'unifier les coutumes en une nouvelle et unique coutume, écrite en français dans « un beau livre », « pour éviter cautelle et pilleries des avocats ». Sa mort mit fin à un projet que les meilleurs juristes ne cesseront pourtant plus d'appeler de leurs vœux à partir du XVIe siècle.

§ 2. L'essor de la législation royale

281 La législation royale renaît, nous l'avons vu, au XIIe siècle. Par opposition aux « lettres royaux » qui contiennent des mesures d'intérêt privé, la législation se caractérise par son caractère général, disposant pour un grand nombre d'individus ou un grand ensemble territorial, voire pour le royaume tout entier. Son essor progressif traduit la reconquête de l'autorité monarchique. Le pouvoir normatif du roi se libère peu à peu des obstacles inhérents au régime féodal. Dès le XIIIe siècle, la doctrine pose les bases théoriques de la souveraineté législative du roi (**A**). Mais cette exaltation doctrinale se heurte à la mentalité traditionnelle qui voyait dans le droit une création de la vie collective et dans le roi le gardien de cet ordre juridique préexistant et immuable. Aussi le roi exerce-t-il prudemment son autorité législative (**B**).

A. Du législateur féodal au législateur souverain

282 La renaissance du pouvoir royal s'est d'abord accomplie par la féodalité. Le roi, suzerain suprême, devient l'ultime maillon d'une hiérarchie qui s'ordonne. Mais il n'en doit pas moins composer avec les grands seigneurs féodaux, dont il reste tributaire quant à l'application de ses décisions (**1**). Au XIIIe siècle, la doctrine s'emploie à dégager le roi des entraves féodales en puisant dans le droit romain le modèle d'un prince législateur souverain (**2**).

1. Le suzerain législateur

Si la décision du roi s'impose dans le domaine royal, son application se heurte, sitôt franchies les limites du domaine, à la médiatisation féodale. Un seigneur n'avait de prise directe que sur ses vassaux immédiats, non pas sur ses arrière-vassaux, encore moins sur les sujets de ses arrière-vassaux. Si le roi veut légiférer pour l'ensemble du royaume, il faut que les princes territoriaux y consentent. L'application de la loi apparaît comme un contrat négocié avec la hiérarchie féodale. Le roi doit réunir une cour plénière où sont convoqués les grands vassaux du royaume. Après avoir participé à la discussion du texte, les chefs féodaux y apposent leur souscription s'ils l'approuvent. C'est une façon de les engager à appliquer la loi. L'ordonnance de 1155 en fournit un bon exemple. Elle énumère les Grands qui, présents à l'assemblée de Soissons, ont accepté de faire observer la paix royale. Seule cette adhésion expresse, garantie par un serment, assure l'application de l'ordonnance dans le fief de ces grands vassaux. « Le roi ne peut mettre ban en la terre du baron sans son assentement », dira encore l'auteur des *Établissements de Saint Louis*. Sous le règne de Saint Louis, cette exigence est pourtant déjà un peu dépassée. Le roi continue, certes, à demander le consentement de ses barons, mais il lui suffit d'obtenir celui de la majorité d'entre eux. En 1223, une ordonnance souscrite par plus de vingt barons dispose qu'elle s'appliquera également à ceux qui ne l'ont pas jurée. Peu à peu, l'habitude se perd d'énumérer dans les ordonnances le nom des barons présents. Les textes se bornent à indiquer l'adhésion de la majorité.

2. L'exaltation du roi-législateur

283 Pour faire totalement obstacle à la médiatisation féodale, le roi devait se réclamer d'un principe d'essence supérieure qui le fonde à intervenir directement, sans intermédiaire, jusqu'au plus bas degré de l'échelle sociale. À partir du modèle romain, s'élabore la doctrine de la souveraineté royale. Le roi, « empereur en son royaume », détient les mêmes prérogatives que l'empereur romain. Il exerce une autorité immédiate sur tous les habitants du royaume, tous sujets quelle que soit leur place dans la hiérarchie féodale. Alors que la suzeraineté ne touchait que les chefs, la souveraineté atteint l'ensemble de la population. Comme la loi de l'empereur, la loi du roi, instrument privilégié de sa puissance, s'impose à tous. Les légistes puisent dans le riche arsenal forgé par les Glossateurs pour célébrer le Prince législateur et chez les canonistes qui ont, dès le XIIe siècle, reconnu au roi de France un pouvoir normatif indépendant. Les auteurs coutumiers reprennent en chœur le fameux passage d'Ulpien : « Ce qui plest au prince a force de loi » (P. de Fontaines) ; « Ce que plest au prince vaut loi » (*Livre de Jostice et de Plet*) ; « Ce qu'il li plest de fere doit estre tenu pour loi » (Beaumanoir).

284 Pour élargir le champ du pouvoir normatif royal, on s'appuie sur la notion d'utilité publique, si souvent invoquée par les empereurs romains. On parle encore d'utilité commune ou de « commun profit ». Ce fondement autorise le roi à légiférer pour l'ensemble du royaume car il a la charge de son bien commun. Il l'autorise également à passer outre les intérêts parcellaires s'il le faut. Mais si la recherche du bien commun justifie des prérogatives éminentes, l'exercice de ces prérogatives est subordonné à cette satisfaction.

B. L'exercice prudent de l'autorité législative

285 L'affirmation de la souveraineté législative donne théoriquement au roi toute latitude pour modeler l'ordre juridique. Par là même, elle rompt avec la vision traditionnelle qui se méfiait des « novel-

letés » et faisait du roi le conservateur d'un ordre préexistant. Cette tension justifie la prudence de l'interventionnisme royal, prudence qui se manifeste tant dans le contenu de la législation (**1**) que dans les conditions de son élaboration (**2**).

1. Le contenu de la législation

286 Jusqu'au milieu du XIIIe siècle, le roi – comme les barons d'ailleurs – avait donné un support législatif à quelques coutumes de droit privé. Passé le milieu du XIIIe siècle, les ordonnances royales n'interviennent plus que rarement dans ce domaine. Le droit privé, coutumier, devient affaire jurisprudentielle. De cet ordre coutumier, le roi se présente effectivement comme le gardien. Un gardien qui confirme, mais aussi un gardien qui abroge, corrige ou ajoute. Directement ou par l'intermédiaire de ses agents, le roi intervient sur le droit privé de façon sensible, mais avec prudence et sans recourir à la loi.

287 La législation royale se déploie surtout en matière de droit public. Elle porte sur les finances (pour assurer la primauté de la monnaie royale ou lever certaines impositions), sur le droit pénal (le blasphème, par exemple, devient un thème récurrent). Mais les ordonnances réglementent essentiellement la justice (organisation judiciaire et procédure) et l'administration. Les textes les plus ambitieux se présentent significativement comme un retour au passé, un « bon vieux temps » plus ou moins mythique. Ce sont les ordonnances de « réformation », dont le nom affiche l'idée de la restauration d'un ordre établi qu'il appartient au roi, son gardien, de restaurer, de remettre dans sa forme primitive. Mais cette « re-formation » se fait « en mieux », affirme la première ordonnance du genre, prise par Saint Louis en 1254. Ce texte fait suite à la grande enquête qu'il a ordonnée, à la veille de son départ en croisade, pour recenser les abus des agents royaux. L'échec de la croisade a montré que le royaume devait être purifié de ses fautes. Par une législation disciplinaire, le roi entend garantir que ses agents s'acquittent de leurs tâches avec honnêteté et montrent l'exemple en vivant dans la décence. Cette ordonnance est la première d'une longue série qui se poursuivra jusqu'au XVIIe siècle. Si, en 1254, l'initiative est venue du roi seul, les ordonnances de réformation seront ensuite rendues sous la pression plus ou moins formelle de l'opinion. Parmi les plus célèbres figurent une ordonnance de Philippe le Bel en 1303, l'ordonnance « cabochienne » arrachée à Charles VI en 1413 et révoquée la même année, ou encore l'ordonnance de Montils-lès-Tours prise par Charles VII en 1454. Sous couvert de restauration, les textes de réforme confortent un pouvoir législatif qui améliore, adapte, innove. Pas forcément avec une grande efficacité comme le laisse deviner la redondance de leurs dispositions.

2. Le principe du conseil

288 Au XIVe siècle, l'autorité législative du roi dans tout le royaume n'est plus discutée. Tous les sujets sont tenus d'obéir à ses ordonnances dont l'application n'a plus à être négociée avec les grands barons. Il n'en reste pas moins que le roi ne prend de décision à portée générale qu'après avoir pris de suffisants avis. Ce principe du conseil se maintiendra jusqu'à la fin de l'Ancien Régime. Le roi consulte ordinairement les membres de son conseil où siègent toujours davantage de conseillers techniques au détriment de l'élément féodal. Il peut aussi consulter certaines autorités statutaires comme le Parlement ou encore recueillir l'avis d'assemblées délibérantes. Ainsi les États généraux, que le roi a pour la première fois convoqués en 1302, ont-ils souvent pesé sur les ordonnances de réformation. Mais si le roi est tenu de prendre conseil, il n'est pas lié par l'avis qu'il recueille. La loi émane de lui seul. Même s'il tient le plus grand compte des avis qu'on lui donne, son pouvoir législatif s'exerce sans partage et il s'exprime dans les ordonnances par des formules telles que « il nous plaist » ou « notre plaisir ». Le « bon plaisir » du roi n'a en effet rien à voir avec l'arbitraire, il souligne sa puissance législative en renvoyant à la fameuse expression d'Ulpien.

Sous-section 3
Un droit spécial pour la Couronne

289 Le droit canonique avait précocement distingué la notion d'un Siège apostolique, personne morale, de la personne physique du pape. À partir du XIIe siècle, les États monarchiques naissants feront, eux, appel à la notion de Couronne. Désignant au départ simplement l'objet matériel que l'on pose sur la tête du roi, le mot prend progressivement un sens abstrait. La Couronne devient une entité autonome préfigurant l'État. Ce concept apparu en Angleterre s'impose ensuite dans d'autres royaumes, notamment en Aragon, en Hongrie et en France.

La notion de Couronne, distincte de la personne physique du roi, symbolise la pérennité de l'État. Le pouvoir doit s'exercer sans discontinuité, quelles que soient les contingences humaines qui affectent la personne du roi. Du XIIe au XVe siècle, les événements se chargent amplement d'en démontrer la nécessité : le roi a été absent (Saint Louis pour la croisade), prisonnier (Jean le Bon), fou (Charles VI) ou encore trop jeune pour gouverner (Charles VI encore, par exemple). Il faut bien qu'au-dessus de lui une entité assure la pérennité du pouvoir.

La Couronne arrache progressivement au roi les biens, droits et prérogatives qui, pendant longtemps, lui ont été exclusivement attachés. Au terme de ce processus de dépatrimonialisation et de dépersonnalisation du pouvoir, le roi n'est plus que le dépositaire des attributs de la Couronne et le gestionnaire de ses biens. Garante des intérêts supérieurs du royaume, la Couronne ne peut être soumise aux règles du droit privé. Elle exige un droit spécial, un droit public. Entité supérieure au roi, elle lui crée des obligations autres que morales. Progressivement, au fur et à mesure des nécessités, souvent à l'occasion d'une crise politique, des règles sont dégagées qui s'imposent au roi en matière de dévolution de la Couronne (**§ 1**) et tendent à rendre inaliénable le domaine de la Couronne (**§ 2**).

§ 1. La dévolution de la Couronne

290 La succession au trône obéit à certaines règles qui se sont dégagées, de façon pragmatique, à partir des premiers Capétiens. Aux XIVe et XVe siècles, est apparue la nécessité de préciser le caractère de ces règles. Elles ont été détachées de la sphère du droit privé, affirmant la nature spécifique de la dévolution de la Couronne (**A**). Ensuite, a été proclamé le caractère immédiat de la succession au trône (**B**). Enfin, on a dégagé le principe selon lequel le roi lui-même ne pouvait déroger à ces règles. Cette indisponibilité de la Couronne achève d'inscrire les modalités de sa dévolution au rang de normes constitutionnelles (**C**).

A. La dévolution spécifique de la Couronne

Lorsque Hugues Capet monte sur le trône, en 987, il a été élu. Rien ne laissait alors présager qu'il serait le fondateur d'une dynastie appelée à régner sur la France jusqu'à la Révolution (et même au-delà). C'était sans compter avec l'habileté du roi et de ses successeurs qui parviendront à introduire l'hérédité au profit de leur famille (**1**). Mais la succession ne profite qu'à un seul des enfants royaux, l'aîné : c'est la règle de la primogéniture (**2**). Ces deux premières règles ne tranchaient guère sur les règles successorales appliquées aux fiefs. La troisième, en revanche, s'en démarque plus nettement. Il s'agit de la règle de masculinité (**3**).

1. L'hérédité

291 Pour se libérer du principe électif et introduire l'hérédité au profit de leur famille, les premiers Capétiens font procéder de leur vivant à l'élection et au sacre anticipé de leur fils aîné. Cette politique commence dès Hugues Capet. Au moment où il s'apprête à partir guerroyer en Espagne, il réussit à persuader les Grands de la nécessité de faire élire et sacrer son fils Robert, en sorte que le royaume ne reste pas sans chef. Mesurons l'habileté du roi : lui-même a été sacré en juin 987, son fils l'est la même année, à Noël. Il devient *rex designatus*, roi désigné. Quand Hugues Capet meurt, Robert est donc déjà sacré et déjà roi. Naturellement il l'est resté. De règne en règne, chaque roi fera sacrer son fils de son vivant.

Ainsi associé au trône, le fils continue, à la mort de son père, à exercer les prérogatives royales sans contestation. Ainsi s'est installée une coutume qui a fait disparaître l'élection au profit de l'hérédité. Avec Philippe-Auguste, cette pratique de l'association au trône pourra cesser. Philippe-Auguste a été le dernier roi sacré du vivant de son père. Notons cependant que le roi n'est encore investi de sa fonction que par le sacre. Il ne prend son titre de roi qu'après la cérémonie. Il faudra attendre encore un siècle pour que le sacre perde cette fonction juridique de faire le roi.

2. La primogéniture

292 La primogéniture est, pour le droit public, l'équivalent du droit d'aînesse en droit privé. C'est l'aîné des fils qui monte sur le trône. Ce principe a été adopté dès le règne de Robert le Pieux. Lorsque meurt son fils aîné qu'il avait fait sacrer, Robert a encore deux autres fils. Il choisit d'associer au trône l'aîné des deux, contre le vœu de sa femme qui préférait le plus jeune. Comme celle de l'hérédité, la règle de la primogéniture jouait déjà souvent pour les fiefs : le fils aîné d'un seigneur recevait la totalité du fief paternel, ou, dans certaines coutumes, sa plus grande partie. Cette règle visait à éviter le morcellement du fief, assise de la puissance d'une famille. Il en va de même pour le royaume qui ne doit pas être partagé. Contrairement aux pratiques franques, tout le royaume échoit à l'aîné. Les puînés, eux, n'ont droit à rien. On prendra ensuite l'habitude de les dédommager par des dotations qui devaient leur assurer (très largement !) le pain, *ad panem*, d'où leur nom d'« apanages ».

Si le roi était trop jeune pour régner, l'un de ses proches parents exerçait la régence jusqu'à ce que le roi fût en âge d'exercer ses prérogatives. Là encore, la même pratique existait dans le droit féodal.

3. La masculinité

293 Au début du XIVe siècle, est posé le principe de masculinité qui exclut de la succession au trône les filles (**a**) et les descendants par les femmes (**b**). Cette fois, on tranche avec les pratiques féodales qui admettaient une fille à la succession d'un fief, faute de mâle. Comme ce principe a servi de prétexte à la guerre de Cent ans, la doctrine s'est employée à le justifier (**c**).

a. L'exclusion des filles

294 L'hérédité en faveur du fils aîné s'est appliquée sans crise jusqu'en 1316. Cette année-là, pour la première fois depuis trois siècles, un roi capétien meurt sans fils. Il s'agit de Louis X le Hutin, fils de Philippe le Bel, qui laisse une fille âgée de quatre ans, Jeanne, et la reine enceinte. La question est inédite. On décide d'attendre la naissance pour savoir si la reine accoucherait d'un garçon. En ce cas, il aurait la Couronne. La situation s'était déjà produite et les filles avaient été régulièrement écartées en présence d'un fils cadet. Louis VII, par exemple, « effrayé » de n'avoir que des filles, suppliait Dieu de lui accorder un « enfant appartenant à un sexe plus noble ». Cet enfant du miracle, attendu pendant près de trente ans et baptisé Philippe Dieudonné, deviendra Philippe-Auguste. En 1316, le comte Philippe de Poitiers, aîné des frères de Louis X, doit composer avec les grands seigneurs féodaux dont le plus puissant, Eudes, duc de Bourgogne, est l'oncle maternel et le protecteur de la petite Jeanne. Aux termes de l'accord qui intervient, si la reine accouchait d'un garçon, celui-ci succéderait tout naturellement, mais s'il naissait une fille, on discuterait de la succession lorsqu'elles auraient atteint l'âge du mariage. Dans l'immédiat, Philippe se voit confier la lieutenance générale du royaume. Une assemblée de prélats et de barons, qu'il a lui-même convoquée, lui confie la régence en précisant qu'il la garderait en cas de naissance d'un enfant mâle. Mais s'il s'agit d'une fille, ajoute-t-on, Philippe deviendra roi.

En novembre 1316, la reine donne le jour à un garçon, Jean, qui meurt quelques jours après. Philippe ne perd pas de temps : il prend le titre de roi sous le nom de Philippe V. Pour couper court aux protestations des Grands, notamment du duc de Bourgogne, il se fait sacrer à Reims, dans une ville aux portes verrouillées et sous bonne garde de l'armée. Trois semaines plus tard, il convoque une nouvelle assemblée de barons, prélats et bourgeois de Paris qui proclame solennellement que « femme ne succède pas à la Couronne de France ». L'Université avait apporté une contribution spéciale en invoquant le degré de parenté unissant le nouveau roi à Saint Louis, plus proche que celui de Jeanne. Voilà le précédent qui a fixé la coutume que les partisans de Philippe présentent comme acquise de longue date. Une fille ne succède pas à la Couronne qui revient alors au frère le plus âgé du roi défunt (succession en ligne collatérale masculine).

Quand Philippe V meurt, en 1322, il laisse quatre filles, mais pas de fils. La succession échoit sans difficulté à son frère, Charles de la Marche, qui devient Charles IV. C'est à sa mort, en 1328, qu'un nouveau problème surgit : Charles IV n'avait pas de fils et il n'y a plus de frère. Les filles étant définitivement écartées, quel mâle appeler ? Du choix que l'on fit alors résulta l'exclusion des parents par les femmes.

b. L'exclusion des descendants par les femmes

295 À la succession de 1328 trois concurrents sont en lice. Édouard, neveu du roi défunt, est son parent au troisième degré. Philippe de Valois et Philippe d'Évreux, cousins germains du roi défunt, n'en sont parents qu'au quatrième degré. La seule proximité de degré donnerait Édouard vainqueur. Mais ce candidat est parent en ligne féminine, par sa mère Isabelle, fille de Philippe le Bel et, surtout, il est roi d'Angleterre. L'assemblée appelée à trancher se prononça pour Philippe de Valois. Les partisans d'Édouard soutenaient qu'une femme pouvait faire « pont et planche », ses adversaires que personne ne pouvait transmettre des droits qu'il n'avait pas : incapable de succéder elle-même, une femme ne pouvait pas transmettre ce droit à ses descendants, même mâles. Pour départager les deux princes français, Philippe de Valois et Philippe d'Évreux, il suffit d'invoquer la primogéniture entre les branches de parenté. Philippe de Valois était l'aîné de la branche aînée par les mâles. Il devint roi sous le nom de Philippe VI, malgré les protestations du roi d'Angleterre. On aurait pu croire l'affaire close quand Édouard prêta l'hommage-lige au roi de France pour les fiefs qu'il possédait dans le royaume. Mais, à partir de 1337, il revendique à nouveau la Couronne de France. Ce sera le prétexte à la guerre de Cent ans. Celle-ci oblige la doctrine française à démontrer l'illégitimité des prétentions anglaises et donc à justifier l'exclusion des femmes.

c. La loi salique, **constitutio regia**

296 Pourquoi les femmes ont-elles été exclues ? Les considérations politiques ont été déterminantes. En 1316, le royaume est perturbé

par la réaction féodale qui a suivi la mort de Philippe le Bel. Admettre à la succession une petite fille de quatre ans – dont on mettait d'ailleurs en doute la légitimité, car sa mère avait été convaincue d'adultère – supposait une longue régence, période toujours propice à l'instabilité. Et que se passerait-il lorsqu'elle se marierait ? En 1328, il n'est pas question de voir la Couronne de France passer entre des mains anglaises. Mais il était difficile de justifier l'exclusion des filles pour des raisons politiques. D'autres monarchies d'Europe les ont admises à succéder et sans craindre que leur mariage ne porte au trône un prince étranger. En France, la capacité politique des femmes n'est pas, à l'époque, forcément méconnue : en 1309 la cour des Pairs qui se prononce sur la succession du comté d'Artois, l'attribue à Mahaut, par préférence à Robert, un mâle collatéral. Enfin, pourquoi n'aurait-ce pas été la France qui aurait absorbé l'Angleterre au lieu de l'inverse ?

297 Dans l'exclusion des femmes, les considérations religieuses ont été essentielles. Si la femme semble inapte à régner sur le trône de France, c'est qu'elle n'est pas admise au sacerdoce. Or la Royauté est un ministère comparable au ministère ecclésiastique. Le roi, sacré, n'est pas « pur laïc », il exerce un sacerdoce. Exclue de la prêtrise, la femme doit l'être également de la royauté française. Rappelons-le : on préférait déjà un fils puîné à une fille aînée. L'hérédité masculine était déjà installée, aucune fille n'avait jamais occupé le trône. On fait feu de tout bois, en forçant notamment l'interprétation d'un passage de l'Évangile qui dit « les lys ne filent point ». Comme la France est le royaume des lys et que filer est une activité féminine, on en conclut que « les lys ne filent point en royaume de France ». Certains n'hésitent pas à verser dans l'antiféminisme, en expliquant que la femme est inapte à tout gouvernement. Les bons arguments n'ont jamais manqué. Au XVIIe siècle, le juriste Cardin le Bret juge l'exclusion des femmes « conforme à la loi de nature laquelle ayant créé la femme imparfaite, faible et débile, tant du corps que de l'esprit, l'a soumise à la puissance de l'homme qu'elle a pour ce sujet enrichi d'un jugement plus fort, d'un courage plus assuré et d'une force de corps plus robuste ».

Au point de vue strictement juridique, il est difficile de se réclamer de la coutume féodale. Non seulement l'argument n'est pas entièrement probant puisque le droit féodal peut admettre les filles à succéder (rappelons l'exemple de l'Artois), mais il est dangereux car le royaume ne doit pas être assimilé à un fief. Il valait mieux constater l'existence d'une coutume immémoriale, propre à la succession royale en France. Les femmes en ont été exclues depuis si longtemps « qu'il n'est mémoire du contraire ». Mais la seule force de la coutume n'a pas paru constituer une défense suffisante face aux Anglais qui reprochaient à leurs adversaires de ne pouvoir exhiber « un édit ou un statut ». À force de chercher, l'historiographe royal, Richard Lescot, exhume en 1358 la loi des Francs Saliens. Un de ses articles dispose que la terre des ancêtres (la terre salique) ne peut être transmise à une femme et doit échoir à un héritier de sexe masculin. Voilà un texte juridique, un texte vénérable ! On ne s'embarrasse ni de détails, ni de scrupules. On modifie le texte, qui traitait des successions privées, en y interpolant les mots *in regno* (« dans le royaume ») et on assimile la terre des ancêtres au royaume. On réécrit l'histoire pour attribuer la loi salique, prétendue loi successorale du royaume, au légendaire Pharamond, premier roi des Francs. Voilà la loi salique devenue *constitutio regia*, un acte solennel, édicté par une autorité supérieure, qui de tout temps a exclu juridiquement les femmes de la succession au trône. L'argument connaîtra une immense fortune au point que l'exclusion des femmes à la Couronne de France sera baptisée « loi salique ».

B. La dévolution immédiate de la Couronne

298 Pendant longtemps, le sacre a fait le roi. Mais la disparition du sacre anticipé crée un vide juridique entre la mort d'un roi et le sacre de son successeur. Or il fallait combler ce vide, facteur d'insécurité. Le successeur risquait que les Grands ne profitent de la situation pour lui marchander son sacre et imposer leurs conditions. Aussi a-t-on nié la fonction constitutive du sacre (**1**). Mais si l'instantanéité de la succession est consacrée au XIVe siècle, la capacité de l'héritier du trône à exercer l'autorité royale reste soumise à une condition d'âge. Lorsque le roi est mineur, s'ouvre une régence, elle aussi porteuse de dangers. Pour les pallier, le roi est réputé, au début du XVe siècle, « toujours majeur ». L'abolition fictive de la minorité royale exclut définitivement l'héritier du trône du champ des héritiers de droit privé (**2**). Cette évolution dépasse largement les intérêts dynastiques. En affirmant que la royauté a toujours un titulaire en exercice, quel que soit son âge et indépendamment du sacre, on garantit la continuité de l'État symbolisée par la continuité royale. L'idée que la Couronne ne doit jamais être vacante conduira à la fiction d'un roi toujours vivant (**3**).

1. Le sacre privé de fonction constitutive

299 Cette idée s'exprime déjà lorsque Philippe III prend le titre de roi à la mort de son père en 1270, un an avant d'être sacré. Depuis lors, les notaires royaux datent les années de règne non plus du jour du sacre d'un roi, mais du jour des funérailles de son prédécesseur. En 1316, le fils posthume de Louis X, qui vécut quelques jours à peine, n'en a pas moins été considéré comme roi. L'histoire l'a retenu comme Jean Ier. Mais les successions de 1316 et 1328 ont bien mis en évidence la nécessité d'un fondement juridique. Et les conditions de l'avènement de Charles V, en 1364, font éclater au grand jour les difficultés résultant de l'absence de règles écrites. Sans remettre franchement en cause son droit au sacre, les Grands ne l'en ont pas moins soumis à certains engagements : poursuivre l'œuvre de son père, conserver l'ordre établi et les hommes en place. Pour épargner semblables marchandages à sa postérité, Charles V prend, en 1374, deux ordonnances. La première, datée du mois d'août, a officiellement pour objet de fixer l'âge de la majorité royale à treize ans accomplis. Mais sa portée est bien plus large car le roi en profite pour confirmer solennellement les règles de dévolution de la Couronne (hérédité, primogéniture et masculinité) et pour proclamer que l'héritier mâle, sitôt entré dans sa quatorzième année, a pleine capacité pour agir en vrai roi dès le décès de son prédécesseur, sans devoir attendre le sacre. La seconde ordonnance, datée du mois d'octobre, précise les conditions de la régence, confiant au régent pleine puissance pour gouverner le royaume jusqu'à la majorité royale, dont l'âge avait été abaissé autant qu'il était possible.

300 Pour renforcer encore le principe de la succession instantanée, la doctrine exploite la coutume de droit privé, dont un adage disait « le mort saisit le vif ». Il signifie que l'héritier est immédiatement saisi de la succession, dès la mort de celui dont il hérite, en dehors de toute formalité de transmission ou d'acquisition. Appliqué à la dévolution de la Couronne, ce principe justifie l'instantanéité de la succession : le successeur devient roi sans attendre le sacre, à la mort de son prédécesseur.

2. L'abolition fictive de la minorité royale

301 À la mort de Charles V, en 1380, son successeur, Charles VI, est encore mineur. Les oncles évincés de la régence réduisent à néant le testament politique du roi défunt. Ils font sacrer le jeune roi, prétendant ainsi l'émanciper pour qu'il puisse gouverner, sous leur contrôle évidemment. À nouveau s'ouvre une période de crise, et les difficultés s'accroissent encore lorsqu'après avoir personnellement gouverné pendant quatre ans, Charles VI est pris d'accès de démence à partir de 1392. Dans ses intervalles de lucidité, le roi prend la mesure des menaces que les ambitions rivales des princes font peser sur l'héritier légitime et sur le royaume. Aussi décide-t-il en 1403 de lever toute ambiguïté sur le caractère instantané de sa succession à venir. Son successeur deviendra roi immédiatement, « en quelque petit âge qu'il soit ». La minorité du roi est fictivement abolie. Avec elle, disparaît aussi la régence en droit (mais pas dans les faits, car nul n'ignore qu'un enfant ne peut effectivement gouverner). Le sacre n'est plus qu'une cérémonie, essentielle, certes, et qu'il convient d'accomplir aussi tôt que possible, mais qui ne fait plus le roi. En 1407, une nouvelle ordonnance, appelée plus tard « édit de suppression des régences », renouvelle ces dispositions et les étend à tous les successeurs à venir des rois de France, et non plus seulement, comme en 1403, à celui de Charles VI. Des adages l'exprimeront avec force : « le roi de France est toujours majeur » ; « il n'y a pas de régence en France ».

3. La fiction d'un roi toujours vivant

302 De 1374 à 1407, la législation consacre ainsi l'idée que l'autorité royale ne subit pas la moindre interruption. Les intérêts de la dynastie régnante ne sont pas seuls en jeu. La continuité royale incarne la continuité de l'État. Le roi exerce une fonction qui transcende sa personne. Cette fonction doit être assurée en permanence sans être tributaire du sacre ou de l'âge.

Mais ce principe abstrait ne s'impose pas facilement aux mentalités populaires. Jeanne d'Arc s'adressera encore à Charles VII en l'appelant « gentil dauphin » tant qu'il n'aura pas été sacré. D'où la nécessité de rites propres à frapper les imaginations. Aussi les funérailles royales mettent-elles spectaculairement en scène le caractère immédiat de la succession. Une effigie du roi mort est placée à côté de son cercueil. Elle le représente vivant jusqu'à ce que le corps soit déposé dans la tombe. À ce moment, l'effigie disparaît et le nouveau roi apparaît pendant que le héraut d'armes s'écrie : « Mort est le roi Untel ! Vive le roi Untel ! ». Aux funérailles de Louis XII, en 1515, les prénoms disparaissent : « Le roi est mort ! Vive le roi ! ». Le caractère impersonnel de la formule traduit la fiction d'un roi toujours vivant. Cette fiction s'exprimera plus tard par un adage vigoureux : « Le roi ne meurt pas en France ». C'est ce que répondra sèchement le Chancelier, en guise de condoléances, à Marie de Médicis venue lui annoncer la mort d'Henri IV.

C. Une succession indisponible

303 Sous le règne de Charles VI, des circonstances dramatiques (**1**) ont fait surgir un nouveau problème : le roi peut-il disposer de la Couronne au détriment de l'héritier désigné par la coutume ? La doctrine est amenée à préciser le caractère impératif des règles de la succession au trône et à formuler une théorie dite « théorie statutaire » pour affirmer le principe de l'indisponibilité de la Couronne (**2**).

1. Un cas dramatique

304 Charles VI subit ses premiers accès de démence en 1392 et, durant les trente ans pendant lesquels il vivra encore, il ne guérira jamais.

Sa folie encourage les querelles princières et la France se trouve déchirée entre deux factions rivales dont les passions s'exacerbent après l'assassinat, en 1407, du duc d'Orléans, frère du roi, par son cousin Jean sans Peur, duc de Bourgogne. Les partisans du duc d'Orléans se regroupent derrière le comte Bernard d'Armagnac. Le conflit dégénère en véritable guerre civile, marquée de violences atroces, ce qui favorise le retour de la menace anglaise. Après le désastre d'Azincourt en 1415, une partie du royaume est occupée. En 1418, le parti bourguignon se rend maître de Paris. Charles VI, définitivement prostré, n'est plus qu'un pitoyable instrument entre les mains de Jean sans Peur qui s'est entendu avec la reine Isabeau de Bavière. Mais le dauphin Charles, futur Charles VII, a pris le titre de régent et a installé un contre-gouvernement à Bourges. En 1419, il fait assassiner Jean sans Peur. Le nouveau duc de Bourgogne, Philippe le Bon, décide alors de venger son père en faisant écarter le dauphin de la Couronne. Il n'hésite pas à s'allier aux Anglais et, avec l'aide de la reine Isabeau, fait signer au roi fou le « honteux traité de Troyes » (20-21 mai 1420). Charles VI donne en mariage sa fille Catherine à Henri V d'Angleterre et adopte son gendre comme fils et successeur. Le dauphin Charles, qualifié de « soi-disant dauphin de Viennois », est exhérédé par son père. Et la régence est confiée à Henri V jusqu'à la mort de Charles VI. Par chance, Henri V meurt à 35 ans, en 1422, suivi de peu par Charles VI. Henri V laisse un fils de dix mois que le parti bourguignon reconnaît comme roi de France. C'est par les armes que Charles VII reconquiert son royaume. Par les armes et avec l'appui d'une intense propagande qui ordonne le sentiment national, merveilleusement illustré par Jeanne d'Arc, autour de l'héritier légitime.

2. La théorie statutaire de la Couronne

305 Pour réfuter les prétentions anglaises, les juristes favorables aux droits du dauphin ont dégagé la théorie statutaire et ses conséquences. D'abord Jean de Terrevermeille pour démontrer les droits du dauphin à la régence, puis les défenseurs de Charles VII, tel Jean Juvénal des Ursins, pour prouver la nullité du traité de Troyes. Il s'est forgé, disent-ils, au cours des siècles un véritable

statut coutumier de la succession au trône. C'est la coutume qui désigne l'héritier du trône. Il s'agit d'une coutume de droit public et non pas de droit privé. La Couronne, en effet, n'est pas un bien patrimonial. Le roi n'en est que le dépositaire, il ne peut en disposer. Son fils aîné n'est pas son héritier au sens du droit privé, il est son successeur, un « héritier nécessaire » que la coutume désigne par avance et impérativement. Il ne doit pas la Couronne à la volonté de son père : il a un droit formé dès sa naissance à accéder au trône. Personne ne peut l'en priver. Le dauphin a droit à la régence car, du vivant même de son père, il est déjà co-seigneur du royaume et de la Couronne. L'exhérédation du dauphin par le traité de Troyes est nulle et l'adoption d'Henri V sans effet sur la succession au trône. Si l'on peut, sous certaines conditions, exhéréder un héritier légitime en droit privé, il n'en va pas de même en droit public. Charles VI ne pouvait pas priver son fils de son droit à la succession, pas plus que son fils ne pourrait y renoncer. Le roi ne pouvait pas se constituer de successeur en se fondant sur des règles de droit privé. Charles VI pouvait bien adopter Henri V. Cette adoption était valable en droit privé, mais de nul effet pour la dévolution de la Couronne. Le statut de la Couronne dépasse les volontés individuelles. Le successeur désigné par la coutume s'impose à tous, y compris au roi régnant. La Couronne de France est indisponible.

Les juristes seront amenés à insister encore sur ce principe d'indisponibilité lorsque Charles VII songera à exhéréder son fils, le futur Louis XI, pour ingratitude : l'indignité du successeur, quelle qu'elle soit, n'entame en rien son droit acquis.

§ 2. Vers l'inaliénabilité du domaine de la Couronne

306 Avec l'élection des rois disparaissent les partages successoraux du royaume. Cependant la vieille conception patrimoniale du pouvoir persiste. Les rois disposent du domaine royal, comme les princes territoriaux disposent de leurs principautés. Mais au fur et à mesure que le roi étend son autorité, il assure de plus en plus la

satisfaction des besoins d'intérêt général. Le domaine royal, même s'il s'étend régulièrement (**A**), doit dès lors subvenir non seulement aux dépenses propres du roi, mais aussi aux dépenses publiques, toujours plus lourdes. Il faut le soustraire à la gestion privée du roi, souvent prodigue. L'émergence de la notion de Couronne va permettre de dessiner un corps de règles de droit public conférant un statut particulier au domaine (**B**).

A. La composition du domaine

307 Le domaine est un ensemble hétéroclite formé non seulement de terres (**1**), mais aussi de droits, revenus et prérogatives (**2**).

1. Au plan territorial, une notion ambiguë

308 Sur le plan territorial, la notion de domaine connaît deux acceptions. Dans un sens large, elle comprend l'ensemble des terres directement soumises au roi (**a**). Au sens strict, elle recouvre l'ensemble des possessions foncières du roi et des biens affectés à l'utilité de tous (**b**).

a. L'ensemble des terres directement soumises au roi

309 Au XIe siècle, le domaine royal, constitué par l'ensemble des terres directement soumises au roi, ne diffère guère de celui des princes territoriaux. Il s'agit de l'ancienne principauté héritée de la maison robertienne et située entre Orléans et Senlis dans laquelle maintes enclaves seigneuriales font écran à son pouvoir. Au XIIe siècle, le roi y restaure son autorité, point de départ d'une reprise en main du royaume. Avec Philippe-Auguste (1180-1223), le domaine a déjà quadruplé sa superficie et le royaume de France est le plus puissant d'Europe. Cette reconquête, menée avec patience et ténacité, s'opère en partie par les armes, mais le plus souvent par le droit et de manière pacifique. Le roi s'appuie sur sa qualité de suzerain suprême qui fait de lui le seigneur direct ou indirect de tous les seigneurs du royaume. Parce qu'elle est suprême, la suzeraineté royale n'encourt pas les dépendances inhérentes à la féodalité. Le roi de France ne peut avoir de supérieur féodal. Le lien féodal devient source de rattachement, mais à sens unique ; il jouera toujours au bénéfice du roi, jamais à son

détriment. Le roi usera alors de toutes les possibilités que lui offre le droit féodal pour réunir les grands fiefs au domaine.

Le droit féodal permet au seigneur de prononcer, après jugement en cour féodale, la « commise » du fief – c'est-à-dire sa confiscation – lorsque le vassal a manqué à ses obligations. Cette peine a connu son application la plus célèbre en 1202 contre le roi d'Angleterre, Jean sans Terre. Le roi d'Angleterre était aussi duc d'Aquitaine et, à ce titre, vassal du roi de France. Accusé par un de ses vassaux d'Aquitaine, Jean sans Terre est cité à comparaître devant la cour de Philippe-Auguste. Il refuse de s'y rendre, manquant ainsi gravement à ses obligations. La cour prononça la commise de ses fiefs et le roi entra en campagne pour faire appliquer la sentence. La Normandie, le Maine, l'Anjou et le Poitou furent réunis au domaine royal.

La royauté use aussi de toutes les ressources que lui offre la patrimonialité des fiefs. Biens patrimoniaux, les fiefs sont susceptibles d'être donnés, vendus, transmis par succession ou apportés en dot. Les mariages royaux ont souvent été très profitables au domaine. Isabelle de Hainaut apporte à Philippe-Auguste, par dot ou par héritage, le Boulenois, l'Artois, l'Amienois et le Vermandois. Le mariage resté sans enfant d'Alphonse de Poitiers, frère de Saint Louis, permet de réunir tout le comté de Toulouse. Le mariage de Philippe le Bel avec l'héritière du comté de Champagne s'avérera, à terme, tout aussi fructueux. Par ailleurs, le roi achète des fiefs quand les circonstances le permettent. En 1100, Eude Arpin, qui manque d'argent pour se rendre en Terre sainte, vend sa vicomté de Bourges à Philippe Ier. Philippe le Bel achète le comté de Chartres en 1286, les comtés de la Marche et d'Angoulême en 1308. Plus vaste encore, le Dauphiné acquis en 1249. Son chef, le dauphin Humbert II, criblé de dettes, doit se résoudre à faire argent de ses droits. Mais le Dauphiné est alors terre d'Empire et il n'est pas question que le roi de France prête hommage à l'Empereur pour cette principauté. Aussi est-elle cédée non pas directement au roi, mais à un fils aîné de la maison de France, le futur Charles V. Au bout d'un siècle, les liens de dépendance avec l'Empire s'étaient évanouis et le Dauphiné sera rattaché au domaine. De la formule transitoire restera le titre de dauphin porté par l'héritier du trône. Enfin, le domaine s'arrondit encore par des acquisitions successorales. La Provence a été léguée au roi de France. L'unique héritière de la Bretagne épousa successivement deux rois de France, Charles VIII et Louis XII. Comme ces unions n'engendrèrent pas de fils, la fille d'Anne de Bretagne et de Louis XII fut mariée à François Ier. Leur fils, Henri II, hérita du duché de Bretagne.

Le domaine, au sens large de la notion, se dilate dans toutes les directions et encore faut-il y ajouter les extensions qui résultent de conquêtes. Mais cet espace géographique soumis au roi et qui tend à porter ses limites jusqu'à celles du royaume ne coïncide pas avec la notion juridique de domaine, plus restrictive.

b. Le domaine territorial au sens strict

310 Au sens strict, le domaine territorial comprend les terres exploitées directement au profit du roi et qui ne font pas l'objet d'une concession en fief ou en apanage. En effet, à l'intérieur de chaque unité territoriale globalement rattachée et soumise à l'autorité royale, toutes les terres n'obéissent pas au même régime juridique. Le titulaire de l'ensemble territorial a certes changé, mais ce changement n'a pas d'effet sur le régime juridique des terres. Les fiefs ont conservé leur nature de fiefs. Les terres qui faisaient l'objet d'une détention directe par l'ancien titulaire du duché ou du comté passent naturellement dans la détention directe du roi. Elles seules sont des domaines au sens strict. Elles sont désormais exploitées au profit du roi. À partir du XIVe siècle, les actes royaux comportent des clauses incorporant expressément ces terres aux domaines. De ces terres, le roi peut disposer librement, ce qui n'est pas le cas pour les fiefs, les apanages ou les villes auxquelles le roi a concédé la haute justice.

2. Un ensemble de droits, de revenus et de prérogatives

311 Forme ce que l'on appelle le domaine « incorporel » la somme des droits, revenus et prérogatives que possède le roi, quelle que soit la qualité sous laquelle le roi se manifeste. Il peut les posséder en tant que propriétaire foncier et cette qualité lui vaut, par exemple, des redevances pour l'utilisation des terres ou des loyers d'habitation. En tant que seigneur, il perçoit des droits féodaux ou sei-

gneuriaux. Jusqu'ici, ces droits et les revenus qui en découlent ne sont pas liés à sa qualité de roi. Mais, en tant que roi, il dispose également de droits liés à la souveraineté. C'est ainsi qu'il est titulaire de droits éminents sur des biens qui, par nature, présentent une utilité commune pour tous les sujets. C'est le cas des grands chemins, des cours d'eau navigables, des rivages de la mer ou encore des places fortes.

Ces possessions foncières et ces droits produisent des revenus dits « ordinaires » qui doivent permettre au roi de vivre et d'assurer les charges publiques. Le roi, dit-on, doit « vivre du sien ». C'est pourquoi on a été amené à leur conférer un statut particulier.

B. Un statut particulier

312 Jusqu'au XIIIe siècle, le roi se comporte en propriétaire du domaine. Héritage de la tradition franque, puis féodale, il en dispose comme d'un bien patrimonial dont il se sert pour récompenser les services rendus, doter ses vassaux ou encore ses fils cadets exclus de la succession au trône (l'opportunité politique conduisait à les dédommager grassement sous la forme d'apanages). Ces aliénations, en amputant le domaine, diminuent d'autant les revenus ordinaires. Dès lors, le roi doit faire appel à l'impôt pour subvenir aux besoins grandissants de l'État naissant. Apparaît alors la nécessité de mettre le domaine à l'abri des dilapidations royales. Pour ce faire, il est attribué à la Couronne (**1**) et doté d'un régime juridique exorbitant du droit commun (**2**).

1. L'attribution du domaine à la Couronne

313 Dès le début du XIVe siècle, les conseillers royaux s'élèvent contre les prodigalités du roi. L'idée se fait jour que pour sauvegarder le domaine, il faut le soustraire à la mainmise royale. La doctrine savante apporte une contribution essentielle. Elle s'appuie sur le droit romain pour affirmer la nature particulière des biens affectés aux nécessités publiques et dégager la notion de domaine public qui appartient à une personne publique. En 1343, apparaît l'expression « domaine de la Couronne de France » qui atteste que le domaine a changé de titulaire. Attribué à la Couronne, le domaine perd sa nature patrimoniale pour prendre une nature

publique. Il n'appartient pas au roi qui n'en est que l'administrateur.

Ce domaine public se distingue d'un domaine privé composé par les biens propres du roi, essentiellement constitué des possessions acquises au cours de son règne. De ce domaine privé le roi peut disposer. Le domaine de la Couronne, quant à lui, fait l'objet d'un régime juridique qui doit assurer sa protection.

2. Un régime juridique exorbitant du droit commun

314 La contribution de la doctrine savante est, là encore, fondamentale. Elle façonne un régime juridique propre aux biens publics, un régime d'exception qui les distingue des biens privés. Les biens publics sont indisponibles, inaliénables et imprescriptibles. Le roi ne peut les aliéner et personne ne peut les acquérir par prescription. Cette doctrine rejoint une exigence de l'opinion dont les États généraux se font les porte-parole. Face à l'aggravation de la pression fiscale, les députés demandent au roi de s'engager solennellement à ne plus aliéner de domaine. Après le traité de Brétigny (8 mai 1360), le principe d'inaliénabilité devient urgent pour faire obstacle aux clauses qui prévoyaient la cession, différée, de la Guyenne aux Anglais. C'est pourquoi le roi introduit dans la promesse du sacre une clause par laquelle il s'engage à n'aliéner ni ne céder les droits et prérogatives de la Couronne de France. La formule est ambiguë car le domaine ne s'y trouve pas expressément mentionné. Mais c'est sur cette clause que l'on s'appuiera désormais pour justifier les révocations des aliénations précédemment consenties. Une législation abondante suivra, par laquelle le roi dénonce régulièrement les dilapidations de ses prédécesseurs, les révoque et s'interdit de procéder lui-même à de nouvelles aliénations. Tous les monarques légifèrent dans le même sens. L'inaliénabilité du domaine ne se traduit vraiment dans les faits que pour justifier les révocations.

315 Plus grave que les aliénations révocables et révoquées, la constitution des apanages ampute le domaine de très grandes fractions. Vestiges d'une conception patrimoniale, les apanages sont constitués au profit des fils puînés du roi, exclus de la succession au trône. Ils sont perçus comme un mal inévitable : en assurant aux

cadets royaux un train de vie digne de leur naissance, on prévient de fâcheuses entreprises contre leur frère. À partir de Louis VIII, les apanages deviennent d'autant plus vastes que le domaine s'est déjà considérablement étendu. Des provinces entières viennent doter les cadets. Le règne le plus coûteux pour le domaine est, de loin, celui de Jean II le Bon : Berry, Auvergne, Maine, Anjou, Bourgogne, autant de démembrements. Certes, les apanages font retour à la Couronne à défaut d'héritier mâle ou lorsque le prince apanagiste est appelé à régner. Mais ces circonstances peuvent se faire attendre longtemps. Le cours des événements en Bourgogne démontrera le grave danger de constituer une nouvelle féodalité de princes apanagistes. Dès Charles V, d'ailleurs, la monarchie devient plus parcimonieuse et les États généraux, les parlements ou même les communautés d'habitants se chargeront de la rappeler régulièrement à la raison.

À la fin du XVe siècle, la mort de Charles le Téméraire, duc de Bourgogne, permet le retour de son apanage à la Couronne et le mariage royal de la duchesse Anne annonce la réunion de la Bretagne. Disparaissent ainsi les derniers grands représentants de la nouvelle féodalité apanagiste et de l'ancienne féodalité des princes territoriaux. Dans un royaume désormais réunifié, l'autorité royale règne sans partage.

BIBLIOGRAPHIE

J. BARBEY, « Organisation générale des études et méthodes d'enseignement du droit au Moyen Âge », Annales d'histoire des facultés de droit et de la science juridique, 2, 1985, p. 13-20.

« Genèse et consécration des lois fondamentales », *Droits*, 3, 1986, p. 75-86.

G. CHEVRIER, « Les critères de la distinction du droit privé et du droit public dans la pensée savante médiévale », dans *Études d'histoire du droit canonique dédiées à Gabriel Le Bras*, Paris, 1965, II, p. 841-859.

J. GAUDEMET, *Les sources du droit canonique, VIIIe-XXe siècle. Repères canoniques. Sources occidentales*, Paris, 1993.

« L'élaboration du droit canonique en Occident du XIe au XVe siècle », reimpr. dans *Formation du droit canonique et gouverne-*

ment de l'Église de l'Antiquité à l'âge classique. Recueil d'articles, Strasbourg, Presses universitaires de Strasbourg, 2008, p. 171-190.

G. GIORDANENGO, « *Jus commune* et “ droit commun ” en France du XIIIe au XVe siècle », dans J. KRYNEN (dir.), *Droit romain*, jus civile *et droit français, Études d'histoire du droit et des idées politiques*, 3, 1999, Toulouse, p. 219-247.

A. GOURON, *La science du droit dans le Midi de la France au Moyen Âge*, Londres, Variorum reprints, 1984.

Droit et coutume en France aux XIIe et XIIIe siècles, Londres, Variorum reprints, 1993.

A. GOURON, A. RIGAUDIÈRE (dir.), *Renaissance du pouvoir législatif et genèse de l'État*, Montpellier, 1988.

R. JACOB, « Les coutumiers du XIIIe siècle ont-ils connu la coutume ? », dans M. MOUSNIER, J. POUMAREDE (éd.), *La coutume au village dans l'Europe médiévale et moderne*, Toulouse, Presses universitaires de Mirail, 2001, p. 103-119.

Y. JEANCLOS, « La coutume française, une illusion romaine ? Beaumanoir et la romanité de la coutume au XIIIe siècle », dans *Droit, histoire et société. Mélanges en l'honneur de Christian Dugas de la Boissonny*, Nancy, Presses universitaires de Nancy, 2009, p. 35-54.

J. KRYNEN, *L'empire du roi. Idées et croyances politiques en France. XIIIe-XVe siècle*, Paris, 1993.

« Entre science juridique et dirigisme : le glas médiéval de la coutume », *Cahiers de recherches médiévales (XIIIe–XVe siècles), Droits et pouvoirs*, 7, 2000, p. 171-187.

L'État de justice en France, XIIIe-XXe siècle, I. *L'idéologie de la magistrature ancienne*, Paris, Gallimard, 2009.

J. KRYNEN, A. RIGAUDIÈRE (dir.), *Droits savants et pratiques françaises du pouvoir (XIe -XVe siècles)*, Bordeaux, 1992.

A. LEFEBVRE-TEILLARD, « Le rôle des canonistes dans la formation d'un "droit commun" romano-canonique », *Revue d'histoire des facultés de droit et de la culture juridique*, 28, 2008, p. 215-226.

P. LEGENDRE, *Écrits juridiques du Moyen Âge occidental*, Variorum reprints, Londres, 1988.

G. LEYTE, *Domaine et domanialité publique dans la France médiévale (XIIe-XVe siècles)*, Strasbourg, 1996.

J.-Ph. LÉVY, *Diachroniques. Essais sur les institutions juridiques dans la perspective de leur histoire*, Paris, Loysel, 1995.

L. MAYALI, « *Ius civile* et *Ius commune* dans la tradition juridique médiévale », dans J. KRYNEN (dir.), *Droit romain…*, *op. cit.*, p. 201-247.

A. PADOA-SCHIOPPA, « Réflexions sur le modèle du droit canonique médiéval », *RHD* 1999, p. 21-39.

P. RICHÉ, J. VERGNER, *Des nains sur les épaules de géants. Maîtres et élèves au Moyen Âge*, Paris, Taillandier, 2006.

A. RIGAUDIÈRE, « *Regnum et civitas* chez les Décrétistes et les premiers Décrétalistes (1150 env.-1250 env.) », dans *Théologie et droit dans la science politique de l'État moderne*, Rome, 1991, p. 117-153.

Pouvoirs et institutions dans la France médiévale, II. *Des temps féodaux aux temps de l'État*, Paris, Armand Colin, 1994.

« Pratique politique et droit public dans la France des XIVe et XVe siècles », *Archives de philosophie du droit*, 41, *Le privé et le public*, 1997, p. 83-114.

G. SAMUEL, « L'esprit de non-codification : le *Common Law* face au Code Napoléon », *Droits*, 41, 2005, *Esprit du Code civil*, 1, p. 123-138.

Y. SASSIER, *Louis VII*, Paris, Fayard, 1991.

Fr.-X. TESTU, « Les glossateurs. Regards d'un civiliste », *RTD civ.* 1993, p. 279-303.

Y. THOMAS, « Un expédient interprétatif à l'origine de la personne morale », dans *L'architecture du droit, Mélanges en l'honneur de Michel Troper*, Études coordonnées par D. de Béchillon, P. Brunet, V. Champeil-Desplats, E. Millard, Paris, Economica, 2006, p. 951-960.

B. TIERNEY, *Religion et droit dans le développement de la pensée constitutionnelle (1150-1650)*, Paris, PUF, coll. Léviathan, 1993.

R. C. VAN CAENEGEM, « L'histoire du droit et la chronologie. Réflexions sur la formation du " *Common Law* " et la procédure romano-canonique », dans *Études d'histoire du droit canonique dédiées à Gabriel Le Bras*, Paris, 1965, II, p. 1459-1465.

J. VERGER, « Des écoles à l'université », *Revue d'histoire des facultés de droit et de la culture juridique*, 28. 2008, p. 181-193.

K. Weidenfeld, « Le modèle romain dans la construction d'un droit public médiéval : " assimilations et distinctions fondamentales devant la justice aux XIVe et XVe siècles " », *RHD* 2003, p. 479-502.

Chapitre 4

XVIe-XVIIIe siècles : l'agencement d'un ordre juridique spécifique

316 Avec le XVIe siècle, s'ouvrent les Temps modernes. À bien des égards cette période marque un tournant. Les Grandes Découvertes élargissent l'horizon du monde occidental et détrônent la Méditerranée au profit de l'Atlantique. L'implantation des premières dominations coloniales fait affluer les métaux précieux. Les répercussions économiques et sociales sont immenses : les échanges, la production, la spéculation sont stimulés ; l'enrichissement profite surtout à une élite bourgeoise qui peut se poser en rivale de la noblesse traditionnelle.

317 Arrive d'Italie un nouvel engouement pour la culture de l'Antiquité. La civilisation antique est remise à l'honneur sous toutes ses formes : science, art, lettres. Cette « Renaissance » se traduit par une nouvelle esthétique, plus proche de l'Antiquité païenne, grecque ou romaine, que de l'Antiquité chrétienne. Une culture profane renaît. **Sur le plan de la pensée**, les porte-drapeaux du **renouveau** sont qualifiés d'« humanistes ». Comme leurs devanciers du XIIe siècle, ils ressuscitent l'héritage antique, mais l'état d'esprit est profondément différent dans la mesure où ils ne cherchent plus l'interpénétration du christianisme avec le savoir venu de l'Antiquité. Indépendamment de leurs sentiments reli-

gieux, ils s'intéressent à la nature humaine. L'homme n'est plus un simple élément de l'univers, mais le centre du monde. Sa liberté d'examen est affirmée, passant outre le poids des autorités. L'Antiquité païenne peut être saluée comme le modèle des vertus humaines. Ce renouveau culturel est soutenu par la diffusion des livres, grâce à l'adoption de l'imprimerie.

318 Dans le domaine religieux, se manifeste également un besoin de retour aux sources. Face à une Église incapable de satisfaire aux nouvelles aspirations de la vie spirituelle et de remédier à des abus aussi criants que les « indulgences », des réformateurs brandissent l'étendard de la révolte. L'unité de foi, ciment du monde médiéval, est rompue. En 1517, le moine Martin Luther lance ses fameuses 95 propositions et ses thèses rencontrent vite une audience considérable en Allemagne et aux Pays-Bas. En France, le mouvement réformé est plutôt orienté par la pensée de Jean Calvin dont l'*Institution chrétienne* paraît en 1536. Directement menacée, l'Église réagit par la Contre-Réforme. Un concile réuni à Trente (1545-1563) refond l'héritage dogmatique de la foi catholique et redresse la discipline ecclésiastique. En France, la querelle religieuse prend une ampleur exceptionnelle en débouchant sur les guerres de religion qui déchirent le pays à partir de 1562. Ce conflit ne connaît un terme définitif qu'avec l'édit de Nantes en 1598.

319 Mais les Temps modernes signent aussi **l'arrivée à maturité de l'État.** Libéré de la féodalité, il intervient de plus en plus dans les structures et les activités du pays. D'un pays où la guerre de Cent Ans a renforcé le sentiment national. Les progrès de l'autorité royale et le sentiment national ne restent pas sans effet sur les sources du droit. Le pluralisme juridique hérité du Moyen Âge faisait coexister des droits supra-nationaux, droit romain-commun (*ius commune*) et droit canonique, avec des droits que l'on pourrait qualifier d'infra-nationaux, les coutumes locales. Entre les droits cosmopolites et les droits locaux, la législation royale était la seule source, encore timide, d'un droit national. Mais l'histoire des sources du droit suit l'évolution du pouvoir politique et, à partir du XVIe siècle, les souverains vont affirmer la prééminence de leurs lois sur les autres sources et s'efforcer de

réduire les ordres juridiques préexistants. Formée d'apports composites, s'affirme une tradition juridique nationale qui sera la matrice essentielle des codifications napoléoniennes (SECTION 1). Les rapports de plus en plus étroits entre l'État et le droit se traduisent également par une autonomie accrue du droit public au sein de l'ordre juridique. La monarchie administrative, qui fait de la France l'État le plus centralisé d'Europe, produit des normes sans relâche (SECTION 2).

SECTION 1
L'AFFIRMATION D'UNE TRADITION JURIDIQUE NATIONALE

320 En France, se développe une doctrine selon laquelle le droit positif ne peut émaner que du souverain. Seules les normes qu'il élabore ou qu'il accepte ont force obligatoire. Les premières victimes de cette doctrine sont les droits universels. Le droit romain et le droit canonique sont perçus comme des droits étrangers car ils proviennent d'autorités qui n'ont jamais régné sur la France. Leur force obligatoire dépend d'une approbation, au moins tacite, du roi (SOUS-SECTION 1). La même doctrine fait l'apologie d'un « droit français », indépendant et original. Ce droit tire sa substance d'éléments disparates, principalement des coutumes et des ordonnances royales. Il convient de les harmoniser pour donner une certaine unité au droit spécifiquement national (SOUS-SECTION 2). En pratique, ce programme n'atteindra que très imparfaitement son but. La France d'Ancien Régime conservera toujours sa « bigarrure de droits » (E. Pasquier). Mais les efforts d'harmonisation et d'unification du droit, en partie relayés par la législation royale, ne seront pas vains car les codificateurs napoléoniens y puiseront abondamment matière.

SOUS-SECTION 1

HEURS ET MALHEURS DES DROITS UNIVERSELS

321 Au XVIe siècle, la doctrine s'attache à faire de la souveraineté étatique la source exclusive du droit positif. En France, toute norme doit être voulue ou approuvée par le roi. Ce principe joue tant pour le droit romain (**§ 1**) que pour le droit canonique (**§ 2**).

§ 1. Le droit romain

322 Au XVe siècle, la dynastie des Habsbourg s'impose en Allemagne. Titulaire de la couronne impériale, elle entreprend une unification politique et administrative de l'Empire, centralisant, notamment, la justice par la création d'une cour suprême, le « Reichskammergericht ». En 1495, une ordonnance impériale prise à Worms par Maximilien Ier prévoit que ce tribunal central jugera, à défaut de dispositions législatives ou coutumières, « selon le droit commun de l'Empire ». Avec ce « droit commun » c'est le droit romain interprété par les docteurs qui est ainsi officiellement « reçu » et devient un véritable droit positif. Cette réception atteindra son apogée lorsque s'épanouit l'« *usus modernus Pandectarum* », l'usage moderne des Pandectes en vue de leur application pratique. Cette autorité du droit romain dominera le droit allemand jusqu'à la fin du XIXe siècle. Ce n'est qu'en 1900 lorsque le Code civil allemand (B.G.B.) entrera en vigueur, que le droit romain cessera d'être le droit supplétoire de la majeure partie de l'Allemagne.

En France, le droit romain a connu une autre destinée. Au moment même où il est officiellement reçu en Allemagne, se développe une doctrine refusant résolument de le transposer en bloc en France (**A**). Perçu comme un droit étranger, le droit romain ne peut servir de droit commun à la France. On ne renonce pas pour autant à l'utiliser. Simplement on l'utilisera de façon sélective, en choisissant ce qui convient à la France (**B**).

A. Le refus de transposer en bloc un droit étranger

323 Prompte à suivre les courants culturels de son temps, la science juridique se renouvelle sous l'influence de l'humanisme. Les méthodes d'étude et d'enseignement du droit romain sont ouvertement critiquées, particulièrement en France. Leur renouvellement entraîne une « seconde renaissance » du droit romain (**1**). En l'analysant comme le droit des Romains et des Italiens, la doctrine française conteste son caractère de droit positif en France (**2**), ce qui provoquera une rupture avec la pratique judiciaire (**3**).

1. La seconde renaissance du droit romain

324 Les savants humanistes se proposent d'établir du droit romain une connaissance scientifique, replacée dans son contexte d'origine. Ce programme est initié par des auteurs qui ne sont d'ailleurs pas à proprement parler des juristes, tel Guillaume Budé (1467-1520), le grand helléniste français, fondateur du Collège de France sous François 1er. Chez les juristes, on retiendra le nom d'André Alciat (1492-1550) et de Jacques Cujas (1522-1590). Le premier est un milanais qui a été professeur à Avignon, puis à Bourges, dont il fait le principal foyer de l'école humaniste. Le second est français, originaire de Toulouse. Il a enseigné dans plusieurs universités, notamment pendant longtemps à Bourges. Ils entendent restituer le droit romain dans sa vérité historique, dans sa pureté originelle et font surtout porter leur intérêt sur le droit plus ancien que celui de Justinien. Leur approche se fonde d'abord sur la philologie : ils cherchent à retrouver le sens exact des textes juridiques anciens ; sur l'histoire, ensuite : les textes de droit romain peuvent être expliqués par d'autres documents romains, des textes historiques et littéraires, et ainsi replacés dans leur cadre social d'origine. Ce contexte permet de mieux comprendre la portée première des règles et de montrer comment le droit romain a évolué.

325 Forts d'une immense érudition, associant le droit, l'histoire et les belles-lettres, les humanistes ont pu dénoncer nombre d'erreurs et d'anachronismes commis par les juristes du Moyen Âge. Des accusations dont les juristes médiévaux sont accablés, il n'est pas de meilleur porte-parole que Rabelais. Son héros Pantagruel a fait des études de droit à Bourges et porte des jugements caustiques

sur les prédécesseurs des humanistes. « Ils n'avaient connaissance de langue ni grecque ni latine, mais seulement gothique et barbare... Leur stile... est stile de ramoneur de cheminée ou de cuisinier et marmiton, non de jurisconsulte... Davantage, vu que les lois sont extirpées du milieu de philosophie morale et naturelle, comment l'entendront ces fols qui ont par Dieu moins estudié en philosophie que ma mule ? Au regard des lettres d'humanité et connaissances des antiquités et histoire, ils en étaient chargés comme un crapaud de plumes... » La pire bête noire est la Glose. Écoutons à nouveau Rabelais : « les livres des lois... semblaient une belle robe d'or triomphante et précieuse à merveille qui fut brodée de merde ; car... au monde n'y a livres tant beaux, tant aornés, tant élégants comme sont les livres des Pandectes ; mais la brodure d'iceux, c'est à savoir la glose d'Accurse est tant sale, tant infasme et punaise que ce n'est qu'ordure et vilenie ». Il faut donc débarrasser le droit romain des interprétations médiévales. Mais il faut aussi retrouver la pureté du droit romain classique en faisant justice aux interpolations, c'est-à-dire aux modifications introduites par les compilateurs. Tribonien devient l'autre tête de Turc des savants humanistes. François Hotman compose un *Anti-tribonien* vers 1567.

2. Le droit des Romains et des Italiens

326 Incontestablement la science du droit romain ancien progresse. Ses sources font l'objet des premières éditions critiques et de précieux commentaires scientifiques. On mesure mieux quelle a pu être l'évolution du droit romain. Mais, en insistant sur les aspects historiques, on mesure aussi le caractère relatif du *Corpus iuris civilis*. C'est le droit d'une époque déterminée et d'une civilisation déterminée. Il n'a pas vocation à s'imposer en bloc et sans discernement à une autre époque. Encore moins doit-on se soumettre à l'autorité des docteurs italiens. C'est en France que la polémique est la plus vive, au point que la méthode humaniste est qualifiée de *mos gallicus*, usage français, par opposition à l'usage italien, *mos italicus*. À une époque où la même doctrine commence à assimiler le droit positif à la loi et la loi au commandement du souverain placé à la tête de la nation, le droit romain souffre d'un

vice rédhibitoire : il a été promulgué par un souverain, Justinien, qui ne régnait pas sur la Gaule. Par conséquent il ne relève pas du droit positif de notre pays. C'est le droit des Romains et des Italiens. Ce courant français ne se propose pas de réduire à néant le rôle du droit romain, mais d'y choisir ce qui convient à la France, en toute indépendance et sans être lié par les opinions de ses devanciers médiévaux. En somme, ce mouvement est l'une des formes de l'aspiration à l'autonomie nationale. Avec le meilleur du romain on peut faire du bon français.

3. La rupture avec la pratique judiciaire

327 À terme, cependant, la nouvelle méthodologie a produit de fâcheux effets. Si un grand maître comme Cujas reste soucieux de l'application concrète du droit, certains de ses épigones versent dans le pur historicisme et dans l'érudition gratuite. Même ceux qui conservent une vision utilitaire du droit romain prennent leurs distances avec la pratique judiciaire qui reste fidèle au *mos italicus*. Une séparation s'instaure entre l'Université et le Palais. Les voies de la purification du droit romain ont fini par accréditer l'idée qu'il s'agissait d'un droit mort ou d'une science vaine. Le parallèle est frappant avec le sort du latin. Épuré par les humanistes, le latin deviendra une langue morte, ce qui mettra un terme à l'unité de la langue du savoir, et notamment du savoir juridique, en Europe.

B. L'utilisation sélective du droit romain

328 Deux séries d'emprunts au droit romain peuvent être distinguées. La première, doctrinale, consiste en l'élaboration d'un système juridique rationnel, une architecture où pourra d'ailleurs se couler le droit national tout en conservant sa propre personnalité (**1**). La seconde, plus immédiatement pratique, transplante des règles de fond du droit romain (**2**).

1. Une architecture systématique

329 Les humanistes n'ont pas seulement été des antiquaires. Une branche de ce mouvement, dite « systématique », entreprend de construire à partir du droit romain un système juridique rationnel. Si la science médiévale a préparé la systématisation, elle préférait

encore l'analyse à la synthèse : elle a donc davantage contribué à élaborer le détail qu'à dégager les perspectives des grands ensembles. Avec l'humanisme juridique, on parvient à une véritable systématisation qui annonce la science moderne du droit. Son premier grand représentant est Hugues Doneau (1527-1591) qui a été professeur à Bourges avant de devoir s'expatrier car il était protestant. Le droit romain classique, une fois débarrassé des scories laissées par Tribonien, doit permettre, pense-t-on, de dégager des principes généraux du droit et d'en tirer des conséquences logiques. Encore faut-il dépasser la présentation fragmentaire du Digeste, reflet de la casuistique et des controverses, pour présenter le droit sous une forme différente, simple et claire. Bref, il faut mettre de l'ordre dans le droit. De l'ordre dans le droit romain d'abord, mais cet ordre pourra tout aussi bien s'appliquer au droit coutumier. De fait, le droit coutumier en est le premier bénéficiaire. Ce droit ne fait pas l'objet d'un enseignement universitaire avant la fin du XVIIe siècle et sa doctrine s'inspire des travaux des romanistes pour proposer des synthèses. Ce n'est pas un hasard si l'une d'entre elles, œuvre d'Antoine Loisel, s'intitule *Institutes coutumières*. Les manuels d'Institutes proposaient à Rome la première présentation systématique du droit et les humanistes en ont repris le schéma tripartite pour ordonner leur reconstruction.

330 Les persécutions conduisent les humanistes protestants à quitter la France pour l'Allemagne et surtout la Hollande où ils exportent le *mos gallicus*. L'université de Leyde, où se réfugie Doneau, devient le haut lieu d'une école hollandaise, dite « école élégante », qui continue les traditions humanistes alliant le sens historique à l'esprit de système. Parmi ses représentants, figure Huigh de Groot, le fameux Grotius (1583-1645). Grotius est surtout connu pour être le père de l'école du droit naturel, appelé en Allemagne « droit de la raison ». De ce droit naturel, le droit romain, « raison écrite », est la plus riche réserve. Avec cette école sur laquelle nous reviendrons plus tard, une nouvelle forme d'universalité est conférée au vieux droit romain-commun, réordonné, réorganisé. Et c'est sous la forme de droit naturel que l'esprit systématique revient en France. Dans cette mouvance s'inscrit Jean Domat

(1625-1696) qui refond le droit romain pour en donner une présentation rationnelle et systématique. Son œuvre maîtresse, *Les lois civiles dans leur ordre naturel*, propose un corpus unifié et écrit en français, de règles abstraites dont le droit romain fournit l'apport essentiel, mais pas unique. La méthode suivie par Domat sera adoptée pour systématiser le droit français. Les œuvres de Robert-Joseph Pothier et François Bourjon, au XVIIIe siècle, sont l'illustration d'exposés logiques, attachés aux grands principes. Domat, Pothier et Bourjon préparent largement la voie à la rédaction du Code civil de 1804.

2. Une accommodation pratique

331 De façon directe ou indirecte, le droit romain n'a pas cessé de servir de source du droit. Les solutions qui lui sont empruntées ont cependant, au besoin, été adaptées. À ce point que le juriste Étienne Pasquier pouvait dire « nous avons naturalizé en nostre France le Droict civil des Romains ». Les voies de cette naturalisation se sont révélées multiples. Des solutions romaines ont été transposées dans le droit coutumier. Le phénomène n'est pas nouveau : déjà les coutumiers privés du Moyen Âge avaient fait appel au droit romain. Mais il se reproduit au moment de la rédaction et de la réformation des coutumes qui ont été l'occasion de moderniser le droit coutumier. Or, au début des Temps modernes, la voie de la modernité juridique passe souvent par le droit romain. Après la réformation, le rôle du droit romain s'est réduit en pays coutumiers. « Coutume passe droit » dit l'adage. Mais ce rôle ne s'épuise pas pour autant. La doctrine et la jurisprudence continuent à combler les lacunes du droit coutumier par des emprunts au droit romain. Ces emprunts sont particulièrement éloquents pour le droit des obligations et celui de la responsabilité. Le droit royal lui-même n'hésite pas à puiser aux sources romaines. Dans le Midi, le droit romain poursuit d'autant plus librement sa carrière que beaucoup de coutumes qui s'y opposaient sont négligées au moment de la rédaction officielle intervenue au début du XVIe siècle. La jurisprudence des parlements méridionaux poursuit son œuvre de laminage au profit du droit romain. Là encore, il s'agit d'un droit romain adapté, qui n'entre-

tient parfois qu'un lointain rapport avec les compilations de Justinien. Chaque cour souveraine développe d'ailleurs sa propre interprétation, « suivant ses lumières, son goût ou son caprice » remarque, en 1742, Bretonnier dans son *Recueil par ordre alphabétique des principales questions de droit qui se jugent diversement dans les différents tribunaux du royaume*. Cette latitude de la jurisprudence est d'autant plus grande que le droit romain vivant, remanié par l'usage, a échappé aux procédures de rédaction qui ont figé les coutumes dans un écrit.

§ 2. Le droit canonique

332 Au Moyen Âge, l'État naissant avait affirmé son indépendance vis-à-vis des deux puissances qui avaient des prétentions universalistes, l'empereur germanique et le pape. La querelle avec le Saint-Empire est dès la fin du XIIIe siècle une affaire classée. Le glas des ambitions du Saint-Siège sonne à l'aube du XIVe siècle, lorsque Philippe le Bel sort vainqueur du conflit qui l'oppose au pape Boniface VIII. Cette victoire assure non seulement l'indépendance extérieure, mais elle amorce aussi corrélativement l'emprise de l'État sur l'Église de France. Ce « gallicanisme » se développe à la faveur du grand Schisme d'Occident. Le grand Schisme s'ouvre en 1378 par l'élection de deux papes, l'un à Rome, l'autre à Avignon. L'Église, coupée en deux, est ingouvernable. Le roi en profite pour soustraire « son » Église à la tutelle pontificale et la doter lui-même de règles disciplinaires. C'est l'objet de deux ordonnances de 1407, considérées comme l'acte de naissance officiel du gallicanisme. La réunification de l'Église ne le décourage pas, tout au contraire. En effet, pour mettre fin au schisme, un concile réuni à Constance argue de la supériorité du concile sur le pape et en vertu de cette thèse, dépose les deux papes rivaux pour élire un pape unique en 1417. Un nouveau concile réuni à Bâle prétend, au nom de sa supériorité, imposer au pape les réformes dont l'Église a besoin. Si le pape réussit globalement à restaurer son autorité, le clergé français prend ses distances et adopte la thèse de la primauté conciliaire. Au gallicanisme politique s'ajoute désormais

un gallicanisme ecclésiastique revendiquant, vis-à-vis du Saint-Siège, des libertés spécifiques pour l'Église de France. En 1438, une assemblée de prélats réunie à Bourges, sur convocation de Charles VII, se déclare solidaire des principes fixés à Bâle. Le roi s'empresse de cautionner les décisions arrêtées en promulguant l'ordonnance connue sous le nom de « Pragmatique Sanction de Bourges ». Celle-ci prévoit, notamment, l'élection des dignitaires ecclésiastiques et le droit pour le roi de faire des recommandations aux électeurs canoniaux. Ce système n'assure pas cependant au roi une emprise complète sur le haut clergé et il est par ailleurs refusé par le pape. Pour les deux puissances, mieux vaudrait s'entendre. En 1516, François Ier et le pape Léon X trouvent un compromis définitif en concluant le Concordat de Bologne. Le roi renonce à la Pragmatique Sanction, mais dorénavant il désignera les titulaires des bénéfices majeurs auxquels le pape conférera ensuite l'investiture canonique. L'Église de France est étroitement soumise à l'autorité royale.

333 Dès le XIIIe siècle, le roi, dont émane toute justice, prend ombrage de la justice d'Église. Il commence alors patiemment à en réduire les compétences, puis à faire passer les juridictions ecclésiastiques sous son contrôle. La théorie des « cas privilégiés » les dépossède de cas, toujours plus nombreux, réservés aux juges royaux. Le privilège du for s'amenuise et l'Église perd progressivement les compétences qu'elle exerçait sur les laïques. Au XVe siècle, se développe l'« appel comme d'abus ». Cette voie de recours consiste à déférer au roi ou au parlement un acte abusif commis par une autorité ecclésiastique, aux fins de cassation. La notion d'abus, très élastique, permet de contrôler les décisions des officialités. En somme, les juridictions d'Église dont les compétences ont déjà été réduites, se retrouvent subordonnées à la justice royale. L'affermissement de l'autorité royale n'épargne pas le droit canonique. Élaboré hors des frontières nationales, il est perçu comme un droit étranger qui doit faire l'objet d'un acte formel de réception pour avoir force obligatoire en France (**A**). En outre, les ordonnances royales se multiplient dans des matières auparavant régies par le seul droit canonique. Non seulement le droit canonique est contrôlé, mais il est aussi dépossédé (**B**).

A. Le droit canonique naturalisé

334 Au XVIe siècle, la doctrine gallicane engendre un nouveau principe. Le droit canonique ne peut avoir force obligatoire en France que s'il a été accepté par le roi. Pour le droit canonique ancien, compilé dans le *Corpus iuris canonici*, son application durant des siècles vaut en principe acceptation tacite, sous réserve d'abrogation ou de modification par une norme plus récente. Mais pour le droit canonique postérieur, canons des conciles œcuméniques ou décrétales pontificales, un acte exprès de réception est nécessaire. En général, il s'agit de lettres patentes du roi enregistrées par le parlement. À cette occasion, le parlement, profondément gallican, soumet le texte à un contrôle sévère. C'est en vertu de ce principe que, contrairement à la plupart des royaumes catholiques, les décrets du concile de Trente n'ont pas fait l'objet d'une réception officielle en France. Ces décrets contenaient notamment des dispositions propres à lutter contre les mariages clandestins. Le droit canonique abandonnait la doctrine selon laquelle le mariage se formait par le seul consentement des époux et en faisait un acte public et solennel exigeant la présence du curé de la paroisse d'un des époux et de deux ou trois témoins. En revanche, le concile n'avait pas tenu compte des revendications des représentants français qui voulaient que le consentement des parents fût aussi nécessaire.

B. Le droit canonique dépossédé

335 La législation royale intervient de plus en plus dans des matières auparavant régies par le seul droit canonique. Les juridictions ecclésiastiques sont obligées d'appliquer non seulement ces ordonnances, mais aussi l'interprétation qui en est faite par les parlements car toute sentence contraire serait cassée par la voie de l'appel comme d'abus.

Au nom de son droit à régir « son » Église, le roi intervient directement dans divers domaines de la discipline ecclésiastique (**1**). Au nom de l'ordre du royaume, le roi juge également nécessaire d'intervenir dans le domaine des relations privées régies par le droit canonique (**2**).

1. La discipline ecclésiastique

336 Les ordonnances sur la justice traitent également des juridictions d'Église. Les bénéfices, les dîmes, les ordres religieux... rien n'échappe à la législation royale. Se forme un véritable droit ecclésiastique d'origine séculière auquel il faut encore ajouter des textes fameux comme l'édit de Nantes (1598) qui donne un statut à la minorité protestante. Si cet édit fut difficilement enregistré au parlement, celui qui le révoque, l'édit de Fontainebleau (1685) fut enregistré avec enthousiasme.

2. Les relations privées

337 L'exemple le plus frappant concerne la formation du mariage pour consolider les familles. Une déclaration royale du 26 novembre 1639 résume bien la finalité de la législation : « les mariages sont le séminaire des États, la source et l'origine de la société civile, et le fondement des familles qui composent la République, qui servent de principes à former leurs polices et dans lesquelles la naturelle révérence des enfants envers leurs parents est le lien de la légitime obéissance des sujets envers leur souverain ». Les ordonnances entendent imposer le consentement des parents au mariage des enfants dont la majorité matrimoniale est fixée à 25 ans pour les filles et 30 ans pour les garçons par un édit de février 1556. En 1579, l'ordonnance de Blois reprend certaines des dispositions du concile de Trente pour empêcher les mariages clandestins. Mais les règles canoniques changent alors de nature. Devenues des lois de l'État, elles peuvent être modifiées par l'État. Par exemple, le nombre des témoins au mariage passe à quatre. Surtout la législation réitère l'exigence du consentement des parents pour les enfants mineurs et assimile le défaut de consentement à un rapt, crime passible de mort pour lequel la compétence des juges royaux est exclusive. Peu à peu le mariage passe du contrôle de l'Église à celui de l'État. En 1787, l'édit « de tolérance » introduit sa sécularisation pour les protestants. La Révolution consacrera la sécularisation du mariage mais il faut noter que si le sacré a été exclu, les techniques ont été conservées : bien des règles canoniques ont simplement été laïcisées.

338 Le droit séculier est également intervenu en matière de testament. Le testament canonique n'exige aucune solennité : pourvu que la

volonté du testateur soit certaine, elle peut être exprimée oralement devant deux ou trois témoins, dont d'ordinaire le curé. Cette facilité s'explique par la volonté de l'Église de permettre aux fidèles d'assurer le salut de leur âme en payant leurs dettes, en réparant les torts qu'ils avaient causés et en faisant des libéralités pieuses, même *in extremis*. Mais cette facilité donnait lieu à des abus : on dénonçait notamment les « suggestions » faites à un mourant par les curés et les vicaires. Pour protéger les familles des testaments inconsidérés, la législation royale impose des formes pour la validité des testaments.

Sous-section 2
La promotion du « droit français »

339 L'expression « droit français » apparaît vers 1560 et se généralise à partir de 1580. L'idée qu'il existe un droit typiquement national émerge lorsque la rédaction des coutumes prend véritablement corps. Par opposition au droit romain, droit « étranger », le « vrai naturel français » est réputé résider dans le droit coutumier (**§ 1**). La législation du roi de France, dont l'essor est remarquable, est tout naturellement l'autre source principale du droit national (**§ 2**). Le droit français recevra sa consécration universitaire lorsque Louis XIV en impose l'enseignement dans les facultés de droit (**§ 3**).

§ 1. Les décantations du droit coutumier

340 Dans l'histoire du droit coutumier, le XVIe siècle marque une étape décisive. De la rédaction, puis de la réformation des coutumes (**A**), le droit coutumier sort fortement élagué, certain et de consultation facile. Il appartiendra ensuite à la doctrine de tirer la substantifique moelle des dispositions coutumières pour élaborer un droit commun original appelé à supplanter le *ius commune* (**B**).

A. La rédaction officielle des coutumes

341 C'est au début du XVIe siècle que démarre vraiment la rédaction officielle des coutumes. Fruit d'une collaboration entre l'autorité royale et les intéressés (**1**), cette rédaction transforme profondément le droit coutumier (**2**).

1. La collaboration entre le pouvoir royal et les intéressés

342 Plusieurs ordonnances (en 1497, 1498, 1506, 1510) améliorent la procédure de rédaction pour en hâter la mise en œuvre (**a**). Dès lors le travail s'accélère. Mais si des résultats significatifs sont obtenus, les rédactions ont eu également pour effet de faire apparaître les insuffisances et les disparités des coutumes. Ces défauts sont particulièrement criants dans l'immense ressort du parlement de Paris qui compte de nombreuses coutumes. Aussi une réformation a-t-elle été entreprise en accroissant l'influence des commissaires royaux (**b**).

a. Une nouvelle procédure de rédaction

343 Si la demande de rédaction émane fréquemment des intéressés, l'ordre de rédiger appartient, comme auparavant, au roi. Le cadre assigné à la rédaction varie. Soit il s'agit d'une province, soit il s'agit d'un bailliage, cadre administratif royal par excellence et ressort judiciaire de droit commun. Cette deuxième hypothèse vise principalement le vaste ressort du parlement de Paris. La procédure de rédaction associe étroitement éléments locaux (praticiens et représentants des trois ordres) et agents royaux : outre les officiers déjà en place dans le ressort, le roi nomme, parmi les parlementaires, des commissaires royaux (deux, puis trois : un président, un avocat du roi et un conseiller) qu'il envoie sur place pour contrôler les opérations dont ils dressent d'ailleurs un procès-verbal. Mais leur mission ne se borne pas à enregistrer les coutumes telles qu'elles avaient été jusqu'alors observées ; ils doivent également aviser à ce qui semblerait devoir être « corrigé, ajouté, diminué et interprété ».

Le bailli prépare un avant-projet à l'aide de praticiens locaux et de quelques représentants des trois ordres (clergé, noblesse et tiers-état). Après un premier examen par les commissaires, ce « cahier provisoire » est soumis à une assemblée des trois ordres du bailliage. Les procès-verbaux montrent que ces assemblées sont nombreuses, réunissant jusqu'à plusieurs centaines de personnes. En présence des commissaires royaux, le texte est discuté, article par article. On distingue alors les articles « accordés » des articles « discordés ». Les premiers sont ceux qui ne soulèvent plus de contestation car ils ont obtenu la majorité au sein de chaque ordre et l'unanimité des trois ordres. Leur adoption est définitive et ils sont immédiatement promulgués, au nom du roi, par les commissaires royaux. À l'avenir, on ne pourra plus alléguer d'autres dispositions coutumières. Sur les articles discordés, en revanche, un accord n'a pu intervenir, malgré les tentatives de compromis arbitrées par les commissaires au nom du roi. Leur sort est réservé ; ils peuvent faire l'objet d'une voie de recours en attendant que le parlement trouve une solution. Dans l'immédiat, la procédure n'est pas bloquée par les discordes. Des lettres patentes de confirmation, enregistrées au parlement, sanctionnent enfin la coutume rédigée.

344 En quelques dizaines d'années, sous les règnes de Louis XII (1498-1515) et François Ier (1515-1547), la plupart des grandes coutumes du Nord de la France, de l'Île-de-France et du Centre, une bonne partie des coutumes de l'Ouest et quelques coutumes du Sud-Ouest sont officiellement publiées : de la coutume de Sens (1506) à celle de Bretagne (1539) en passant par celles de Blois, d'Amiens, de Chartres, de Troyes, de Bordeaux, de Touraine, d'Artois, d'Auvergne, d'Angoumois, de Poitou, du Nivernais... sans oublier la coutume de Paris en 1510. Le mouvement se ralentit ensuite, mais il se poursuivra jusqu'à la fin de l'Ancien Régime : la coutume de Hatton-Châtel, en Lorraine, sera publiée en 1788. Au cours des XVIIe et XVIIIe siècles, il y aura cependant peu de nouvelles rédactions.

Bon nombre de ces premières rédactions se sont vite révélées imparfaites ou lacunaires. La doctrine en dénonce les insuffisances et propose des solutions pour y remédier et atténuer les disparités entre les coutumes. La jurisprudence, en tranchant des points obscurs ou négligés ou en innovant, creuse un écart avec le texte rédigé. D'où la nécessité de refondre les coutumes, de les réformer.

b. L'influence accrue des commissaires royaux dans la campagne de réformation

345 De nos jours, le terme de réformation est réservé à la seconde rédaction d'une coutume qui a déjà fait l'objet d'une première rédaction officielle. Mais au XVIe siècle, la terminologie semble moins rigoureuse : elle comprend toutes les coutumes alors même qu'aucune rédaction officielle n'est antérieurement établie et vise une nouvelle orientation dans le mouvement de rédaction. Cette entreprise est principalement animée par Christofle de Thou, nommé président au parlement de Paris en 1554, et qui en devient le premier président en 1562. La campagne de réformation commence dès 1555 et se poursuit avec une remarquable persévérance, malgré les désordres dus aux guerres de religion.

La coutume ne peut être modifiée qu'en suivant, pour la réformer, la même procédure que pour la rédiger. Toutefois le processus de réformation accroît sensiblement l'influence des commissaires royaux. Ce sont eux, désormais, qui proposent un texte modifié par leurs soins. L'assemblée des trois états reste libre de consentir aux modifications. Mais par avance, les gens des trois ordres avaient accepté le principe d'une modernisation en prêtant, devant les commissaires, serment « qu'en leurs loyautés et consciences ils rapporteraient ce qu'ils savaient et avaient vu garder et observer des coutumes.... et de ce qui se trouverait dur, rude, rigoureux, déraisonnable, et comme tel, sujet à être tempéré, modéré, ou du tout corrigé, tollu et abrogé, ils en avertiraient les commissaires, selon leurs consciences ». L'humanisme avait développé l'esprit critique et un long usage n'apparaissait plus comme un titre suffisant. L'ascendant des commissaires, grands juristes, et leur persuasion, qui parfois souleva des protestations, firent leur œuvre. Au point que René Choppin, commentateur de la coutume d'Anjou, constatera : « Les coutumes nouvellement réformées que nous feuilletons, sont plustost des loix et des ordonnances des commissaires commis pour la réformation qu'ils ont faite de leur jugement, que non pas les anciens statuts des coustumes des provinces ». Mieux, un même commissaire peut être chargé de faire réformer plusieurs coutumes, avec mission de les rapprocher. Ce sera le cas de Christofle de Thou dans le vaste ressort du parlement de Paris. Une fois publiée, la coutume réformée prend le nom de « nouvelle coutume », par opposition à l'« ancienne coutume » officiellement rédigée au début du siècle et à la « très ancienne coutume » des coutumiers médiévaux.

2. Les transformations du droit coutumier

346 De la première rédaction officielle, les coutumes étaient déjà sorties transformées. Quant à leur forme d'abord, puisqu'elles étaient désormais écrites et sanctionnées officiellement. Mais aussi quant à leur fond : bien des règles coutumières avaient été infléchies sous l'impulsion des agents royaux, très attentifs, notamment, à ne pas laisser passer d'articles contraires aux droits du roi. L'entreprise de réformation accentue encore ces traits et au terme des deux vagues successives, le droit coutumier connaît de profondes transformations qui concernent le nombre des coutumes (**a**), la nature de cette source du droit (**b**) et son contenu (**c**).

a. La réduction du pluralisme coutumier

347 Quoique la rédaction ait consacré la diversité coutumière, elle l'a aussi très sensiblement réduite. À la fin de l'Ancien Régime, on comptera 65 coutumes générales et environ 300 coutumes locales. Les premières correspondent à un ressort judiciaire, les secondes sont propres à une ville ou à une seigneurie et ne dérogent que sur certains points à la coutume générale du ressort. De nombreuses coutumes particulières ont disparu. Ajoutons que la campagne de rédaction officielle a été fatale à bien des coutumes du Midi. En effet, alors que les pays méridionaux n'avaient pas été exclus de l'ordre donné à Montils-lès-Tours, celui-ci ne reçut d'application que dans le ressort du parlement de Bordeaux. Aucune rédaction n'eut lieu dans les ressorts des parlements de Toulouse, d'Aix et de Grenoble, et pas davantage dans les régions de droit écrit relevant du parlement de Paris ou de Dijon. Face au droit romain, les rédactions médiévales offrirent une piètre résistance. La fracture entre pays de coutumes et pays de droit écrit s'est alors consolidée.

b. La nature de la coutume rédigée

348 La coutume rédigée apparaît comme une source hybride du droit. La mise par écrit ne suffit pas à modifier sa nature de coutume. D'ailleurs, dans la terminologie juridique, il n'y a plus de « cou-

tume » que celle qui a été rédigée. Ce qui n'a pas fait l'objet d'une rédaction est désormais qualifié d'« usage ». Mais la coutume rédigée se rapproche de la loi. D'abord par son caractère certain : la coutume ne doit plus être prouvée par les parties. Les avocats ne peuvent plus alléguer, ni les juges appliquer des coutumes contraires au texte promulgué. Reste cependant la question des articles discordés et parfois elle se posera durablement : en 1789, le parlement de Paris n'aura pas encore tranché certains articles discordés de la Nouvelle Coutume de Paris réformée en 1580 ! Ensuite la rédaction officielle a stabilisé la coutume. Au point que les textes réformés au XVIe siècle resteront, sauf exception, en vigueur jusqu'à la fin de l'Ancien Régime, voire jusqu'en 1804. Enfin, comme la loi, elle est promulguée par l'autorité royale.

Par ailleurs, la coutume rédigée officiellement peut faire œuvre créatrice. En effet les textes ne se bornent pas à constater des normes anciennes. L'assemblée des états a certes une fonction probatoire, comparable à celle d'une turbe élargie, mais elle a aussi une fonction créatrice. Le consentement populaire est toujours nécessaire à la formation de la coutume. Mais un consentement exprès sur une disposition nouvelle peut remplacer le consentement tacite dont l'existence était présumée par l'écoulement d'un temps de 30 ou 40 ans sans contradiction. Et si la question du temps requis pour l'introduction d'une coutume ne joue pas ici (si tant est qu'elle ait été jusqu'alors scrupuleusement respectée), c'est que l'on s'adresse à une assemblée qui réunit les représentants de tous les intéressés. Cette prérogative reconnue aux sujets assemblés de créer du droit par leur consentement exprès n'en soulevait pas moins un problème d'autorité, résolu en soulignant que les états agissaient alors en vertu d'une délégation du roi. « Cette petite liberté accordée au peuple, conclut l'auteur anonyme du *Traité du droit des coutumes en France*, ne peut rien diminuer de l'autorité souveraine du Roi ni de la dépendance des sujets ». La « petite liberté » préfigure pourtant singulièrement la législation de l'époque contemporaine.

c. Le contenu des coutumes

349 Les coutumes ne forment pas des corps complets de droit. Elles ont été pratiquement expurgées de toute disposition pénale, sauf

en Bretagne, et les questions de procédure en ont été peu à peu éliminées au profit de la législation royale. Les coutumes traitent essentiellement du droit civil, tout en étant laconiques, voire muettes dans certains domaines régis par d'autres droits, droit romain pour les obligations, droit canonique pour le mariage et la filiation.

Dans le domaine qui est le leur, les coutumes ont été mises à jour. Nombre de dispositions « dures, iniques, déraisonnables » ont été supprimées. C'est sous cette accusation, par exemple, que sont tombés les coutumes pénales et certains droits seigneuriaux : ainsi certains droits de péage excessifs disparaissent, dénoncés comme « pillerie sur les sujets du roi » ; de même, les prisons seigneuriales pour être « raisonnables », doivent se trouver « au rez-de-chaussée et non plus bas » ! Dans l'ensemble, la qualité des coutumes s'est beaucoup améliorée. Leur modernisation est passée par des emprunts de provenances diverses : droit romain (dont l'apport a déjà été évoqué), doctrine et jurisprudence. La doctrine a sans doute été la source la plus importante des emprunts ; parmi les auteurs, Charles Du Moulin s'est révélé le principal inspirateur des coutumes réformées. On a parfois repris ses œuvres presque mot à mot. La jurisprudence a également joué un rôle de premier plan. Les recueils d'arrêts sont fréquemment sollicités par les praticiens locaux lors des travaux préparatoires et la jurisprudence récente est, par définition, connue des commissaires royaux, membres du parlement. Sur bien des points, les coutumes réformées enregistrent les « belles décisions faites par les arrêts des cours ». Entre ces trois types d'apports, la séparation n'est d'ailleurs pas étanche : une solution d'origine romaine peut être préconisée par Du Moulin et mise en œuvre par la jurisprudence. Le meilleur exemple est fourni par la « légitime de droit » qui protège les enfants contre les libéralités excessives faites par leurs parents.

350 Sans doute les coutumes ainsi rédigées ne furent-elles ensuite que rarement modifiées. Mais le droit coutumier ne s'est pas laissé fixer si facilement. L'« usage » conserve son importance pour interpréter la coutume ou pour suppléer à son silence. Cet usage doit être prouvé. On a d'abord recours à l'enquête par turbe, puis, lorsque ce mode de preuve est aboli en 1667, à l'acte de notoriété

qui ne fera jamais l'objet d'une réglementation législative. Il s'agit d'un acte délivré par les juges d'une juridiction royale, après délibération en contradictoire et sur conclusion du ministère public. La doctrine et la jurisprudence continuent par ailleurs leur œuvre quant à l'évolution du droit coutumier. Notamment en concourant à l'élaboration d'un droit commun coutumier.

B. L'élaboration d'un droit commun coutumier

351 Pour répondre au pluralisme des sources, l'idée d'un droit commun n'est pas nouvelle. Au Moyen Âge, l'Angleterre avait élaboré son propre *Common Law* alors que l'Europe continentale se réclamait du *ius commune* formé par la doctrine savante. Au XVIe siècle, la valeur contraignante de ce *ius commune* est contestée en France et la doctrine marque l'indépendance nationale en élaborant un droit commun propre, fondé sur les coutumes et appelé à jouer le rôle de droit supplétoire (**1**). Pour des raisons tant politiques que techniques, la coutume de Paris affirmera sa prépondérance et contribuera à une certaine unification du droit (**2**).

1. Une construction doctrinale

352 La rédaction des coutumes a engendré une abondante doctrine. Désormais chaque grande coutume a ses commentateurs (**a**). Ceux-ci ne se contentent plus d'en décrire les règles (travail rendu inutile par la fixation du droit dans un écrit), ils en font l'analyse et les comparent entre elles pour dégager un fonds commun (**b**).

a. La naissance d'une doctrine du droit coutumier

353 Chaque grande coutume a ses commentateurs. Parmi les auteurs les plus renommés, mentionnons Charles Du Moulin (1500-1566) dont les travaux font autorité pour la coutume de Paris dont ils inspireront la réformation ; Bertrand d'Argentré (1519-1590) qui commente la coutume de Bretagne et influencera sa réformation en 1580 ; Guy Coquille (1523-1603), commentateur de la coutume du Nivernais ; René Choppin (1537-1606), commentateur des coutumes d'Anjou et de Paris ou Pierre Pithou (1539-1596), commentateur de celle de Troyes. Si ces auteurs ont fait des études de droit (Pithou, par exemple, est un élève de Cujas), eux-mêmes

ne sont pas des universitaires, mais des praticiens, avocats ou magistrats. Alors que le droit coutumier ne fait pas encore l'objet d'un enseignement à l'Université, leurs travaux amenuisent sa dénivellation avec les droits savants. Grâce à l'imprimerie, les coutumes rédigées et leurs commentaires sont largement diffusés. Dès lors, les juristes peuvent les comparer.

b. Le comparatisme, facteur d'unification du droit

354 En ce domaine, Charles Du Moulin a joué un rôle précurseur. Il est convaincu qu'à l'origine, la Gaule connaissait une coutume unique et que la diversification coutumière résulte de l'institution de juridictions locales qui ont développé des interprétations divergentes. Mais, pense-t-il, subsistent de l'unité primitive des traces qui constituent un fonds commun à toutes les coutumes. Il faut donc comparer les coutumes pour y chercher ces traces, à partir desquelles il sera possible de réunifier le droit coutumier. Du Moulin fera des émules. Sans forcément adhérer à la thèse d'une unité originelle, ils reprennent sa méthode comparative en vue de réduire les particularismes coutumiers et de parvenir à une unification du droit. Ils établissent des « conférences de coutumes », répertoires systématiques qui juxtaposent, par matières, les dispositions des différentes coutumes pour mieux faire ressortir leurs divergences et leurs similitudes. Ainsi Pierre Guesnoys rédige-t-il des *Conférences des coutumes tant générales que locales et particulières du royaume de France* et Guy Coquille la *Conférence des coutumes de France, réduites en épitomés, selon les titres du droit* [1]. De cette comparaison, les auteurs parviennent à dégager, au milieu des diversités et des particularités locales, un certain nombre de règles générales. Mieux, certains synthétisent les traits communs des coutumes. Avec des développements substantiels comme Guy Coquille dans son *Institution au droit des Français* ou bien de façon lapidaire, sous forme d'adages et de brocards faciles à retenir, comme l'avocat parisien Antoine Loisel (1536-1617) dans ses *Institutes coutumières*. À partir de 1580, ce mouve-

1. En 1724, Charles-Antoine Bourdot de Richebourg fait paraître un *Nouveau coutumier général* : cette œuvre monumentale rassemble toutes les coutumes en vigueur, générales et particulières, accompagnées de notes sur la doctrine et la jurisprudence.

ment doctrinal va puiser dans la Nouvelle Coutume de Paris et ce trait ira en s'accentuant.

2. La prépondérance de la coutume de Paris

355 Cette prépondérance résulte de raisons tout à la fois techniques et politiques. Du Moulin déjà mettait la coutume de Paris au premier rang des coutumes « princesses », celles qui sont plus importantes que les autres. Sa réformation ne s'est pas déroulée dans la même atmosphère que celle d'une coutume ordinaire. Elle a été l'une des dernières à être réformée par Christofle de Thou en 1580 et l'entreprise a été particulièrement soignée et solennelle. Mieux rédigée que toutes les autres, elle constitue le chef-d'œuvre de la campagne de réformation. Ses quelque 300 articles offrent des solutions que, par souci d'unification, De Thou avait voulues modérées et moyennes, tenant le juste milieu entre des coutumes opposées. Son importance croissante suit la concentration géographique du pouvoir qui assure la promotion du centre parisien. Dès le Moyen Âge, Paris était devenue la capitale de l'administration, alors même que le roi tenait une cour itinérante. Aux Temps modernes, le roi, qui voyage de moins en moins au XVIIe siècle, se fixe définitivement à Paris (ou à Versailles) au siècle suivant. On ne cesse de le répéter : Paris a la « faveur des rois », Paris est à la France ce que Rome était à l'Empire romain. Cette tendance centralisatrice ne pouvait que profiter au droit parisien. Considérée comme l'expression la plus fidèle et la plus complète du droit coutumier, voire comme l'« abrégé du droit français », la coutume de Paris était destinée à s'appliquer hors de son ressort. Sa prééminence est assurée par l'œuvre conjointe de la doctrine et de la jurisprudence. Guillaume de Lamoignon (1617-1677), premier président du parlement de Paris, se recommande largement de la coutume de Paris dans ses *Arrêtés* publiés en 1702 après sa mort. Lamoignon se proposait d'établir le droit commun de la France coutumière et il avait à cette fin organisé un travail en équipe en réunissant savants et praticiens. L'avocat François Bourjon († 1751) consacre 37 ans de travail à un ouvrage dont le plan, notamment, inspirera les rédacteurs du Code civil : *Le droit commun de la France et la coutume de Paris réduits en principes*

(1747). La jurisprudence joue un rôle essentiel, principalement celle du parlement de Paris dont le ressort couvre plus d'un tiers du royaume. En cas de silence de la coutume ou même en cas de conflit de coutumes, le parlement applique la coutume de Paris.

§ 2. L'irrésistible ascension de la législation royale

356 Alors que les juristes médiévaux insistaient sur les prérogatives judiciaires du roi, dès le XVIe siècle les théoriciens du pouvoir monarchique, tel Jean Bodin, font du « pouvoir de donner et casser la loi » le premier attribut de la souveraineté. Et ce que le roi estime devoir être érigé en règle de droit est la loi : « Qui veut le roi, si veut la loi » dit la maxime de Loisel (*Institutes coutumières*) (**A**). Parallèlement, la centralisation étatique engendre inévitablement le développement du droit « par le haut ». L'autorité monarchique intervient toujours davantage dans les structures du pays et dans les activités de ses sujets (**B**).

A. « Qui veut le roi, si veut la loi »

357 L'autorité législative appartient au roi seul. Sa puissance s'y exerce « sans dépendance et sans partage » (**1**). La volonté du roi s'exprime par des formes diverses (**2**).

1. Un pouvoir « sans dépendance et sans partage »

358 La volonté du roi est souveraine. S'il se soumet aux lois, c'est qu'il le veut bien. Nous reviendrons sur ce point à propos des « Lois fondamentales ». S'agissant des lois ordinaires, le roi ne saurait en être prisonnier. Il n'est pas tenu par les lois de ses prédécesseurs, ni par les siennes propres. Le fondement juridique de ce principe est tiré de la fameuse maxime d'Ulpien : *Princeps legibus solutus est*, le Prince est délié des lois. Son pouvoir s'exerce non seulement par une totale liberté de légiférer, mais aussi par la faculté de dispenser de la loi : ainsi le roi peut-il octroyer à des particuliers ou à des collectivités des grâces ou des privilèges les exemptant du droit commun.

Pas davantage, l'exercice de la puissance législative n'est partagé. Il n'y a dans le royaume aucune autre autorité législative que le roi. Depuis un édit de 1572, les princes territoriaux ne peuvent plus prendre d'ordonnances, sauf en les conformant à la législation royale. Et si diverses institutions participent à l'activité législative au titre du conseil (**a**), elles ne peuvent entraver la volonté royale (**b**).

a. La volonté royale éclairée par le conseil

359 Le roi légifère comme il gouverne : à grand conseil. Le principe du conseil, qui pondère la volonté royale, joue à tous les stades de l'élaboration de la loi : initiative, rédaction, vérification.

L'initiative de la loi appartient au roi seul, mais elle lui est bien souvent suggérée. Même lorsque la législation est rendue « du propre mouvement » du roi, elle a fréquemment été inspirée par ses collaborateurs, le chancelier ou d'autres ministres. Le roi peut également exercer son initiative à la suite d'une demande expressément formulée par ses sujets. On parle alors de loi rendue « sur requête ». Ces requêtes émanent de particuliers comme de corps. On retiendra surtout le rôle joué par les États généraux. Réunis pour la première fois par Philippe le Bel en 1302, les États généraux groupent des représentants des trois ordres : clergé, noblesse et tiers-état. En 1483, s'impose le principe électif pour la désignation de ces représentants. Par l'intermédiaire de cahiers de doléances, les États dénoncent des faits ou des situations dont ils sollicitent le redressement et proposent des réformes. Ces doléances sont très utiles au roi qu'elles renseignent sur l'état de l'opinion. Mais le roi conserve l'entière liberté d'y donner suite ou pas. Après avoir connu une éclipse de près de 80 ans (de 1484 à 1560 le roi ne les a pas convoqués), les États généraux seront réunis à plusieurs reprises dans la seconde moitié du XVIe siècle. Leurs doléances ont inspiré plusieurs ordonnances importantes.

360 La rédaction des lois donne également lieu à conseil. En pratique, elle est confiée aux membres du Conseil du roi, parfois à un seul homme comme Jacques Savary pour l'ordonnance du commerce de 1673. Les textes les plus importants font l'objet d'une très large consultation à laquelle sont associés, au gré du roi, divers organes

comme des grands corps de l'État, tels les parlements ou l'Université, des communautés, des notables ou encore des personnalités qualifiées par leurs compétences. Le texte est ensuite examiné au cours d'une ultime séance du Conseil du roi, présidé par le monarque qui tranche les dernières difficultés. Si l'acte est pris en forme de lettres patentes, il est alors soumis à vérification.

361 Le conseil s'exerce encore par la vérification. Elle appartient d'abord au chancelier qui, avant d'apposer le sceau authentifiant l'acte, a le devoir d'éclairer le roi sur l'inopportunité ou l'illégalité d'une décision « surprise à sa sagesse ». Enfin, après les formalités de scellement, les lettres patentes doivent être soumises à la procédure d'enregistrement auprès des cours souveraines. Ce n'est qu'après l'enregistrement qu'elles deviennent exécutoires. L'enregistrement consiste, après lecture en audience publique, en la transcription sur un registre. Au départ, il s'agit d'une simple mesure d'ordre propre à assurer la conservation et la publication des textes. Mais le roi a, de longue date, pris modèle sur la procédure romaine en usage pour les rescrits et admis que la cour, principalement le parlement, attire son attention sur les inconvénients de ses lettres. Ce contrôle, à l'origine limité aux lettres obtenues « par importunité des requérants », s'est étendu aux ordonnances. Il était utile pour le roi de recueillir l'avis de ces praticiens du droit, intéressés au premier chef à l'application des lois. Leur conseil, délivré sous la forme de « respectueuses remontrances », était davantage qu'un droit, c'était un devoir.

b. La volonté royale libre d'entrave

362 Si le roi tient le plus grand compte des requêtes et des conseils, il n'est jamais lié par eux. Sa volonté est toujours souveraine. Pourtant les États généraux et les parlements ont tenté d'imposer un véritable partage du pouvoir législatif. Les premiers, dans la seconde moitié du XVIe siècle, se sont enhardis jusqu'à soutenir que le roi était tenu de suivre leur avis lorsqu'il recueillait l'unanimité des trois ordres. De telles velléités ne pouvaient que renforcer les préventions royales à l'égard de cette institution devenue plus encombrante qu'utile. À partir de 1614, les États généraux ne seront plus réunis jusqu'en 1789. Cette circonstance va renforcer

les prétentions parlementaires déjà manifestes au XVIe siècle. En l'absence d'États généraux, le parlement se prétend conseil privilégié du roi et entend participer au pouvoir législatif au moyen de la « libre vérification » des ordonnances. À partir de 1630, le parlement use et abuse de son droit de remontrances, s'érigeant en véritable contre-pouvoir. Si le roi peut faire droit aux observations du parlement – et il y consent assez souvent –, il peut tout aussi bien passer outre et ordonner l'enregistrement d'autorité. Il adresse alors à la cour des « lettres de jussion » (du latin *jubere*, ordonner) lui intimant l'ordre d'enregistrer. Si le parlement n'obtempère pas et fait d'« itératives remontrances », de nouvelles lettres de jussion peuvent l'y contraindre. Mais le roi dispose d'une autre procédure : il peut venir en personne au parlement [1] tenir un « lit de justice », c'est-à-dire prendre place sur son trône situé sous un dais (un « ciel de lit »). Sa présence suspend la délégation dont jouissaient les magistrats du parlement. Le roi ordonne alors lui-même au greffier de procéder à l'enregistrement et le greffier s'exécute. Le 3 mars 1766, au cours de la mémorable « séance de la Flagellation », Louis XV rappellera sans ménagement au parlement de Paris : « c'est à moi seul qu'appartient le pouvoir législatif, sans dépendance et sans partage ».

Le conflit de fond qui se noue au XVIIe siècle entre le roi et ses juges ne sera jamais vraiment résolu, malgré un répit de 42 ans sous le règne de Louis XIV qui avait ordonné l'enregistrement préalable aux remontrances, les privant ainsi de toute efficacité. Et ce conflit n'est pas resté sans effet sur les modes d'expression de la volonté royale.

2. Les modes d'expression de la volonté royale

363 L'Ancien Régime ignore la séparation des pouvoirs. Le roi détient tous les pouvoirs et les exerce tous : il légifère, gouverne, administre, juge... Dans tous les cas, sa volonté est souveraine. Elle s'exprime par une multitude d'actes parmi lesquels il n'est pas toujours facile de distinguer entre les actes législatifs, les décisions de justice, les actes réglementaires ou administratifs. La forme que

1. Du moins se rend-t-il en personne au parlement de Paris. Pour les parlements provinciaux, il envoie un commissaire muni de l'ordre d'enregistrement forcé.

revêtent les actes ne suffit pas à établir une distinction. Le roi peut en effet expédier ses décisions en forme de lettres patentes. Mais celles-ci contiennent tout autant des actes de nature judiciaire ou administrative à portée personnelle ou temporaire, que des actes de nature législative à portée générale et permanente. Le roi peut encore manifester sa volonté par des décisions rendues en son Conseil : on parle alors d'« arrêts de Conseil » qui recouvrent, là encore, des actes de nature judiciaire, administrative ou législative. L'acte législatif peut être défini comme celui qui pose des normes de portée générale et permanente. Au sein des lettres patentes, ces actes forment la catégorie des ordonnances (**a**). Mais on rencontre également des actes présentant ces caractères de généralité et de permanence parmi les arrêts du Conseil avec lesquels le roi légifère lorsqu'il entend échapper au contrôle tatillon des parlements (**b**).

a. Les ordonnances prises en forme de lettres patentes

364 Par opposition aux lettres closes (dont l'exemple le plus connu réside dans les lettres de cachet), les lettres patentes sont ouvertes : le terme vient du verbe latin *patere*, être ouvert. Elles comportent toutes une adresse au nom du roi, par exemple « Louis, par la grâce de Dieu, roi de France et de Navarre, à tous présents et à venir, salut ». Viennent ensuite le préambule, où le roi explique les motifs de sa décision, puis le dispositif, divisé en articles. L'acte se termine par une longue formule exécutoire avant la signature du roi et le contreseing d'un secrétaire d'État. Au sens large, ces lois sont qualifiées d'ordonnances. Mais au sens strict, l'ordonnance est une loi générale qui porte sur diverses matières, par opposition à l'édit et à la déclaration. L'édit a une portée plus réduite, ne traitant que d'une seule question ou s'adressant à une catégorie spéciale de sujets. Par exemple, en février 1566, Charles IX prend l'ordonnance de Moulins, vaste texte de réformation de la justice, et l'édit de Moulins, consacré plus spécifiquement au domaine de la Couronne. La déclaration, enfin, intervient pour préciser ou interpréter une ordonnance ou un édit.

b. Les arrêts du Conseil

365 Le Conseil du roi est l'organe politique qui assiste le roi dans l'exercice de ses responsabilités gouvernementales, administratives, législatives ou judiciaires. Comme celle du roi, dont il est indissociable, la compétence du Conseil est universelle. En son Conseil, le roi rend des arrêts qui ont force de lois. Mais, à la différence des lettres patentes, les arrêts du Conseil échappent à l'enregistrement. Leur procédure est simple et rapide et le roi y fera largement appel pour court-circuiter l'opposition des cours souveraines.

B. L'interventionnisme croissant

366 Du XVIe au XVIIIe siècle, les lois du roi se multiplient. On ne saurait entrer ici dans le détail. Seules les ordonnances les plus importantes seront évoquées. Elles font successivement apparaître deux méthodes d'intervention. La première est celle de la réformation. Elle prolonge le style de la législation de la fin du Moyen Âge, jusqu'au début du XVIIe siècle (**1**). La seconde, qui commence sous le règne de Louis XIV, se préoccupe d'unification en codifiant certaines branches du droit (**2**).

1. Les ordonnances de réformation

367 Il s'agit, pour la plupart, de lois portant « sur le fait de la justice » aux dimensions imposantes et au contenu très disparate présenté sans grand souci d'ordre. Si leur objectif affiché est de remettre dans un ordre ancien, les ordonnances de réformation n'en contiennent pas moins des dispositions résolument novatrices (**a**). D'une façon générale, le roi légifère plutôt en matière de droit public. Mais il intervient également dans le domaine du droit privé lorsque l'ordre public l'exige (**b**).

a. Des dispositions résolument novatrices

Nombre d'entre elles ont fait date dans l'histoire de notre droit. En voici quelques exemples :

368 En 1539, François Ier prend l'ordonnance de Villers-Cotterêts sur le fait de la justice. Parmi ses 192 articles, figurent trois décisions notables. Pour la première fois s'ébauche l'organisation officielle d'un état civil (pas encore laïcisé) par l'obligation faite au curé de

tenir des registres paroissiaux de baptêmes et de sépultures dont les dispositions feront preuves légales. En 1579, l'ordonnance de Blois ajoutera l'obligation de consigner les mariages dans ces registres. L'ordonnance de Villers-Cotterêts annonce également notre système de l'enregistrement pour les actes de donation et elle impose enfin la rédaction des actes officiels ou publics « en langage maternel français » et non plus en latin.

369 Sous l'impulsion du chancelier Michel de l'Hospital, Charles IX prend plusieurs grandes ordonnances. Mentionnons l'ordonnance prise à Paris, mais connue sous le nom d'« ordonnance de Roussillon », décidant en 1564 que l'année civile commencera au 1er janvier et non plus à Pâques et l'ordonnance de Moulins (1566) : rompant avec la tradition médiévale qui préférait le témoignage à l'écriture, elle requiert la constitution d'une preuve écrite pour les contrats dépassant un certain montant. C'est le même texte qui a créé l'hypothèque judiciaire.

370 L'ordonnance de Blois, prise par Henri III en 1579, est surtout connue pour avoir introduit les règles contre les mariages clandestins, reprises, moyennant quelques modifications, des décrets du concile de Trente. Ces règles seront complétées par une déclaration de 1639. Mais ses 363 articles touchent à bien d'autres domaines : l'administration de la justice occupe le tiers de l'ordonnance qui traite aussi de questions administratives ou dans le langage du temps de la « police ».

371 La dernière grande ordonnance de réformation, promulguée sous le règne de Louis XIII en 1629, a reçu l'appellation de « Code Michau », du prénom de son rédacteur, le garde des sceaux Michel de Marillac. Au fil de ses 461 articles, elle aborde les sujets les plus divers. Elle fera surtout date par l'opposition qu'elle soulèvera dans les parlements.

b. L'intervention législative en matière de droit privé et ses limites

372 C'est au nom de l'ordre public que le roi légifère en matière de droit privé. La lutte contre les mariages clandestins n'en est pas le seul exemple. Le même souci de l'ordre public anime l'« édit sur les secondes noces et sur les donations qui y sont relatives »

(1560). Il fait suite au scandale causé par les donations faites à son second mari par Anne d'Alligre, mère de sept enfants nés d'un premier lit. L'édit entend protéger les enfants de la première union en limitant les libéralités accordées au second époux. D'autres graves abus ont également attiré l'attention du roi, comme les testaments inconsidérés qui faisaient tomber des familles entières « en ruine et pauvreté ». En vue d'y remédier, l'ordonnance d'Orléans impose en 1561 des formalités pour la validité des testaments. Cette législation du XVIe siècle sur les donations entre époux et sur les testaments intéresse surtout les pays de coutumes. Si l'intervention royale est bien acceptée, c'est qu'elle est sollicitée et porte remède à des abus dénoncés par les sujets et la jurisprudence. La réformation des coutumes collaborera d'ailleurs avec la législation pour lutter contre les mêmes abus. Les apports respectifs se complètent : la législation pose des principes généraux et les coutumes réformées précisent les techniques juridiques, déjouant bien des fraudes dans l'application de la loi.

373 En revanche, la législation s'expose à l'échec si elle agit contre le gré des intéressés. Mentionnons le sort de l'édit rendu par Charles IX en 1567, connu sous le nom d'« édit des mères ». Il vise à réduire en pays de droit écrit la vocation successorale des mères en y introduisant la règle coutumière « propres ne remontent ». Il se heurte à la plus vive résistance de la doctrine et de la jurisprudence et finit abrogé par Louis XV en 1729. Le « code Michau » provoquera une levée de boucliers en allant contre un principe reçu dans les pays de droit écrit (« Nul seigneur sans titre »). Il faut encore ajouter le succès très mitigé des dispositions législatives sur les substitutions. La substitution est une institution du droit successoral qui permet au testateur de désigner, pour un bien déterminé, non seulement un héritier, mais aussi ceux qui, de génération en génération, en hériteront après lui. Ce mécanisme vise à assurer la conservation du bien dans la famille. Cependant cette inaliénabilité présente des dangers pour les tiers. C'est pourquoi le pouvoir royal – encouragé par ses intérêts fiscaux – insère dans les ordonnances de réforme des dispositions imposant des mesures de publicité pour les testaments renfermant une substitution et limitant les effets des substitutions à un certain nombre

de degrés, c'est-à-dire de générations. La répétition des mêmes dispositions dénonce leur peu d'efficacité.

2. Les ordonnances de codification

374 La multiplication des ordonnances engendre une nouvelle incertitude juridique. Depuis le Moyen Âge, les textes s'accumulent, se remplacent, se complètent ou se contredisent sans abroger la législation antérieure. La législation est difficile à consulter car aucun recueil officiel ne la rassemble. Sans doute circule-t-il des recueils privés, telle *La grande conférence des Ordonnances et édits royaux* de Guesnoys, mais ceux-ci sont incomplets. Sensible à la confusion, le roi décide d'y porter remède en ordonnant la compilation officielle des ordonnances. Dès François Ier, des spécialistes sont chargés de la besogne. À la fin du règne d'Henri II (1547-1559), seules les ordonnances de 1060 à 1350 ont été rassemblées et le travail s'arrête. Il reprend lorsqu'à la suite de demandes répétées des États généraux, Henri III charge Barnabé Brisson, conseiller d'État, puis président au parlement de Paris, de recueillir les ordonnances « utiles et nécessaires ». En 1587, Brisson présente au roi ce que l'on a coutume d'appeler le « code Henri III ». L'ouvrage couvre l'ensemble des matières traitées dans les ordonnances, mais il ne sera jamais sanctionné [1]. À partir de Louis XIV, la monarchie s'engage dans une autre voie, celle des codifications partielles.

375 Contrairement aux ordonnances de réformation, les ordonnances de codification se limitent à un domaine précis dont elles traitent systématiquement. Ce sont de longs textes d'une remarquable clarté, divisés en titres et en articles, ordonnés avec méthode. Ces véritables codes unifient les parties du droit concernées. Elles annoncent les codes napoléoniens dont plusieurs puisent leur substance, et parfois leur forme. Deux vagues d'ordonnances se succèdent : sous le règne de Louis XIV, elles s'attachent à des parties

1. En 1700, Louis XIV décidera à son tour de faire réunir les ordonnances. Le premier volume de ce recueil paraît, après sa mort, en 1723 sous le titre d'*Ordonnances des rois de France de la troisième race recueillies par ordre chronologique* (recueil encore appelé *Collection des ordonnances du Louvre*). Le travail se poursuivra jusqu'en 1849, date à laquelle on avait à peine atteint l'année 1515, puis reprendra en 1883. On dispose également d'une compilation établie par trois avocats, Isambert, Jourdan et Decrusy, intitulée *Recueil général des anciennes lois françaises depuis l'an 420 jusqu'à la Révolution de 1789*, et publiée de 1822 à 1833.

du droit qui n'étaient pas réglées par les coutumes (**a**), sous le règne de Louis XV, elles unifient certaines parties du droit privé (**b**).

a. Les ordonnances de Louis XIV

376 Peu de temps après avoir pris personnellement en main le gouvernement, à la mort de Mazarin, Louis XIV entreprend un vaste projet de réformation de la justice. Il passe par la réforme de la législation dont l'incertitude nuit au bon fonctionnement de la justice. Sa mise en œuvre est confiée à Colbert qui suggère au roi d'élargir les réformes à d'autres domaines où l'interventionnisme de l'État se fait croissant pour assurer la prospérité et l'ordre du royaume. Le projet est ambitieux : on ne se bornera pas à collecter les textes, moyennant quelques ajustements, on les refondra pour les réduire en un seul corps dans chaque domaine concerné. C'est bien d'une codification qu'il s'agit.

377 L'entreprise commence par la réforme de la procédure civile. Le travail préparatoire est confié à une commission de spécialistes, puis soumis au conseil de justice qui se réunit trois fois par semaine, souvent sous la présidence du roi. Au bout de 15 mois, le texte subit l'épreuve de « conférences » auxquelles participent des parlementaires dont le président Lamoignon. Le roi tranche ensuite les dernières difficultés et porte lui-même au parlement, le 20 mai 1667, l'« ordonnance civile touchant la réformation de la justice » qui sera enregistrée en sa présence. Il s'agit d'un code minutieux et complet qui harmonise et simplifie la procédure civile. Un cadre précis est fixé à l'action des juges. Au passage, le droit de remontrances des parlements est limité et il est formellement interdit aux juges d'interpréter la loi : le roi manifeste expressément sa volonté de se réserver l'interprétation des normes qu'il édicte [1]. Les dispositions de cette ordonnance seront largement reprises par le Code de procédure civile de 1806.

378 L'élaboration de l'« ordonnance criminelle » (août 1670) se déroule de la même façon. Cette ordonnance unifie les règles de la procé-

1. Ce n'est d'ailleurs pas une nouveauté. L'essor du pouvoir royal a suscité, depuis Charles VII, des interdictions de plus en plus solennelles d'interpréter la loi : J. Krynen, « Le problème et la querelle de l'interprétation de la loi, en France, avant la Révolution. (Essai de rétrospective médiévale et moderne) », *RHD* 2008, p. 161-197.

dure pénale. On lui reprochera souvent sa rigueur : la torture est conservée, malgré l'opposition de Lamoignon, le secret est renforcé. Pourtant, des progrès sont notables, tel la généralisation de l'appel obligatoire au parlement pour toute condamnation grave. À l'exception des dispositions inhumaines, l'ordonnance inspirera le Code d'instruction criminelle de 1808.

379 Les autres grandes ordonnances se passent de la consultation des parlementaires. Colbert, contrôleur général des finances et secrétaire d'État à la marine, en est le principal maître d'œuvre. Pour garantir un certain ordre orienté vers « l'abondance publique et la richesse des particuliers », l'État intervient d'abord en matière de forêts. Les forêts méritaient une attention particulière car elles fournissaient le bois pour construire les navires et les navires étaient essentiels pour le commerce avec l'étranger. En août 1669, l'« ordonnance portant règlement général pour les Eaux et Forêts » est un véritable code forestier qui servira de modèle à celui de 1827. L'État règle également le commerce terrestre par l'« ordonnance du commerce » (mars 1673), encore appelée « code Savary » du nom de son principal auteur. Cette ordonnance consacre la spécificité des pratiques commerciales. Elle est complétée par l'« ordonnance de la marine » (août 1681) qui s'occupe du commerce maritime et constitue plus largement un véritable code de la mer, traitant du statut des marins et des navires, des contrats maritimes, de la police des ports et des rivages, du régime des pêches et des juridictions compétentes. Beaucoup de ses dispositions sont encore en vigueur dans le milieu des gens de mer. L'ordonnance du commerce et celle de la marine ont grandement servi aux rédacteurs du Code de commerce de 1807, d'ailleurs pas toujours de façon très heureuse car le code Savary a vite été dépassé par la pratique.

380 Enfin, après la mort de Colbert, Louvois préside à l'élaboration de l'« ordonnance touchant la police des îles de l'Amérique » (mars 1685). Communément appelée le « Code noir », elle réglemente le droit colonial et l'esclavage.

b. Les ordonnances de Louis XV et le droit privé

381 Les ordonnances de Louis XV ont été l'œuvre d'Henri-François Daguesseau (1668-1751). Chancelier depuis 1717, Daguesseau

forme le projet d'unifier certaines parties du droit privé. Il commence par la matière des donations où les principes du droit coutumier ne s'opposaient pas fondamentalement à ceux du droit romain. En 1728, il fait procéder à une large consultation des parlements et des conseils souverains (parlements sans le titre établis dans les provinces annexées à partir du XVIIe siècle). Un questionnaire détaillé est adressé à chaque juridiction, portant sur les points controversés. Les questionnaires sont dépouillés et résumés par deux avocats agréés par le roi. La rédaction du projet d'ordonnance est ensuite confiée à une commission de conseillers d'État. Après l'arbitrage du chancelier et des révisions auxquelles participe le parlement, le texte est soumis à un conseil tenu en la présence du roi. En février 1731, l'« ordonnance sur les donations » unifie pour tout le royaume les règles applicables à ces actes juridiques.

382 Dès 1729, Daguesseau entame un même processus à propos des testaments. En ce domaine, les traditions juridiques du Nord et du Midi se révèlent inconciliables. Du moins l'« ordonnance concernant les testaments » (août 1735) met-elle fin aux divergences de jurisprudence lorsque les cours se réclament du même droit. Elle établit deux unités différentes, l'une pour les pays de droit écrit, l'autre pour les pays de coutumes.

383 L'unification du droit est, en revanche, réalisée en matière de substitutions par l'« ordonnance concernant les substitutions » d'août 1747. Le droit de substituer est limité à deux degrés et la validité des substitutions est soumise à des conditions de forme et de fond.

384 Au terme de cette entreprise, la France dispose – même si le terme de « code » est ici impropre – d'un code de procédure civile, d'un code de procédure pénale, d'un code de commerce, d'un code de la mer, d'un code des Eaux et Forêts, et même d'un code colonial. En revanche, elle n'a pas de code pénal, ni rien qui s'en rapproche. En matière de droit civil, la codification reste très limitée. Sur ce point, c'est la doctrine qui préparera activement l'unification du droit.

§ 3. La consécration universitaire du droit français

385 Jusqu'au XVIIe siècle, seuls le droit romain et le droit canonique sont enseignés à l'Université où les cours se donnent en latin. Cette situation change en 1679, lorsque Louis XIV crée un enseignement de droit français dans chaque faculté de droit (**A**). Les professeurs de droit français, qui enseignent en français, vont jouer un rôle majeur dans l'unification du droit (**B**).

A. La création d'un enseignement de droit français

Depuis la Réforme, les universités tendent à échapper à l'autorité pontificale. C'est évidemment le cas dans les pays protestants, mais c'est aussi le cas en France où, l'État s'affermissant, les universités passent sous le contrôle du roi. Dès le XVIe siècle, l'autorité royale commence à intervenir dans le monde universitaire pour réformer des abus. Plusieurs articles y sont déjà consacrés dans l'ordonnance de Blois de 1579. Sous le règne d'Henri IV, le roi apparaît bien comme « le seul chef et souverain des universités » (R. Choppin). Sa mainmise se manifeste, avec Louis XIV, par une réforme énergique des études de droit entreprise dans l'édit de Saint-Germain (avril 1679). Le roi entend en relever la qualité. Les professeurs sont recrutés par concours (origine de notre concours d'agrégation des Facultés de droit). La collation des grades est surveillée, la régularité des cours et l'assiduité des étudiants exigées. Les programmes font l'objet d'une réglementation minutieuse et, dans ce cadre, le roi impose l'enseignement du droit national : l'édit de Saint-Germain crée dans chaque faculté de droit une chaire de droit français complétant les enseignements traditionnels de droit romain – lequel est rétabli à l'Université de Paris – et de droit canonique. L'enseignement du droit français est confié à un professeur royal rémunéré (assez médiocrement) par le roi et nommé par le chancelier sur présentation des procureurs généraux des parlements. Il s'agit donc d'abord d'un praticien qui parfois n'est même pas docteur. Il ne jouit pas d'une grande considération auprès de ses collègues. On lui refuse même le port de la robe rouge (que revêtent les autres professeurs) pour bien marquer que son savoir est étranger à l'Université ! Rompant avec la tradition, le nouvel enseignement, plus moderne et professionnalisé, est dispensé en français.

L'article 14 de l'édit de Saint-Germain précise quel est le contenu du nouvel enseignement : « ... afin de ne rien omettre de ce qui peut servir à la parfaite instruction de ceux qui entreront dans les charges de judicature, nous voulons que le droit français contenu dans nos ordonnances et dans les coutumes soit publiquement enseigné ; et à cet effet nous nommerons des professeurs qui expliqueront les principes de la jurisprudence française et qui feront des leçons publiques... ». Cet enseignement et la publication des cours de droit français favorisent le développement d'une doctrine dont le rôle sera essentiel pour l'unification du droit.

B. Les professeurs de droit français et l'unification doctrinale du droit

386 La science du droit revient entre les mains des professeurs. Tous les professeurs de droit français n'ont pas la même envergure, mais de grands noms se détachent. Parmi ceux qui ont marqué le droit commun coutumier, mentionnons Claude Pocquet de Livonnière († 1726), professeur à Angers, dont les *Règles du droit français* connaîtront 7 éditions de 1730 à 1786, Michel Prévost de la Jannès († 1749), professeur à Orléans ou encore Augustin-Marie Poullain du Parc († 1782), professeur à Rennes. Mais les plus importants sont ceux qui se préoccupent directement de l'unité juridique entre le Nord et le Midi. C'est le cas de plusieurs professeurs de droit français qui enseignent en pays de droit écrit. François Boutaric († 1733), professeur à Toulouse, rédige *Les Institutes de Justinien conférées avec le droit français*. Claude Serres († 1768), élève de Boutaric, enseigne à Montpellier et fait paraître des *Institutions du droit français suivant l'ordre de celles de Justinien*. Jean-Joseph Julien († 1789), professeur à Aix, publie son cours intitulé *Éléments de Jurisprudence sur les lois romaines et celles du royaume*. Gabriel-Jean de Dieu Olivier († 1823), profes-

seur à Avignon, a laissé de nombreux ouvrages : *De la réforme des lois civiles* (1786), *Essai sur la conciliation des coutumes françaises* (1787), *Nouveau Code civil proposé à la nation française et soumis à l'Assemblée nationale* (1789).

387 Ce souci d'unification est partagé par les professeurs de droit français qui enseignent en pays de coutumes. Claude de Ferrière († 1715) a commencé par occuper les chaires de droit romain et de droit canonique à Reims avant d'obtenir celle de droit français dans la même faculté. En 1677, il publie *La jurisprudence du Digeste conférée avec les ordonnances royales, les coutumes de France et les décisions des cours souveraines*. Le plus grand nom est celui de Robert-Joseph Pothier († 1772), professeur à Orléans. Ami de Daguesseau, Pothier réalise, dans ses œuvres, ce que le chancelier n'a pu accomplir entièrement dans ses réformes législatives : une synthèse du droit civil contenue dans un ensemble de traités. Le *Traité des obligations*, paru en 1760, est suivi de nombreux autres : contrat de vente, contrat de mariage, communauté, donation, propriété... Ces traités ont puisé partout, aussi bien dans les coutumes que dans les droits romain et canonique, pour retenir les solutions les plus judicieuses. Chaque matière s'ordonne de façon systématique, avec une précision et une clarté remarquables. Son œuvre exercera une influence si considérable sur les rédacteurs du Code civil que Pothier sera qualifié de « père spirituel du Code civil ». Nombre d'articles en seront repris, souvent mot à mot et parfois exactement dans le même ordre que celui suivi par Pothier.

388 Certes, jamais la démarcation entre le Nord et le Midi nc disparaîtra sous l'Ancien Régime, mais l'unification du droit progresse dans la doctrine. La notion de droit commun de la France tend à devenir plus globale, fusionnant le droit coutumier de Paris et le droit romain. Ces professeurs ont formé des générations entières de juristes et, pour finir, ils ont formé la génération qui a fait le Code civil. Olivier participera d'ailleurs à la critique du projet de l'an VIII en tant que magistrat.

389 Les progrès accomplis en matière d'unification du droit ne doivent cependant pas masquer le maintien du pluralisme juridique. Un simple exemple permet de mesurer l'enchevêtrement des droits :

en 1750, un protestant bourguignon atteint sa majorité à quatorze ans selon la coutume de son duché, doit, aux termes du droit canonique, se marier devant le curé, succède à la romaine à son père décédé intestat, et, s'il veut faire un testament, obéit aux formes prescrites par l'ordonnance de 1735 ! À ces sources coutumières, canoniques, romaines et législatives s'ajoutent encore les règles que pose la jurisprudence sous la forme d'arrêts de règlement. L'arrêt de règlement est une décision par laquelle une cour souveraine ne se borne pas à trancher un litige, mais pose, à l'occasion d'un procès, une règle de droit applicable à l'avenir à toutes les espèces semblables dans son ressort. L'arrêt de règlement jouit d'une autorité supérieure aux arrêts ordinaires, mais, outre qu'il ne peut intervenir que dans le silence des coutumes et de la législation, il n'a qu'une autorité provisoire car il peut toujours être abrogé par une ordonnance ou cassé par un arrêt du Conseil du roi.

SOUS-SECTION 3
LE DROIT EN FRANÇAIS

390 Si le pluralisme de l'ancienne France se manifeste dans le droit, il se manifeste aussi dans bien d'autres domaines. Chaque province, chaque petit pays a son costume, sa cuisine, son habitat, son mobilier, ses poids et mesures, ses fêtes et... sa langue. Chaque région du royaume a sa langue. On parle breton, flamand, basque, alsacien, catalan, on use des dialectes de la langue d'oïl (picard, champenois, normand), de ceux de la langue d'oc (provençal, languedocien, gascon, auvergnat, limousin)... La liste est longue et encore y a-t-il des variantes à l'intérieur d'un même domaine linguistique : la Bretagne connaît quatre dialectes majeurs, dont l'un comporte une douzaine de sous-dialectes ! La nation n'en a pas moins une unité qui s'exprime à travers la personne du roi et le roi, lui, parle français. Au xve siècle, la monarchie engage une politique linguistique au terme de laquelle la langue française deviendra la langue de l'administration et du droit. Cette politique, menée avec prudence, s'est d'abord tournée contre le latin

(**§ 1**). Puis, intimement liée aux progrès de l'État, la langue française s'impose au détriment des langues régionales (**§ 2**).

§ 1. L'exclusion du latin

391 Le premier objectif de la politique linguistique des rois de France est de faire disparaître le latin pour se démarquer du gouvernement de l'Église et pour rendre le langage judiciaire compréhensible aux justiciables. À partir du XVe siècle, une série d'ordonnances grignotent les positions du latin. En 1490, une ordonnance de Charles VIII, rendue à Moulins sur le fait de la justice en pays de Languedoc, dispose que les témoignages reçus lors des informations judiciaires seront « mis et rédigés par écrit en langage français ou maternel tels que les dits témoins puissent entendre leurs dépositions et pour obvier aux abus, fraudes et inconvénients qui se trouvent avoir été en telles matières ». En 1510, Louis XII réitère l'interdiction du latin dans les procès criminels des pays de droit écrit en l'élargissant à l'ensemble de la procédure : toutes les pièces des procès doivent être rédigées en langue vulgaire, en l'espèce la langue d'oc, celle que parle le peuple. En 1533, François Ier ordonne aux notaires de rédiger les contrats en langue vulgaire des contractants. Deux ans plus tard, une ordonnance d'Is-sur-Tille, portant réformation de la justice en Provence, impose l'usage du français ou du provençal à l'exclusion du latin dans les procès criminels. En 1539, une ordonnance générale cette fois, l'ordonnance de Villers-Cotterêts, dispose que les procédures judiciaires et les actes juridiques, y compris les testaments, devront désormais être rédigés « en langage maternel français et non autrement ». Si le latin est exclu, le « langage maternel français » ne vise pas forcément la seule langue française, l'expression recouvre également toute langue vulgaire parlée en France. Mais cinquante ans plus tard, les commentateurs pensent déjà que François Ier n'avait permis que l'emploi du français tant la langue du roi avait fait de progrès.

§ 2. La promotion du français

392 L'Humanisme a porté un coup fatal au latin. Le latin médiéval robuste et vivant, a été discrédité sans que le latin plus pur, « poli et élégant », des humanistes pût prendre sa place. Le latin est devenu une langue morte. Ce mouvement préparait l'essor des langues nationales. Au XVIe siècle, la langue française connaît une formidable promotion. Les poètes et les prosateurs de la Renaissance enrichissent son vocabulaire ; les nécessités de l'imprimerie tendent à normaliser son orthographe et sa ponctuation. La rédaction, puis la réformation des coutumes – formulées en français – ont largement contribué à la maturation de la langue juridique, de même que les commentateurs des coutumes réformées qui, pour la plupart, composent leurs ouvrages en français. C'est un des traits qui les distinguent des savants de l'Université, bastion de la latinité. Au XVIIe siècle, le français poursuit son ascension. Au cours du Grand Siècle, la langue littéraire atteint son apogée classique grâce au soutien actif de l'Académie française, fondée par Richelieu en 1635. La langue écrite – dont la grammaire, le lexique, les usages font l'objet d'une codification intense – constitue un repère fixe face auquel les langues régionales sont de plus en plus réduites à n'être que des langues parlées. Le latin, qui a déjà irrémédiablement perdu le terrain de la langue officielle, recule aussi sur le plan de la langue savante du droit jusque dans les travaux des romanistes. Lorsque Domat compose ses *Lois civiles* – dont le premier volume, dédié au roi, paraît en 1689 –, il a « mis les Lois (romaines) en langue française » et s'en explique dans la préface de l'ouvrage : « comme la langue française est aujourd'hui dans une perfection qui égale, et surpasse même en beaucoup de choses les langues anciennes, que par cette raison elle est devenue commune à toutes les nations, et qu'elle a singulièrement la clarté, la justesse, l'exactitude et la dignité, qui sont les caractères essentiels aux expressions des Lois, il n'y a point de langue qui leur soit plus propre... ».

393 Langue de l'autorité et de l'unité, le français triomphe comme langue du droit et de la justice. Rien ne le montre mieux que la

politique suivie par les rois lors du rattachement d'une nouvelle province. En 1620, est annexé le Béarn où les documents étaient toujours rédigés en dialecte gascon. L'édit qui installe le parlement de Pau, précise que cette cour ne peut procéder qu'en français. Sous le règne de Louis XIV, la législation linguistique se fait plus pressante car la question des langues prend une dimension nouvelle. Jusqu'alors le royaume n'avait annexé que des territoires qui étaient au point de vue linguistique indépendants des pays voisins. Sous le règne de Louis XIV, cette situation change : le roi annexe des provinces dont la langue se parle également dans les pays limitrophes : l'Alsace, réunie en 1648, parle allemand ; la Flandre, réunie en 1659, parle flamand ; le Roussillon, réuni en 1659 également, parle catalan. La question des langues se pose alors en termes politiques : il s'agit de protéger les frontières nationales. C'est pourquoi le roi engage une politique linguistique qui sera poursuivie au XVIIIe siècle, lorsque seront annexées la Lorraine (legs du roi de Pologne Stanislas Leczynski en 1766) et la Corse (achetée en 1768). Des ordonnances imposent, dans ces nouvelles provinces, le français comme langue de l'administration et du droit, tout en n'interdisant pas son usage « privé ». La monarchie agit cependant avec prudence en étalant la francisation dans le temps selon un processus en deux étapes. Le roi commence « par le haut », en mettant en place des conseils souverains dont le premier président est français. Au départ, les arrêts de la haute juridiction ne sont d'ailleurs même pas forcément rendus en français car les praticiens locaux du droit restent nombreux à l'ignorer. L'évolution se fera en douceur. À partir de 1679, la politique de francisation est étayée par la création, dans chaque faculté, de la chaire de droit français dont le titulaire fait office de professeur de français pour les praticiens locaux. Puis, après une période d'une vingtaine, voire d'une quarantaine d'années, c'est au tour des justices subalternes (celles qui existaient avant l'annexion). Le français est imposé à tous les juges et auxiliaires de justice qui doivent en user tant comme langue écrite (pour les pièces des procès, les actes et autres écrits) que comme langue orale : dans les tribunaux, les débats doivent se tenir en français et les jugements doivent être prononcés dans la même langue. Langue judiciaire, le français est également imposé pour tous les actes publics dressés par les notaires. Pour autant le justiciable, lui, n'est pas tenu de parler français. En 1670, l'ordonnance criminelle prévoit expressément que le juge doit nommer un interprète lors de l'interrogatoire si le prévenu ne connaît pas le français. En somme, si la monarchie a instauré une langue officielle, une langue commune à tout le royaume, elle n'a pas voulu extirper les parlers locaux de la vie de tous les jours. Une dernière victoire du français est remportée lors du traité d'Utrecht en 1713 quand, excluant le latin, la langue nationale est reconnue comme langue diplomatique.

SECTION 2
L'AUTONOMIE DU DROIT PUBLIC

394 Dès le Moyen Âge, avait émergé un droit spécial régissant la Couronne. À partir du XVIe siècle, les règles en sont précisées. Pour autant, l'ordre constitutionnel n'échappe pas à une certaine ambiguïté car il est loin de faire l'objet d'une clarification d'ensemble (SOUS-SECTION 1). Mais l'autonomie du droit public ne se réduit pas au seul droit constitutionnel. Une des caractéristiques du système juridique français tient à l'existence d'un droit administratif, un droit original applicable aux rapports dans lesquels l'administration est engagée. La France connaît également une juridiction chargée de juger les litiges nés de ces rapports, une juridiction administrative tout à fait séparée de la juridiction judiciaire. Ce régime juridique propre à l'administration est le produit d'une histoire qui commence dans l'ancienne France (SOUS-SECTION 2).

Sous-section 1
Les ambiguïtés de l'ordre constitutionnel

395 À la fin du XVIe siècle, les guerres de religion engendrent des doctrines qui visent à subordonner le pouvoir royal. Ces doctrines valent à leurs promoteurs l'appellation de « monarchomaques », littéralement « adversaires du pouvoir d'un seul ». Elles émanent d'abord de Huguenots (tel le professeur de droit François Hotman réfugié à Genève), vite relayés par des extrémistes catholiques tenants de la Sainte Ligue (comme Jean Boucher ou Guillaume Rose). En réaction contre ces thèses, les publicistes légitimistes dégagent la notion de « monarchie pure » qui exclut tout partage du pouvoir. Trois noms dominent : Jean Bodin qui publie en 1576 *Les six livres de la République* ; Charles Loyseau dont le *Traité des seigneuries* paraît en 1608 ; Cardin Le Bret qui écrit un *Traité de la souveraineté du roi, de son domaine et de sa couronne* (1632). Au cœur de ces ouvrages, se trouve une analyse de la souveraineté dont Bodin donne la définition suivante : « La souveraineté est puissance absolue et perpétuelle d'une République » (c'est-à-dire d'un État). À l'image de l'État qu'elle constitue, la souveraineté ne connaît pas de supérieur, pas plus qu'elle ne connaît de limite dans la durée. En outre, elle est indivisible : « non plus divisible que le point en la géométrie » précise Cardin Le Bret. Son exercice appartient entièrement et sans partage à celui qui détient le pouvoir dans l'État. Dans un État démocratique, l'exercice de la souveraineté appartient à la multitude ; dans un État aristocratique, à une minorité. Dans un État monarchique, l'exercice de la souveraineté revient au roi seul : « Le roi est monarque et n'a point de compagnon en sa majesté royale » écrit Guy Coquille. Le roi détient tous les pouvoirs, que l'on évite d'ailleurs souvent d'énumérer. L'absolutisme traditionnel sera renforcé au XVIIe siècle par la théorie du droit divin (Bossuet). À la fin du XVIIIe siècle, le juriste Merlin pourra résumer le régime politique en ces termes : « Un seul roi, indépendant, absolu, qui ne tient que de Dieu un pouvoir dont il ne doit compte qu'à Lui seul, pouvoir qu'il ne peut ni diviser, ni détruire et qu'il transmet nécessairement à son successeur légitime dans toute sa plénitude ».

396 Mais les théoriciens de la monarchie absolue ont toujours pris soin de la distinguer du despotisme en mettant l'accent, outre les devoirs moraux, sur les règles constitutionnelles que le roi doit respecter et qui reçoivent en 1575 l'appellation de « lois fondamentales » (**§ 1**). Auparavant, on parlait plutôt des « lois du royaume », terminologie qui ne sera d'ailleurs pas abandonnée. Cet ordre constitutionnel connaît cependant des limites qui seront dénoncées au XVIIIe siècle (**§ 2**).

§ 1. L'existence d'un corps de lois fondamentales

397 À la différence des lois ordinaires, les lois fondamentales s'imposent au roi. Il y a une véritable hiérarchie des normes juridiques qu'Achille de Harlay, premier président du parlement, rappelle à Henri III en 1586 : « Nous avons, Sire, deux sortes de lois : les unes sont les lois et ordonnances des rois qui se peuvent changer selon la diversité des temps et des affaires ; les autres sont les ordonnances du Royaume, qui sont immuables et inviolables, par lesquelles vous êtes monté au trône royal, et cette couronne a été conservée par vous ».

Parmi ces règles figurent celles qui régissent la dévolution de la Couronne : la Couronne est dévolue, nous l'avons vu, à celui qui satisfait aux conditions d'hérédité, de primogéniture et de masculinité que l'on complète au XVIe siècle par l'exigence de catholicité (**A**). Au XVIe siècle, encore, est solennellement consacrée la règle d'inaliénabilité du domaine de la Couronne (**B**). Enfin, les circonstances ont donné l'occasion de préciser la règle d'indisponibilité de la Couronne (**C**).

A. La dévolution de la Couronne et la règle de catholicité

398 Depuis Clovis, les rois de France ont tous été catholiques. Mais un problème inédit survient après la Réforme, lorsque les lois fondamentales désignent comme successeur à Henri III, qui n'a pas d'enfant, un prince protestant : Henri de Bourbon, roi de Navarre. Les États généraux de 1576 s'en émeuvent et prennent acte de l'existence de la loi fondamentale de catholicité attestée par une longue tradition. Mais les Guise, à la tête du parti armé de la Sainte Ligue, font pression sur Henri III pour qu'il en proclame solennellement le principe. C'est l'objet de l'Édit d'Union, promulgué en juillet 1588 : « je suis d'avis, dit le roi, que pour la rendre plus stable nous en fassions une des lois fondamentales du Royaume ». En octobre, les États généraux réunis à Blois proclament loi fondamentale la nécessité pour le roi de France d'être catholique. La procédure était maladroite pour l'autorité royale car il suffisait de reconnaître, comme en 1576, l'existence de la coutume constitutionnelle au lieu de donner l'impression que les États généraux pouvaient faire des lois fondamentales. L'assassinat d'Henri III, en 1589, ouvre une crise de succession. La Ligue refuse de reconnaître Henri de Navarre et proclame roi, sous le nom de Charles X, le cardinal Charles de Bourbon, plus proche collatéral du roi défunt après le roi de Navarre, cardinal qui meurt l'année suivante avant d'avoir été sacré. Dès lors, le chef des ligueurs, le duc de Mayenne, est proclamé « lieutenant général de l'État et Couronne de France » et, comme il faut bien trouver un roi, il convoque les États généraux en 1593. Aveuglés par la passion religieuse, les ligueurs soutiennent, au mépris de la règle de masculinité, la candidature de l'infante Claire-Isabelle, fille de Philippe II d'Espagne et petite-fille d'Henri II par sa mère. Le parti modéré provoque l'intervention du parlement de Paris qui rend, le 28 juin 1593, l'arrêt « Lemaistre » (du nom du président du parlement) encore appelé « arrêt de la loi salique » car il rappelle la règle intangible de masculinité, tout en réaffirmant celle de catholicité. La seconde ne saurait primer sur la première. L'arrêt invite également Henri de Navarre, devenu « roi de droit » à la mort

d'Henri III, à abjurer la religion réformée, pour devenir « roi d'exercice ». L'abjuration a lieu en juillet 1593 et au mois de février suivant, Henri IV est sacré à Chartres. La règle de catholicité prend définitivement rang parmi les lois fondamentales.

B. La consécration de la règle d'inaliénabilité du domaine de la Couronne

399 Depuis le XIVe siècle, la législation royale tente, avec plus ou moins de succès, d'assurer la conservation du domaine. Ce n'est donc pas un principe nouveau qu'introduit le fameux édit de Moulins, pris par Charles IX en février 1566. Cependant, il se distingue des précédentes ordonnances par la solennité dont il est empreint et par son caractère général. C'est l'édit de Moulins qui donne son expression définitive à la loi fondamentale, inviolable, d'inaliénabilité du domaine de la Couronne (**1**) et en précise les exceptions (**2**).

1. L'étendue de la règle d'inaliénabilité

400 En raison de son affectation perpétuelle aux nécessités de l'État, le domaine, corporel et incorporel, est juridiquement inaliénable. Les juristes en ont tiré un corollaire, celui de son imprescriptibilité : les particuliers ne peuvent acquérir par prescription une portion du domaine. Gestionnaire du domaine, le roi doit le conserver intact à son successeur. On distingue cependant le domaine fixe et le domaine casuel. Le premier inclut tout ce qui est définitivement uni à la Couronne et il est inaliénable. Le domaine casuel est, quant à lui, composé des acquisitions faites depuis moins de dix ans et le roi peut en disposer. Quant aux biens que le roi possédait au jour de son avènement, ils sont de plein droit incorporés au domaine de la Couronne : le domaine a un pouvoir absorbant. De même que la personne du roi est liée à l'État (on évoque un mariage « saint et politique » entre le roi et la Couronne), de même sa fortune est absorbée par le patrimoine de l'État. Ce principe triomphe lorsque, après avoir tergiversé en raison de sa situation périlleuse, Henri IV incorpore en 1607 au domaine toutes ses seigneuries qui relevaient directement de la Couronne. Ses territoires souverains (Béarn, Navarre) seront

annexés à la Couronne par Louis XIII lorsqu'il en héritera de son père.

2. Les exceptions à l'inaliénabilité

401 L'édit de Moulins prévoit cependant deux exceptions, les apanages et les engagements. L'histoire avait montré que la pratique des apanages, compensations données aux fils puînés du roi, était dangereuse pour la monarchie. À partir du XVIe siècle, les domaines concédés en apanages, tout en procurant de solides revenus aux princes bénéficiaires, sont choisis en sorte de ne plus pouvoir servir de support à une influence politique. À défaut de descendant mâle direct, l'apanage retourne à la Couronne : cette clause de réversion est insérée dans les actes constitutifs d'apanages. La deuxième exception concerne les engagements. En temps de guerre (on admettra plus tard d'autres graves éventualités), le roi peut, contre argent comptant, affecter à un engagiste la jouissance d'une partie du domaine. Il ne s'agit pas d'une vente : l'engagiste perçoit les revenus du domaine à titre d'intérêts de la somme versée au roi. Les lettres patentes d'engagement doivent être enregistrées par les cours souveraines et le roi dispose d'une faculté perpétuelle de rachat.

C. Les précisions de la règle d'indisponibilité de la Couronne

402 À l'occasion du traité de Troyes, le principe avait été posé que le roi ne pouvait exhéréder l'« héritier nécessaire » et se choisir un successeur. À partir du XVIe siècle, d'autres implications de la règle d'indisponibilité sont dégagées à l'occasion de circonstances concrètes : le roi ne peut renoncer à la Couronne (**1**) et même si aucun successeur légitime n'est écarté, le roi ne peut habiliter personne à succéder à la Couronne (**2**).

1. L'inconstitutionnalité des renonciations au trône

403 Le roi ne peut abdiquer (**a**) et pas plus qu'il ne peut renoncer lui-même à la Couronne, il ne peut faire renoncer d'avance l'un de ses descendants légitimes (**b**).

a. La nullité de l'abdication

404 La question s'est posée pour François Ier. Après la défaite de Pavie, le roi se trouve prisonnier de Charles-Quint à Madrid. En novembre 1525, il envoie secrètement en France des lettres patentes « pour faire couronner roi de France le jeune dauphin ». Ce stratagème aurait permis au roi captif de ne pas signer le traité désastreux qu'exigeait son vainqueur, ou tout au moins de le signer sans engager la France. Le parlement refusa de recevoir l'acte d'abdication au motif qu'il était contraire au principe d'indisponibilité : renoncer à la Couronne reviendrait à en disposer. François Ier signa donc le traité de Madrid qui cédait, notamment, la Bourgogne à Charles-Quint. Ce traité, cependant, sera cassé comme contraire à la règle d'inaliénabilité du domaine de la Couronne.

b. La nullité des renonciations par avance

405 En 1700, l'un des petits-fils de Louis XIV, le duc d'Anjou, est appelé au trône d'Espagne par le testament de Charles II. Après quelques hésitations, Louis XIV accepte le testament pour son petit-fils qui devient roi d'Espagne sous le nom de Philippe V, tout en conservant le droit de succéder à la Couronne de France. Redoutant l'éventuelle réunion des deux Couronnes sur la même tête, les puissances étrangères déclarent la guerre dite « de succession d'Espagne ». Cette guerre ne se terminera qu'au prix de la renonciation expresse de Philippe V, pour lui et pour ses descendants, au trône de France, signée à Madrid le 5 novembre 1712. Le 19 novembre, à Paris, le duc de Berry et le duc d'Orléans renoncent solennellement, pour eux et leurs descendants, à la Couronne d'Espagne. En mars 1713, des lettres patentes de Louis XIV admettent les renonciations, qui seront insérées dans le traité de paix d'Utrecht (avril 1713). Le principe d'indisponibilité de la Couronne, toutefois, rendait ces renonciations radicalement nulles. Louis XIV n'avait pas le droit de faire renoncer son petit-fils, pas plus que Philippe V ne pouvait légalement renoncer à ses droits, encore moins en priver ses descendants. Dès 1712, le marquis de Torcy, secrétaire d'État aux affaires étrangères, l'avait d'ailleurs vigoureusement signifié aux puissances adverses.

Celles-ci tentèrent de tourner la difficulté : constatant que les renonciations des ducs de Berry et d'Orléans avaient été ratifiées par les Cortès d'Espagne et se souvenant que les États généraux de 1588 avaient proclamé la loi de catholicité, les Anglais réclamèrent la ratification des renonciations de Philippe V par les États généraux. Devant le refus de Louis XIV, ils durent se contenter de l'enregistrement au parlement.

Les renonciations n'en étaient pas moins inconstitutionnelles. Philippe V resta successible aux yeux de l'opinion française et aux siens propres : lorsqu'en 1728 le bruit courut de la mort de Louis XV, Philippe V s'apprêta à partir pour la France. Au moment du départ, un courrier apporta la nouvelle de la convalescence de Louis XV.

La question des renonciations reste de nos jours encore agitée. Quoique le débat soit désormais académique, deux partis monarchiques s'opposent sur ce point : les tenants de la famille d'Orléans, descendants de Louis-Philippe, arguent de leur validité pour soutenir la vocation du comte de Paris à la Couronne de France, face aux légitimistes qui se réclament de leur inconstitutionnalité pour appuyer les droits du duc d'Anjou, descendant de Philippe V.

2. L'inconstitutionnalité des habilitations royales à la succession

406 Portent le titre de « princes du sang » ceux qui ont vocation à succéder à la Couronne. Le groupe qu'ils forment est strictement hiérarchisé en fonction de l'ordre de succession fixé par les lois fondamentales : au premier rang figure le fils aîné du roi régnant, puis son propre fils aîné s'il en a un, sinon son premier frère puîné et ainsi de suite. Une stricte hiérarchie des préséances souligne le rang que chacun occupe dans l'ordre de succession : « Plus ils en sont proches, plus ils sont illustrés des rayons de la souveraineté » (Loyseau). Leur vocation successorale leur vaut à tous des privilèges dont le plus évident est celui de ne pas être exécutés en cas de condamnation à mort [1]. Même dans cette hypothèse, le roi ne peut supprimer un successible, il enfreindrait la règle d'indisponi-

1. La règle n'en a jamais été expressément posée, mais la pratique est constante quoiqu'elle se soit rarement produite et dans des cas exceptionnellement graves, tel celui du Grand Condé condamné à mort en 1654.

bilité. Mais la liste des successibles n'est pas extensible à l'infini. Dès le XVIe siècle, la capacité à succéder au trône est devenue le monopole de la Maison de Bourbon. Il ne suffit pas d'être Capétiens légitimes issus de mâles pour prétendre à la Couronne. La famille des Courtenay multipliera en vain les tentatives pour faire admettre sa vocation.

Par deux fois, Louis XIV a procédé à des habilitations successorales à la Couronne qui, sans écarter de successeur légitime, n'enfreignaient pas moins le principe d'indisponibilité : lors du traité de Montmartre, en faveur de la Maison de Lorraine (**a**) et par l'édit de Marly, en faveur de deux enfants qu'il avait eus d'une de ses maîtresses (**b**).

a. L'habilitation de la Maison de Lorraine

407 Le 6 février 1662, est conclu le traité de Montmartre. Pour amener le duc Charles IV de Lorraine à lui céder ses États, Louis XIV habilite la Maison de Lorraine à succéder à la Couronne de France après les Bourbons. Le roi déclare agréger les princes lorrains à la famille royale en les adoptant. Comme tels, ils jouiront des prérogatives des princes du sang. Ce traité est un marché de dupes, Louis XIV ne voyant dans cette concession qu'un expédient sans importance, provisoirement consenti pour faire une belle acquisition et qu'il serait toujours loisible de remettre en cause. Le tollé n'en est pas moins général et le parlement fait savoir qu'il n'enregistrera pas le traité. L'enregistrement pourtant a bien lieu le 27 février, Louis XIV étant allé tenir un lit de justice, en costume de guerre et escorté de 4 000 hommes ! La mauvaise foi des deux parties, cependant, met rapidement un terme à l'affaire qui se règlera par des opérations militaires. Un nouveau traité signé à Metz en 1663 ne fera plus allusion à la précédente concession et fondera l'acquisition de la Lorraine sur le droit de conquête.

b. L'habilitation des bâtards légitimés

408 À partir de 1709, les Bourbons sont durement éprouvés. Une véritable hécatombe fait disparaître sept successibles, dont trois dauphins, en l'espace de six ans. En juillet 1714, Louis XIV promulgue, à Marly, un édit habilitant deux de ses bâtards légitimés et leurs descendants – légitimes, ceux-ci – à succéder à la

Couronne en l'absence de prince du sang légitime. Il s'agit du duc du Maine et du comte de Toulouse, enfants que le roi avait eus avec Madame de Montespan. Tous deux étaient de naissance adultérine, mais leur père les avait légitimés. Le parlement de Paris enregistre sans résistance l'édit de Marly, le 2 août, « parmi l'abattement et le silence le plus morne et le plus expressif des sentiments de tout le monde » (Saint-Simon). Quelques mois plus tard, le roi accorde à ces princes la qualité de princes du sang, prenant rang après le dernier des princes du sang légitimes (déclaration du 23 mai 1715). Pour justifier ces mesures, Louis XIV invoque ses inquiétudes quant à l'avenir de sa race dont l'extinction serait préjudiciable au bien de l'État. Mais on peut aussi penser qu'à l'approche d'une régence (le futur Louis XV a quatre ans), le roi veut épargner à la France les ambitions rivales des princes du sang dont il se méfie et qu'il confère aux légitimés le plus haut rang possible pour en faire les plus solides alliés du petit roi, seul garant de leur fortune.

409 Sitôt la mort du roi, s'engage une « guerre de la constitution » qui aboutit à l'annulation de ces actes par un arrêt en forme d'édit rendu en juillet 1717, enregistré au parlement le 8 juillet. Louis XIV avait outrepassé ses droits sur trois points :

– Il ne pouvait disposer de la Couronne en habilitant quiconque à y succéder. Il ne pouvait se constituer de successeur en se fondant sur des règles de droit privé. Si le roi pouvait légitimer ses bâtards, c'était une affaire de droit privé. En tirer argument pour asseoir un droit de naissance à la succession (fût-elle de second ordre, après les princes légitimes) était inopposable au droit public de la Couronne.

– En outre, la coutume écartait les enfants naturels de la succession au trône. Leur légitimation était de nul effet en droit public et la qualité de princes du sang, corrélative à la capacité de succéder, ne pouvait leur être accordée. Un roi de France, selon le comte de Saint-Pol, « ne pouvait faire de prince du sang qu'avec la reine ».

– Enfin, il avait porté atteinte au droit de la Nation de se choisir un roi en cas d'extinction de la race régnante. En révoquant l'édit de Marly, celui de 1717 se garde bien de préciser les fondements et les modalités d'exercice du droit de la Nation, rappelant qu'il est inutile de la consulter avant l'heure.

§ 2. Les déficiences des lois fondamentales

410 Les lois fondamentales sont des normes supérieures et intangibles auxquelles les rois eux-mêmes sont soumis. Ils se reconnaissent d'ailleurs dans « la bienheureuse impuissance » de les enfreindre. Et, dans une déclaration du 26 avril 1723, Louis XV parle à leur propos de « constitution » de la monarchie. Mais une constitution règle le mode de désignation, l'organisation et le fonctionnement du pouvoir politique. Les lois fondamentales ne répondent que partiellement à cet objet. Elles ont un domaine limité (**A**). Ensuite, s'il s'agit de normes impératives, elles restent pourtant largement dépourvues de véritables sanctions juridiques (**B**). Enfin, elles participent de l'imprécision propre au droit public de l'ancienne France (**C**).

A. Un domaine limité

411 Les monarques et la doctrine officielle n'ont reconnu qu'un nombre limité de lois fondamentales. Seules méritent cette dénomination les dispositions qui règlent la dévolution de la Couronne et imposent l'inaliénabilité de son domaine. Ces règles ont en commun d'être établies dans l'intérêt exclusif de l'État qui transcende celui du monarque. C'est la raison pour laquelle il se doit de les respecter. Ces règles visent à assurer la permanence de l'État, sa stabilité et son intégrité. La loi de succession, en écartant les conflits au sein de la famille royale et les intrigues des ambitieux, préserve la stabilité du royaume. La continuité de la fonction royale, garantie par la loi de dévolution, symbolise la continuité de l'État. L'inaliénabilité du domaine de la Couronne conserve l'intégrité du patrimoine de l'État. Ce principe joue d'ailleurs aussi bien à l'intérieur du royaume que vis-à-vis de l'extérieur. C'est grâce à lui que l'intégrité du territoire national a été préservée

après la signature du traité de Madrid. Ce traité, signé par François Ier pendant sa captivité, cédait, notamment, la Bourgogne à Charles-Quint. Après sa libération, et la consultation de l'Université et d'une assemblée de notables, un arrêt du parlement de Paris, en date du 20 décembre 1526, cassa le traité comme contraire aux lois fondamentales : le roi ne pouvait céder une portion du territoire français, du moins sans le consentement des populations.

B. L'absence de véritables sanctions

412 L'intérêt de l'État commande le respect des lois fondamentales. Cet intérêt supérieur ne doit pas céder devant les circonstances politiques. Or qui l'en garantit ? La sanction demeure des plus précaires. Certes, lorsqu'un roi transgresse les lois fondamentales, son successeur rétablit l'ordre constitutionnel : pour être tardive, la sanction n'est pas inexistante. Mais, si l'on en juge par les infractions régulières à la règle d'inaliénabilité du domaine, c'est plus souvent l'intérêt du successeur qui guide le retour à l'ordre constitutionnel. Le parlement, cependant, revendique la mission de gardien des lois fondamentales. Le comportement de certains régents n'y est pas étranger. Sachant leurs jours comptés et ne laissant pour successeur qu'un enfant en bas âge, Louis XIII, puis Louis XIV prennent soin d'organiser la future régence. Le premier se méfie des capacités politiques de sa femme, Anne d'Autriche, le second de celles de son neveu, Philippe d'Orléans. Les deux rois instituent un conseil de régence en choisissant ses membres et limitent la liberté d'action des régents. À leur mort, Anne d'Autriche, puis Philippe d'Orléans s'adressent au parlement pour faire casser les testaments comme contraires aux lois fondamentales. Cette sollicitation ne pouvait que renforcer le parlement dans sa conviction qu'il était le gardien des lois fondamentales dont il professait d'ailleurs une conception des plus extensives aux dépens du roi. Jamais pourtant la monarchie ne lui a reconnu cette fonction. Tout au plus a-t-elle utilisé le parlement lorsqu'elle en a eu besoin. Le plus sûr rempart des lois fondamentales tenait à l'intérêt de la monarchie elle-même : elles tournaient à l'avan-

tage du roi qui n'était par conséquent guère tenté de les remettre en cause.

C. L'imprécision constitutionnelle

413 Les lois fondamentales ne concernent pas l'exercice du pouvoir. Ce qui ne veut pas dire que, hors des lois fondamentales, l'exercice du pouvoir soit abandonné à l'arbitraire. C'est là toute l'ambiguïté de la constitution de l'ancienne France. Si les lois fondamentales sont les seules limites intangibles au pouvoir royal, d'autres règles viennent tempérer l'exercice de ce pouvoir sans que la monarchie leur ait jamais reconnu le titre et le caractère de lois fondamentales. Il s'agit pourtant de traditions contraignantes que le roi respecte même si théoriquement il n'y est pas tenu. Selon l'heureuse formule de Montesquieu, « le roi ne peut pas faire tout ce qu'il peut ». Il faut d'abord tenir compte de l'absence d'autonomie du droit constitutionnel par rapport à la religion et à la morale chrétienne. La monarchie française s'est épanouie dans une atmosphère religieuse. Le roi tient son pouvoir de Dieu et les conséquences sur le droit public sont considérables. Le roi n'est responsable que devant Dieu : « on ne contrôle pas l'Oint du Seigneur » [1]. Inversement, la plus solide garantie des sujets contre l'arbitraire réside dans la conscience chrétienne du roi. Celui-ci doit, dans l'exercice de son pouvoir, respecter les lois divines. Cardin Le Bret parle de la « prud'hommie » du roi, cet art de gouverner qu'il résume en trois traits : justice, modération, discrétion. D'autres limites tiennent à l'architecture de la nation, composée de multiples collectivités socio-juridiques ou socio-politiques (ordres, corps, états, communautés...) dotées de privilèges que le roi hésite à remettre en cause. Enfin, et surtout, le roi gouverne par conseil, pratique qui se maintiendra jusqu'à la fin de l'Ancien Régime.

L'imprécision en matière constitutionnelle ne présentait pas que des inconvénients. Elle autorisait les adaptations aux nécessi-

1. Les confesseurs, « juges des âmes », se chargent en outre de conforter l'obéissance au souverain et à ses lois : M.-F. Renoux-Zagamé, « Lois du ciel et lois des hommes selon les manuels des confesseurs : le pouvoir du pouvoir invisible dans la France classique », dans *Mélanges en l'honneur d'Anne Lefebvre-Teillard. Textes réunis par B. d'Alteroche, F. Demoulin-Auzary, O. Descamps, F. Roumy* , Paris, Editions Panthéon-Assas, 2009, p. 867-887.

tés nouvelles et elle permettait de concilier deux pôles apparemment contradictoires : concentration des pouvoirs au profit du roi et limites à l'exercice de ces pouvoirs. Ces deux facettes ne pouvaient coexister qu'à condition qu'on ne les pousse pas jusqu'à leur extrême logique : « le roi est absolu, certes, mais à suivre cette maxime sans tempérament, il serait devenu un tyran ! Le pouvoir du souverain est limité, ce n'est pas douteux, mais en précisant ou en étendant ces limites, on en ferait un roi fainéant ! » (M. Antoine).

414 Ce manque de rigueur dans la définition des principes constitutionnels affecte aussi les lois fondamentales. Jamais elles n'ont fait l'objet d'une liste officielle, encore moins d'une codification systématique. Cela se retourne parfois contre la monarchie. Cette idée de règles inviolables qui sont par là même autant de limites au pouvoir royal a été exploitée par les opposants à l'absolutisme. À commencer par le parlement, chacun érige en loi fondamentale ce qu'il a intérêt à promouvoir à cette dignité. Leur liste varie selon l'époque et selon les auteurs. Si ces tentatives d'extension sont restées purement doctrinales, elles n'en mettent pas moins en évidence les incertitudes propres à une constitution largement coutumière. Alors que le droit privé, sans être unifié, est fixé par écrit et donc certain, le droit constitutionnel accuse un véritable retard. Au XVIIIe siècle, on en viendra à dire que la France n'a pas de constitution.

Sous-section 2
L'affirmation d'un régime juridique propre à l'administration

415 Le droit administratif moderne prend naissance à l'époque contemporaine et sa systématisation n'est pas antérieure à la fin du XIXe siècle. Mais si le droit administratif est une science jeune, le principe de son autonomie est ancien. L'exercice de la puissance publique a échappé, de longue date, aux règles ordinaires et la

centralisation voulue par les rois a donné une force particulière à son instrument, l'administration. Cela a largement contribué à l'affirmation d'un régime juridique spécifique. Un corps de règles juridiques spéciales a précédé la constitution de ce droit en discipline scientifique. C'est dans l'ancienne France qu'il faut en chercher les racines, tant du point de vue des règles de droit (**§ 1**) que de celui du privilège de juridiction (**§ 2**) [1].

§ 1. De nombreuses règles

416 Dès le Moyen Âge, les relations entre les titulaires de la puissance publique et leurs sujets obéissent à des règles différentes de celles qui régissent les rapports entre particuliers. À l'époque médiévale, ces règles proviennent essentiellement des coutumes, puis des droits savants. Aux Temps modernes, elles émanent surtout du pouvoir monarchique qui produit des normes sans relâche. Ces règles ont d'abord consacré l'ampleur des prérogatives dont l'administration jouit encore aujourd'hui (**A**). Mais elles ont aussi posé des limites au pouvoir des autorités administratives (**B**).

A. L'ampleur des prérogatives de l'administration

417 Ces prérogatives sont nées au temps des seigneuries au profit des seigneurs, puis des villes avant d'être transférées à l'administration royale. Les unes s'expriment par voie unilatérale et contrastent totalement avec les techniques du droit privé. Ainsi, le pouvoir d'imposer des prescriptions obligatoires aux particuliers, réglementant leurs activités ou celui d'exiger des particuliers certaines prestations au préjudice de leurs biens (taxation, réquisition, expropriation). Les privilèges du fisc, appuyés sur les textes du Digeste, ont précocement mobilisé l'attention de la doctrine médiévale. D'autres transposent des techniques du droit privé, mais en faisant bénéficier l'administration de règles plus favo-

1. Le droit administratif n'étant pas au programme de la première année de Licence, on se bornera ici à quelques remarques très générales. L'ouvrage de base est celui de J.-L. Mestre, *Introduction historique au droit administratif français*, PUF, coll. Droit fondamental, Paris, 1985.

rables. C'est souvent le cas pour les contrats que passe l'administration.

B. Les limites au pouvoir des autorités administratives

418 Si les prérogatives de l'administration sont consacrées, les administrés ne sont pas pour autant abandonnés à l'arbitraire. Dès le Moyen Âge, des règles de conduite sont imposées aux administrateurs. C'est l'un des objets, nous l'avons vu, des ordonnances de réformation. À ces règles s'ajoute un cadre juridique à l'exercice des prérogatives de l'administration. Par exemple, le pouvoir d'exproprier est assujetti à des conditions qui préfigurent notre régime moderne : exigence de l'utilité publique et juste indemnisation des victimes. Bien des obligations visant la conservation de l'intérêt collectif sont également mises à la charge de l'administration. Dans tous les domaines, les règles foisonnent. Si certaines parties donnent lieu à de véritables codes administratifs – comme l'édit de 1607 pris en matière d'urbanisme ou l'ordonnance des Eaux et Forêts de 1669 –, le plus souvent aucune réglementation générale ne prend forme.

La diversité des sources dont procèdent, de façon plus ou moins empirique, ces règles et leur caractère disparate a longtemps fait obstacle à leur rattachement à un objet spécifique, administratif. C'est principalement dans leur caractère dérogatoire au droit commun (entendu dans le sens de « droit applicable à tous ») que l'on perçoit leur originalité.

§ 2. La spécificité du contentieux administratif

419 Si la spécificité du contentieux administratif remonte au Moyen Âge, elle s'affirme surtout à partir du XVIIe siècle. La dévolution des litiges administratifs tend à exclure les corps judiciaires traditionnels, notamment les parlements devenus très indociles. Ces corps exercent sur l'action des administrateurs royaux une censure d'autant plus tatillonne qu'ils méconnaissent les réalités

administratives. Aussi la partie la plus sensible du contentieux administratif leur est-elle retirée pour être confiée à des administrateurs fidèles, les intendants, avec appel devant le Conseil du roi. De nombreux arrêts du Conseil rendus en matière administrative prévoient expressément que les litiges nés de leur application seront portés devant l'intendant, avec interdiction formelle aux juridictions traditionnelles d'en connaître.

Si les règles de procédure des juridictions traditionnelles, en outre, entraînaient des retards insupportables pour la bonne marche de l'administration, la procédure suivie devant l'intendant est simple, rapide et peu coûteuse. Devant le Conseil du roi, les justiciables jouissent de véritables garanties déterminées par un édit de 1738.

420 Au XVIIIe siècle, le droit public suscite un extrême engouement. Mais le pouvoir hésite à créer un enseignement spécifique. Le droit public reste longtemps un mystère réservé aux rois et à leurs ministres. La chaire érigée en 1745 à l'Université de Besançon reste sans enseignement effectif. En 1773, Louis XV crée une chaire de droit public au collège de France. Le chancelier Maupeou la désapprouvait alors en ces termes : « cette espèce d'enseignement ferait agiter des questions dangereuses pour l'autorité royale ». Ces « questions dangereuses » n'allaient pas tarder à être agitées dans un contexte bien moins pacifique que celui d'un enseignement officiel : au mois d'août 1788, les États généraux sont convoqués pour le 1er mai 1789.

BIBLIOGRAPHIE

M. ANTOINE, Le conseil du roi sous le règne de Louis XV, Paris, 1970.

A.-J. ARNAUD, *Les origines doctrinales du Code civil français*, Paris, 1969.

R. FILHOL, *Le Premier Président Christofle de Thou et la Réformation des coutumes*, Paris, 1937.

« La rédaction des coutumes en France aux XVe et XVIe siècles », dans *La rédaction des droits coutumiers dans le passé et le présent*, Centre d'Histoire et d'Ethnologie juridiques, Bruxelles, 1962, p. 62-73.

D. GAURIER, « La revendication d'un droit national contre le droit romain : le droit commun coutumier en France (de la fin du XVIe au début du XVIIe siècle) », *Revue internationale des droits de l'Antiquité*, Supplément au tome XLI, 1994, *Droit romain et identité européenne*, p. 29-47.
J. KRYNEN, *L'état de justice en France, XIIIe-XXe siècle*, I. *L'idéologie de la magistrature ancienne*, Paris, Gallimard, 2009.
P. LEGENDRE, « La France et Bartole », dans *Écrits juridiques du Moyen Âge occidental*, *op. cit.*, p. 133-172.
Y. LE ROY, *Les Princes du sang, recherches et études sur quelques aspects de leur condition*, Thèse droit dactyl., Paris, 1974.
X. MARTIN, « Langue française et droit coutumier en France à l'époque moderne », dans G. VAN DIEVOET, Ph. GODDING et D. VAN DEN AUWEELE (éd.), *Langage et droit à travers l'histoire. Réalités et fictions*, Leuven - Paris, 1989, p. 135-145.
Fr. OLIVIER-MARTIN, *Les lois du roi*, réimp. Paris, LGDJ, 1997.
J. POUMARÈDE, « Droit romain et rédaction des coutumes dans le ressort du parlement de Bordeaux », dans J. KRYNEN (dir.), *Droit romain...*, *op. cit.*, p. 329-345.
« Les professeurs de droit français dans le mouvement d'unification de l'ancien droit », dans M. HECQUARD-THERON (dir.), *Les Facultés de Droit inspiratrices du droit ?*, Toulouse, Presses de l'Université des sciences sociales de Toulouse, 2005, p. 7-13.
M.-F. RENOUX-ZAGAMÉ, « " Et a le roi plus d'autorité en son royaume que l'empereur en son empire... ". Droit romain et naissance de l'État moderne selon la doctrine et la pratique du palais », dans J. KRYNEN (dir.), *Droit romain...*, *op. cit.*, p. 155-186.
Du droit de Dieu au droit de l'homme, Paris, PUF, coll. Léviathan, 2003.
J.-L. THIREAU, « L'enseignement du droit et ses méthodes au XVIe siècle. Continuité ou rupture ? », *Annales d'histoire des facultés de droit et de la science juridique*, 2, 1985, p. 27-36.
« Le comparatisme et la naissance du droit français », *Revue d'histoire des facultés de droit et de la science juridique*, 10-11, 1990, p. 153-191.
« L'alliance des lois romaines avec le droit français », dans J. KRYNEN (dir.), *Droit romain...*, *op. cit.*, p. 347-374.

« Les arrêtés de Guillaume de Lamoignon : une œuvre de codification du droit français ? », *Droits*, 39, 2004, *Naissance du droit français*, 2, p. 53-68.
H. VAN GOETHEM, « La politique des langues en France, 1620-1804 », *Revue du Nord*, LXXI, 1989, p. 437-460.
R. VILLERS, « Aspects juridiques et politiques de la loi de catholicité », *RHD* 1959, p. 196-213.

CHAPITRE 5

De la Révolution à la Troisième République : l'établissement d'un système juridique national

421 Le 17 juin 1789, les États généraux se constituent en Assemblée nationale. La révolution juridique est consommée : la souveraineté est transférée du roi à la Nation. La nouvelle assemblée annonce de « grands travaux qui doivent procurer la régénération de la France ». Le 20 juin, les députés jurent, par le fameux serment du Jeu de Paume, de ne pas se séparer avant d'avoir établi et affermi la constitution du royaume. Le 9 juillet, l'assemblée se déclare Constituante. Dans l'enthousiasme de la nuit du 4 août, l'ancienne société corporative s'effondre. Sont abolis les privilèges, tous ces droits particuliers dont jouissaient les seigneurs, les ordres, les corps, les collectivités territoriales, provinces ou villes... Autant d'obstacles à l'unification du droit qui disparaissent. Une nouvelle société se profile dont les assises sont posées, le 26 août 1789, par la Déclaration des droits de l'homme et du citoyen. Ainsi s'ouvre la période dite « intermédiaire » qui va

fonder un nouvel ordre juridique (SECTION 1). Un nouvel équilibre s'instaure. En même temps que l'État acquiert la maîtrise totale du droit, on exige l'entière soumission du pouvoir au droit. Droit et État, le couple devient inséparable. L'heure est venue d'un système juridique national dont les traits singuliers se fortifieront tout au long du XIXe siècle (SECTION 2).

SECTION 1
LA FONDATION D'UN NOUVEL ORDRE JURIDIQUE

Quelque 25 ans seulement séparent le début de la Révolution et la chute du régime qui donnera des codes à la France. Au point de vue de **l'histoire politique**, cette période est d'une richesse exceptionnelle. On peut distinguer **deux phases**. La **Révolution** d'abord qui débute le 17 juin 1789. Durant deux ans, tout en procédant à des réformes de grande ampleur, la Constituante élabore la constitution qui est finalement adoptée le 3 septembre 1791. La constitution reste monarchique, mais la souveraineté appartient à la Nation qui s'exprime par des représentants, le corps législatif et le roi. La carrière de cette constitution, dans laquelle l'Assemblée Législative (1er octobre 1791 – 20 septembre 1792) détient la primauté, sera de courte durée. Dès le 10 août 1792, la royauté est suspendue. On décide d'élire une nouvelle assemblée chargée d'élaborer une nouvelle constitution. Le premier acte de cette Convention (21 septembre 1792 – 26 octobre 1795) est d'abolir la royauté. C'est elle qui, le 5 octobre 1793, substitue le calendrier révolutionnaire au calendrier grégorien lequel ne sera rétabli qu'en 1805. L'an I de la Liberté commence, rétroactivement, au 22 septembre 1792, jour de proclamation de la République. Élue pour donner une constitution à la France, la Convention lui en donnera deux. La constitution de l'an I (24 juin 1793), très démocratique, ne sera jamais appliquée. Un régime d'exception s'y substitue : le Gouvernement révolutionnaire, fondé sur la Vertu et la Terreur, concentre le pouvoir entre les mains du Comité de Salut public qui dicte ses volontés à la Convention. Le 9 thermidor an II (27 juillet 1794), marque, avec la chute de Robespierre, la fin de la Grande Terreur. La Convention, alors dite « thermidorienne », élabore une nouvelle constitution, celle du 5 fructidor an III (22 août 1795) dont procède le régime du Directoire (27 octobre 1795 – 9 novembre 1799). Une stricte séparation des pouvoirs est établie entre un corps législatif bicaméral (Conseil des Anciens et Conseil des Cinq-Cents) qui détient la primauté, et un organe exécutif morcelé en cinq membres, le Directoire. La vie politique est déchirée par les coups d'État. Celui du 18 brumaire an VIII (9 novembre 1799) emporte le régime. S'ouvre alors une **nouvelle phase dominée par la personnalité d'un homme, Napoléon Bonaparte**. L'exécutif prend sa revanche. Le Consulat (10 novembre 1799 – 17 mai 1804), puis l'Empire (18 mai 1804 – 6 avril 1814) déclinent le césarisme démocratique en trois constitutions. La constitution du 22 frimaire an VIII (13 décembre 1799) établit trois consuls inégaux, le Premier Consul – Bonaparte – jouissant de la prépondérance. Face à ce gouvernement, trois assemblées : Tribunat, Corps législatif et Sénat conservateur. La constitution du 16 thermidor an X (4 août 1802) instaure le consulat viager et celle du 28 floréal an XII (18 mai 1804) établit l'Empire. Le régime prend fin avec l'abdication de Napoléon 1er, le 6 avril 1814.

422 Pour **l'histoire du droit**, et notamment du droit privé, la césure est moins franche. La décennie révolutionnaire engendre un droit que l'on qualifie de « droit intermédiaire ». Cependant, non seulement ce droit ne se substitue pas entièrement à l'ancien droit, mais il n'achève officiellement sa carrière qu'avec la codification napoléonienne. Cette codification marque elle-même l'aboutissement d'un processus d'unification du droit entamé sous l'Ancien Régime, mais elle le réalise dans la continuité du nouvel ordre juridique fondé par la Révolution. Car la Révolution a fondé un nouvel ordre juridique.

423 Encore une fois, le renouvellement de l'ordre juridique correspond à l'émergence d'un **nouveau courant intellectuel**. L'esprit des Lumières caractérise le XVIIIe siècle. Ce mouvement européen – lui-même tributaire de courants antérieurs – se signale par son

attitude critique. Toutes les institutions sont passées au crible de la raison, devenue maître-mot. Le dogme catholique, l'absolutisme de droit divin, l'intolérance religieuse, l'inégalité juridique liée à la société d'ordres, l'inhumanité du droit pénal et de la procédure pénale... résistent mal à la doctrine des Philosophes. D'abord apanage d'une élite peu nombreuse, ces idées se répandent, profitant du relâchement de la censure et du perfectionnement des instruments de diffusion de la pensée grâce à des techniques d'impression à bon marché. Elles trouvent un écho favorable dans la bourgeoisie. Cultivée, riche, détentrice des leviers de l'activité économique, la bourgeoisie se sent à l'étroit dans une structure sociale sclérosée qui, face aux ordres privilégiés, la confond avec les masses laborieuses dans le Tiers État. La noblesse, exclue des activités lucratives, s'appauvrit et bon nombre de petits seigneurs s'emploient à faire revivre des droits seigneuriaux et féodaux assoupis, provoquant l'exaspération des paysans. La monarchie ne reste pas sourde à l'appel des réformes, mais se révèle incapable de les faire aboutir. Se heurtant à la résistance des privilégiés, elle est acculée à convoquer les États généraux. À l'élection des députés, s'associe la rédaction de cahiers de doléances. Si leur contenu apparaît un peu en retrait par rapport aux idées nouvelles, leurs revendications sont bien concrètes. Les réformes souhaitées vont quitter le domaine de la réserve avec le bouleversement de l'ordre juridique. L'ordre juridique n'a pas échappé à la critique des Lumières. La tradition dont il résulte est née, dit-on, en des siècles « gothiques » et la « raison » n'est pas solidaire de cet obscurantisme. Un siècle moderne exige un ordre juridique nouveau. Précisément, l'École du droit naturel mûrit un modèle alternatif, fondé sur la raison. Sous les auspices du droit naturel, ce modèle assigne une nouvelle finalité à l'ordre juridique (SOUS-SECTION 1) et propose un nouveau système où l'État, rénové, est seul à poser les règles de droit (SOUS-SECTION 2). Quoique les grands noms de cette École soient allemands, leur doctrine reçoit en France un accueil très favorable et inspire l'œuvre juridique de la Révolution. Elle aboutit à la codification. Des codes qui renoueront en partie avec l'héritage de l'ancien droit (SOUS-SECTION 3).

Sous-section 1
La légitimité de l'ordre juridique

424 En 1789, triomphent des idées dont la genèse est ancienne, mais qui vont désormais s'inscrire dans le droit. Le changement de perspective est radical : ce qui prime n'est plus le rapport entre les individus, mais l'individu lui-même, placé au cœur du droit. La nature l'a doté de droits que l'ordre juridique doit respecter pour être légitime (**§ 1**). Ces droits fondamentaux inhérents à la personne humaine font l'objet de la Déclaration des droits de l'homme et du citoyen (**§ 2**).

§ 1. L'individu au cœur du droit

425 La primauté accordée à la personne humaine s'enracine dans le christianisme. Celui-ci reconnaît à chaque être humain une égale valeur. Par essence, les hommes sont tous égaux devant Dieu et le Christ les appelle tous à la liberté. Cette égalité et cette liberté ont un sens spirituel, sans portée sociale et juridique. C'est par le biais du droit naturel qu'elles pénétreront l'ordre juridique.

426 Le droit naturel est une vieille idée qui remonte à la philosophie grecque. Les juristes romains s'en sont, parfois, réclamés. Cette vieille idée renaît au XIIIe siècle, avec Saint Thomas d'Aquin qui la refonde au creuset de la foi chrétienne. Le droit naturel découle d'un ordre des choses voulu par Dieu. Cet ordre est inscrit dans la nature que Dieu a créée. Il est bon et la loi humaine, la « loi positive » doit s'en inspirer. Pour Saint Thomas, comme pour Aristote avant lui, l'homme est naturellement fait pour vivre en société. Au XIVe siècle, une autre conception voit le jour. Elle aboutira à l'École du droit de la nature et des gens qui domine la pensée juridique aux XVIIe et XVIIIe siècles. Selon cette nouvelle conception, rien n'existe dans la nature au-dessus des individus. La société est fabriquée par les hommes. L'état de nature ne connaît que des individus isolés. L'ordre de la nature doit donc être déduit de l'être humain pris individuellement. Cet ordre n'a pas de fonction sociale, il n'est relié qu'à un sujet qui est tout seul.

Le droit s'analyse donc non pas comme un devoir, mais comme la liberté de faire quelque chose, comme le pouvoir dont dispose l'individu d'agir à son avantage. Par la raison, on peut découvrir quels sont les droits naturels de l'individu : la liberté bien sûr, mais aussi tout ce qui lui permet d'assurer sa propre conservation, par exemple se protéger ou avoir une propriété.

Mais les hommes peuvent décider de quitter l'état de nature pour mieux protéger leurs droits. L'État est le fruit d'un contrat entre les individus, un « contrat social » conçu dans leur intérêt et pour leur utilité. L'État donc ne saurait porter préjudice à l'individu et rien ne saurait le placer au-dessus du respect des droits fondamentaux qui sont attachés par la nature à l'individu. Si c'est à l'État qu'il incombe de poser les règles de la vie en société, la légitimité de ces règles repose sur le respect des droits fondamentaux de l'individu. Et ce respect doit inspirer le droit public comme le droit privé. Ces idées triomphent dans la Déclaration des droits de l'homme et du citoyen.

§ 2. Des droits déclarés

427 La Déclaration des droits de l'homme et du citoyen, en date du 26 août 1789, présente un caractère circonstanciel. L'Assemblée veut affirmer des principes sur lesquels la monarchie ne pourra plus revenir. La Déclaration est donc une machine de guerre contre l'absolutisme et la société d'Ancien Régime. En condamnant maints « abus », elle traduit les grandes revendications des cahiers de doléances. Mais il s'agit aussi de composer un ordre nouveau, une société nouvelle. Ce second aspect, qui se veut universel, messianique, dépasse les intérêts immédiats de l'époque. Il les dépasse tellement que le préambule de notre actuelle constitution s'en réclame encore et que, le 16 juillet 1971, le Conseil constitutionnel a intégré la Déclaration dans le bloc de constitutionnalité dont le respect s'impose au législateur. Une « déclaration » dont le mécanisme n'est pas sans présenter une certaine ambiguïté (**A**) et qui consacre les droits individuels (**B**).

A. L'ambiguïté d'une « déclaration »

428 Les Constituants, « considérant que l'ignorance, l'oubli ou le mépris des droits de l'homme, sont les seules causes des malheurs publics et de la corruption des gouvernements » ont donc résolu d'exposer « les droits naturels, inaliénables et sacrés de l'homme » dont la conservation est « le but de toute association politique ». Ces droits fondamentaux ne sont pas octroyés par l'État, c'est pourquoi on ne fait que les « déclarer ». La référence générale au droit naturel n'est pas exempte d'une certaine ambiguïté. Tous les droits énumérés par la Déclaration ne sont pas reconnus comme des droits naturels. Ils n'en sont pas moins consacrés par le nouveau législateur. L'invocation du droit naturel a pour principale vertu d'émanciper les Constituants de l'ordre ancien. Le droit naturel est antérieur et supérieur au droit positif. En s'en réclamant, les Constituants peuvent remettre en cause l'ordre établi et le droit traditionnel pour fonder un nouvel ordre juridique. Les grands principes en sont posés. On se bornera ici à indiquer quels sont les droits individuels qu'il consacre.

B. La consécration des droits individuels

429 Aux termes de l'article 2, la liberté, la propriété, la sûreté et la résistance à l'oppression sont les droits naturels de l'homme : fondés sur le droit naturel, ces droits existent en dehors de toute reconnaissance par le droit positif. Ils sont inaliénables : l'homme lui-même ne peut y renoncer. Ils sont imprescriptibles : l'homme ne peut pas les perdre par prescription, c'est-à-dire au cas où pendant longtemps il ne les aurait pas exercés. La liberté reçoit une définition très large : « pouvoir faire tout ce qui ne nuit pas à autrui ». Plusieurs articles en consacrent différentes manifestations : liberté d'opinion, de conscience, d'expression... toutes sont des libertés individuelles. Aucune liberté collective. La propriété est dite « inviolable et sacrée » et si l'expropriation est possible, de véritables garanties sont exigées. Au nom de la sûreté, sont posés les grands principes du droit pénal moderne : si la présomption d'innocence était déjà connue de l'ancien droit, le principe de la légalité des délits et des peines et celui de la non-rétroactivité de

la loi pénale sont des nouveautés. Le droit de résistance à l'oppression, enfin, est destiné à être un pivot entre le droit naturel et la loi positive : si la seconde viole les premiers, ce droit resurgit.

430 L'égalité, quant à elle, ne prend pas rang parmi les droits naturels. Mais elle est consacrée dès l'article 1er : « Les hommes naissent et demeurent libres et égaux en droits ». Voilà solennellement reconnue l'égalité juridique que promettait déjà la nuit du 4 août en abolissant les privilèges. Plusieurs articles donnent satisfaction aux principales revendications des cahiers de doléances : égalité devant la loi, notamment devant la loi pénale ; égalité devant l'impôt ; égalité d'accès aux emplois publics.

Sous-section 2

Le droit, ensemble des règles posées par l'État

431 Les nouvelles exigences des droits de l'homme impliquent une réorganisation du droit positif. Comme la nature ne règle pas les rapports sociaux, c'est à l'État, fruit du contrat social, qu'échoit cette tâche. Le droit dès lors apparaît comme l'ensemble des règles posées par l'État. Aux exigences de la raison doit correspondre une nouvelle méthode d'exposition du droit. Celui-ci doit être formulé en règles générales dont on déduit, par la logique, des règles de détail. Dans l'État c'est au législateur qu'il appartient exclusivement de poser les règles du droit. La loi, en effet, est définie comme « l'expression de la volonté générale » et, ajoute le même article 6 de la Déclaration des droits, la volonté n'est générale que par l'égale participation des citoyens, en personne ou par leurs représentants. La loi s'impose à tous parce qu'elle est l'émanation d'une volonté collective. Seule cette volonté collective peut être le garant et l'arbitre des libertés : la loi doit régner sans partage (**§ 1**). En principe, il n'y a plus place pour une autre source du droit (**§ 2**).

§ 1. Le règne de la Loi

432 Au XVIIIe siècle, on voue un véritable culte à la Loi. À l'heure de régénérer la société, contre la coutume qui conserve, la loi est l'instrument de l'innovation. Et d'une innovation bénéfique : la loi, parée de toutes les vertus, est réputée infaillible car elle exprime la volonté générale qui ne peut se tromper. La prééminence de la loi se fonde également sur les qualités techniques qu'elle tire de l'écriture : clarté, précision et sécurité. Égale pour tous, elle s'adresse à tous par un langage simple et clair. L'idée même de droit se confond tellement avec la loi que les juristes se voient rebaptisés, au XVIIIe siècle, « hommes de loi ». La liberté politique est définie comme l'obéissance aux lois. D'abord à la première d'entre elles, la constitution (**A**), ensuite à la loi ordinaire, égale pour tous (**B**).

A. La constitution

433 Durant tout le XVIIIe siècle, le droit constitutionnel est à l'honneur chez les opposants à l'absolutisme. Les uns prônent la restauration de l'« antique constitution » dévoyée par les rois absolus. Ce sont, pour la plupart, les privilégiés qui appuient leurs revendications sur l'histoire de France, revue et corrigée de façon fantaisiste. Leur modèle favori est placé dans les institutions de l'époque franque. Les autres dénoncent les institutions au nom de la raison. La réflexion sur l'idée même de constitution est nourrie par l'École du droit de la nature. Et, en 1787, l'Amérique propose un exemple fascinant, la constitution fédérale de Philadelphie, première des constitutions modernes. Le mouvement constitutionnaliste est si fort qu'il atteint le roi lui-même. Dans sa lettre du 24 janvier 1789, portant règlement électoral des États généraux, Louis XVI pose expressément la question en demandant aux États « les moyens et avis pour arriver à un ordre constant et invariable de toutes les parties du gouvernement ». Lors de la campagne électorale, brochures, libelles et cahiers de doléances réclament une constitution. C'est à son absence que, de tous côtés, sont imputés les maux dont souffre la France.

Élaborée en deux ans, la constitution de 1791 marque un tournant capital : désormais, la France connaîtra le régime de la constitution écrite (**1**), conçue comme un instrument de liberté (**2**).

1. Une constitution écrite

434 Sous l'Ancien Régime, l'exercice du pouvoir royal n'était pas arbitraire mais si le roi respectait certains principes dans la manière de gouverner, il s'en faut de beaucoup qu'il les ait reconnus comme contraignants. Seules les lois fondamentales étaient présentées comme impératives, mais elles portaient seulement sur la dévolution de la Couronne et l'inaliénabilité de son domaine. Au-delà, l'absolutisme pratiquait l'auto-limitation. Les doctrines d'opposition jouaient de l'absence de liste officielle pour étendre la catégorie des lois fondamentales à ce qui allait dans le sens de leurs intérêts. Cette ambiguïté paraît intolérable en 1789. Les inconvénients d'un régime coutumier sont dénoncés. Les règles, immergées dans les faits, sont incertaines : on hésite sur leur étendue et leur portée. Elles sont mouvantes, échappant à toute fixation : un fait dérogeant à la coutume est-il un précédent louable ou bien, au contraire, une exception répréhensible ? L'incertitude et l'instabilité tournent au profit du despotisme, clament pamphlétaires et autres écrivains politiques. Aspirant à des règles claires, fixes, permanentes, on réclame une constitution écrite. Ce texte sera un lien pour l'autorité et une protection contre ses excès, mais également, dans l'esprit des hommes du XVIIIe siècle, un moyen d'éducation civique.

Les Constituants sont cependant partagés sur la valeur de cet écrit. Pour les uns, l'écrit se borne à décrire. Il s'agit, pour eux, moins de créer un ordre nouveau que de fixer l'ancien en le débarrassant des abus qui s'y étaient glissés. Ils se proposent de régénérer les institutions existantes en retrouvant les anciennes règles auxquelles la Nation consentira expressément, mais en collaborant avec le roi dont le pouvoir préexiste. Pour les autres, la constitution est l'œuvre du pouvoir constituant qui appartient à la Nation, seule souveraine. Elle tire de l'écriture un aspect impératif, créateur. Une constitution écrite a une portée volontaire et novatrice. Elle n'est pas un résultat, mais un point de départ. C'est cette conception qui triomphe.

435 La première constitution écrite de la France est finalement votée par l'Assemblée le 3 septembre 1791. Elle inaugure une longue liste, puisque nous n'avons pas connu moins de quinze constitutions avant celle de 1958. Autant de constitutions écrites. Ce principe est un acquis définitif. Il a triomphé même en 1814, au moment de la Restauration alors que les ultra-royalistes ne voulaient pas entendre parler d'un texte écrit bornant la souveraineté royale. Exemple unique dans notre histoire, la charte de 1814 est une constitution octroyée par le roi, alors souverain et donc détenteur du pouvoir constituant.

2. La constitution, instrument de liberté

436 Alors que les lois fondamentales protégeaient le seul intérêt de l'État, la constitution doit désormais être un instrument de liberté. Conformément à la doctrine du droit naturel, la constitution devient le moyen de procurer aux droits individuels la sûreté qui leur est due. La Déclaration des droits de l'homme est d'ailleurs destinée à figurer en tête du texte de 1791. L'existence même d'une constitution est subordonnée à son contenu dans le fameux article 16 : « Toute société dans laquelle la garantie des droits n'est pas assurée, ni la séparation des pouvoirs déterminée, n'a point de constitution ». En 1789, le principe de séparation des pouvoirs a surtout une portée négative. Il signifie qu'une même autorité ne doit pas cumuler intégralement l'exercice de deux fonctions étatiques, *a fortiori* de toutes les fonctions de l'État. Cet article vise évidemment la monarchie absolue. L'un des buts d'une constitution est donc de « déterminer » la séparation des pouvoirs, de déterminer une répartition, quelle qu'elle soit. La Déclaration ne se prononce pas sur la répartition positive des compétences qui donnera lieu à deux ans de débats. Le principe de séparation implique une distinction de deux ou plusieurs fonctions au sein de l'activité étatique. On en retiendra trois : législative, exécutive et judiciaire. La garantie des droits résulte de la réorganisation du pouvoir judiciaire. Mais si la Déclaration des droits pose le principe de la responsabilité des administrateurs, le principe de séparation des pouvoirs – renforcé par le mauvais souvenir qu'avaient laissé les parlements – a conduit à soustraire les litiges administratifs aux tribunaux pour les confier à l'administration active.

Dans le cadre ainsi défini pour faire de la constitution un instrument de liberté, l'organisation des pouvoirs donnera lieu, au fil des régimes successifs, à des expériences très diverses et à bien des tâtonnements pour trouver un équilibre.

B. La loi

437 À la suprématie de la loi correspond dans la constitution la suprématie de la fonction législative. Le principal souci des constitutions révolutionnaires est d'organiser le pouvoir législatif en sorte que la loi soit toujours bonne (**1**). C'est un préalable indispensable car « si les lois sont bonnes, les mœurs seront bonnes », disait Diderot : cet instrument est en effet destiné à transformer la société (**2**).

1. Des précautions constitutionnelles pour que la loi soit bonne

438 Les trois fonctions législative, exécutive et judiciaire ne sont pas présumées égales en 1789. La fonction législative détient une incontestable primauté. Son produit, la loi, est mis en œuvre par les autres fonctions. Le pouvoir exécutif tire sa dénomination de l'exécution de la loi et le pouvoir judiciaire se borne à l'appliquer. Dans les trois constitutions révolutionnaires (1791, 1793, 1795), l'organisation de la fonction législative occupe donc la première place car tout découle de la loi. Il s'agit de confier cette fonction à une autorité telle qu'il ne lui soit jamais possible d'en abuser. Il faut prendre des précautions pour que la loi soit toujours bonne. À cet égard, les constitutions ont adopté trois techniques différentes. Mais toutes trois reposent sur la volonté de ne pas abandonner complètement la loi à un organe unique. En 1791, le roi est associé à l'exercice de la fonction législative. Le Corps législatif vote un texte qui n'est qu'un décret et ne devient loi qu'une fois revêtu de la sanction royale. C'est pourquoi les lois de la Constituante, puis celles de la Législative comportent deux dates : la première est celle du vote de l'assemblée, la seconde, celle de la sanction royale. Le roi peut refuser de donner son consentement en opposant son veto. En 1793, le Corps législatif vote des « lois proposées ». Le texte est envoyé dans les départements et devient loi si, dans un délai de quarante jours, un certain pourcentage des citoyens n'a pas réclamé. Dans le cas contraire, le projet est soumis au référendum. En 1795, enfin, l'élaboration de la loi est partagée entre deux assemblées : le Conseil des Cinq-Cents adopte des résolutions qui doivent être acceptées par le Conseil des Anciens pour devenir lois.

2. La loi, instrument de transformation de la société

439 La loi est l'instrument par excellence d'organisation de la société politique. Ce n'est pas une nouveauté, sous la Révolution, de voir la loi s'occuper de droit public. Mais désormais rien n'entrave le nouveau législateur. Les assemblées révolutionnaires ont beaucoup légiféré pour abolir les institutions anciennes et en créer de nouvelles. Sous les auspices de la loi, les institutions publiques, l'administration, la justice ont été profondément transformées. Et la Déclaration des droits de l'homme en a fait le rempart des libertés publiques. La Déclaration fixe, en effet, le maintien de l'ordre public comme seule limite à l'exercice de la liberté et c'est de la loi que relève l'appréciation des exigences de l'ordre public.

440 Mais la loi est également l'instrument de transformation de la société civile. Si l'on fait grand cas de la liberté de l'homme, on a peu de foi dans ses capacités sociales. Livrés à eux-mêmes, les individus ne montrent guère de dispositions à l'harmonie sociale. On se propose donc de les transformer : par l'éducation d'abord (le siècle est pédagogique), par la loi ensuite. Elle est fondée à intervenir profondément dans la sphère privée. Sans doute doit-elle laisser persister la liberté naturelle. Cette limite est, du moins, prévue par la Déclaration : « La Loi n'a le droit de défendre que les actions nuisibles à la société ». Mais il lui incombe aussi de concrétiser les droits individuels. Et la mesure de ces droits dépend fatalement de la philosophie politique qui anime une époque. On se bornera à quelques exemples. La liberté de conscience entraîne la sécularisation du mariage et de l'état civil, ainsi que l'introduction du divorce (20 septembre 1792). Le droit successoral est profondément modifié par application du principe d'égalité : droit d'aînesse et masculinité sont abolis et l'égalité absolue sera instaurée entre les descendants. Au nom de la liberté (appliquée aux rapports de travail), la grève et les syndicats sont interdits

par la loi Le Chapelier (14 juin 1791). Quant à la propriété, la Déclaration la proclame droit naturel, inviolable et sacré, sans en donner de définition. Les lois révolutionnaires insistent sur la liberté de disposer de ses biens. C'est le cas, notamment, de la loi des 28 septembre – 6 octobre 1791. Qualifiée improprement de « code rural », cette loi détaille les divers aspects de la liberté de disposer de sa terre et de ses produits. Le propriétaire d'un fonds est parfaitement libre de le clore, d'y faire les cultures ou l'élevage de son choix, de procéder à la récolte quand il le veut... Libre également de commercialiser et d'exporter ses produits. Cependant la résistance des paysans à l'individualisme agraire sera si vive qu'on ne pourra abolir les droits d'usage collectifs tels que la vaine pâture. Les nouveaux droits inspirent enfin le premier code pénal que la France ait connu, le code des 25 septembre – 6 octobre 1791 sur lequel nous reviendrons.

§ 2. L'effacement des autres sources du droit

441 La loi, conçue comme un acte parfait et souverain, doit se substituer à toutes les autres sources du droit. Les révolutionnaires ne sont pas allés jusqu'au bout de cette exigence, en raison de l'échec de la codification du droit civil. Dans les domaines où la loi n'est pas intervenue, l'ancien droit (coutumes et droit écrit) est resté en vigueur. Mais lorsque la loi a parlé, aucune autre source du droit ne peut plus lui faire concurrence, ni même prétendre à la compléter. La coutume, incertaine et par essence conservatrice, est rejetée sans autre forme de procès. Le cas des autres sources mérite quelques développements. La loi, simple, claire, est accessible à tous. Nul besoin d'« oracles » pour l'interpréter : ni jurisprudence (**A**), ni doctrine (**B**). Dans la pratique, pourtant, le monopole légaliste ne résiste pas toujours. La meilleure preuve de ses limites est donnée par l'apparition coutumière du règlement (**C**).

A. La jurisprudence

442 La fonction assignée au juge est d'appliquer la loi, sa « souveraine », disait Bailly. Pas question pour le juge de créer des normes. Les arrêts de règlement des parlements avaient laissé un mauvais souvenir et la loi des 16-24 août 1790 interdit expressément aux juges de faire des règlements. Pas question non plus pour le juge d'interpréter la loi. Le même texte des 16-24 août invite les juges à « s'adresser au corps législatif toutes les fois qu'ils croiront nécessaire... d'interpréter les lois ». Tel est le système du « référé législatif », emprunté d'ailleurs à l'ancienne monarchie (on se souvient que Louis XIV l'avait prévu en 1667), et avant elle au droit romain (rescrit). Mais si le juge ne peut plus interpréter la loi, il peut l'appliquer d'une façon incorrecte. C'est pourquoi est institué un Tribunal de cassation (loi des 27 novembre-1er décembre 1790) dont la mission est d'être « le gardien suprême de la loi ». Craignant qu'une jurisprudence résulte sournoisement des décisions du tribunal, la constitution de 1791 prévient le danger : « Lorsque après deux cassations le jugement du troisième tribunal sera attaqué par les mêmes moyens que les deux premiers, la question ne pourra plus être agitée au Tribunal de cassation sans avoir été soumise au Corps législatif, qui portera un décret déclaratoire de la loi, auquel le Tribunal de cassation sera tenu de se conformer ». Ces entraves n'ont pas empêché le Tribunal de cassation d'étendre sa compétence et de développer une jurisprudence. Son grand atout est venu de sa permanence face à des assemblées changeantes au gré des régimes et des élections. Ces assemblées, dans l'incapacité de répondre aux multiples référés législatifs, en sont d'ailleurs vite arrivées à dénoncer, chez les juges, un excès de scrupules qui font suspendre abusivement le cours de la justice. Dès la Convention, on leur fait savoir que le sens de la loi peut être déterminé grâce au raisonnement.

B. La doctrine

443 Aucune place n'est laissée à la doctrine qui auparavant interprétait le droit. Les jurisconsultes, pense-t-on désormais, avaient quelque utilité sociale dans le contexte de l'ancien droit qui était

obscur. Mais comme l'ancien droit est condamné à disparaître, la doctrine doit subir le même sort. Encore une fois, la loi lumineuse parle d'elle-même. Elle n'a pas besoin d'interprète. Le jurisconsulte est inutile, voire malfaisant.

444 Il ne faut pas alors s'étonner que l'enseignement du droit ait été le grand oublié des réformes de la Révolution. À son tout début, les professeurs de l'Université de Paris présentent pourtant à l'Assemblée nationale un projet de refonte des études de droit. Sans succès. Le 15 septembre 1793, un décret de la Convention abolit les anciennes facultés, pour la plupart moribondes. En revanche, on se préoccupe d'initier les enfants à la loi. Elle est présentée comme une « petite maman » dans les écoles primaires : « Lorsque la petite maman te commande quelque chose, n'es-tu pas obligé de lui obéir ? Ne serais-tu pas bien fâché de ne pas le faire ? Et, si cela t'arrivait, ne serait-elle pas obligée de te punir ? » trouve-t-on dans un des livres élémentaires destinés à l'enseignement primaire (Dusausoir, *Livre indispensable aux enfans de la liberté*, an II). Sous le Directoire, le programme de l'enseignement secondaire comporte un cours de législation, parfois dispensé par les professeurs des défuntes facultés. Il faudra attendre 1804 pour que de nouvelles écoles de droit voient le jour.

C. Le règlement

445 Le pouvoir exécutif, voué à faire exécuter la loi, ne dispose pas de ce que l'on appellera plus tard le pouvoir réglementaire. Mais cette conception n'a pas résisté aux nécessités concrètes de l'exécution des lois. On s'est très vite aperçu que, pour assurer efficacement l'application des lois, le pouvoir exécutif devait édicter des textes complémentaires. Cet instrument prend son essor sous la Convention et s'affirme davantage encore sous le Directoire. C'est alors que ces actes prennent le nom de règlements. Cette évolution, coutumière, se produit au grand dam des fidèles du monopole législatif, condamnant ces actes qui chaque jour et sous toutes les formes « envahissent la puissance législative ». Dès le Consulat, ils recevront une consécration constitutionnelle : « Le gouvernement propose les lois et fait les règlements nécessaires

pour assurer leur exécution » dispose l'article 44 de la constitution de l'an VIII.

SOUS-SECTION 3

LA CODIFICATION

446 Si la codification réalise l'unification du droit, elle représente quelque chose de plus que l'unification du droit. Le droit, en effet, peut être unifié sans être codifié. Le droit est codifié lorsqu'il est contenu dans un recueil unique au lieu de s'éparpiller dans des textes divers. Ce recueil prétend à l'exhaustivité. Il peut embrasser la totalité du droit ou, plus fréquemment, une partie du droit, une de ses branches. Complet, un code est facteur de sécurité juridique. Mais un code n'est pas un simple catalogue. Sa confection correspond au souci d'exposer le droit de façon cohérente. Le droit est organisé en un ensemble condensé et construit. Si, pour le fond, des règles antérieures sont reprises, le code n'en opère pas moins une novation par l'alliage des règles choisies. Leur harmonisation par voie d'autorité est un acte politique, qui donne d'ailleurs l'occasion de refondre les règles ou d'en introduire de nouvelles.

447 Lorsque la Révolution éclate en France, un mouvement de codification a déjà commencé en Europe sous l'égide de despotes éclairés. Ainsi en Autriche, où l'impulsion est donnée par l'impératrice Marie-Thérèse, ou encore dans certains États allemands, membres de l'empire germanique, comme la Bavière ou la Prusse. Dans cette dernière, un projet très ambitieux de codifier l'ensemble du droit est, depuis 1780, en cours de réalisation sur l'ordre de Frédéric II. Ce projet aboutira en 1794.

En France, la Révolution met la codification à l'ordre du jour. Si l'on met à part celle, un peu particulière il est vrai, du droit constitutionnel, la codification révolutionnaire n'aboutit que sur le plan du droit pénal (**§ 1**). L'entreprise codificatrice ne sera vraiment réalisée qu'à l'époque napoléonienne (**§ 2**).

§ 1. Les expériences révolutionnaires

448 Le principe de la légalité des délits et des peines rendait prioritaire le droit pénal, grand oublié, on s'en souvient, des grandes ordonnances de l'Ancien Régime. C'est sur ce seul terrain que la Révolution aboutira à une codification (**A**). Le principe d'une codification du droit civil a pourtant été posé dès la loi des 16 - 24 août 1790 qui réforme la justice civile : « Il sera fait un Code général de lois simples, claires et appropriées à la constitution ». La constitution de 1791 réitère la promesse : « Il sera fait un Code de lois civiles communes à tout le Royaume ». Cette promesse ne sera pas tenue par les assemblées révolutionnaires (**B**).

A. Les succès de la codification pénale

449 Les Lumières dénonçaient l'inhumanité de la matière pénale, droit et procédure [1], ainsi que l'inégalité de traitement liée à l'état des personnes. Elles protestaient également contre la latitude dont jouissaient les juges dans la détermination de la peine. On réclamait que la loi fixe précisément les incriminations et les peines. Ces idées inspirent la codification révolutionnaire. Le code pénal des 25 septembre - 6 octobre 1791 (**1**) est le premier texte de loi français qui porte le nom de code. Il sera suivi d'un autre code adopté par la Convention thermidorienne, en 1795 (**2**).

1. Le code pénal de 1791

450 Si ce code ne concerne que les crimes, des lois de police municipale et de police correctionnelle traitant des délits et contraventions le complètent. L'ensemble forme la première nomenclature d'infractions française et la plus systématique de l'époque. Le projet de code pénal a été élaboré par le comité de législation criminelle de la Constituante où siègent des juristes très au fait des débats nationaux et européens sur la réforme du droit pénal et mieux informés encore par l'audition de nombreux spécialistes étrangers, notamment anglais. Le projet, présenté par son rappor-

1. La monarchie n'est pas restée insensible à la critique. Elle a procédé à des réformes, notamment en abolissant la torture.

teur Michel Le Peletier de Saint-Fargeau, sera sur certains points considérablement modifié par l'assemblée, en particulier dans le sens d'un durcissement des peines. Cette codification ne se borne pas à mettre en ordre une matière préconstituée, elle met en forme juridique les nouvelles valeurs. Son contenu reflète les principes consacrés en 1789 tant du point de vue des incriminations (**a**) que de celui des peines (**b**).

a. Les incriminations

451 Un grand nombre de crimes religieux (hérésie, sortilège...) disparaissent, en raison de la liberté de conscience. En revanche de nombreuses incriminations entendent protéger les citoyens contre les abus de l'autorité. Le suicide cesse d'être punissable car il n'est pas nuisible à la société. Une grande importance est également accordée aux infractions contre la propriété.

b. Les peines

452 Les peines sont égales pour tous, strictement personnelles et proportionnelles à la gravité des infractions. Le principe de la légalité des peines est poussé jusque dans ses extrêmes limites par l'instauration de peines fixes. Rien ne doit être abandonné à l'arbitraire du juge, ou de celui qui fait exécuter la peine. Pour se prémunir du premier, le code détermine la peine avec exactitude : pour chaque infraction, il indique la peine de base, puis précise minutieusement les circonstances aggravantes susceptibles de l'augmenter et ce qu'il en coûte pour chaque circonstance. Ensuite, l'exécution de la peine ne doit pas varier selon l'indulgence ou la sévérité de celui qui en est chargé. On précise, par exemple, que le condamné aux travaux forcés ne sera entravé que d'un seul boulet au pied. C'est pourquoi la façon d'exécuter la peine de mort donna lieu à scrupules. Le code prévoyait qu'elle consistait en la simple privation de la vie et que le condamné aurait la tête tranchée (privilège, jusqu'alors, de la noblesse). Mais comment trancher la tête ? La Constituante ne s'était pas prononcée sur la suggestion du député Joseph-Ignace Guillotin (jésuite et médecin) d'imaginer « un simple mécanisme ». La Législative, saisie d'une demande pressante faisant état de l'embarras du tribunal criminel et du bourreau lui-même, dut résoudre la question.

Elle s'adressa au secrétaire perpétuel de l'Académie de médecine, le docteur Antoine Louis, qui proposa la construction d'une machine. Celle-ci fut adoptée le 20 mars 1792. D'abord baptisée Louisette, elle prit finalement le nom de guillotine en hommage aux quelques mots prononcés par Guillotin. Quelques mots qu'il regretta toute sa vie !

2. Le code des délits et des peines de 1795

453 Après la chute de Robespierre, la Convention veut tirer un trait sur le gouvernement révolutionnaire et ses lois d'exception, et revenir aux principes posés par la Constituante. Elle charge son comité de législation de préparer un nouveau code pénal qui viendrait remplacer celui de 1791. Le travail est dirigé par Philippe-Antoine Merlin, dit Merlin de Douai, qui sera rapporteur du projet. De son propre aveu, le code « n'est pas encore aussi complet que son titre semble le promettre ». De fait, il contient surtout des dispositions d'ordre procédural : sur 646 articles, 596 concernent la procédure. 47 articles seulement sont consacrés aux incriminations ; pour le reste les tribunaux sont invités à se conformer aux dispositions de 1791. Le nouveau code des délits et des peines est voté en une seule séance, le 3 brumaire an IV (25 octobre 1795), par la Convention à la veille de se séparer.

454 Le Directoire, enfin, manifestera un intérêt particulier pour les délits commis par les militaires : le 21 brumaire an V (11 novembre 1796) est publié un « code des délits et des peines pour les troupes de la République », réprimant notamment l'insubordination, la désertion (fléau de l'époque) ou encore la trahison.

B. Les échecs de la codification civile

455 Les promesses de codifier le droit civil, faites en 1790 et 1791, ne seront pas tenues par les assemblées révolutionnaires. Aucun projet ne sera même ébauché par la Constituante, ni par la Législative qui avait pourtant invité tous les citoyens à communiquer leurs lumières sur l'élaboration d'un code. Sous la Convention, puis le Directoire, ont vu le jour trois projets successifs, très différents. Derrière ces trois projets, le même homme : Jean Jacques Régis

de Cambacérès (1753-1824). Conseiller à la Cour des Comptes, Aides et Finances de Montpellier avant la Révolution, candidat malchanceux aux États généraux en 1789, Cambacérès est élu à la Convention, puis au Conseil des Cinq-Cents sous le Directoire [1].

456 Sous la Convention, Cambacérès se trouve à la tête du comité de législation. Il dirige l'élaboration du premier projet officiel de code civil, présenté à l'assemblée en août 1793. Ses 719 articles forment un ensemble ambitieux qui prétend « tout régénérer ». Les options juridiques sont particulièrement avancées en matière de droit des personnes et de la famille. L'examen de ce texte est stoppé au terme de trois mois de discussion. Il en restera seulement deux lois de l'an II, des lois vraiment « révolutionnaires » : non seulement elles révolutionnent le droit des successions en établissant, notamment, une stricte égalité entre enfants naturels reconnus et enfants légitimes, mais elles sont rétroactives (au 14 juillet 1789). Pour le reste, la Convention renvoie le projet à une commission de six « philosophes » chargée de le purger des « préjugés » des hommes de loi. Foin d'un « fatras rédigé en style de procureur » ! En fait, le projet est surtout victime des circonstances politiques : le Gouvernement révolutionnaire l'ajourne, comme la constitution elle-même, jusqu'à la paix.

457 Après la chute du Gouvernement révolutionnaire, Cambacérès présente en 1794 un deuxième projet, plus court (297 articles) et plus « philosophique ». Ce *Code de la Nature, sanctionné par la raison et garanti par la liberté* maintient les principes des lois de l'an II. Dès lors il arrive à contre-courant et est vite enterré par la réaction thermidorienne.

458 Sous le Directoire, Cambacérès, élu député au Conseil des Cinq-Cents, ne désarme pas. Faisant preuve d'une belle souplesse politique, il présente, en juin 1796, un troisième projet : 1104 articles, cette fois, très en retrait par rapport aux idées égalitaires et se réclamant ouvertement du droit romain, de la coutume de Paris et de l'autorité de Pothier. Toutefois, il se refuse à abandonner les

1. Sa carrière ne s'arrête pas là. Ministre de la Justice en 1799, il trempe dans le complot du 18 brumaire et devient deuxième consul. Couvert d'honneurs sous l'Empire, il se rallie à Louis XVIII en 1814 avant de reprendre ses charges impériales pendant les Cent-Jours. Dernière volte-face qui lui vaut, cette fois, une disgrâce définitive.

principaux acquis de la Révolution, et conserve même certaines dispositions de l'an II. Face à une majorité royaliste, le projet échoue encore. Portalis, un des députés royalistes, met en garde contre « la dangereuse ambition de faire un nouveau Code civil ».

Quelques années plus tard, le même Portalis tire la leçon de ces échecs : « un bon Code civil pouvait-il naître au milieu des crises politiques qui agitaient la France ? Toute révolution est une conquête. Fait-on des lois dans le passage de l'ancien gouvernement au nouveau ? ».

§ 2. Les codifications napoléoniennes

459 Le coup d'État du 18 brumaire an VIII (9 novembre 1799) met fin, *manu militari*, à la décennie la plus mouvementée de l'histoire de France : « la Révolution est fixée aux principes qui l'ont commencée, elle est finie » proclament les nouveaux consuls le 24 frimaire an VIII (15 décembre 1799). L'institution d'un pouvoir fort et déterminé permet à la codification civile, dont Bonaparte fait une priorité, d'aboutir : le Code civil est promulgué sous le Consulat (**A**). La codification se prolonge sous l'Empire par la rédaction de quatre autres codes (**B**).

A. Le Code civil

460 Bonaparte contraint à aboutir une codification qui, « de Cambacérès en Cambacérès,... n'en finissait plus d'avorter » (J. Carbonnier). Il ne lésine pas sur les moyens de parvenir rapidement à ses fins, en mettant au pas les assemblées. La procédure législative, réglée par la constitution de l'an VIII, prévoit que les projets de lois, rédigés par le Conseil d'État, sont communiqués au Tribunat qui les discute, puis décrétés par le Corps législatif qui ne peut les modifier. Les opérations législatives commencent mal : les deux assemblées émettent des votes de rejet sur les premiers titres du Code civil (aimablement qualifié de « copie servile » ou de « plate compilation »). Résolu à briser tous les obstacles, le premier consul décide de mettre les assemblées « à la diète des lois » selon l'expression dc Portalis. Il retire, entre autres, le projet de loi du

Code civil et attend quelques mois, le temps d'épurer le Tribunat de ses opposants. Le travail peut reprendre. L'approbation se fera sans difficulté. La loi du 30 ventôse an XII (21 mars 1804) réunit sous le titre de « Code civil des Français » 36 lois votées de mars 1803 à mars 1804. La confection du Code civil est l'œuvre de multiples artisans (**1**). Il donne une magistrale leçon sur l'art d'élaborer un code durable (**2**).

1. Les artisans du Code civil

461 Conformément à la constitution de l'an VIII, l'initiative appartient au gouvernement. Un arrêté des consuls, en date du 24 thermidor an VIII (12 août 1800), nomme quatre rédacteurs officiels (**a**). Cependant, bien d'autres personnalités ont collaboré à sa confection (**b**).

a. Quatre rédacteurs officiels

Les quatre rédacteurs officiels nommés par Bonaparte sont tous d'anciens avocats. Formés sous l'Ancien Régime, ils représentent équitablement les deux grandes traditions de l'ancien droit. Tous ont aussi une expérience politique.

462 Originaire d'un pays de droit écrit, la Provence, Jean Marie Étienne Portalis (1745-1807) a été avocat au parlement d'Aix avant la Révolution. Royaliste, il est inscrit en 1792 sur la liste des émigrés. Arrêté en 1794, il ne recouvre la liberté qu'après le 9 Thermidor. Élu sous le Directoire au Conseil des Anciens qui le porte à sa présidence, il est proscrit en l'an V et doit fuir à l'étranger. Il rentre en France après le 18 brumaire et se rallie au nouveau régime dont il sera un serviteur dévoué. En 1800, il est nommé commissaire du gouvernement près le conseil des prises, avant d'être chargé de la rédaction du Code dont il sera la cheville ouvrière. C'est lui qui, devant le Conseil d'État, en exposera la philosophie dans un remarquable *Discours préliminaire du projet de Code civil*. Il mourra ministre des cultes.

463 Originaire également d'un pays de droit écrit (le Périgord), Jacques de Maleville (1741-1824) a été avocat au parlement de Bordeaux sous l'Ancien Régime. En 1791, il devient membre du Tribunal de cassation qu'il quitte, sous le Directoire, pour siéger au Conseil des Anciens. Il est à nouveau membre du Tribunal de cassation,

lorsque l'arrêté de l'an VIII le nomme « secrétaire-rédacteur » de la commission du Code civil. En 1806, il entre au Sénat où il votera la déchéance de Napoléon en 1814. Il finira pair de France sous la Restauration.

464 François Denis Tronchet (1726-1806) est le doyen d'âge de la commission où il défend la tradition coutumière. Avocat à Paris sous l'Ancien Régime, député à la Constituante (dont il a d'ailleurs été président), il fait partie des défenseurs de Louis XVI devant la Convention. Sous le Directoire, il est élu au Conseil des Anciens qu'il présidera également. Après le 18 brumaire, il devient membre, puis président du Tribunal de cassation. Bonaparte le considérait comme « l'âme » des discussions. Il entre au Sénat dès 1801.

465 Juriste de droit coutumier également, Félix Julien Jean Bigot de Préameneu (1747-1825) a été avocat d'abord au parlement de Rennes, puis au parlement de Paris avant la Révolution. Après celle-ci, il est élu député à la Législative dont il devient président. En l'an VIII, il est nommé commissaire du gouvernement près le Tribunal de cassation. Président de la section de législation du Conseil d'État, c'est lui qui défendra le Code civil devant le Corps législatif. En 1808, il remplace Portalis au ministère des cultes. Rallié à Napoléon pendant les Cent-Jours, il sera privé de ses charges sous la Restauration.

b. De nombreuses collaborations

466 Bien d'autres juristes ont été amenés à collaborer à la confection du Code. Des magistrats d'abord : l'avant-projet des rédacteurs est soumis au Tribunal de cassation et aux tribunaux d'appel qui renvoient leurs observations. Après cette consultation, le projet est, conformément à la constitution, rédigé par le Conseil d'État où siègent de remarquables juristes. Ainsi Théophile Berlier (1761-1844), ancien avocat au parlement de Dijon : membre de la Convention, puis du Conseil des Cinq-Cents, il a déjà été un des rédacteurs des trois projets présentés par Cambacérès. Ou encore Jean-Baptiste Treilhard (1742-1810), ancien avocat au parlement de Paris : membre de la Constituante, puis de la Convention et enfin du Conseil des Cinq-Cents, il devient vice-président du tribunal d'appel de la Seine en 1800, avant d'entrer au Conseil d'État et d'être désigné comme rédacteur du Code de procédure civile.

467 On n'aura garde d'oublier les consuls qui président alternativement le Conseil d'État. Le deuxième consul n'est autre que Cambacérès dont on connaît déjà la longue expérience. Le premier consul, Bonaparte, surnommé « l'Achille du Conseil d'État », a présidé lui-même 55 des 107 séances du Conseil et pris une part active à ses travaux. Excellant à trancher d'un mot un débat qui s'enlise, il mène les discussions tambour battant. Sans être juriste, il tient à se montrer, là comme partout, le maître, se fait prêter des livres et prend conseil, hors séances, auprès de Merlin de Douai. Ne perdant jamais de vue les effets concrets des règles de droit, il étonne plus d'un juriste chevronné par la pertinence de ses remarques. Son influence personnelle se fait sentir en plusieurs endroits du Code. Un Code que la loi du 3 septembre 1807 rebaptise « Code Napoléon ». S'il redevient « Code civil » en 1814, le titre de Code Napoléon lui est redonné par un décret du 27 mars 1852 pour rendre « hommage à la vérité historique et au sentiment national ». Ce décret n'a jamais été abrogé.

Napoléon tenait beaucoup à son image de législateur. À Sainte-Hélène, il écrira : « Ma vraie gloire n'est pas d'avoir gagné quarante batailles ; Waterloo effacera le souvenir de tant de victoires. Ce que rien n'effacera, ce qui vivra éternellement, c'est mon Code civil. » Et il est vrai que le Code civil avait été conçu pour vivre éternellement.

2. « Les codes des peuples se font avec le temps »

468 En présentant, dans son *Discours préliminaire*, le projet du Code civil, Portalis remarque : « Les codes des peuples se font avec le temps ; mais, à proprement parler, on ne les fait pas ». Le temps, voilà le secret du Code civil. Le secret de son aboutissement en 1804 car il s'enracine dans la tradition (**a**) et le secret de sa longévité car il a su ménager l'avenir (**b**).

a. S'appuyer sur la tradition

469 Les rédacteurs du Code civil ont travaillé vite. Au bout de quatre mois, l'avant-projet est terminé. C'est qu'ils ont puisé dans le riche arsenal juridique qui s'offrait à eux sans chercher à faire preuve

d'esprit d'innovation. La rédaction se présente comme un double compromis. Le premier, réalisé au sein de l'ancien droit, opère une transaction entre droit écrit et coutumes. Le second concilie l'ancien droit avec le droit intermédiaire. Il entend allier le meilleur de la tradition d'Ancien Régime aux modernisations apportées par la législation révolutionnaire dans laquelle il procède à un tri sélectif.

470 **Le meilleur de la tradition d'Ancien Régime.** La « transaction entre le droit écrit et les coutumes » dont se réclame Portalis, met fin aux querelles entre le Midi et le Nord. Des emprunts sont faits au droit romain et au droit coutumier. Pas forcément des emprunts équitablement répartis. Une partie de cette transaction juridique était déjà, rappelons-le, réalisée en pratique dès l'Ancien Régime : ainsi le droit romain des obligations s'était-il de longue date imposé dans les pays de coutumes. Pour le fond, la source la plus importante du Code civil est le droit coutumier, déjà décanté par le droit commun coutumier – doctrinal et jurisprudentiel – et privilégiant la coutume de Paris. On mesure très bien les limites de la transaction dans le droit de la famille, beaucoup plus proche des traditions coutumières. Pour ne pas trop heurter le Midi, on transige cependant sur le régime des biens applicable aux époux mariés sans contrat, jusqu'alors régi par la communauté dans le Nord et par le régime dotal (c'est-à-dire, au fond, par la séparation de biens) dans le Midi. La communauté est instituée comme régime légal, mais les couples des anciens pays de droit écrit peuvent préserver leur tradition par contrat de mariage.

471 La transaction du Code civil repose largement sur la doctrine d'Ancien Régime. C'est pourquoi Pothier a pu être qualifié de « père du Code civil ». Mais Pothier lui-même présente le dernier état de la doctrine juridique avant le Code civil. Ses travaux font la synthèse d'un siècle et demi d'efforts doctrinaux tournés vers l'unification du droit civil. Domat et Bourjon sont d'ailleurs également mis à contribution. Le plan même du Code civil puise dans les œuvres doctrinales qui, de Domat à Pothier, avaient réordonné la matière juridique et proposé un canevas méthodique et complet, conforme à la raison.

472 Enfin le legs de l'ancien droit se manifeste encore dans des règles de droit matrimonial, reprises du droit canonique et dans les dispositions sur les donations et les testaments, reprises des ordonnances de Daguesseau.

473 **Le tri sélectif de l'apport révolutionnaire.** Bonaparte l'avait annoncé : la Révolution est finie et fixée aux principes qui l'ont commencée. Le Code civil sera, dès lors, en retrait par rapport aux différents projets de Cambacérès. Il conserve les principes consacrés en 1789-1792 : propriété inviolable et sacrée, égalité dans les successions légitimes, conception civile du mariage, état civil, divorce. En revanche, il élimine les excès de l'an II, en particulier en matière successorale : il réduit les droits reconnus aux enfants naturels et élargit la quotité disponible.

b. Ménager l'avenir

474 « Nous nous sommes préservés, dit Portalis, de la dangereuse ambition de vouloir tout régler et tout prévoir. » Il n'est pas possible, constate-t-il, d'« enchaîner l'action du temps » : « comment s'opposer au cours des évènements, ou à la pente insensible des mœurs ? Comment connaître et calculer d'avance ce que l'expérience seule peut nous révéler ? La prévoyance peut-elle jamais s'étendre à des objets que la pensée ne peut atteindre ?.. les lois, une fois rédigées, demeurent telles qu'elles ont été écrites. Les hommes, au contraire, ne se reposent jamais... ». C'est pourquoi, pour être durable, un code doit parler le langage des principes et non pas descendre dans les détails qui changent. Le caractère général d'un code est un gage de sa solidité et de sa pérennité. Son rôle est de « fixer, par de grandes vues, les maximes générales du droit ; d'établir des principes féconds en conséquences ». Pas de tirer lui-même toutes les conséquences de ces principes. Ce rôle incombe à ce que Portalis appelle un « supplément de la législation ». Chargé de régler les détails et de prendre en compte les situations nouvelles, ce supplément de la législation repose sur la jurisprudence, la doctrine et l'usage. Rompant avec la tradition révolutionnaire, voilà ces sources du droit réhabilitées quoiqu'elles doivent s'inscrire dans le cadre général imposé par la loi. Conséquence de cette conception, si l'article 5 du Code défend

aux juges de « prononcer par voie de disposition générale et réglementaire sur les causes qui leur sont soumises », l'article 4 dispose : « Le juge qui refusera de juger, sous prétexte du silence, de l'obscurité ou de l'insuffisance de la loi, pourra être poursuivi comme coupable de déni de justice. » Nécessairement le juge sera amené à interpréter la loi. Quant à l'usage, le Code civil y renvoie en plusieurs endroits, expressément ou implicitement en faisant allusion aux bonnes mœurs.

475 Si le projet des rédacteurs a été infléchi sur bien des points, son esprit et son architecture générale ont été conservés. Fruit d'une excellente technique juridique, le Code civil est un monument d'une remarquable concision et d'une grande clarté. La limpidité de son style a frappé Stendhal : il avouait lire chaque matin deux ou trois pages du Code civil, « pour prendre le ton », « afin d'être toujours naturel ».

Le Code civil comprend 2281 articles, 2281 articles qui abrogent le droit antérieur. La loi du 30 ventôse an XII (21 mars 1804) s'achève par un article 7 aux termes duquel « À compter du jour où ces lois sont exécutoires, les lois romaines, les ordonnances, les coutumes générales ou locales, les statuts, les règlements, cessent d'avoir force de loi générale ou particulière dans les matières qui sont l'objet desdites lois composant le présent Code. » Pour Portalis, c'est « la disposition la plus essentielle » : « elle nous rappelle ce que nous étions, et nous fait apprécier ce que nous sommes. »

B. Les codes impériaux

476 Le grand effort de codification, qui a abouti à une œuvre capitale sous le Consulat, se poursuit sous l'Empire. De 1806 à 1810, quatre codes voient successivement le jour : le Code de procédure civile (**1**), le Code de commerce (**2**), le Code d'instruction criminelle (**3**) et le Code pénal (**4**). Leur élaboration suit la même méthode que celle qui a été employée pour le Code civil : commission de rédaction, consultation des magistrats, rédaction par le Conseil d'État, transmission au Tribunat (du moins jusqu'à la suppression, en 1807, de cette assemblée, bête noire de Napoléon), vote du Corps législatif.

1. Le Code de procédure civile (1806)

477 En 1802, l'avant-projet est confié à une commission de cinq membres comprenant, notamment, le conseiller d'État Treilhard et un ancien avocat parisien, Pigeau. Formés à l'ancien droit, les rédacteurs se sont largement inspirés de l'ordonnance civile de 1667. L'héritage révolutionnaire transparaît cependant sur certains points comme l'obligation pour les juges de motiver leurs décisions.

2. Le Code de commerce (1807)

478 Dès 1801, une commission de sept praticiens, présidée par un magistrat expérimenté, Gorneau, est chargée de rédiger un Code de commerce. Cependant la procédure de rédaction définitive au Conseil d'État se fait attendre plusieurs années, jusqu'en 1806. Le Code de commerce se présentera surtout comme une mise à jour des ordonnances de Colbert (1673 et 1681). La conception qui prévaut est celle de l'incorporation du droit commercial au droit privé en tant qu'exception au droit civil. Un des rédacteurs (Vital-Roux), pourtant, prônait le particularisme du droit du commerce, mi-privé, mi-public.

3. Le Code d'instruction criminelle (1808)

479 Un arrêté du 21 mars 1801 crée une commission de cinq juristes chargée de rédiger un seul et même code pour le droit pénal et la procédure criminelle. Ses membres les plus éminents sont, outre Treilhard, René-Louis Viellart qui préside la section criminelle du Tribunal de cassation, et Guy Jean-Baptiste Target qui est juge au Tribunal de cassation. En 1804, alors que la discussion au Conseil d'État a déjà commencé, les travaux s'interrompent et on décide d'élaborer deux codes distincts. Napoléon participera activement aux travaux. Le Code d'instruction criminelle est adopté le premier. Il se présente comme une transaction entre l'ancien droit et le droit intermédiaire. Du premier, il retient le principe d'une instruction préparatoire et secrète car le souci de l'ordre public prévaut. Du second, il retient le jury (emprunté à l'Angleterre et auquel Napoléon était pourtant très hostile) ainsi que les débats oraux et publics, avec la pleine liberté de défense devant la juridiction de jugement.

4. Le Code pénal (1810)

480 Premier code voté par la Révolution, le Code pénal est le dernier des codes napoléoniens. Son article 1 établit le principe de la distinction crimes/délits/contraventions, catégories d'infractions définies par la peine encourue. Désormais, les juristes utiliseront systématiquement cette distinction selon la peine pour classifier les infractions pénales. Ce code est tout empreint d'une volonté de sévérité et d'intimidation. Significativement il commence par les peines. Le champ de la peine de mort est élargi. La prison perpétuelle est instaurée (alors que le code de 1791 limitait la durée de l'emprisonnement à 24 ans). On voit également réapparaître la mutilation du poing pour le parricide avant son exécution, ainsi que la peine de la marque. Héritage de la Révolution, le principe de non-rétroactivité est consacré, ainsi que celui de la légalité quoique la légalité des peines soit assouplie pour certaines infractions : retour à une tradition d'Ancien Régime, le juge retrouve une certaine latitude dans la fixation de la peine. Le code fixe un minimum et un maximum entre lesquels le juge arbitre en fonction des circonstances.

SECTION 2

L'AMÉNAGEMENT DES PRINCIPES FONDATEURS

481 L'Europe de 1815 s'est construite contre l'hégémonie française. Au Congrès de Vienne, triomphe le principe de légitimité, conservateur d'un équilibre européen qui, en maints endroits, défie les **sentiments nationaux**. Deux nations, allemande et italienne, sont morcelées. D'autres nations sont soumises, telle l'Irlande. D'autres, enfin, sont artificiellement rassemblées dans les grands États historiques que sont l'Empire d'Autriche et l'Empire ottoman. L'histoire de l'Europe au XIXe siècle est marquée par le réveil des nationalités et ce mouvement s'accélère tout au long du siècle. L'exaltation de la nation ne restera pas sans incidence sur le droit : la page des droits cosmopolites est tournée et l'espoir d'une

législation universaliste fondée sur le droit naturel est abandonnée. Le droit apparaît comme un des produits les plus authentiques d'une identité nationale jalousement défendue. C'est le triomphe du nationalisme juridique (SOUS-SECTION 1).

De la chute du premier Empire à la IIIe République, la France connaît une **histoire constitutionnelle** certes moins mouvementée que lors des décennies précédentes, mais elle n'en expérimente pas moins plusieurs régimes politiques. En 1814, la monarchie est restaurée. Le roi, souverain, octroie une charte, datée du 4 juin 1814, qui consacre les principaux acquis de la Révolution, notamment le régime représentatif. La Chambre des pairs nommée par le roi et la Chambre des députés élue au suffrage censitaire votent la loi. Deux rois se succèdent, tous deux frères de Louis XVI, Louis XVIII, puis Charles X. Lorsque ce dernier prétend imposer une politique contraire au vœu de la majorité parlementaire, la crise tourne vite à l'insurrection. De la révolution des Trois Glorieuses (27, 28 et 29 juillet 1830) sort un nouveau régime, la Monarchie de Juillet. Les institutions sont à peine révisées, mais, différence capitale, la souveraineté revient à la nation qui s'est choisi un nouveau roi en la personne de Louis-Philippe Ier. Plus libéral, mais encore trop conservateur, ce régime est renversé par une nouvelle révolution en 1848. La République est proclamée, le suffrage universel instauré. La constitution du 4 novembre 1848 met face à face une assemblée unique et un président de la République, tous deux issus du suffrage universel direct : indépendants l'un de l'autre, les deux pouvoirs s'affrontent jusqu'au coup d'État du 2 décembre 1851 effectué par le président, Louis Napoléon Bonaparte. Celui-ci se fait confier le pouvoir d'établir une nouvelle constitution. Promulguée le 14 janvier 1852, elle renoue avec le césarisme démocratique. Bientôt le rétablissement de l'Empire est approuvé par plébiscite. Le second Empire connaît deux phases : autoritaire jusqu'en 1859, il va ensuite se libéraliser, avant de s'effondrer brutalement après le désastre de Sedan. La République, troisième du nom, est proclamée le 4 septembre 1870. Elle commence bien mal : la défaite face à la Prusse amputera la France de l'Alsace-Lorraine. En 1875, trois lois constitutionnelles aménagent définitivement les institutions : il s'agit d'un régime parlementaire autour d'un président de la République et de deux assemblées, Chambre des députés et Sénat. Malgré de graves crises, le régime fera preuve d'une belle longévité puisqu'il ne prendra fin qu'en juillet 1940. Au cours de cette période, le système juridique français arrive à maturité. Tout en conservant ses grandes options fondatrices, il va les réaménager dans un sens plus équilibré (SOUS-SECTION 2).

SOUS-SECTION 1
LE NATIONALISME JURIDIQUE

482 Qu'est-ce qu'une communauté nationale ? Les opinions s'affrontent en Europe. Une première école, principalement allemande, fait reposer la nationalité sur des phénomènes inconscients et involontaires comme la langue maternelle et les traditions populaires. Une seconde école, principalement française, estime au contraire que la nationalité se fonde sur la volonté d'appartenir à telle nation plutôt qu'à telle autre. Cette volonté peut être encouragée en diffusant un code qui chasse l'Ancien Régime. Si la codification parachève l'unification politique en France, elle est appelée à jouer un rôle comparable en Europe : « Cela resserre les liens des nations d'avoir les mêmes lois civiles », disait Napoléon à son frère Louis en 1807. Le rêve d'une Europe du Code civil se brise pourtant avec la chute de l'Empire, puis la montée des nationalismes (**§ 1**). Le droit, dès lors, va se replier à l'intérieur des frontières politiques (**§ 2**).

Le mouvement des nationalités a également pour effet de réduire la marge d'expansion des grandes puissances en Europe. Celles-ci alors se ruent vers l'extérieur et engagent une course à la colonisation. En 1814, la France ne conserve que quelques vestiges du passé colonial monarchique, les « vieilles colonies » que sont l'île de la Réunion, la Guadeloupe, la Martinique, la Guyane, Saint Pierre et Miquelon, deux comptoirs au Sénégal et les cinq comptoirs des Indes. À la fin du XIXe siècle, pourtant, la France s'affirme comme une des principales puissances coloniales. Sous la IIIe République, cette conquête est devenue un exutoire au nationalisme, exacerbé par la perte de l'Alsace-Lorraine. Mais le droit du colonisateur devra composer avec les spécificités propres aux colonies (**§ 3**).

§ 1. Diffusion du modèle français et réactions nationalistes

483 Le modèle juridique français a connu une extraordinaire fortune. Largement exporté à l'occasion des conquêtes napoléoniennes, il est, un temps, présenté comme un nouveau droit commun pour l'Europe (**A**). Si cette première expansion est éphémère, la seconde sera plus durable. Fort d'un immense prestige culturel, le modèle français inspire en de nombreux pays la rédaction de codes nationaux (**B**). Il est, en revanche, rejeté en Allemagne. Et le Code civil allemand, né dans un climat de rivalité avec le Code Napoléon, propose à l'extrême fin du XIXe siècle un modèle alternatif dont le succès contribue à diviser encore davantage la famille romano-germanique (**C**).

A. Le rêve napoléonien d'un nouveau droit commun pour l'Europe

484 Le Code civil est imposé aux peuples annexés et incorporés au Grand Empire qui, à son apogée, ne compte pas moins de 130 départements. Il est également implanté dans les États vassaux de la France. Pour tous les pays concernés – de la Belgique à la Hollande, d'une partie de l'Allemagne au Grand Duché de Varsovie, des cantons suisses à l'Italie –, les bouleversements ne sont pas minces car recevoir le Code civil, c'est « abolir les droits féodaux, morceler les héritages, séculariser le mariage, légitimer le divorce » (J. Carbonnier). En comptant la France, près de la moitié de la population européenne partage la même loi. Le « Code civil des Français » cesse d'être la loi particulière des Français pour devenir, rebaptisé « Code Napoléon », le nouveau droit commun de l'Europe. Gage de sa vocation cosmopolite, il est traduit en latin. La chute de l'Empire sonnera certes le glas d'une Europe du

Code Napoléon, mais elle n'entraînera pas systém
rejet du modèle français.

B. L'influence du modèle français

485 Le Code se maintient en France d'abord puisque Louis XVIII le reprend à son compte (moyennant l'abolition du divorce), mais aussi dans les pays les plus proches de la France par la langue ou la culture, comme la Belgique ou le Grand Duché de Bade. Il reste également en vigueur en Pologne, dans la principauté de Lucques, dans quelques États allemands et dans certains cantons suisses. Si le Code civil est formellement abrogé ailleurs, il n'en inspirera ensuite pas moins les codifications rédigées tout au long du XIXe siècle. En Hollande (1838), en Serbie (1844), en Italie (1865), en Roumanie (1864-1866), au Portugal (1867), en Espagne (1889) ou en Bulgarie (1896), des codes lui empruntent son plan ou ses règles de fond, mais surtout la force d'un symbole : le temps est aux nationalités et un code national, rédigé en langue nationale, affirme l'identité nationale. Le rayonnement du Code civil franchit aussi les mers, consacrant souvent l'accession à l'indépendance d'anciennes colonies, comme la Bolivie (1830) ou le Chili (1855), sans compter l'influence qu'il exercera dans l'ex-empire colonial français.

C. La naissance d'un modèle alternatif en Allemagne

486 Le Saint Empire a disparu en 1806. Le Congrès de Vienne, en 1815, ne le restaure pas. 39 États sont groupés dans une Confédération germanique au sein de laquelle l'Empire d'Autriche et la Prusse accroissent leur importance. Si certains États allemands, à l'Ouest, conservent le Code civil, le modèle français n'en est pas moins rejeté ailleurs (**1**). Après l'unification allemande, un nouveau type de code apparaît avec le BGB (**2**).

1. Le rejet de la codification française

Au moment où s'effondre l'Empire napoléonien, une polémique s'engage outre-Rhin sur l'opportunité de doter l'Allemagne, politiquement morcelée, d'un code civil commun. Et ce droit commun devrait-il consister en une réception générale de la codification française ou bien en un code propre, mais rédigé sur le modèle français comme le préconise Anton Friedrich Justus Thibaut, professeur à Heidelberg ? Le sentiment patriotique prévaut contre le code d'une nation qui avait menacé de ruiner l'Allemagne. Le modèle français est victime du même rejet. À l'opposition politique, s'ajoutent des objections de principe formulées par l'École historique. Cette École est fondée par Karl Friedrich von Savigny (1779-1861), professeur à Berlin. Savigny est hostile à toute codification. Selon lui, le droit est, comme la langue, une expression organique et naturelle de la vie des peuples, en constante évolution. Et pas plus qu'on ne peut prétendre fixer la langue, on ne peut arrêter le droit à un moment de son évolution en le codifiant. Le droit naît spontanément dans la conscience des peuples mise au jour et interprétée par les juristes. Juges ou professeurs ? Comme l'Allemagne ne peut compter sur un tribunal central -disparu en 1806-, seule la doctrine peut par conséquent assurer un rôle unificateur. La pensée de Savigny annonce l'omnipotence de la doctrine dans l'Allemagne du XIXe siècle. Jamais les juristes universitaires n'ont exercé une si grande influence sur les juges. Et leur rôle se confirme au moment de l'élaboration du code civil allemand.

2. Le BGB (Bürgerliches Gesetzbuch)

487 En 1862, Bismarck devient ministre président de Prusse. En moins de dix ans, il réussit à unifier l'Allemagne au profit de la Prusse. C'est dans la galerie des glaces de Versailles que son roi est proclamé empereur d'Allemagne le 18 janvier 1871. L'unification politique relance la question de la codification et dès 1873, la constitution est modifiée pour attribuer au Reich la compétence d'élaborer une législation commune pour l'ensemble du droit civil. Les travaux commencent l'année suivante et aboutissent, le 10 août 1896, à la promulgation du Bürgerliches Gesetzbuch qui entre en vigueur le 1er janvier 1900.

Le BGB est profondément tributaire de l'École historique qui domine la pensée juridique allemande au XIXe siècle et qui cherche l'inspiration de la vie juridique dans l'expérience des peuples. Dès ses débuts, cette École se divise sur les références culturelles à exploiter. Pour les romanistes, comme Savigny, il doit s'agir du droit romain reçu en Allemagne à la fin du XVe siècle. Pour d'autres, tels Jakob Grimm († 1863) ou Georg Beseler († 1888), il faut remonter au droit antérieur à la réception, c'est-à-dire à l'ancien droit germanique. En faveur du second courant jouent les sentiments nationalistes. Mais le courant romaniste peut se réclamer d'un droit plus sophistiqué et plus moderne, issu de la science pandectiste. Le pandectisme est une science du droit romain revisité par la méthode historique. Cette méthode consiste à faire le partage, dans la tradition juridique romaine, entre ce qui peut entrer dans un système de droit positif moderne et ce qui doit être abandonné à la spéculation érudite. Le droit est décanté de tout ce qui porte la marque du temps. Une fois le droit débarrassé de ce qui est soumis au changement et donc mort, il reste une partie intemporelle, une partie vivante à partir de laquelle on va ériger une construction abstraite : elle part de principes généraux dont se déduit un système clos de concepts hiérarchiquement ordonnés. Le décalage d'un siècle entre le Code civil et le BGB explique largement leur différence de style. L'École du droit naturel avait élaboré les catégories et fourni l'architecture systématique du Code civil. Mais, après le Code civil, la science pandectiste a poursuivi l'œuvre de systématisation et d'abstraction. Si le courant germaniste parvient à infléchir le texte en cours d'élaboration, la méthode pandectiste triomphe dans la forme du BGB. Et cette forme le différencie des autres codes précédemment entrés en vigueur. L'esprit de systématisation et la tendance à l'abstraction se manifestent notamment par la technique nouvelle de la « partie générale ». Issue de l'enseignement pandectiste, la partie générale groupe des dispositions qui intéressent les différents domaines du droit civil.

Ce modèle allemand met fin au monopole du modèle français. Le BGB inspirera de nombreux codes rédigés ultérieurement. Le Japon l'adopte dès 1898, avant même son entrée en vigueur en Allemagne. Puis c'est au tour de la Suisse (1907), ou du Brésil (1916). Le BGB influencera également la rédaction de codes plus modernes qui supplantent les codes antérieurs, comme le nouveau Code civil italien de 1942. L'adhésion à la formule de la codification a largement étendu la famille romano-germanique en dehors de son berceau européen. Mais selon le modèle choisi, Code civil ou BGB, cette famille s'est en même temps divisée au point que l'on a pu distinguer un esprit des droits romanistes et un esprit des droits germaniques : le premier est présenté comme un droit de légistes ordonné autour de règles, le second comme un droit de professeurs ordonné autour de concepts.

§ 2. Le repli du droit à l'intérieur des frontières politiques

488 En adoptant une codification nationale, l'État-nation affirmait sa spécificité juridique. Cela ne condamnait pas inéluctablement les ordres juridiques à se replier sur eux-mêmes. La diffusion du modèle français, au contraire, aurait pu les rapprocher. Pourtant, loin de servir la cause du rapprochement, les lois codifiées ont contribué à élever des barrières entre les peuples. L'absolutisme de la législation nationale (**A**) n'a pas été contrebalancé par une doctrine portée aux débats cosmopolites : la science du droit s'est développée dans un cadre national (**B**).

A. L'absolutisme de la législation nationale vis-à-vis des droits étrangers

489 L'établissement d'un système juridique national ne fait pas totalement disparaître tout apport exogène. Le droit français peut encore s'enrichir d'emprunts à des droits étrangers. Ainsi le droit anglais a-t-il largement influencé l'évolution du droit commercial (introduction du chèque par exemple). Cependant ces emprunts ne sont reçus qu'au prix de leur naturalisation par la loi française.

L'absolutisme de la loi nationale s'exprime surtout dans le fait qu'elle seule décide des cas où elle est amenée à s'effacer devant des droits étrangers. C'est ainsi que les sources du droit international privé sont essentiellement des sources nationales. Le droit international privé s'occupe des rapports juridiques internationaux entre personnes privées. Il lui faut, notamment, déterminer par quel droit national un litige doit être résolu lorsque des lois d'États différents sont en conflit. Dès le Moyen Age, le droit commun avait élaboré des solutions techniques pour résoudre les conflits de lois. La « théorie des statuts » s'appliquait alors aussi bien pour régler les conflits entre sujets d'un même État soumis à des droits différents que pour trancher les procès opposant des ressortissants de nations différentes. La codification, en unifiant le droit, met fin aux conflits de lois entre nationaux. Subsistent néanmoins les conflits de lois entre nationaux et étrangers. Dès le XVIe siècle, la souveraineté des États était venue remettre en cause si ce n'est les solutions pratiques de la théorie des statuts, du moins leur fondement théorique. L'idée d'un droit commun s'effaçait devant celle d'un consentement au moins tacite des nations. Au moment de la codification, les codes disposent, chacun à sa façon, sur les conflits de lois. Sur cette base, plus ou moins lacunaire, éventuellement complétée par la suite, s'est édifié un système de solutions propres à chaque pays. En France, la question fait l'objet de l'article 3 du Code civil. Sa rédaction témoigne de la volonté d'assurer la prédominance de la loi française. L'application de la loi étrangère est passée sous silence et une jurisprudence protectionniste ne l'admettra qu'avec réticence.

B. L'horizon national de la doctrine

490 Jusqu'à la Révolution, la science du droit se voulait universelle. Mais l'École du droit naturel qui la dominait au XVIIIe siècle n'a pas survécu aux codifications qu'elle avait pourtant si largement contribué à faire naître (**1**). Barrière des langues et ferveur patriotique se conjuguent pour isoler les cultures nationales (**2**).

1. « Le rêve du droit naturel est terminé »

Au début du XIXe siècle, deux grands courants écartèlent la doctrine européenne. Tous deux recentrent la science du droit sur une optique nationale. En France (et en Belgique), l'École dite de l'« Exégèse » se consacre au commentaire des codes. La loi est interprétée par des moyens rationnels, logiques, qui recherchent l'intention du législateur. Dans cette quête, le droit comparé offre peu d'intérêt. L'enseignement fait surtout place au droit national. En Allemagne, l'École historique entend construire le droit adapté à la nation allemande à partir de sa propre expérience historique. Seul le droit qui a été effectivement en vigueur en Allemagne entre en ligne de compte. Le courant germaniste se réclame des très anciennes coutumes germaniques et dénonce la réception du droit romain comme un « malheur national » (Georg Beseler). On est bien loin de la poursuite d'un droit universel et dès le milieu du XIXe siècle, le pandectiste Bernhard Windscheid en prend acte : « le rêve du droit naturel est terminé ». Certes, le fondateur de l'École historique, Savigny, adopte une démarche comparative prenant en compte non seulement le droit romain, mais aussi les codes en vigueur dans certains États allemands. Il entend cependant intégrer ces codes au droit romain commun par voie de pandectisation. Prussien – il sera même ministre de la législation en Prusse-, Savigny attaque impitoyablement le Code Napoléon qu'il accuse d'avoir rongé l'Allemagne « comme un cancer ». Après l'entrée en vigueur du BGB, le droit romain devient une discipline purement scientifique, alors que la doctrine civiliste s'oriente exclusivement vers le code.

2. L'isolement des cultures nationales

491 Le repli de la doctrine juridique sur son univers national a, en outre, été amplifié par la barrière des langues. Il n'y a plus, dans l'Europe du XIXe siècle, de langue commune aux productions intellectuelles des juristes. L'importance de ce facteur se mesure bien au succès remporté par les traductions d'ouvrages allemands, œuvre de professeurs alsaciens bilingues. L'exemple le plus significatif est celui du traité de Karl Salomo Zachariae, traduit en français par Aubry et Rau.

492 À la faveur de ces traductions, qui se multiplient à la fin du siècle, le modèle scientifique allemand pénètre en France. Pourtant, même les auteurs qui y sont très sensibles n'en démarquent pas moins le système juridique français. Ceux qui le rejettent y mettent toute leur ferveur patriotique exacerbée depuis la perte de l'Alsace-Lorraine. Dans *La notion de droit en France au dix-neuvième siècle*, écrit en 1915 et publié en 1919, Julien Bonnecase

déclare en substance qu'il n'y a rien à apprendre d'un pays où l'Université est à la solde du militarisme. « On savait déjà la légion des juristes germaniques prête à applaudir à toutes les méthodes de guerre et à toutes les conquêtes des armées allemandes, ces méthodes et ces conquêtes devant *a priori* constituer une juste application de la conception allemande du droit ». Dans la panoplie des amabilités, au « cancer » dénoncé par Savigny répond chez Bonnecase le « chancre prussien » accusé d'avoir perverti la conception française du droit en y ayant introduit, entre autres, « une allure énigmatique » et des « solutions troubles sur le fond ». Et de marteler : « La France est guidée par le droit tandis que l'Allemagne n'a d'autre idéal que la force ». Lorsqu'il ajoute qu'en 1914 « l'heure du droit s'apprête à sonner », on sent bien que cette heure n'est pas à la réconciliation des systèmes juridiques nationaux !

493 Enfin, même lorsque les langues ne font pas obstacle, même lorsque les systèmes ne s'affrontent pas, la tendance est au repli. L'interprétation des mêmes textes peut varier selon les pays. L'exemple le plus frappant est celui de la Belgique où la loi d'origine française a pu recevoir une interprétation, notamment jurisprudentielle, différente de l'interprétation donnée en France. Il est vrai que les États-nations se sont dotés d'organisations judiciaires nationales qui varient selon les pays.

§ 3. Le défi colonial

494 La colonisation française reprend sous la Monarchie de Juillet (avec, notamment, la conquête de l'Algérie dès 1830) et connaît un essor décisif sous la IIIe République. Elle s'étend principalement sur l'Afrique (Afrique du Nord, Afrique noire et Madagascar), mais atteint également l'Asie (Indochine, Cochinchine, Tonkin, Annam).

L'Ancien Régime avait commencé à dessiner le modèle de colonisation française en affirmant la prééminence de l'État. La Révolution renforce un second élément : au nom d'une mission civilisatrice, la France tend à une politique d'« assimilation »[1]. Elle va de pair avec la conception française de la nation selon laquelle l'adhésion à une même culture permet d'homogénéiser la communauté nationale. Le droit, naturellement, joue un rôle essentiel dans le rapprochement des peuples. Tel était bien le but poursuivi par Napoléon lorsqu'il imposait le Code civil à ses conquêtes. Partant des mêmes principes, la métropole entend maîtriser l'ordre juridique interne des colonies et y introduire son droit. Déjà sous l'Ancien Régime, la coutume de Paris servait de droit commun dans les colonies. Mais l'idée s'était en même temps imposée que les spécificités locales exigeaient une réglementation spéciale émanant du roi. Ce principe de « spécialité législative » domine toute la période coloniale (**A**). Il ne vise certes que les lois d'origine métropolitaine, mais dans la mesure où il reconnaît la nécessité d'une adaptation aux conditions locales, il favorise l'expression des particularismes juridiques indigènes (**B**).

A. Le principe de spécialité législative

495 Le principe de spécialité législative, repris puis un temps écarté sous la Révolution, réapparaît sous le Consulat et il est régulièrement réaffirmé par la suite. En vertu de ce principe, l'application du droit métropolitain est subordonnée à une mention du législateur et celui-ci peut édicter des mesures spécifiques pour les colonies. Dès la Restauration, cependant, le gouvernement tend à se substituer au législateur par voie d'ordonnances, système que l'on baptisera par la suite « régime des décrets ». Seules les « vieilles colonies » (Antilles et Réunion, futurs départements d'Outre-mer en 1946) y échappent. Par ailleurs les lois et règlements promulgués en France ne sont applicables dans une colonie qu'après leur publication par le gouverneur. Et les gouverneurs, responsables du maintien de l'ordre, jouissent d'une certaine latitude dans cette publication.

1. Sans doute faut-il relativiser l'opposition entre le système français et le système cher au colonisateur britannique qui pratiquait le « gouvernement indirect » en s'appuyant sur les élites locales et invoquait le respect des coutumes. En pratique, quelle que fût l'inspiration de départ, dominait la personnalité des lois.

B. Droit français ou droits locaux ?

496 Dans la première moitié du XIXe siècle, cette question concerne encore peu de monde. D'une part, les territoires coloniaux sont restreints, d'autre part, beaucoup d'indigènes sont encore esclaves. Les indigènes libres sont assimilés aux Français, jouissant de tous les droits civils et politiques. Dans la seconde moitié du XIXe siècle, la question du droit applicable prend une tout autre dimension en raison de l'abolition de l'esclavage (1848), de la proclamation du suffrage universel (1848 également) et de l'expansion de l'empire colonial. Sans renoncer ouvertement au principe d'assimilation, on fait néanmoins resurgir le système de la personnalité des lois (**1**), dans un cadre fixé par le colonisateur (**2**). La prise en compte des particularismes indigènes peut aller jusqu'à adopter une politique non plus d'assimilation, mais d'« association », exprimée par le protectorat (**3**).

1. La résurgence de la personnalité des lois

497 Dans la première moitié du XIXe siècle, le Code civil est introduit dans les colonies. Pourtant ce droit du colonisateur, de la monogamie à la laïcité en passant par la propriété individuelle, heurte les modes de vie indigènes. L'exemple du Sénégal le montre bien, l'application du Code civil reste largement une fiction et la puissance coloniale finit par reconnaître officiellement l'existence d'un statut personnel particulier pour ses sujets de confession musulmane (en 1857 pour le Sénégal).

Dans la seconde moitié du XIXe siècle, on ne renonce pas ouvertement au principe d'assimilation. Le territoire d'une colonie est territoire français et ses habitants sont de nationalité française, mais un clivage est instauré entre nationaux sujets et nationaux citoyens. Le droit français ne s'applique intégralement qu'aux citoyens. Il n'y a guère que dans les vieilles colonies héritées de l'Ancien Régime que tous les habitants sont citoyens. Dans les autres, la citoyenneté est accordée seulement aux colons d'origine européenne et aux indigènes ayant renoncé à leur statut personnel. Eux seuls jouissent de la plénitude des droits. Les autochtones, nationaux sujets, conservent sur le plan civil leur statut personnel, mais sont privés de la majeure partie des libertés publiques et des droits politiques. Les restrictions aux libertés publiques s'expriment par le régime dit « de l'indigénat », un régime disciplinaire spécial qui n'est pas applicable dans toutes les colonies. Mis au point en Algérie, il a ensuite été étendu à toute l'Afrique par une loi de 1881 portant « code de l'indigénat ». Ce code établit une liste d'infractions particulières (par exemple « déplacement sans laissez-passer ») réprimées par des peines spéciales et généralement infligées non par un juge mais par l'autorité administrative.

2. Un cadre fixé par le colonisateur

La résurgence de la personnalité des lois s'inscrit cependant dans un cadre fixé par le colonisateur. D'abord le contenu du statut personnel est à géométrie variable, parfois limité au droit familial, parfois le débordant largement. Ensuite le colonisateur opère une acculturation du droit traditionnel de deux façons. D'une part, au nom de l'ordre public colonial, certaines pratiques traditionnelles sont prohibées, comme l'anthropophagie, l'infanticide ou les crimes rituels. D'autre part, le droit local doit se couler dans le moule du droit écrit. Le colonisateur va faire rédiger les coutumes jusqu'alors orales : ainsi paraissent en 1902 *Les coutumes indigènes de la Côte d'Ivoire*. En Cochinchine, le code du roi Gia Long, rédigé en chinois en 1812, est traduit en français et complété par une codification des coutumes de droit privé en 1883. En 1905, le colonisateur décide de codifier le droit musulman : l'avant-projet paraîtra sous le titre de *Code Morand*, du nom de son auteur. Enfin, le droit français conserve une suprématie de principe : il est le droit supplétoire et s'applique également dès qu'un citoyen est concerné.

3. Le régime du protectorat

498 Le protectorat (Cambodge, Tunisie, Annam, Maroc, Tonkin) se distingue du régime de la colonie proprement dite. L'État protégé, réputé souverain, conserve son gouvernement propre et ses habitants leur nationalité. Les institutions et les usages indigènes y sont maintenus. Le problème de l'application du Code civil ne se pose pas. Pour autant, le colonisateur ne renonce pas à imposer un certain mimétisme avec la métropole. Le droit local est également

codifié quand il n'existe pas de codification locale. C'est ainsi qu'un Code des obligations et des contrats est promulgué en Tunisie en 1906.

Sous-section 2
L'équilibre du système juridique français

499 L'ordre juridique s'incarne désormais dans l'État. Cette entité abstraite est porteuse d'un projet politique, d'une certaine conception de la vie sociale et de l'organisation de la société. Le droit est l'instrument de la réalisation de ce projet. Il traduit et met en œuvre des choix politiques, que ces règles aient pour objet le mode d'exercice du pouvoir ou bien l'aménagement des rapports entre particuliers ; c'est un outil privilégié aux mains des détenteurs du pouvoir politique. Mais si le pouvoir donne naissance aux règles de droit, il doit aussi s'y soumettre. Cet équilibre est atteint grâce aux progrès du droit public (**§ 1**). Ces progrès ne sont pas restés sans incidence sur les modes de production du droit. Si la prévalence du législateur subsiste, l'exclusivisme de la loi recule au profit d'un régime de collaboration entre les différents acteurs de la vie juridique. Fondée sur des nécessités fonctionnelles, déjà admises par les rédacteurs du Code civil, cette complémentarité se renforce à l'épreuve de l'expérience (**§ 2**).

§ 1. Les progrès du droit public

500 L'État dispose désormais de la maîtrise de l'ordre et de l'évolution juridiques. Mais la légitimité de l'ordre juridique n'en reste pas moins subordonnée au respect des droits fondamentaux de l'individu. Cet idéal révolutionnaire a survécu tout au long des XIXe et XXe siècles et l'intérêt même du pouvoir exigeait de les ménager pour assurer sa stabilité. La conciliation entre autorité et droits individuels est au cœur même du développement du droit public. Elle anime, en droit constitutionnel, la quête d'un équilibre

durable qui sera trouvé dans le régime parlementaire, assurant, selon le mot de Guizot, la « responsabilité habituelle du pouvoir » (**A**). Mais « la France a en réalité deux constitutions ; l'une, celle de 1875, officielle, visible et qui occupe la presse ; l'autre, secrète, silencieuse, celle de l'an VIII, constitution napoléonienne qui remettait aux corps administratifs la direction du pays », remarquait Daniel Halévy en 1931. Cette « deuxième constitution » qui encadre la nation par une administration centralisatrice explique comment s'est développé le droit administratif auquel il incombe de réguler le cours de la puissance publique (**B**).

A. « La responsabilité habituelle du pouvoir »

Alors que la tradition révolutionnaire accordait la prééminence au pouvoir législatif, le régime napoléonien reposait, lui, sur une supériorité de l'exécutif. Après sa chute, la question d'un régime durable, garantissant à la fois l'ordre et la liberté, se révèle au cœur des préoccupations constitutionnelles. L'équilibre sera trouvé dans un régime de collaboration des pouvoirs, le régime parlementaire. Ses prémisses s'annoncent dès la Restauration, mais sa construction se produit par une succession d'avancées entrecoupées de périodes de stagnation, voire de recul. Les monarchies constitutionnelles elles-mêmes, tout en affermissant la collaboration des organes politiques et en développant les procédés de contrôle au profit du Parlement, ne sont pas sans connaître des à-coups. La IIe République s'éloigne de la logique parlementaire, et plus encore le régime issu du coup d'État de Louis Napoléon Bonaparte qui restaure le césarisme démocratique. Toutefois ce régime, en se libéralisant après 1859, laisse entrevoir le retour du parlementarisme. C'est la IIIe République qui consacre le régime parlementaire dans la loi constitutionnelle du 25 février 1875. Les pouvoirs législatif et exécutif sont dotés de moyens d'action réciproques qui les incitent à s'entendre. Les ministres sont solidairement responsables devant les chambres de la politique du gouvernement. Inversement, le président de la République peut prononcer la dissolution de la Chambre des Députés, élue au suffrage universel direct. Les électeurs trancheront alors au moment des nouvelles élections.

La crise politique ouverte le 16 mai 1877 sera décisive quant à l'orientation du parlementarisme sous la IIIe République. Rompant avec ses racines libérales qui préservaient l'autorité du chef de l'État, un parlementarisme nouveau se met en place qui renoue avec la tradition révolutionnaire de la suprématie parlementaire. En faisant disparaître l'exercice du droit de dissolution, la pratique constitutionnelle assure la prédominance des chambres, plus particulièrement de l'organe issu du suffrage universel direct. Ce déséquilibre dans les moyens d'action entraîne une grande instabilité ministérielle et le contrôle du gouvernement prend le pas sur l'activité législative.

B. La régulation de l'exercice de la puissance publique

501 Le principe d'un droit spécial, indépendant du droit « commun », avait déjà été retenu sous l'Ancien Régime. À l'époque contemporaine, le droit administratif tranche encore par son autonomie en faisant céder le légalisme et la foi dans les codes (**1**). Cette autonomie s'annonce déjà sous la Révolution par la disqualification des juridictions ordinaires pour régler les litiges nés de l'activité administrative. La spécificité du contentieux administratif se renforce jusqu'à donner naissance à un second ordre de juridiction (**2**). Cette juridiction spéciale impose définitivement l'existence d'un droit spécial, très différent du droit civil. Dans un océan de droit légiféré, le droit administratif est un îlot d'origine jurisprudentielle. Par son mode d'élaboration il se rapproche beaucoup du *Common Law.* Alors qu'en Angleterre, ce droit jurisprudentiel a soumis, en principe, les administrateurs aux mêmes règles et au même juge que les particuliers, la France, elle, les en a soustraits en usant des mêmes techniques (**3**).

1. L'impuissance à enfermer le droit administratif dans un code

Depuis 1789, on prônait la souveraineté de la Loi contre l'arbitraire du pouvoir. En faisant de la loi le rempart des libertés publiques, la Révolution aurait dû faire du droit administratif un terrain d'élection pour la codification. Il n'en a rien été. Non pas que l'on n'y ait pas songé : une loi du 15 prairial an II (3 juin 1794) en prescrit la codification, sans succès ; l'idée est reprise sous le Directoire mais n'aboutit pas davantage. De même s'enlisent les travaux de la commission établie dans un but identique par une ordonnance du 20 août 1824. Une ordonnance du 18 septembre 1839 charge le comité de législation du Conseil d'État de « continuer les travaux de la commission instituée en 1824 à l'effet de colliger et classer les lois et règlements encore en vigueur et de les réunir en un recueil », appelé à être sanctionné par les chambres. Ces efforts répétés restent vains, le droit administratif répugne à se laisser enfermer dans un code. Comment, en effet, définir à l'avance ne serait-ce que le cadre d'intervention de l'administration dans un pays où l'État ne cesse d'accroître son emprise sur la vie sociale ? Comment également définir à l'avance la liberté de mouvement indispensable aux détenteurs de la puissance publique ? Il a fallu renoncer au cadre préconstitué qu'aurait offert un code officiel. Dès le premier Empire, cependant, certains juristes s'étaient efforcés de rassembler un corps de règles qui pourrait tenir lieu de code. Ainsi Fleurigeon fait-il paraître un *Code administratif* en 1806. Sous les monarchies constitutionnelles, plus d'une quinzaine de « codes » officieux voient le jour, portant sur des secteurs particuliers comme les Ponts et Chaussées ou les hôpitaux. Les inventaires des « lois administratives » extraites du *Bulletin des lois* maintiennent certes une conception légaliste du droit. Cependant non seulement ces « lois administratives » font apparaître des dispositions contradictoires, mais elles se limitent à distribuer l'action administrative sans en fixer les bornes.

2. La spécificité du contentieux administratif

502 La loi des 16-24 août 1790 pose le principe de la séparation des autorités administratives et judiciaires : « Les fonctions judiciaires sont distinctes et resteront toujours séparées des fonctions administratives. Les juges ne pourront, à peine de forfaiture, troubler de quelque manière que ce soit les opérations des corps administratifs, ni citer devant eux les administrateurs pour raison de leurs fonctions ». Cette loi pourtant n'attribue pas à l'administration le

droit d'être la mesure de sa propre puissance. Ce sont d'autres textes qui sont venus lui confier le droit d'exercer des fonctions contentieuses, à commencer par la loi des 6-7-11 septembre 1790 et les lois d'attribution se multiplieront ensuite. Mais si la Révolution exclut les tribunaux judiciaires du contentieux administratif, elle n'organise pas pour autant de tribunaux administratifs. Elle adopte le système de l'administration-juge et c'est ce système qui se tranformera par étapes en un second ordre de juridiction. Il faut attendre le Consulat et l'Empire pour que s'amorce une juridiction administrative dévolue au Conseil d'État et aux conseils de préfecture (ancêtres de nos tribunaux administratifs). Mais si le contentieux a été confié au Conseil d'État, il lui a été déféré de manière telle que subsiste la formule de l'administration-juge. Le Conseil d'État, en effet, se borne à proposer la décision au chef de l'État. Le jugement lui-même est pris sous la forme d'un décret impérial. L'exercice de cette «justice retenue» n'est pas sans rappeler le mécanisme du décret à Rome, sous le Principat. Certains décrets au contentieux sont ensuite publiés au *Bulletin des lois*. Le Conseil d'État n'a donc aucune indépendance juridique et il en sera ainsi jusqu'en 1872, à l'exception d'une courte parenthèse sous la IIe République. En 1872, l'avènement de la «justice déléguée» consacre l'existence d'une véritable juridiction administrative. La France connaît désormais deux ordres de juridictions.

3. Un droit d'origine jurisprudentielle

503 La formule de la justice retenue s'est révélée remarquablement efficace. L'approbation expresse du chef de l'État confère aux décisions du Conseil d'État une autorité indiscutable auprès de l'administration. Le Conseil peut ainsi faire preuve d'audace. En censurant les excès, en obligeant l'administration à se soumettre au principe de légalité, il saura concilier le souci de protéger les administrés avec la sauvegarde de l'intérêt public. Les progrès accomplis par le droit administratif auraient cependant été moins spectaculaires sans l'activité des tribunaux judiciaires. Dès lors que la dévolution du contentieux administratif repose sur des lois d'attribution, le juge judiciaire se glisse promptement entre les mailles du filet : en l'absence de disposition législative contraire,

il revendique le droit d'être le juge ordinaire des activités administratives. Il se dresse en champion dans la défense des droits privés et fait preuve d'inventivité. Pour contrer ses ambitions, le Conseil d'État doit prendre davantage en considération les droits des administrés. Il est même parfois amené à introduire dans le droit administratif des constructions dont il n'est pas l'auteur ou, poussé dans ses derniers retranchements, à justifier son intransigeance. Après l'avènement de la justice déléguée, la jurisprudence administrative restera la source essentielle de ce droit si singulier.

§ 2. Un équilibre fondé sur la complémentarité fonctionnelle

504 La théorie des sources du droit que l'on a pu qualifier de « théorie constitutionnelle » (H. Coing) repose sur l'idée qu'une source du droit tire sa légitimité de la volonté du peuple souverain. Seul le peuple souverain peut poser les règles de droit. La règle de droit est l'apanage du politique. Ni le magistrat, ni le professeur n'ont, quant à eux, reçu de la nation mandat pour poser des règles de droit. L'orthodoxie juridique interdit donc de les ériger en « sources » du droit. Sous la Révolution, le principe de la souveraineté nationale voulait que l'édiction de ces règles fût réservée au législateur. Le règne majestueux de la loi n'en avait pas moins déjà subi quelques entorses. À partir du Consulat, le gouvernement est officiellement habilité à édicter, lui aussi, des règles de droit. Renouant avec un héritage monarchique, la « deuxième constitution » de la France évoquée par Daniel Halévy se met en place. Plus ou moins silencieuse, elle se conjuguera avec le régime parlementaire pour aménager l'équilibre de l'ordre juridique. La prévalence du législateur reste intacte, mais des limites pèsent sur son activité législative (**A**). Le législateur en prend acte et, sans renoncer à sa prééminence de principe, va opérer une redistribution des rôles. Le monopole de la loi pour l'édiction des règles recule au profit du gouvernement, un gouvernement issu de la volonté nationale ou contrôlé par elle (**B**). La jurisprudence est invitée par le législateur à le seconder (**C**). La doctrine, pour sa

part, ne retrouve quelque lustre qu'après s'être mise au service du législateur (**D**). À la jurisprudence et à la doctrine, l'orthodoxie juridique refuse durablement la qualité de « sources » du droit. Une distinction académique leur confère néanmoins celle d'« autorités en droit » pour rendre compte des fonctions complémentaires qu'elles exercent, des fonctions nécessaires à la vie du droit et à sa construction scientifique. La coutume, quant à elle, reste mal-aimée. Elle est source du droit puisqu'elle tire sa légitimité de la volonté du peuple souverain. Mais elle contrecarre le principe de la souveraineté nationale qui confie la production du droit aux mandataires de la nation. Malgré la volonté affichée de la maintenir dans un rôle résiduel et supplétoire, elle s'impose parfois contre la loi (**E**).

A. Prévalence du législateur et limites du légalisme

505 L'œuvre napoléonienne a connu une remarquable pérennité. Malgré de nombreux remaniements, le Code d'instruction criminelle est resté en vigueur jusqu'en 1958, le Code de procédure civile jusqu'en 1975, le Code pénal jusqu'en 1994. Le Code de commerce a survécu jusqu'en 2000, tout en étant singulièrement vidé de sa substance. Le Code civil de 1804, enfin, est toujours en vigueur, malgré des révisions significatives opérées au fil des Républiques.

Au XIXe siècle, le législateur ne désarme pas et il poursuit son œuvre de transformation de la société politique et civile. Le légalisme trouve cependant ses limites. Il se révèle inapte à réguler l'exercice de la puissance publique, nous l'avons vu. Mais le respect à l'égard de la codification napoléonienne se conjugue avec le fonctionnement même du régime parlementaire pour lui imposer d'autres limites.

Alors que les constitutions défilaient, le Code civil a inauguré un siècle de stabilité. Les modifications qu'il a subies ont été peu nombreuses jusqu'à l'arrivée des Républicains au pouvoir. Le législateur devient plus actif dans les années 1880. Le droit de la famille connaît des réformes sensibles, guidées tout à la fois par l'idéologie laïque et républicaine (par exemple le rétablissement du divorce en 1884) et par des préoccupations natalistes. Par retouches successives, un peu plus de 250 articles du Code civil sont modifiés entre 1880 et 1914 : trop pour les conservateurs, trop peu pour ceux qui rêvent d'en finir avec un code « bourgeois ». La promulgation du BGB met en lumière le vieillissement du code français. Aussi songe-t-on à le refondre. En 1904, une commission est chargée d'élaborer un projet de révision du Code civil. Certains dénoncent le danger de transformer le code en « une œuvre de classe et de parti » (Eugène Gaudemet). La tentative de révision du Code civil échoue.

506 Mais le législateur quitte de plus en plus fréquemment le cadre du Code civil pour mener des politiques spécifiques. C'est ainsi que se développent des législations sectorielles, annonciatrices de nouvelles branches du droit : législation rurale, législation du logement et de l'urbanisme ou encore, surtout, législation du travail. L'essor de cette législation spéciale correspond aux attentes d'un électorat paysan et ouvrier avec lequel la bourgeoisie républicaine fait alliance. Elle va de pair avec l'élargissement des libertés publiques et une politique de promotion sociale par l'instruction.

Par ailleurs, le parlementarisme absolu ne reste pas sans effet sur la législation. Il est difficile de réunir des majorités d'idées sur certains sujets de société où les clivages droite-gauche ne sont pas très opérants et où les pressions des électeurs sont faibles. Inversement, les coalitions parlementaires se font et se défont sous la pression de groupes d'intérêts catégoriels qui transcendent les clivages politiques. Les textes se multiplient, qui traduisent la défense législative de ces intérêts partiels. La loi, dès lors, tend à abandonner son caractère général pour distribuer des statuts et des privilèges. Si les lois foisonnent après la première guerre mondiale, elles ne donnent plus des principes mais des solutions.

Inaptitude à réguler l'exercice de la puissance publique, respect pour la codification napoléonienne, pressions des électeurs, stratégies des partis sont autant de limites qui s'imposent à l'activité législative.

B. Les avancées gouvernementales

507 La loi constitutionnelle peut reconnaître au gouvernement un pouvoir réglementaire. C'est le cas dès l'époque napoléonienne. Tant que le pouvoir réglementaire s'exerce en vue de l'application de la loi, il ne soulève pas de réelles difficultés. Il n'en va pas de même lorsque le règlement se substitue à la loi. En créant le règlement d'administration publique, la constitution de l'an VIII avait ouvert au gouvernement la possibilité de poser lui-même des normes générales en matière administrative. Et le régime napoléonien avait montré que ce règlement pouvait aller jusqu'à modifier ou abroger une loi. Dans la foule des décrets impériaux, beaucoup sont contraires à une loi ou à un code ou créent des infractions et des peines non prévues par la loi. La question de leur légitimité est soulevée après la chute du régime. Mais la Cour de cassation reconnaît qu'aux temps de l'Empire le pouvoir exécutif a pu se substituer au pouvoir législatif : ses décisions, publiées au *Bulletin des lois*, ont valeur de lois. Seule, dès lors, l'autorité législative peut les abroger. Il n'en va pas de même, en revanche, des ordonnances royales sous les monarchies constitutionnelles. La Cour de cassation estime que le roi ne peut pas prendre la place du législateur en introduisant un droit nouveau.

508 Sous la IIIe République, le législateur lui-même est amené à se dessaisir au profit du gouvernement. D'après la loi constitutionnelle du 25 février 1875, le pouvoir législatif s'exerce par les deux assemblées, Chambre des députés et Sénat. Pourtant la Grande Guerre va amener les chambres à autoriser le gouvernement à prendre des décrets ayant force de loi. Ces textes, les décrets-lois, sont susceptibles de modifier les lois en vigueur. C'est ainsi qu'en 1918, le ministère Clémenceau reçoit les pleins pouvoirs en matière de ravitaillement. Après la guerre, le Parlement se révèle impuissant à résoudre les problèmes économiques auxquels la France est confrontée. D'abord ponctuellement, puis régulièrement, il renonce à légiférer et multiplie les lois d'habilitation à partir de 1934. Certes, le Parlement fixe l'étendue de la délégation, mais le cadre devient très souple et se borne à assigner un but général à atteindre. Les décrets-lois sont bien soumis à ratification

législative, mais cette ratification n'est que théorique. Le système présente de grands avantages quand les assemblées risquent toujours de ne pas aboutir et les parlementaires souvent d'encourir l'impopularité. La loi du 8 décembre 1939 fait des décrets-lois un procédé normal de « législation » pendant la durée de la guerre. Le 10 juillet 1940, c'est à l'exercice du pouvoir constituant que renonce le Parlement en faveur du maréchal Pétain.

C. La mission de la jurisprudence

509 La loi des 16-24 août 1790 avait imposé l'obligation de motiver les décisions de justice. Cette obligation est d'abord comprise comme le visa du texte appliqué, ce qui traduisait l'interdiction d'interpréter la loi. Dès l'époque révolutionnaire cependant, le Tribunal de cassation avait fait suivre le visa d'*attendus* qui exprimaient le raisonnement au terme duquel le texte était appliqué à l'espèce litigieuse. Cette réhabilitation du raisonnement juridique est consacrée dans le Code civil. En vertu de l'article 4, le juge, qui ne peut refuser de statuer sous prétexte du silence, de l'obscurité ou de l'insuffisance de la loi, est nécessairement amené à l'interpréter. Les rédacteurs du code comptaient sur la jurisprudence pour tirer les conséquences des « principes féconds » qu'ils avaient posés. Il n'en est pas moins interdit au juge de faire resurgir les arrêts de règlement et la jurisprudence va rester sous la tutelle de principe du législateur ou du gouvernement jusqu'à ce que le législateur lui-même l'en délivre (**1**). Cette autonomie n'affranchit pas les juges de la loi elle-même avec laquelle ils restent en adéquation (**2**).

1. L'habilitation du législateur

Le législateur du XIXe siècle fait sauter les verrous qui entravaient la reconnaissance de la jurisprudence. En deux temps : d'abord au profit de la Cour de cassation par l'abandon du référé législatif (**a**), ensuite au profit du Conseil d'État par l'abandon de la justice retenue (**b**).

a. L'abandon du référé législatif

510 Dès la Convention, le législateur avait dénoncé l'usage excessif du référé législatif par les tribunaux du fond. Bien souvent, les

juges référaient au législateur non pour interpréter une loi dont le sens était clair, mais pour savoir si les faits qui leur étaient soumis entraient dans le cadre de cette loi. En somme, ils confondaient l'interprétation et la qualification des faits. La question n'étant pas politique, elle n'intéressait pas le législateur. Le Tribunal de cassation n'a pas tardé à s'imposer en ce domaine. En l'an VIII, le référé législatif, condamné par la pratique, disparaît et l'article 4 du Code civil confirme cette disparition en obligeant les juges à statuer dans tous les cas. La loi du 16 septembre 1807 ressuscite pourtant le référé à la suite d'un conflit persistant entre la Cour de cassation et une cour d'appel en 1806. L'interprétation de la loi est alors confiée au chef de l'État qui agit par voie de règlement d'administration publique, c'est-à-dire après avis du Conseil d'État. Ce système est à mettre en parallèle avec la procédure législative de l'époque. L'initiative de la loi appartient au gouvernement et le Conseil d'État est chargé de rédiger les projets des lois, ce qui fait de lui l'autorité la plus propre à en connaître l'esprit. Son règlement, l'arrêté consulaire du 5 nivôse an VIII, l'habilitait déjà à « développer le sens des lois » lorsque l'interprétation était rendue de propre mouvement. La loi de 1807 étend sa compétence aux référés. Sous la Restauration, l'interprétation de la loi passe au roi avant d'être restituée aux chambres parlementaires par une loi du 30 juillet 1828.

Mais les mêmes causes produisent les mêmes effets : quelle que soit l'autorité à laquelle la Cour de cassation devait référer, chef de l'État ou Parlement, on s'aperçoit vite du peu d'intérêt politique que présentent les questions soulevées. Il leur manque ce caractère de généralité qui doit distinguer les lois, quand le problème ne porte pas carrément sur la seule qualification juridique. Aucun des vingt référés intervenus entre 1828 et 1836 ne donne lieu à une seule loi réellement interprétative. En somme, ces référés demandent au législateur de remplir une fonction qui peut être abandonnée au juge. La loi du 1er avril 1837 en tire les conclusions : en cas de seconde cassation dans une même affaire, la cour de renvoi devra, sur le point de droit jugé, se conformer à la décision de la Cour de cassation statuant toutes chambres réunies. Les chambres réunies disposent désormais de l'autorité nécessaire pour unifier l'application de la loi et son interprétation judiciaire à l'occasion des cas d'espèces. Le référé législatif a été l'instrument historique par lequel le législateur a soumis les juges. Dès lors cependant que son fonctionnement entravait la bonne administration de la justice, il devait s'effacer au profit d'une collaboration fonctionnelle entre la loi et la jurisprudence.

b. L'abandon de la justice retenue

511 Jusqu'en 1872, à l'exception d'une courte parenthèse sous la IIe République, le Conseil d'État se borne à proposer la décision au chef de l'État. Celui-ci n'a aucune raison de se défier du Conseil d'Etat qui se trouve en droit sous sa complète dépendance. Les décisions du chef de l'Etat se bornent à entériner les avis contentieux. Une seule fois, le souverain (en l'espèce Napoléon III) a refusé de sanctionner la proposition de ses conseillers et jamais la décision du chef de l'État n'a été contraire à celle que préconisait le Conseil. C'est pourquoi on a pu qualifier la justice retenue de « fiction constitutionnelle » (Léon Aucoc). L'expression ne doit pas abuser. Il n'y a pas plus de fiction qu'il n'y en avait à Rome lorsque les juristes élaboraient les constitutions impériales. La justice retenue s'inscrit dans la théorie des sources qui confie la production des normes aux mandataires de la nation. À défaut du législateur, seul le pouvoir exécutif peut poser des règles de droit et sa qualité de chef de l'administration l'y prédispose en ce domaine. C'est bien pourquoi les libéraux et plus encore les régimes républicains vont se montrer hostiles au système de la justice retenue : manifestation du pouvoir personnel, d'inspiration monarchiste, il contrevient à la souveraineté du législateur. Mais cette aversion les place entre deux feux car l'alternative serait de confier le contentieux administratif aux juridictions judiciaires. À maintes reprises, certes, on rappelle l'exemple des « pays civilisés » qui survivaient sans juridiction propre à l'ordre administratif. À maintes reprises, la tradition française, enracinée depuis l'Ancien Régime, trouve des défenseurs exaltés : l'État ne doit pas être « mis au greffe » selon le mot de Gambetta. À tout prendre, il vaut mieux instaurer une véritable juridiction administrative tout en la

confiant à des hommes que le législateur contrôlerait. Telle est la solution adoptée par la IIe République avec la loi du 3 mars 1849 dont la carrière est courte puisque la constitution de 1852 revient au régime antérieur. C'est la IIIe République qui consacre l'existence d'une véritable juridiction administrative. La loi du 24 mai 1872 institue définitivement une justice déléguée. Dorénavant, le Conseil d'État statuant au contentieux tranche lui-même les litiges sans intervention du chef de l'État. La même loi institue un Tribunal des conflits chargé de trancher les conflits de compétence susceptibles de se produire entre juridiction judiciaire et juridiction administrative.

2. Une jurisprudence en adéquation avec la législation

512 L'habilitation du législateur concerne la jurisprudence, elle n'est pas un blanc-seing donné aux juges. Ceux-ci doivent se conduire en auxiliaires loyaux, priés de se conformer à l'orthodoxie du pouvoir en place. L'inamovibilité des magistrats instituée par la constitution de l'an VIII n'empêche nullement le pouvoir de procéder à des épurations périodiques. Chaque nouveau régime, de la Restauration à la IIIe République, entend s'assurer d'un personnel judiciaire « politiquement correct ». De même quand intervient un changement radical de majorité politique. Les juges eux-mêmes sont bien convaincus qu'ils doivent servir la loi. En 1880, ils démissionnent en masse pour « raisons de conscience » : plutôt un véritable suicide collectif que d'appliquer la politique anticléricale. Cela ne suffit pas à faire disparaître la profonde méfiance envers leur corps : le président Jules Grévy comparait encore la magistrature à un tonneau de vinaigre qui « restait imperturbablement vinaigre malgré le bon vin qu'il s'obstinait à y verser ». La gigantesque épuration de 1883 ouvre la voie à une justice républicaine.

La même vigilance s'observe à l'égard du Conseil d'État. La justice lui a été déléguée en 1849 à une époque où les conseillers d'État sont élus, pour six ans, par l'Assemblée nationale (article 72 de la constitution de 1848). En 1872, la même précaution est prise : les conseillers sont élus par l'Assemblée nationale. Si la loi constitutionnelle du 25 février 1875 restitue leur nomination au chef de l'État, une loi de 1879 procède à une épuration tellement spectaculaire qu'elle marquera durablement les esprits.

Si une telle vigilance est de mise, c'est bien parce que les juges sont appelés à interpréter la loi, voire à se substituer à elle. La jurisprudence va se montrer apte à fertiliser les textes (**a**), mais même lorsqu'elle est amenée à faire œuvre résolument novatrice, elle s'inscrit encore dans la mouvance de la législation de l'époque (**b**).

a. La fertilisation des textes

513 Jusque dans les années 1880, le législateur, tout empreint de respect pour le Code civil, le retouche relativement peu. Mais si le texte jouit d'une grande stabilité, l'interprétation jurisprudentielle s'emploie à résoudre les points controversés et à combler les lacunes. Dès les premières années d'application du Code, l'interprétation commence à s'écarter de la lettre même des textes pour les appliquer dans le sens de leur esprit. Et au fur et à mesure que le Code vieillit face à l'évolution de la société et du progrès technique, la jurisprudence est amenée à faire preuve de davantage d'audace. Mais si le juge crée, il crée à partir de la loi. Ainsi l'article 1384 du Code civil, disposant que l'on est responsable du fait des choses que l'on a sous sa garde, a-t-il permis à la Cour de cassation d'élaborer un système général de responsabilité du fait des choses. Le juge administratif montre le même souci de rattacher sa décision à une disposition législative. Ainsi la création du recours pour excès de pouvoir s'appuie-t-elle sur l'esprit de la loi des 7-14 octobre 1790 qui autorisait l'exécutif à réformer les actes administratifs entachés d'incompétence. Cette base légale ne commence pourtant à être expressément visée que sous la Monarchie de Juillet. Une interprétation extensive de la notion d'incompétence permettra ensuite d'étendre le contrôle.

b. La jurisprudence dans la mouvance de la législation d'une époque

514 Le juge n'est pas le législateur et il ne s'oppose pas à lui. Il ne cherche pas à imposer une jurisprudence qui aille à contre-courant de l'inspiration générale qui guide l'œuvre législative de son époque. Pour interpréter le code, le juge ne doit pas, remarque

en 1904 le premier président de la Cour de cassation Ballot-Beaupré, « s'attarder à rechercher obstinément quelle a été, il y a cent ans, la pensée des auteurs du Code en rédigeant tel ou tel article ; il doit se demander ce qu'elle serait si le même article était aujourd'hui rédigé par eux ». Et quand le juge se substitue au législateur, c'est que celui-ci l'y encourage. Lorsqu'à la fin du XIXe siècle, la Cour de cassation se montre sensible à l'abus de droit, elle est en accord avec l'air du temps législatif qui fait reculer l'individualisme devant les droits sociaux. Elle œuvre également de concert avec le législateur dans d'autres domaines. Le développement du machinisme est source d'accidents de plus en plus nombreux pour lesquels il est difficile de prouver une faute. Au moment même où la Cour de cassation pose les bases de la responsabilité civile objective (1896), le législateur consacre la responsabilité objective de l'État pour réparer les erreurs judiciaires (1895) et vote la loi sur les accidents du travail (1898). Cette loi encourage à son tour la jurisprudence à étendre la responsabilité objective à toutes sortes d'accidents.

515 La corrélation entre l'audace de la jurisprudence et l'impulsion du législateur est encore plus évidente en ce qui concerne le Conseil d'État. Coupé du soutien gouvernemental après l'avènement de la justice déléguée en 1872, le Conseil d'État fait preuve d'une grande timidité pendant une trentaine d'années. C'est sous l'impulsion du législateur qu'il s'enhardit à nouveau dans les premières années du XXe siècle. L'administration est de longue date impliquée dans les luttes politiques, mais depuis l'affaire Dreyfus, la puissance publique est carrément dévoyée pour servir des fins partisanes. Certains politiques ne reculent devant aucun moyen, les irrégularités de toutes espèces se multiplient dans l'administration. Les parlementaires, soucieux de protéger les droits et intérêts de leurs électeurs, invitent alors le Conseil d'État à élargir son contrôle. Cela se manifeste dans des dispositions législatives éparses, comme celle qui rend le recours pour excès de pouvoir quasiment gratuit dans la loi de finances du 27 avril 1906 ou d'autres encore qui prévoient explicitement le contrôle du juge administratif sur les motifs des actes administratifs. Fort de ces incitations, le Conseil d'État renoue résolument avec l'innovation.

Après l'affaire des fiches, qui avait scandalisé l'opinion publique [1], la loi autorise en 1905 la communication du dossier au fonctionnaire menacé de sanction. Le Conseil d'État entreprend parallèlement de protéger les fonctionnaires contre les décisions portant de façon injustifiée préjudice à leur carrière.

D. Le reclassement de la doctrine

516 Avec le rétablissement de l'enseignement du droit (**1**), les professeurs retrouvent droit de cité. Cependant la codification signe la fin de la place traditionnelle de la doctrine. L'unification du droit la prive du rôle essentiel que lui avait assuré le pluralisme juridique. Et le législateur menace à tout moment de ruiner toute interprétation doctrinale d'un trait de plume : « trois mots du législateur et des bibliothèques entières peuvent aller au pilon » notait en 1848 l'Allemand Julius von Kirchmann. La règle applicable est désormais imposée par la volonté souveraine. Celle-ci ne se discute pas. C'est au contraire sur la recherche de l'intention du législateur que la doctrine civiliste fonde sa nouvelle légitimité (**2**). Mais l'activité doctrinale ne s'épuise pas dans l'interprétation des textes. Elle est nécessaire à la construction scientifique du droit. À l'époque contemporaine, la science du droit voit son champ s'élargir de façon spectaculaire (**3**).

1. L'enseignement du droit dans le corset napoléonien

517 Les réformes de l'organisation judiciaire accomplies par Bonaparte mettent vite en lumière la piètre qualité des praticiens du droit « sans autre instruction qu'une routine obscure et presque toujours fautive ». La loi du 22 ventôse an XII (13 mars 1804) rétablit des écoles de droit qui deviennent facultés de droit en 1808. 1804 : les écoles de droit sont créées avec le Code civil, elles sont même nées pour l'enseignement du Code civil. L'enseignement du droit renaît sous le signe de la professionnalisation. Sa vocation est de préparer à la magistrature et au barreau dont l'État a besoin. La licence s'obtient en trois ans durant lesquels les programmes offi-

1. Le ministre de la guerre décidait des avancements sur la base d'informations fournies par le Grand Orient de France (franc-maçonnerie).

ciels font la part belle à l'enseignement des codes, surtout du Code civil. « Je ne connais pas le droit civil, disait un professeur (Bugnet), j'enseigne le Code Napoléon ». Il s'agit de former des praticiens qui l'appliqueront à la lettre. Les professeurs, astreints à un serment d'allégeance, font l'objet d'une étroite surveillance. Et non seulement l'État impose le contenu des programmes, mais il fixe également un ordre réglementaire dans le déroulement du cours. Le Code doit être étudié selon son plan. Le cours consiste à le commenter article par article en l'expliquant par d'autres dispositions du Code ou par d'autres codes napoléoniens. Comme cette méthode ne permet pas de développer des théories générales, ni même quelques idées abstraites comme la notion de sujet de droit, les professeurs inscriront dans le cours de droit romain, dispensé chaque année, ce qu'il y a de général dans l'étude du droit civil. Le système mis en place en 1804 va connaître une grande stabilité. On a beaucoup reproché à ces professeurs, campés sur leurs chaires de Code civil, de rester cramponnés à leurs textes et d'être myopes à toutes les évolutions. Le contraste est frappant avec l'enseignement allemand à la même époque. L'Université allemande forme la nouvelle classe dirigeante et des juristes savants. Elle véhicule de nouvelles doctrines, de nouveaux développements dogmatiques. Le pandectisme érige une construction abstraite et déductive. Partie du droit romain, sa méthode va faire tache d'huile et servir les autres branches du droit.

L'influence du modèle pandectiste est considérable en Europe, mais la France résiste. Pourtant un vent de réforme souffle de Strasbourg où Aubry et Rau proposent dès 1838 un ouvrage qui rompt avec le commentaire article par article et qui opte résolument pour une présentation systématique. Dès 1843, le Conseil royal de l'Instruction publique rappelle aux professeurs français que l'enseignement doit suivre l'ordre du Code. Flaubert qui avait fréquenté la faculté de droit vers 1840, en a décrit les enivrantes leçons dans *L'éducation sentimentale*. « Trois cents jeunes gens nu-tête emplissaient un amphithéâtre où un vieillard en robe rouge dissertait d'une voix monotone ; des plumes grinçaient sur le papier. Pendant quinze jours Frédéric (le héros du roman) y retourna, mais on n'était pas encore à l'article 3 qu'il avait lâché le Code civil... » L'enseignement à la mode napoléonienne n'arrive pas à rompre avec l'exégèse littérale. Il ne répond pas non plus au défi que constitue la diversification des branches du droit. Les chaires de Code de commerce se constituent avec lenteur. L'enseignement des procédures civile et criminelle est réduit à portion congrue. Les difficultés sont considérables lorsqu'il s'agit d'asseoir un enseignement de droit criminel et les résistances sont encore plus grandes quant à l'introduction d'un cours de droit public : si celui du droit administratif parvient à se généraliser, le cours de droit constitutionnel, après une timide percée sous la Monarchie de Juillet, est banni des programmes sous le Second Empire. Enfin, tourné vers les impératifs du débouché judiciaire, il n'est pas adapté à la formation des fonctionnaires.

Avec la IIIe République, l'enseignement du droit évolue. D'abord dans la méthode : le cours magistral, construit de façon abstraite et déductive, remplace peu à peu la leçon par article. Il faut cependant attendre 1895 pour qu'un arrêté ministériel mette officiellement fin à l'obligation de suivre le plan du Code. Evolution ensuite dans les matières enseignées : le droit civil reste la matière prépondérante, mais de nouveaux enseignements sont introduits comme l'histoire du droit, l'économie politique, le droit constitutionnel, le droit comparé. Le droit pénal, le droit commercial développent leur autonomie. Les facultés de droit pâtissent cependant des tergiversations quant à la formation des fonctionnaires. Dès les débuts de la IIIe République, apparaît l'École libre des sciences politiques. Préparant aux concours administratifs, elle deviendra le lieu de formation privilégié des grands corps de l'État.

2. Une nouvelle légitimité pour la doctrine civiliste : rechercher l'intention du législateur

518 La première interprétation doctrinale du Code civil a été baptisée « École de l'Exégèse » (**a**). Elle a dominé la pensée juridique jusqu'à ce qu'une École qui se qualifie elle-même de « scientifique » vienne renouveler les méthodes d'interprétation (**b**). La rupture est peut-être moins tranchée qu'il n'y paraît dans la mesure où les auteurs se réclament toujours de l'intention du législateur.

a. L'École de l'Exégèse

Si ses débuts sont un peu hésitants, l'Exégèse trouve son rythme de croisière dans les années 1830, après la publication des travaux préparatoires du Code civil par Fenet et Locré. Partant de l'idée que le Code est complet, le juriste y cherche par l'interprétation la solution de tout litige. Sa méthode est centrée sur l'intention du législateur. Celle-ci se matérialise d'abord dans la lettre de la loi et le pôle premier de l'interprétation consiste dans l'analyse grammaticale. Lorsque la lettre de la loi n'est pas claire ou qu'elle se révèle insuffisante, il faut chercher l'esprit de la loi. Faute de toujours le découvrir dans les travaux préparatoires, on le cherche en recourant à des procédés logiques de raisonnement (argumentation *a contrario*, *a fortiori*, etc.) ou en rapprochant divers articles du Code. Plusieurs générations de juristes se sont succédé pour « acclimater » (Ph. Rémy) un Code civil qui n'avait pas que des amis. Ses notions sont précisées, ses contradictions résolues, la portée de ses dispositions dégagée. L'interprétation exégétique a fourni aux juges un guide sûr pour appliquer la loi dans le sens voulu par le législateur. Et les Exégètes sont d'autant plus sensibles à la jurisprudence qu'ils sont pour la plupart avocats.

Dans cette perspective générale, les auteurs s'individualisent cependant. Ainsi le Belge François Laurent († 1887), professeur à Gand, se présente-t-il en rival du « prince de l'Exégèse », Jean Charles Florent Demolombe († 1887), professeur à Caen. Et une place singulière est occupée par les professeurs strasbourgeois Charles Aubry († 1883) et Frédéric Charles Rau († 1877) qui révolutionnent la méthode d'exposition du droit civil. Ils sont partis de la traduction d'un ouvrage publié par Karl Salomo Zachariae von Lingenthal († 1843). Ce professeur d'Heidelberg avait fait paraître en 1808 un manuel de droit civil français à l'usage des pays rhénans où le Code civil était applicable. Le droit civil y était présenté selon l'ordre et la méthode du droit romain commun, c'est-à-dire sous forme systématique. Présenté en 1838 comme une simple traduction, revue et augmentée, de Zachariae, le *Cours de droit civil français* d'Aubry et Rau devient vite leur œuvre propre.

b. L'École scientifique

519 Alors même que triomphe l'Exégèse, la doctrine de Savigny sur l'historicité du droit fait des adeptes en France. Ainsi Athanase Jourdan († 1826) s'attache-t-il à démontrer que le Code est sur bien des points l'expression d'aspirations momentanées et qu'il ne doit donc pas engager l'avenir. La tâche du juriste est d'en dévoiler les défauts et de rechercher les améliorations nécessitées par les besoins nouveaux. Jourdan est le premier à assigner à la jurisprudence et au droit comparé un rôle essentiel dans les progrès du droit. Selon lui, comme selon Savigny, l'élément invariable repose sur le droit romain. Peu après, Henri Klimrath († 1837) tourne son attention vers l'ancien droit coutumier français, réservoir inépuisable de solutions capables de suppléer au silence de la loi. Pour Klimrath, seule l'histoire du droit peut nourrir une « exégèse plus large, plus sûre, plus scientifique ». Se développe ainsi, en dehors des facultés de droit, un courant historisant et comparatiste qui revalorise le rôle de la jurisprudence et de la coutume. Ces précurseurs annoncent la nouvelle École qui, à la fin du XIXe siècle, supplante l'École de l'Exégèse.

L'École scientifique ne renonce pas à fonder l'interprétation du Code civil sur l'intention du législateur, mais elle refuse de l'enfermer dans l'intention des rédacteurs de 1804. La société a évolué et c'est l'intention du législateur actuel qu'il s'agit de découvrir. Dès lors la méthode d'interprétation devient plus souple et fait appel à des éléments qui existent au-delà du Code lui-même. Raymond Saleilles († 1912), Marcel Planiol († 1931), François Gény († 1959) renouvellent l'interprétation juridique en faisant appel à l'histoire du droit, à la sociologie, au droit comparé. La liberté qu'ils prennent à l'égard des textes varie cependant. Nul ne l'a mieux souligné que Saleilles dans sa préface à la *Méthode d'interprétation et sources en droit privé positif* de François Gény. Alors que Gény se propose d'aller « par le Code civil, au-delà du Code civil », Saleilles définit sa propre position méthodologique en termes inversés : « au-delà du Code civil, mais par le Code civil », position qui lui vaut un meilleur accueil dans le milieu judiciaire.

3. L'élargissement de la science du droit

520 Le droit civil est longtemps resté le siège par excellence de la science du droit. Au XIXe siècle, les juristes reprennent le chemin déjà emprunté par la doctrine romaine, puis par la doctrine médiévale qui a redécouvert le droit romain. Partis d'un commentaire pas à pas, ils passent ensuite à l'élaboration d'un corps complet de doctrine. Dégageant les principes, les combinant entre eux, classant leurs applications et coordonnant le tout en résolvant les contradictions, la doctrine construit un édifice systématique qui se superpose au texte légal et qui intègre la jurisprudence. Celle-ci est divulguée et analysée par le biais de revues périodiques où apparaît, après 1850, la note d'arrêt qui s'efforce de dégager les principes abstraits sous-jacents aux solutions jurisprudentielles. Mais le travail doctrinal ne s'arrête pas au droit civil. À partir du XIXe siècle, la doctrine entreprend de construire, pour d'autres branches du droit, des édifices comparables à la science du droit civil, en s'appuyant sur celle-ci. Le premier travail consiste à isoler la nouvelle branche du droit (**a**). L'activité de construction scientifique produit sans doute son plus beau fleuron dans le droit public (**b**).

a. L'isolement de nouvelles branches du droit

De longue date, le droit a commencé à se ramifier. La distinction romaine entre droit public et droit privé a été reprise dès le Moyen Age. Au sein même du droit public et du droit privé, se discernent également dès avant la Révolution des branches plus ou moins embryonnaires. En droit public, c'est le cas du droit administratif ; en droit privé, du droit commercial, sans compter ce droit « mixte » qu'est le droit pénal. À l'époque contemporaine, la ramification du droit s'intensifie. Et les juristes jouent un rôle majeur dans l'isolement des nouveaux rameaux. Fidèles à la conception légaliste du droit qu'ils doivent à leur formation de civilistes, les professeurs commencent par rassembler une masse de textes, isolés plus ou moins arbitrairement du corpus législatif. Ainsi les juristes procèdent-ils dès le début du XIXe siècle à des inventaires de « lois administratives ». À la fin du même siècle, c'est la législation « industrielle » ou « ouvrière » qui assure un point de départ au droit du travail. La référence civiliste est telle que la nouvelle discipline accède à une vie juridique spécifique d'abord par voie d'opposition aux principes consacrés par le Code civil. Ainsi le droit administratif est-il initialement envisagé sous l'angle des atteintes portées à la sphère des droits privés. De même, la première approche du droit du travail réside dans l'étude des atteintes portées à l'autonomie de la volonté consacrée par le Code en matière de louage de services. Dans un second temps, la doctrine cherchera une idée organisatrice propre à la nouvelle branche du droit. Pour le droit administratif, elle la trouvera dans la personnification de la puissance publique. Pour le droit du travail, dans l'existence d'un plan de vie collective qui n'est ni civil, ni politique, mais social.

b. La construction scientifique du droit public

521 Le droit administratif est le premier bénéficiaire de cet élargissement de la science du droit. Pour deux raisons essentielles : l'existence d'une juridiction administrative d'abord, la précocité de l'enseignement de cette discipline ensuite. Dès la Restauration, en effet, se met en place un enseignement de droit administratif qui engendre l'apparition d'une littérature universitaire. Sa première tâche est de divulguer les règles en rassemblant les sources législatives et en les classant. Très tôt cependant, la doctrine, composée également de membres éminents du Conseil d'État, reconnaît le rôle essentiel assuré par la jurisprudence administrative. Au début de la IIIe République, le droit administratif n'est pas encore en mesure de rivaliser avec le droit civil et les professeurs ne se disputent pas son enseignement. En 1888, c'est contraint et forcé que Maurice Hauriou, après une thèse de droit romain, accepte à Toulouse la chaire de droit administratif dont personne ne voulait. La discipline s'en est bien trouvée car, rassemblant des éléments jusqu'alors épars, Hauriou lui offre dès 1892 sa première présentation systématique dans un *Précis de droit administratif.* À peine quelques années plus tard, Adhémar Esmein – professeur titulaire à Paris de la chaire d'histoire du droit et de droit constitutionnel depuis 1891 – fait paraître les *Eléments de droit constitutionnel*, ouvrage fondateur dont l'architecture inspire encore de nos jours

les manuels consacrés à cette discipline. Cet extraordinaire essor de la science du droit public doit beaucoup à la matrice civiliste. Et d'autant plus que jusqu'en 1896, l'agrégation de droit (instituée en 1855 pour recruter les professeurs) repose sur un programme unique composé de droit civil et de droit romain.

Dès le Moyen Age, le droit civil avait fourni au droit public des concepts de base comme la tutelle par exemple. Les emprunts se sont d'autant moins taris par la suite que professeurs et magistrats sont tous formés à l'école du droit civil et du droit romain. Ils vont puiser dans cet immense réservoir de vocabulaire, de concepts, de règles, de principes. D'où « l'étroite consanguinité » que Joseph-Marie de Gérando, premier titulaire de la chaire de droit administratif créée en 1819, soulignait entre droit public et droit civil. Mais si la filiation est incontestable, l'autonomie du droit public ne s'en est pas moins affirmée. D'une part, la doctrine et le Conseil d'État ont travaillé de concert pour forger des instruments spécifiques. D'autre part, leur génie créatif s'est manifesté dans les emprunts eux-mêmes. Par leur choix sélectif d'abord, par leur acculturation ensuite : les règles ou les notions civilistes ont été transposées, voire refondues, plutôt qu'imitées purement et simplement.

Outre l'outillage conceptuel, la science civiliste a également fourni un outillage méthodologique. Là encore celui-ci a été adapté aux besoins du droit public. Ainsi Hauriou établit-il une technique spécifique pour élaborer les notes d'arrêts en matière de jurisprudence administrative. De même, les publicistes vont partager les fruits des méthodes d'interprétation et de systématisation employées par la doctrine civiliste. Mieux, ils participent activement au renouvellement de la pensée juridique à la fin du XIXe siècle. C'est particulièrement vrai de ces deux grands pionniers que sont Maurice Hauriou († 1929) pour le droit administratif et Adhémar Esmein († 1913) pour le droit constitutionnel. Ce dernier a bien décrit les méthodes qu'il a suivies. Pour « dégager la nature intime et les principes des institutions publiques ou privées... il existe deux méthodes également nécessaires. L'une, aussi vieille que le droit lui-même, procède par l'analyse et par la déduction : c'est la méthode dogmatique. L'autre est une méthode d'observation : elle procède par l'histoire du droit et par le droit comparé ; elle est appelée à renouveler toutes les sciences juridiques ». C'est par cette méthode qu'Esmein, après avoir rassemblé un immense matériel institutionnel tiré de l'histoire, dégage les principes sous-jacents aux institutions et fait entrer le droit constitutionnel dans le monde de la science du droit. Hauriou, de son côté, fait aussi appel à l'histoire du droit et au droit romain pour nourrir sa réflexion sur le droit administratif. En droit public, la création doctrinale s'épanouit d'autant plus qu'elle n'est pas entravée par la codification et jouit donc d'une plus large liberté d'action. Aussi les grands noms de l'École scientifique sont-ils plus nombreux en droit public qu'en droit privé. À Hauriou et Esmein, il faut ajouter Léon Duguit, Henri Berthélémy et Gaston Jèze. La science du droit public acquiert définitivement ses lettres de noblesse.

E. La résurgence de la coutume

522 Si la coutume est exaltée en Allemagne au début du XIXe siècle, elle souffre en France de contrecarrer le principe de la souveraineté nationale qui confie la règle de droit aux mandataires de la nation. Le Code civil pourtant fait expressément une place à la coutume lorsqu'il renvoie en maints endroits à l'usage du lieu ou à l'usage des parties. De l'aveu même d'un de ses rédacteurs « une foule de choses sont... nécessairement abandonnées à l'empire de l'usage » (Portalis) [1]. La coutume n'en a pas moins été longtemps frappée d'ostracisme officiel. Celui-ci se relâche à la fin du XIXe siècle. La doctrine revalorise le rôle de la coutume. Elle insiste sur sa qualité de source du droit. « Le droit, écrit Marcel Planiol, a deux sources principales : 1° l'usage ou la volonté générale ; 2° la loi ou la volonté du législateur ». Ces deux sources pourtant ne sont pas réputées d'égale valeur. Les vertus inhérentes au droit écrit – précision, certitude, fixité, unité – incitent les « peuples

1. Les sources de l'ancien droit ont d'ailleurs été, encore après le Code civil, utilisées en justice : P. Sturmel, « Le Code civil, fin de la coutume ? A propos d'un anonyme toulousain », dans J.-M. Augustin, V. Gazeau, Y. Sassier, J.-L. Thireau, *Coutumes, doctrine et droit savant*, Paris, LGDJ, 2007, p. 223-250 ; L. Soula, « L'application du Code Napoléon en pays de droit écrit », *RHD* 2009, p. 237-270.

modernes » à préférer la loi au droit coutumier, insiste Planiol. La coutume apparaît comme un complément, une source subsidiaire.

523 La coutume est diversement représentée selon les branches du droit. En droit pénal, elle n'a pas droit de cité, en raison du principe de légalité. En droit commercial, en revanche, les usages sont essentiels. Le législateur, porté à légiférer en considération de la longue durée, peine à s'adapter à une pratique très mobile. Bien souvent, il légalise après coup des usages tout en les corrigeant. C'est peut-être en droit constitutionnel que la coutume a joué le rôle le plus décisif. Les constituants de 1875 ont adopté une constitution très brève, fruit d'un compromis qui ne satisfait vraiment personne. Les monarchistes y voient un pis-aller en attendant la restauration monarchique. Les républicains la considèrent comme un régime acceptable dans l'immédiat, mais appelé à être réformé dans un sens plus républicain. C'est pourquoi on s'accorde sur une procédure de révision facile à mettre en œuvre. Ce n'est pourtant pas par voie de révision constitutionnelle que le régime s'infléchira, mais par la coutume. C'est une coutume qui instaure un président du conseil, inconnu des textes constitutionnels. C'est la coutume qui fait disparaître le droit de dissolution et qui efface le chef de l'État. Cet effacement coutumier est qualifié de « constitution Grévy », du nom du premier président républicain de la IIIe République, un homme qui s'était déjà prononcé en 1848 contre l'institution de la présidence de la République et qui s'emploiera à affaiblir la fonction quand il l'occupera. Cette fois, la pratique est en contradiction avec la lettre des textes : dans les lois de 1875, le président de la République était loin d'être un soliveau. La force de la coutume est pourtant telle que pour redonner du lustre à l'institution certains n'envisageront qu'une révision formelle de la constitution.

BIBLIOGRAPHIE

A.-J. ARNAUD, Les origines doctrinales du Code civil français, Paris, LGDJ, 1969.

J. BART, « L'éclipse révolutionnaire (1789-1804) : la coutume à l'ombre de la loi », dans M. MOUSNIER, J. POUMAREDE (éd.), *La coutume au village dans l'Europe médiévale et moderne*, Toulouse, Presses universitaires du Mirail, 2001, p. 215-227.

G. Bigot, *L'autorité judiciaire et le contentieux de l'administration. Vicissitudes d'une ambition. 1800-1872*, Paris, LGDJ, 1999.

Fr. Burdeau, *Histoire du droit administratif*, Paris, PUF, Thémis, 1995.

« Naissance d'un droit », dans *Nonagesimo anno. Mélanges en hommage à J. Gaudemet*, Paris, PUF, 1999, p. 521-540.

J. Carbonnier, « Le Code civil », dans P. Nora (dir.), *Les lieux de mémoire*, Paris, Gallimard, 1984-1992, II. *La Nation*, 2. *Le territoire, l'État, le patrimoine*, p. 294-315.

J.-Ph. Dunand, B. Winiger (éd.), *Le Code civil français dans le droit européen*, Bruxelles, Bruylant, 2005.

B. Fauvarque-Cosson et W. van Gerven, « La convergence des droits en Europe », *LPA* 19 avr. 2007 (n° spécial sur les 50 ans du Traité de Rome, p. 63-81).

N. Hakim, *L'autorité de la doctrine civiliste française au XIXe siècle*, Paris, LGDJ, 2002.

J.-L. Halpérin, *L'impossible Code civil*, Paris, PUF, 1992.

« Haro sur les hommes de loi », *Droits*, 17, 1993, p. 55-65.

Histoire du droit privé français depuis 1804, Paris, PUF, coll. droit fondamental, 1996.

« Le juge et le jugement à l'époque révolutionnaire », dans R. Jacob (dir.), *Le juge et le jugement dans les traditions juridiques européennes*, Paris, LGDJ, 1996, p. 233-256.

Entre nationalisme juridique et communauté de droit, Paris, PUF, Les voies du droit, 1999.

Histoire des droits en Europe de 1750 à nos jours, Paris, Flammarion, 2004.

J. Hummel, « La codification en Allemagne (XIXe-XXe siècles) : une cristallisation du droit national entre romanité et germanité », *RHD* 2007, p. 105-115.

O. Jouanjan, *Une histoire de la pensée juridique en Allemagne (1800-1918). Idéalisme et conceptualisme chez les juristes allemands du XIXe siècle*, Paris, PUF, 2005.

J. Lafon, *Itinéraires. De l'histoire du droit à la diplomatie culturelle et à l'histoire coloniale*, Paris, Publications de la Sorbonne, 2001.

A. LAQUIEZE, *Les origines du régime parlementaire en France (1814-1848)*, Paris, PUF, Léviathan, 2002.
P. LASCOUSMES, P. PONCELA, P. LENOËL, *Au nom de l'ordre. Une histoire politique du code pénal*, Paris, Hachette, 1989.
« Le Code civil », *Revue Pouvoirs*, 107, 2003.
X. MARTIN, *Nature humaine et Révolution française du siècle des Lumières au Code Napoléon*, Bouère, Dominique Martin Morin, 1994.
M. MORABITO, *Histoire constitutionnelle de la France (1789-1958)*, Paris, Monchrestien, 2000.
B. PLESSIX, *L'utilisation du droit civil dans l'élaboration du droit administratif*, Paris, Éditions Panthéon-Assas, 2003.
J.-L. THIREAU, « Fondements romains et fondements coutumiers du Code civil », *Droits*, 45, 2005, *Esprit du Code civil*, 2, p. 3-18.
M. TOUZEIL-DIVINA, *La doctrine publiciste 1800-1880*, Paris, Editions La Mémoire du Droit, 2009.
M. TROPER, *La séparation des pouvoirs dans l'histoire constitutionnelle française*, Paris, LGDJ, 1973.
M. VERPEAUX, « Le pouvoir réglementaire sous la Révolution », *Droits*, 17, 1993, p. 113-124.
P. WASCHMANN, « Déclaration ou constitution des droits ? », dans M. TROPER et L. JAUME (dir.), *1789 et l'invention de la constitution*, Paris, LGDJ, 1994, p. 44-54.
J.-F. WEBER, « Charles Aubry et Frédéric Charles Rau : la Faculté de la Monarchie de Juillet à la fin du second Empire », dans *Bicentenaire de la Faculté de droit de Strasbourg 1804-2004*, Strasbourg, Presses universitaires de Strasbourg, 2008, p. 57-68.

CONCLUSION

La résurgence du pluralisme juridique au XXe siècle

524 Au terme de patients efforts, poursuivis sur plusieurs siècles, l'Etat s'était rendu maître de la production du droit en France. Sa prolifération avait été domestiquée par un ordre juridique dans lequel la règle de droit, apanage du politique, s'exprimait principalement dans la loi, norme à caractère général. Au XXe siècle, ce modèle a cependant subi une altération sensible. D'une part, se sont multipliés des espaces normatifs autres que l'espace étatique. D'autre part, la règle de droit a perdu de sa généralité et le "droit commun" se rétrécit au profit de règles sectorisées, toujours plus nombreuses. La France n'est pas seule à être confrontée à ce que d'aucuns qualifient de "désordre normatif". L'inflation de normes de plus en plus hétérogènes n'épargne aucune démocratie et dans les deux grandes familles de droit, les modèles traditionnels peinent à résorber la cacophonie juridique.

1. La pluralité des espaces normatifs

Tant la famille romano-germanique que la famille de *Common Law* ont connu une expansion considérable dans le monde. Cette extension, qu'elle se soit accomplie par le biais de la colonisation ou par celui de la réception, a encore contribué à **diversifier les droits**. En quittant son berceau européen, le *Common Law* a lui-même vu apparaître en son sein des sous-ensembles bien différenciés, tel le droit des Etats-Unis. Dans la famille romano-germanique, les codifications ont cristallisé les particularismes nationaux. La codification a investi tous les continents au XXe siècle. Et elle n'a rien perdu de sa vocation politique si l'on en juge par l'empressement avec lequel, au lendemain de la disparition du bloc soviétique en Europe de l'Est, les nouveaux régimes se sont dotés non seulement d'une constitution démocratique, mais aussi d'un code qui symbolisait le retour de la souveraineté nationale (en Russie, Pologne, Hongrie, Lituanie...)

525 Ces droits pourtant fonctionnent dans un **espace de plus en plus ouvert**. L'isolement des cultures nationales a vécu. En 1999, le doyen Carbonnier écrivait avoir entendu au XXe siècle « trois explosions » : les deux guerres mondiales et l'Europe. Cette troisième explosion, qualifiée de « tremblement de terre », est fortement liée aux deux précédentes, des conflits mondiaux certes, mais nés en Europe. Après un siècle et demi de nationalisme politique et juridique, **l'Europe** s'est engagée dans la voie d'abord d'une communauté économique, puis d'une véritable union politique. Les traités communautaires ont instauré un ordre juridique supra-national (distinct de l'ordre international) au profit duquel les Etats ont limité leurs droits souverains et dont les sujets sont non seulement les Etats, mais aussi leurs ressortissants.

526 L'onde de choc née de la deuxième guerre mondiale a aussi marqué le point de départ d'un processus de **mondialisation** du droit avec l'adoption en 1948 de la Déclaration universelle des Droits de l'Homme. D'autres textes internationaux d'application régionale sont ensuite venus appuyer ces principes (Déclaration américaine des droits et devoirs de l'homme en 1948, Convention européenne de sauvegarde des droits de l'homme en 1950, Convention interaméricaine des droits de l'homme en 1969, Charte africaine des droits de l'homme et des peuples en 1981). Autre facteur d'universalisation du droit, la mondialisation des marchés s'accélère après la création en 1994 de l'Organisation mondiale du commerce. La globalisation des échanges appelle des instruments juridiques si ce n'est identiques, du moins suffisamment proches pour assurer partout la même fonction. Cela sup-

pose, outre les outils techniques, que les systèmes judiciaires offrent partout les mêmes garanties au justiciable, ce qui rejoint d'ailleurs cette autre exigence du monde contemporain qu'est la protection des droits fondamentaux de l'individu.

527 Les espaces normatifs se sont ainsi multipliés : droit supranational, droit international à vocation régionale, droit international à vocation mondiale se superposent ou s'enchevêtrent. **L'inspiration nationale du droit recule.** L'espace européen en donne sans doute le meilleur exemple : il est peu de matières juridiques qui échappent à un degré d'européanisation soit par l'extension du droit communautaire, soit par le biais de la jurisprudence de la Cour de Strasbourg qui oblige les législateurs nationaux à adapter leur droit. Pour autant un processus d'unification s'accommode difficilement d'ordres juridiques qui restent encore largement identifiés aux Etats. En témoigne la querelle survenue à propos du projet, ambitieux, d'une codification européenne. Dès 1989, le Parlement européen a demandé que « soient entamés les travaux préparatoires à l'élaboration d'un code européen commun ». Cette perspective a fait naître une polémique comparable, *mutatis mutandis*, à celle qui opposa au XIXe siècle, Savigny et Thibaut sur la codification allemande. De solides réserves se sont élevées sur l'opportunité politique d'un tel instrument, au nom des traditions et cultures juridiques des États.

2. Le morcellement du droit

528 On ne peut imputer aux nouveaux espaces normatifs la responsabilité exclusive de la prolifération. Dans toutes les démocraties, la production de normes se développe de façon quasiment exponentielle. La croissance continue de l'Etat et de l'action administrative s'est traduite par l'inflation des textes, à commencer par les textes législatifs. Ce mouvement s'est accompli au détriment des règles générales et au profit des règles spéciales. Amorcé au XIXe siècle, le phénomène s'est considérablement intensifié après la deuxième guerre mondiale. Cette multiplication des lois spéciales a déplacé la règlementation juridique en dehors des codes au point que l'on a pu parler de « décodification ». Encore faut-il ajouter aux lois, et tout particulièrement en France, la surproduction de règle-

ments, voire d'autres textes émanant d'autorités administratives indépendantes. Cet accroissement de volume s'aggrave de l'instabilité des normes provoquée par la succession accélérée des textes.

529 Ce phénomène quantitatif est tel que se posent partout les lancinantes questions de l'accessibilité au droit et de la sécurité juridique. La solution commune passe par le rassemblement thématique des règles. Les modalités en sont variées, allant de la compilation par des éditeurs privés à la consolidation du droit existant par voie d'autorité. Le cadre privilégié est le cadre national. Ainsi les États-Unis ont-ils groupé dans le *United States Code*, code fédéral, des milliers de lois en une cinquantaine de matières par ordre alphabétique. L'Angleterre elle-même n'est pas restée à l'écart de ce mouvement et les compilations s'y multiplient. L'exemple le plus achevé est sans doute donné par la France qui a mis en oeuvre un processus systématique de codification à droit constant. Un décret du 10 mai 1948 a institué une « commission supérieure », transformée par décret du 12 septembre 1989 en « commission supérieure de codification », chargée d'œuvrer à « la simplification et à la clarification du droit ». Il s'agit non seulement de réformer une grande partie des codes existants, mais aussi d'en créer de nouveaux dans des matières qui jusqu'alors n'avaient pas fait l'objet d'une codification. En 1999, la méthode évolue, car le législateur habilite le gouvernement à adopter par voie d'ordonnances la partie législative de certains codes même si le principe reste celui de la codification à droit constant. Un même document rassemble l'ensemble des dispositions applicables et les présente de manière cohérente et ordonnée. Dès 2000, la commission annonçait qu'environ la moitié du droit français était désormais codifiée. Et le mouvement s'est encore poursuivi : on dénombre aujourd'hui plus de soixante-dix codes.

530 Si les progrès sont incontestables en termes d'accessibilité au droit, chaque nouveau code cependant accentue le déclin du droit commun et contribue au morcellement du droit à l'intérieur même du droit national. Des blocs de normes se sont constitués, qui tendent à fonctionner en autarcie. Ce mouvement de **sectorisation** ressemble fort à celui qui, il y a deux siècles, a fait voler en éclats les derniers restes de l'unité juridique européenne pour aboutir à

la codification des droits nationaux. Le risque menace que des conflits nés de prétentions appuyées sur des règles hétérogènes trouvent leur solution ailleurs que dans le droit.

3. Le pluralisme des sources du droit

531 Ces évolutions ne sont pas restées sans conséquences quant à la cohérence des deux grandes familles de droit. Les caractères qui leur sont prêtés s'estompent à mesure que leur **hiérarchie traditionnelle des sources est mise à mal.** Ainsi le *Common Law* est-il envahi par la législation dans des domaines autrefois régis exclusivement par la tradition jurisprudentielle. Dans la famille romano-germanique, la loi, devenue « l'instrument politique d'un accord des intérêts qui doit être constamment renouvelé » (F. Kübler), s'est dépréciée. Le processus d'européanisation produit un effet identique. Pour le *Common Law*, l'Union européenne constitue un relais des concepts et des principes d'origine continentale. Pour la famille romano-germanique, la jurisprudence des juridictions européennes a érodé la dignité éminente de la loi.

532 La suprématie des sources traditionnelles est, en outre, affectée par un phénomène relativement récent que la doctrine a qualifié de "**droit souple**". La notion de droit souple (traduction de la formule anglophone *soft law*) embrasse des normes dépourvues en elles-mêmes de force contraignante, mais néanmoins susceptibles de produire des effets. Aussi le droit souple est-il défini comme un droit "incantatoire", un droit "recommandatoire" ou encore un "droit de la persuasion". Il a d'abord été remarqué dans le droit international public, avant d'être observé dans pratiquement toutes les branches du droit. Le phénomène prend des formes hétérogènes : déclarations, recommandations, avis, chartes éthiques, codes privés de bonne conduite de grandes entreprises multinationales... Alors que le droit "dur" est dispersé, le droit souple présente des lignes directrices transcendant aussi bien les frontières politiques que les cloisonnements disciplinaires. Par rapport au droit "dur" dont le mode d'édiction emporte force obligatoire, le droit souple prétend orienter une politique juridique par l'adhésion de ses destinataires auxquels il offre un modèle. Antichambre du droit ? Vrai droit ? C'est en tout cas la stratégie

même d'élaboration du droit que met en question cet "empêcheur de penser en rond" (C. Thibierge). Le modèle hiérarchique est ébranlé par un rival en réseau. Ce type de régulation trouve un terrain d'élection dans le cyberespace qui ne peut être assimilé à un territoire relevant d'une autorité étatique.

533 **La polyphonie juridique profite surtout à la jurisprudence et à la doctrine** qui, l'histoire nous l'a déjà montré, n'ont jamais autant d'influence que dans un contexte pluraliste.

En réaction contre le morcellement excessif du droit, la jurisprudence s'oriente vers une recherche **des principes généraux du droit**, sous-jacents aux règles. Cette tendance s'observe d'abord au niveau national. En France, elle s'amorce précocement dans le droit administratif (arrêt *Aramu* du Conseil d'Etat en 1945), avant de gagner le droit privé pour lequel de nos jours la Cour de cassation invoque de plus en plus souvent non des textes, mais des principes. Cette tendance procède également du phénomène de constitutionnalisation du droit par lequel le Conseil constitutionnel contribue au rapprochement des différentes branches du droit. Mais au-delà du cadre national, les cours européennes, celle de Strasbourg comme celle de Luxembourg, ont, elles aussi, entrepris une formulation de principes généraux du droit sous l'aspect des droits fondamentaux de l'homme. Ces principes présentent un caractère autant éthique que proprement juridique (dignité humaine, citoyenneté, droit à la justice, bonne foi, interdiction de l'abus de droit, égalité...) C'est pourquoi leur développement est parfois interprété comme une renaissance du droit naturel (C. Perelman).

534 Le même souci de redonner de la cohérence à un ensemble de plus en plus disparate anime la **doctrine**. D'où son regain d'intérêt pour le *ius commune* médiéval : pendant des siècles, il a su fédérer des droits hétérogènes sans imposer l'éviction d'un d'entre eux et ce, à l'échelle de la plus grande partie de l'Europe. La doctrine y trouve matière à une réflexion globale. Un courant s'attache d'ailleurs à ressusciter l'ancien *ius commune*, noyau dur et intemporel des droits européens, en le débarrassant de la couche des droits nationaux qui l'aurait recouvert. Rien d'étonnant si cette méthode est principalement illustrée par les romanistes allemands

car elle renoue avec le pandectisme. Un autre courant cherche plutôt à réinventer un instrument comparable. Cette perspective porte également attention à d'autres **expériences historiques de droit commun**, comme le droit commun coutumier de la France d'Ancien Régime. On s'intéresse notamment à la méthode comparatiste employée par Du Moulin et ses émules, en vue de réduire les particularismes coutumiers.

535 On rejoint là une seconde voie explorée par la doctrine pour parvenir à une harmonisation du droit privé : le **droit comparé**. Des groupes internationaux de juristes conduisent des projets qui recherchent les éléments communs dans les droits existants. Ainsi le groupe de travail appelé « The Common Core of European Private Law » (le noyau commun du droit privé européen), initié à l'Université de Trente en 1993, procède-t-il à un état des lieux du droit dans les différents pays en vue de constater les similitudes et les différences. Mais, globalisation des échanges oblige, c'est le droit des contrats qui fait l'objet des travaux les plus avancés, dans une perspective plus normative. Par exemple, la commission créée en 1980 par le professeur danois Ole Lando propose des *Principes du droit européen des contrats*. Autre exemple, l'Académie des privatistes européens, située à Pavie, a fait paraître en 2001 un avant-projet de code européen des contrats sous la direction du professeur italien Giuseppe Gandolfi. Plus ambitieux encore, l'Institut International pour l'Unification du droit (Unidroit) a rédigé des *Principes relatifs aux contrats du commerce international* (2004).

Au XIXe siècle, Esmein avait prédit que la méthode historico-comparative était appelée à renouveler la science juridique. Réactivée sous les auspices de l'intégration, cette approche favorise la renaissance d'une doctrine européenne. "Ce qui est commun est plus facile à déterminer lorsque l'histoire est prise en considération" (R. Schulze).

BIBLIOGRAPHIE

ASSOCIATION HENRI CAPITANT, Journées nationales, Boulogne-sur-mer, Le droit souple, Paris, Dalloz, 2009.

J. Carbonnier, « L'avenir d'un passé », dans *L'avenir du droit. Mélanges en hommage à François Terré*, Paris, Dalloz, PUF, 1999, p. 5-10.
M. Delmas-Marty, *Les forces imaginantes du droit*, I. *Le relatif et l'universel*, Paris, Le Seuil, 2004.
J.-M. Jacquet, « L'émergence du droit souple (ou le droit « réel » dépassé par son double) », dans *Études à la mémoire du professeur Bruno Oppetit*, Paris, Litec, 2009, p. 331-348.
J.-P. Gridel, « Déclin des spécificités françaises et éventuel retour d'un droit commun européen », *D.* 1999. Chron. 139-146.
R. Knütel, « L'unité du droit en Europe et le droit romain », *Revue d'histoire des facultés de droit et de la science juridique*, 19, 1998, p. 125-165.
J.-M. Maillot, *La théorie administrative des principes généraux du droit*, Paris, Dalloz, 2003.
Ph. Malaurie, « La révolution des sources », *LPA* 147, 25 juill. 2006, p. 10-14.
B. Oppetit, *Droit et modernité*, Paris, PUF, 1998.
Ph. Remy, « Le processus de " dé-codification " », dans J. Ph. Dunand, B. Winiger (ed.) , *Le Code civil français dans le droit européen*, Bruxelles, Bruylant, 2005, p. 197-216.
M.-Fr. Renoux-Zagame, *Du droit de Dieu au droit de l'homme*, Paris, PUF, 2003.
R. Schulze, « La renaissance de l'idée de *jus commune* », dans M. Delmas-Marty, H. Muir Watt, · H. Ruiz-Fabri (dir.), *Variations autour d'un droit commun. Premières rencontres de l'UMR de droit comparé de Paris*, Paris, 2002, p. 181-193.
C. Thibierge, « Le droit souple. Réflexion sur les textures du droit », *RTD civ.* 2003, p. 599-628.
M. van Hoecke, « Le Code civil et la base commune du droit privé en Europe », dans A. Wijffels (dir.), *Le Code civil entre* ius commune *et droit privé européen*, Bruxelles, Bruylant, 2005, p. 29-46.

Index alphabétique

Les chiffres renvoient aux numéros de paragraphes.

A

B

C

D

E

F

G

H

I

R

S

T

U

V

W

Z

TABLE DES MATIÈRES

Photocomposition Nord Compo
59650 Villeneuve d'Ascq

710993 (I) (4,8) OSB - T 60g NOR (JOE)

Achevé d'imprimer en septembre 2011
dans les ateliers de Normandie Roto Impression s.a.s.
61250 Lonrai
N° d'imprimeur : 113256
Dépôt légal : septembre 2011

Imprimé en France